Das Buch

Das klassische Griechenland [...] r
in der bildenden Kunst ebe[...]
und philosophischen Ideen [...] t
v. Chr., in denen die griech[...]
zig und kampfbereit wie nie zuvor waren, erlebten sie zugleich
ihren wirtschaftlichen, politischen und geistigen Höhepunkt.
John K. Davies untersucht die Blütezeit der griechischen Kultur anhand des umfangreichen Quellenmaterials. Er berücksichtigt Ausgrabungen von Tempeln, Häusern und Gräbern, Plastik und Vasenmalerei, Inschriften sowie die Werke der antiken Historiker, Redner, Biographen, Dramatiker und Philosophen.
Der Umfang der Quellenbelege – die behandelte Zeit ist die am besten bezeugte der griechischen Geschichte – und ihre Eigenarten machen ihre Deutung schwierig: Davies zeigt, wie sich die verschiedenen Quellen oft widersprechen oder wie ein und dieselbe Angabe durchaus unterschiedliche Interpretationen zuläßt.
Er zeichnet auf diese Weise ein anschauliches Bild einer Gesellschaft im Wandel und einer Kultur, deren Wertvorstellungen und Leistungen unsere eigene weitgehend beeinflußt haben.

Der Autor

John K. Davies, Jahrgang 1937, in Manchester aufgewachsen, studierte in Oxford (Wadham College) und am Center for Hellenic Studies der Harvard University. Nach Forschungs- und Lehraufträgen an den Universitäten Oxford (Balliol College), St. Andrews und wieder Oxford (Oriel College, seit 1968) wurde er 1977 Rathbone Professor of Ancient History and Classical Archaeology an der Universität Liverpool.
Außer zahlreichen Artikeln in wissenschaftlichen Zeitschriften zur alten Geschichte hat er ein großes Werk *Athenian Propertied Families 600–300 B.C.* (1971) vorgelegt; 1981 erschien sein Buch *Wealth and the Power of Wealth*.

dtv-Geschichte der Antike
Herausgegeben von Oswyn Murray

Das frühe Griechenland
von Oswyn Murray

Das klassische Griechenland und die Demokratie
von John K. Davies

Die hellenistische Welt
von Frank W. Walbank

Das frühe Rom und die Etrusker
von Robert M. Ogilvie

Die römische Republik
von Michael Crawford

Das Römische Reich
von Colin Wells

John K. Davies:
Das klassische Griechenland und die Demokratie

Deutscher
Taschenbuch
Verlag

dtv

Autorisierte Übersetzung aus dem Englischen
von Andrea Wörle.
Karten von Karl-Friedrich Schäfer nach Vorlagen des Autors.

Das Buch erschien 1978 unter dem Titel *Democracy and Classical Greece* bei William Collins Sons & Co. Ltd. in der Reihe Fontana History of the Ancient World.

1. Auflage Mai 1983
2. Auflage August 1985: 9. bis 12. Tausend
Deutscher Taschenbuch Verlag GmbH & Co. KG,
München
© 1978 J. K. Davies
© 1983 Deutscher Taschenbuch Verlag (für die deutsche Übersetzung)
Umschlaggestaltung: Celestino Piatti
Vorlage: Fresko aus der »Tomba del Tuffatore«, Museum Paestum (Foto: Siegfried Wieland, München)
Gesamtherstellung: C. H. Beck'sche Buchdruckerei,
Nördlingen
Printed in Germany · ISBN 3-423-04401-2

Vorwort des Herausgebers

Eine neue Geschichte der Antike braucht keine Rechtfertigung. Die moderne Forschung, Entdeckungen und Funde haben unser Bild der Antike in wichtigen Punkten verändert, und es ist an der Zeit, die Ergebnisse dem Publikum zugänglich zu machen. Diese Reihe will aber nicht nur eine Darstellung des aktuellen Forschungsstands geben. Beim Studium der fernen Vergangenheit liegen die Hauptschwierigkeiten darin, daß es nur relativ wenig Zeugnisse gibt und diese zudem nicht leicht zu interpretieren sind. Dies aber macht es andererseits möglich und wünschenswert, die wichtigsten Zeugnisse dem Leser vorzulegen und zu diskutieren; so hat er selbst die Möglichkeit, die zur Rekonstruktion der Vergangenheit angewandten Methoden kennenzulernen und auch selbst die Ergebnisse zu beurteilen.

Diese Reihe hat sich deshalb das Ziel gesetzt, eine Darstellung der jeweils behandelten Periode zusammen mit möglichst vielen Zeugnissen zu bieten, die diese Darstellung ja erst ermöglichen. So sind ausgewählte Dokumente in die Erzählung einbezogen, werden dort erörtert und bilden oft sogar ihren Ausgangspunkt. Wo Interpretationen umstritten sind, werden die verschiedenen Meinungen dem Leser vorgelegt. Darüber hinaus enthält jeder Band eine Übersicht der unterschiedlichen Quellen jeder Epoche sowie Vorschläge fürs weitere Studium. Die Reihe wird, so hoffen wir, dem Leser die Möglichkeit geben, eigenen Vorlieben und Interessen folgend weiterzustudieren, nachdem er einen Eindruck gewonnen hat von den Grenzen, die dem Historiker bei seiner Arbeit gezogen sind.

Die Reihe ist zuerst auf Englisch bei Fontana erschienen; die deutsche Ausgabe ist jedoch keine bloße Übersetzung, sondern eine revidierte Fassung. Wir haben unsere Texte überarbeitet und auf den neuesten Stand gebracht; insbesondere war es möglich, mehr und bessere Karten einzufügen und die Literaturhinweise für den deutschen Leser zu erweitern. Für die Organisation all dieser Verbesserungen danken wir besonders Kai Brodersen vom Institut für Alte Geschichte der Universität München.

Alte Geschichte ist eine europäische Disziplin, in der die Forschungstraditionen in jedem Land das jeweilige Bild der Antike prägen. Die »englische Sicht« in dieser Reihe wird dem deutschen Leser an manchen Stellen ungewöhnliche Aspekte auftun, wird aber auch in den Bereichen, in denen die deutsche Tradition besonders stark ist, ihr nicht ganz gerecht werden können. Doch vielleicht werden gerade diese Unterschiede zur Frische und Spannung unserer Reihe beitragen und das Interesse des deutschen Lesers steigern. Wir hoffen, daß sie auch in Deutschland so beliebt und so nützlich wird, wie es das englische Original in der englischsprachigen Welt ist.

Oswyn Murray
Balliol College, Oxford

Inhalt

Vorwort 9

1. Die Quellen 11
   Inschriften 12 Geschichtsschreiber 12 Attische Reden und Flugschriften 14 Biographien 15 Dichtung 16 Philosophische und wissenschaftliche Schriften 17 Lückenhaftigkeit der Überlieferung 17

2. Die griechische Welt im Jahre 478 22
   Geographische Grenzen 22 Gesellschaft 23 Wirtschaft 24 Sprache 25 Kult und Religion 27 Politische Institutionen 28 Landwirtschaft 30 Architektur 32 Militär 34 Rohstoffe 37 Armut und Reichtum 38 Demokratie und Oligarchie 41 Gemeinsamkeiten 46 Gegensätze 51

3. Regionale Bestrebungen 54
   Quellen 54 »Randgebiete« griechischer Kultur 55 Sparta 57 Athen 61 Der Attische Seebund 66

4. Die athenische Revolution 70
   Entmachtung des Areopag 70 Sturz Kimons 77 Polarisierung zwischen Athen und Sparta 79 Politischer Mythos 81

5. Das Reich Athens 83
   Konflikt zwischen Athen und Sparta 83 Quellen 86 Unterstützung Ägyptens 87 Konsolidierung des Seereiches 88 Proxenie 90 Tribute 91 Durchsetzung der Demokratie 94 Kleruchien 97 Flotte 99 Kallias-Frieden 101 Athens Vordringen in Mittelgriechenland 103

6. Die athenische Gesellschaft im fünften Jahrhundert .. 109
   Sklaven 109 Metöken 114 Staatliche Einnahmen 117 Staatliche Ausgaben 118 Liturgien 120 Wohlstand 121 Veränderung traditioneller Normen 123 Sophisten 124 Demagogen 124 Ausübung und Kontrolle von Macht 128 Rhetorik 137

7. Der Peloponnesische Krieg 142
   Datierung 142 Quellen 142 Die ersten Kriegsjahre 144 Taktik Spartas 146 Taktik Athens 149 Entwicklung bis zum Nikias-Frieden 151 Alkibiades 152 Sizilien 154

8. Die spartanische Vorherrschaft 162
   Quellen 162 Folgen der athenischen Niederlage in Sizilien 163 Erhebung des Kyros 171 Herrschaft der Dreißig in Athen 171 Die spartanische Gesellschaft 173 Sparta und die Griechen Kleinasiens 176 Der Korinthische Krieg 177 Konon 178 Persien 179

9. Gesellschaftliche Veränderungen 181
   Die achtziger Jahre als Wendepunkt 181 Politische Stagnation 182 Wissenschaft und Technik 182 Quellen 183 Entwicklung des Stadtstaates 185 Autonomie und Autarkie 187 Änderung des Publikumsgeschmacks 187 Mythos 191 *logos* 192 Kunst 195 Architektur 196 Religion 198

10. Philosophen, Söldner und Monarchen 206
    Funktionen der Philosophen 206 Unterricht 206 Wissenschaft 211 Ethik 214 Söldnerwesen 217 Persien 218 Griechenland 219 Sizilien 221 Italien 224 Dionysios I. 228 Das Ansehen der Monarchie 230

11. Athen und Theben nach 380 232
    Politische Programme 232 Aktionen gegen Sparta 233 Schlacht bei Leuktra 234 Aufstieg und Fall Thebens 235 Boiotien 239 Athenische Initiativen nach Leuktra 242 Niedergang Athens 243

12. Die Opportunisten 249
    Iason von Pherai 251 Klearchos von Herakleia 255 Maussollos 258 Dion, Dionysios II. und Timoleon 261 Philipp von Makedonien 265

Anhang
   Zeittafel 279
   Quellenübersicht 283
   Literaturhinweise 286
   Quellenregister 290
   Personen- und Sachregister 296

Karten
   Die griechische Welt und das Perserreich 22
   Nordgriechenland 63
   Das athenische Reich 85
   Mittelgriechenland 105
   Sizilien und Süditalien 157
   Südwestkleinasien 259

Vorwort

Vor mehr als fünfundzwanzig Jahren schrieb Arnaldo Momigliano: »Alle, die sich mit antiker Geschichte befassen, sind sich dessen bewußt, daß das Fach griechische Geschichte in einer Krise steckt.« Diese Beobachtung gilt heute noch. Einige Schwierigkeiten sind technischer Art, etwa wenn es darum geht, eine Chronologie zu erstellen, den Text von Inschriften auf Stein zu rekonstruieren, die zerbrochen sind, oder Ereignisse in einen Zusammenhang zu bringen, die an verschiedenen Orten stattgefunden haben. Andere Schwierigkeiten resultieren aus den Quellen. Dazu gehört der Anspruch, sich freizumachen von der Fixierung der literarischen Quellen auf die politische und militärische Geschichte und auf die Interessen der Oberschicht, wie auch der Wunsch, einen Zusammenhang herzustellen zwischen den archäologischen Funden und den Berichten der erzählenden Quellen. Das grundlegende Problem besteht darin zu entscheiden, welche Interpretation für das Verständnis der Ereignisse und der sozialen Zusammenhänge angemessen ist. In diesem Buch habe ich versucht, solche Probleme deutlich zu machen und mich solchen Herausforderungen zu stellen, ohne dabei die klare Darstellung der Ereignisse zu vernachlässigen, die man im allgemeinen für »Geschichte« hält. Ich selbst kann kaum beurteilen, ob es mir gelungen ist, dieses Gleichgewicht zu halten.

Für ihre Hilfe bei der Entstehung dieses Buches habe ich vielen Personen und Institutionen zu danken: der Fondation Hardt und Professor Reverdin, ihrem Direktor, für drei Wochen ungestörter Forschungsarbeit, in denen ich das Buch entwerfen konnte; dem Direktor und den Kollegen des Oriel College in Oxford für ein Freisemester; meinem englischen Verlag Fontana Paperbacks für seine Geduld; John Ferguson, Russell Meiggs, Oswyn Murray und Martin Ostwald für ihre Kritik, ihre Anregungen und ihre Vorschläge; meinem Vater Harold Davies für seine scharfe, aber konstruktive Kritik von Stil und Inhalt; meiner Übersetzerin Andrea Wörle für ihre Leistung und ihr sprachliches Feingefühl; Kai Brodersen für seine wissenschaftliche Sorgfalt bei der Durchsicht des Textes und sein gutes Urteil bei der Überarbeitung der Literaturhinweise für deutsche Leser; und meinem deutschen Verlag für seine

Freundlichkeit und Unterstützung in allen Fragen. Mein wärmster und herzlichster Dank gilt ihnen allen.

John Davies
University of Liverpool
Dezember 1982

1. Die Quellen

Die griechische Geschichte vor 480 war bewegt und reich an Verwicklungen, erfuhr aber kaum Einwirkungen von außen. Das politische und kulturelle Leben der Griechen konnte sich in den Randzonen der Kulturen Mesopotamiens und des östlichen Mittelmeerraumes ungestört entfalten. Während der ganzen Zeit der griechischen Kolonisation hatten die Griechen außerhalb der Bereiche lange bestehender griechischer Kultur nur vorübergehend politischen Einfluß und drangen über bestimmte geographische Grenzen nicht hinaus. Nach 480 mündete ihre Geschichte in den historischen Hauptstrom ein. 478 brach die Expansion der Perser am Westrand ihres Reiches zusammen, und 338 begann die gewaltsame Eroberung dieses Reiches durch Griechen und Quasi-Griechen. Diese beiden Daten, Anfang und Ende dieses Buches, sind nicht nur für Griechenland von Bedeutung, sondern auch und vor allem für das östliche Mittelmeer. Sie umfassen zudem denjenigen Abschnitt der griechischen Geschichte, in dem die langfristigen Möglichkeiten und Grenzen der materiellen, politischen und geistigen Kultur Griechenlands im hellsten Licht erscheinen; damals wurde das meiste von dem geschaffen, was wir an griechischer Kunst und Literatur großartig finden; damals erlebten die griechischen Staaten und ihre Bürger die Höhepunkte ihrer Macht, ihres Ehrgeizes und ihrer Auseinandersetzungen.

Es ist auch die am besten dokumentierte Periode der griechischen Geschichte, wenn man den Begriff Dokument in seinem weitesten Sinne gebraucht. Schon die stummen Zeugnisse sind zahlreich: Bauwerke – Heiligtümer, Tempel, Befestigungsanlagen, öffentliche Gebäude, Wohnhäuser, Gräber und all die anderen Beispiele städtischer und ländlicher Siedlung – oder Kunst- und Gebrauchsgegenstände – Skulpturen, verzierte und schmucklose Töpferwaren, Waffen und andere Metallarbeiten, Münzen, Haushaltsgeräte, Werkzeuge von Handwerkern und Bauern und Schmuck. Menge und Beschaffenheit des greifbaren Materials allein genügen, um den Reichtum und die schöpferische Kraft einer Kultur deutlich zu machen, in deren Bereich zumindest einige Menschen und Gemeinden weit mehr als das Existenzminimum erreicht hatten, so daß sie die menschlichen Kräfte und die Natur- und Bodenschätze eines riesigen Gebietes beherrschen konnten. Auch wenn überhaupt nichts Schriftliches überliefert wäre, könnte man immer noch zu Recht von einer Hochkultur sprechen. Um so mehr aber kann man das, als uns die erhaltenen schriftlichen Zeugnisse erlauben, mit einiger Genauigkeit den politischen und sozialen Hintergrund dieser Kultur zu rekonstruieren. Es gibt etwa sechs Kategorien von Zeugnissen. Die einzelnen Autoren und die Gruppen von Belegen müssen natürlich im weiteren ausführlicher behandelt werden, aber wir wollen doch zu Beginn kurz darlegen, was von jeder Kategorie erhalten ist, und auf einige Grenzen der schriftlichen Überlieferung hinweisen.

Inschriften

Fast alle Inschriften sind auf Stein geschrieben, einige wenige auf Bronze- oder Bleitafeln. Vor 460 sind sie selten, später werden sie zahlreicher, vor allem in Athen, und liefern Hunderte von Zeugnissen unterschiedlicher Bedeutung. Das reicht von Verträgen, Gerichtsbeschlüssen und Abrechnungen von Amtsträgern bis hin zu Namenlisten für öffentliche und private Zwecke, Aufzählungen von Opfergaben, Grabinschriften und Verwünschungen. Inschriften werden in diesem Buch ausführlich zitiert, zum einen deshalb, weil Übersetzungen nicht ohne weiteres zugänglich sind und ständig neue Dokumente oder ergänzende Fragmente auftauchen, vor allem aber, weil ihre Form und ihre Ausdrucksweise mehr als irgendeine andere Quelle deutlich machen, wie das öffentliche Leben in Griechenland ablief und was man der Nachwelt erhalten wollte.

Geschichtsschreiber

Die Geschichtsschreiber bilden die zweite Kategorie. Wie fast alle literarischen Quellen sind sie in deutscher Übersetzung greifbar. Diejenigen, deren Werk als Teil oder als Ganzes überlebte, liefern uns einen Aufriß der politischen und militärischen Ereignisse, manchmal erschöpfend bis ins Detail, manchmal nur mit wenigen grundlegenden Angaben. Am ausführlichsten ist Thukydides' *Geschichte des Peloponnesischen Krieges*. Thukydides schrieb einen umfassenden Bericht, der in den späten dreißiger Jahren des 4. Jahrhunderts beginnt und Ende 411 mitten im Satz abbricht. Er wird fortgesetzt von den *Hellenika* des Xenophon, soweit sie erhalten sind. Sie reichen bis zur Schlacht von Mantineia im Jahre 362. Für den Abschnitt von 479, wo Herodot endet, bis 430 müssen wir uns hauptsächlich auf einen zusammenfassenden Überblick verlassen, der bei Thukydides als Exkurs eingefügt ist. Für die gesamte Periode, die dieses Buch abdeckt, liegt uns aber auch ein sehr summarischer Bericht vor, den Diodor von Sizilien in den vierziger und dreißiger Jahren des ersten Jahrhunderts v. Chr. aus älteren Quellen zusammengestellt hat. Von Diodor sind uns die Bücher 11 bis 20 seiner *Historischen Bibliothek* erhalten, die die Jahre von 480 bis 320 umfassen. Da seine Quelle für die Geschichte des griechischen Mutterlandes in den Jahren von 479 bis 431 in der Hauptsache doch Thukydides war, hat Diodor für diese Zeit wenig Wert; er verwendet aber ab 411 historische Quellen, die sonst nur fragmentarisch erhalten sind. Inzwischen sind wir in der Lage, die meisten von ihnen zu identifizieren, und können darauf vertrauen, daß Diodor die besten Zeugnisse ausgewertet hat. Allerdings ist ihm die Kompilation nicht immer sehr gut gelungen.

Diese Geschichtsschreiber haben bestimmte Merkmale gemeinsam. Die Geschichtsschreibung als literarische Gattung schwankte zwischen Rhetorik und Moralphilosophie. Das bedeutet, daß alle Historiker ihr Augenmerk sorgsam auf den sittlichen Wert dieser oder jener Handlung richteten und daß sie den führenden Persönlichkeiten in entscheidenden Augenblicken ausgefeilte Reden in den Mund legen, von denen unklar bleibt, ob sie je in dieser Form gehalten wurden. Außerdem konzentrieren sie sich im großen und ganzen auf politische und militärische Angelegenheiten und lassen ethnographische oder kulturelle Aspekte, wie sie etwa Herodot von den ionischen Logographen des sechsten Jahrhunderts übernommen hat, völlig außer acht. Zum dritten schreiben sie über die griechische Geschichte im allgemeinen, nicht über Lokalhistorie und lokale Überlieferungen, aus denen sich ein eigenes Genre entwickelte, das uns aus dieser Zeit nur durch Fragmente bekannt ist, und sie konzentrieren sich dabei natürlich auf die Beziehungen der führenden Staaten Griechenlands untereinander. Schließlich mußten sie über Ereignisse berichten, die zur gleichen Zeit an verschiedenen Orten oder an verschiedenen Kriegsschauplätzen stattfanden. Sie haben dieses Problem auf unterschiedliche Art und Weise gelöst, so etwa, wie Thukydides, durch eine strikte Abfolge oder, wie Xenophon nach 403 und wie einige von Diodors Quellen, durch die zusammenhängende Darstellung des gesamten Geschehens in einem Gebiet bis zu einem bestimmten Zeitpunkt, der sich als Einschnitt anbot. Infolgedessen ist die Datierung der Ereignisse sehr oft problematisch, wozu noch beiträgt, daß eine erkennbare allgemein gültige Chronologie fehlt. Jeder Staat hatte einen eigenen Kalender und ein eigenes Datum des Jahresbeginns. Thukydides mußte den Beginn des Peloponnesischen Krieges (nach unserer Zeitrechnung im Jahr 431 v. Chr.) folgendermaßen festlegen: ». . . im 15. Jahr des Dreißigjährigen Friedens, als Chrysis seit 48 Jahren Priesterin in Argos war, als in Sparta Ainesias das Ephorat innehatte und Pythodoros noch für zwei Monate Archon war in Athen, im sechsten Monat nach der Schlacht bei Poteidaia und am Frühlingsanfang« (2, 2, 1). Natürlich wurde es einfacher, nachdem Hippias von Elis eine Liste der Olympiasieger des Stadions, des 200-Meter-Laufes, aufgestellt hatte, die mit dem Jahr 776 als dem Gründungsdatum der Olympischen Spiele begann. So hat beispielsweise Diodor das Jahr 380/79 folgendermaßen datiert: »Als das Jahr vorher vergangen war, war Pytheas Archon in Athen. In Rom wurden anstelle von Konsuln sechs Tribunen gewählt . . . Von den Eleern wurde die 100. Olympiade gefeiert, bei der Dionysodoros von Tarent das Stadion gewann.« (15, 23, 1) Es war aber immer noch ein sehr grobes System, um die Daten von Jahren anzugleichen, die im Januar, März, Juli oder September begannen, insbesondere wenn es wie bei Diodor mit wenig Sorgfalt gehandhabt wurde. So sind wir häufig nicht sicher, in welches von zwei oder drei möglichen Jahren ein überliefertes Ereignis zu datieren ist. Manchmal bleibt es sogar ungewiß, in welcher Dekade eine Anekdote oder ein Dokument angesiedelt werden muß.

Attische Reden und Flugschriften

Eine dritte Kategorie von Zeugnissen sind die attischen Reden und Flugschriften. Die Grenze zwischen Rede und Flugschrift ist nicht leicht zu ziehen, denn Reden sind uns nur erhalten, wenn vom Autor Kopien gemacht wurden oder wenn sie wie ein Manifest für eine Veröffentlichung niedergeschrieben wurden. Der erste, der dies tat, war der Athener Antiphon um 420 v. Chr. Er schrieb auch Reden für fiktive Anlässe, die als Lehrbeispiele dienten. Etwa 145 Reden oder rhetorisch gestaltete Flugschriften sind aus dem Jahrhundert zwischen 420 und 320 erhalten, und wir sind in der glücklichen Lage, darin das Werk vieler verschiedener Autoren zur Verfügung zu haben. Die Werke der großen Redner und Stilisten Lysias und Demosthenes gehören ebenso dazu wie die Werke weniger bedeutender Persönlichkeiten wie Andokides oder Apollodoros und auch Reden und Flugschriften, die in die gesammelten Werke des einen oder anderen Autors eingegangen sind, mit Sicherheit aber nicht von ihm stammen. Eine der wichtigsten dieser anonymen Schriften ist eine Flugschrift aus den zwanziger Jahren des fünften Jahrhunderts, die in der uns erhaltenen Überlieferung fälschlicherweise dem Xenophon zugeschrieben wird. Sie beschreibt die zeitgenössische athenische Gesellschaft vom sehr verbitterten und reaktionären Standpunkt eines Verfassers aus, der im allgemeinen »Pseudoxenophon« genannt wird. Abgesehen von solchen Flugschriften wurden Reden geschrieben, die für den Vortrag vor Gericht oder vor der Volksversammlung bestimmt waren. Letztere waren ohnehin für die Öffentlichkeit gedacht, und erstere ebenfalls, wenn sie die Anklage oder Verteidigung einer bedeutenden Persönlichkeit betrafen, gegen die wegen ihrer politischen Tätigkeit verhandelt wurde. Derartige Anklagen waren zumindest in Athen sehr häufig. Andere Gerichtsreden betrafen Erbschaftsstreitigkeiten, Bürgerrechtsverleihungen und ähnliches und vermitteln uns auf diese Weise sehr viel über das Zivilrecht.

Biographien

Eine vierte Kategorie ist die Biographie. Diese Gattung scheint sich am Ende des fünften Jahrhunderts aus den Flugschriften entwickelt zu haben, in denen es ja um Lob oder Schmähung berühmter Leute ging. Die ältesten erhaltenen Beispiele von Xenophon und Isokrates haben eindeutig panegyrischen Charakter. Später entnahmen griechische und lateinische Autoren aus älteren historischen Quellen Anekdoten über Feldherrn und Politiker. Der wichtigste Beitrag dieser Art stammt von

Plutarch, der von etwa 70 bis 120 n. Chr. schrieb. Er las zahllose Quellen, die heute verloren sind, verband deren erstaunliche, wenn auch zuweilen unkritische Erschließung mit dem Wissen und dem Temperament des stoischen Moralphilosophen, um seine Biographien zu schreiben, Charakterskizzen, die zu Glanzstücken der Wiederbelebung historischer Vorlagen und psychologischen Scharfsinns wurden.

Dichtung

Bei den bis jetzt genannten Quellen handelt es sich ausschließlich um Prosawerke. Kein Historiker wird aber die Poesie des fünften Jahrhunderts außer acht lassen können. Die lyrische Dichtung als höhere Kunstgattung hat das Jahr 450 nicht überlebt, doch Struktur und Inhalt der erhaltenen Chorlieder und Oden des Pindar vermitteln uns, wie wir sehen werden, sehr viel über Werte und Anschauungen der Oberschicht. Dasselbe gilt für die attische Tragödie. Obwohl sie sich fast ausschließlich mit mythologischen Themen befaßt, die in irgendeiner fernen Vergangenheit angesiedelt sind, behandelt sie diese Mythen doch in der Sprache ihrer Gegenwart und bringt zeitgenössische Wertungen, Argumentationen, Anschauungen und gelegentlich sogar politische Meinungen mit ein. So liefert ihre Verarbeitung der mythologischen Vorlagen wichtige Zeugnisse für den Historiker. Noch weit mehr trifft dies zu für die erhaltenen Komödien des Aristophanes und für die Fragmente der Alten Komödie des fünften Jahrhunderts. Diese Gattung war eine seltsame Mischung aus komischen Dialogen, rituellen Obszönitäten, Parodien der Mythologie, Personifizierung von Tieren, Märchenmotiven und lyrischer Dichtung, und zu dieser Mixtur kamen nach 450 noch politische Satire, politische Karikatur und politische Kommentare hinzu. Leider sind uns aus der Zeit nach 388 keine Komödien erhalten, sondern erst wieder die Stücke Menanders, die ab etwa 320 entstanden sind und deshalb außerhalb der zeitlichen Begrenzung dieses Buches liegen. Auf eines soll aber doch hingewiesen werden: Aus den Komödien Menanders sind die ausschweifend phantastischen Motive der Alten Komödie verschwunden, und sie haben keinerlei offenkundig politischen Inhalt mehr. Dennoch sagen sie, was ihre Themen und Anliegen betrifft – im allgemeinen befassen sie sich mit

Fragen des Status, des Bürgerrechts und des privaten Wohlstands und mit romantischen Liebesbeziehungen –, weitaus mehr als ihre klassischen Vorgänger über die privaten Wünsche und Träume der Zeitgenossen aus, und zwar dadurch, daß sie eine realistischere Form des Ausdrucks wählen.

Philosophische und wissenschaftliche Schriften

Zu dieser Kategorie gehören alle Arten von philosophischen Schriften. Es ist die vielseitigste Gruppe, denn abgesehen von den erhaltenen Werken des Platon und des Aristoteles sind hier noch viele Schriften anderer Autoren hinzuzurechnen, die Gelehrsamkeit oder naturwissenschaftliches Vorgehen erkennen lassen. Ihr gemeinsames Kennzeichen ist das systematische Sammeln und Analysieren von Daten und von Beispielen empfehlenswerten Handelns in vielen Bereichen. Das reicht von der Lokalhistorie und von der Redekunst, von politischen Systemen und militärischen Techniken bis hin zur Haus- und Gutswirtschaft und zur Staatskunst, zu Medizin, Botanik und Mineralogie. Für den Historiker, der hier als Soziologe der Wissenschaft arbeitet, ist es die dringlichste Aufgabe zu klären, weshalb diese geistige Tätigkeit ausgeübt wurde und wann dies geschah. Hier wollen wir nur kurz auf Umfang und Art der Nachrichten hinweisen, die dadurch zugänglich werden.

Lückenhaftigkeit der Überlieferung

Doch stellen gerade die Beschaffenheit, die Menge und die Unmittelbarkeit dieser Zeugnisse eine gefährliche Verlockung dar. Erstens liegt ja nur ein Bruchteil dessen vor, was einst vorhanden war. Die philosophischen und wissenschaftlichen Schriften des fünften Jahrhunderts sind fast alle verloren. Die Schriften vieler älterer Geschichtsschreiber, wie die des Ephoros und des Timaios, und auch die der Lokalhistoriker und »Antiquare« (an der Vergangenheit bloß als solcher interessierte Gelehrte) kennen wir nur durch kurze Zitate oder durch Diodors Auszüge. Von den 158 Verfassungen griechischer Staaten, die von Aristoteles (oder unter seiner Anleitung) gesammelt wurden, ist uns nur eine, die Verfassung Athens, erhalten, und zwar verstümmelt auf einem Papyrus, dessen Inhalt erst 1891 veröffentlicht wurde. Abgesehen von den etwa 145 Reden oder rhetorisch gestalteten Pamphleten, die uns mehr oder weniger vollständig überliefert sind, haben wir von fast 440 anderen nur den Titel oder ein Fragment. Auf jeden Fall muß das uns Vorliegende nicht notwendig das Beste oder das Typischste sein von dem, was einst vorhanden war. Ein Beispiel: In den Jahren 1908 und 1949 wurden einige Papyrusfragmente eines hervorragenden, nicht identifizierbaren und bis dahin ganz unbekannten Geschichtsschreibers veröffentlicht, der den Thukydides fortsetzt. Wir wissen heute, daß sein Werk die Grundlage war für Diodors Bericht ab 411, und wir können versuchen, ihn zu benennen. Wäre aber das vorliegende Buch vor 1908 geschrieben worden, hätten wir nicht die leiseste Ahnung von der Existenz und schon gar nicht von dem historischen Wert jenes Werkes.

Zweitens bezieht sich die überwältigende Mehrheit der Zeugnisse aus diesen beiden Jahrhunderten auf Athen. Von Plutarchs vierzehn erhaltenen Biographien aus dieser Epoche befassen sich acht mit Athenern. Von den erhaltenen Reden sind alle bis auf zwei zum Vortrag in Athen verfaßt worden. Die erhaltenen Tragödien und Komödien kommen fast ausnahmslos aus Athen, ebenso die meisten philosophischen Schriften und »wissenschaftlichen« Materialsammlungen. Gegenüber annähernd 200 erhaltenen athenischen Gerichtsbeschlüssen aus den Jahren von 478 bis 336 und einigen hundert anderen Verwaltungsdokumenten steht uns nur eine winzige Menge epigraphischen (inschriftlichen) Materials von anderswo zur Verfügung (hauptsächlich von den großen Heiligtümern wie Olympia und Delphi). Nur zwei Dokumente veranschaulichen den Peloponnesischen Krieg aus der Sicht Spartas, und viele Regionen – Sizilien, Süditalien, Thessalien, Korinth – sind epigraphisch gesehen eine Wüste.

Drittens: Abgesehen von der Befangenheit durch die athenische Sicht gibt es noch andere, weniger offen zutageliegende Einseitigkeiten des Quellenmaterials, die nur dann sichtbar werden, wenn wir die Skala dessen, was uns von den Quellen wirklich vermittelt wird, der Skala von Handlungen und Ansichten gegenüberstellen, die über die griechische Gesellschaft insgesamt angenommen werden können. Ein spezielles Beispiel: Bauabrechnungen vom Parthenon oder vom Erechtheion in Athen, vom Asklepios-Heiligtum in Epidauros oder vom nach 370 gebauten Tempel in Delphi sagen uns sehr viel über den monumentalen Tempelbau unter staatlicher Aufsicht, nichts aber über staatliche Bauten, die unter privater Leitung errichtet wurden, über kleinere oder private Kultgebäude, über den privaten Hausbau, über Planung und Bau neuer Siedlungen wie Thurioi und Amphipolis oder über die neuerbauten Stadtviertel in Piräus, Olynth und Milet. Ein anderes Beispiel: Wir besitzen Zeugnisse über Kulte und Feste in Form von Weihinschriften, von Opferlisten oder von Siegerlisten bei kultgebundenen athletischen oder musischen Wettkämpfen. Doch geben solche Dokumente unvermeidlich nur den offiziellen, an eine bestimmte Form gebundenen Vorgang wieder, wie auch religiöse Dichtung und Mythographie die schöpferische, aber in eine rationale Form gebrachte Suche nach den Ursprüngen verkörpern und nebenbei nach einer Erklärung und Bestätigung überlieferter Rituale suchen. Die ekstatischen, die ungewöhnlichen, die der Magie verhafteten Seiten der griechischen Religion spiegeln sich darin viel weniger deutlich. Das gilt noch mehr für die fundamentalen Bereiche dessen, was mit dem Gebrauch von Symbolen zusammenhängt und mit der Möglichkeit, dadurch die wichtigsten Ereignisse des menschlichen Lebens (Geburt, Heranwachsen, Heirat, Trauerfälle und Tod) verständlicher zu machen. Um es allgemeiner auszudrücken: Über Kriege, Politik und Gerichtswesen erfahren wir einiges, aber nur ganz wenig über den Alltag auf den Feldern, in den Weinbergen, auf den Bergweiden, in den Werkstätten, in den Bergwerken, an Bord der Schiffe oder im häuslichen Bereich. Frauen und Sklaven werden, ob als Individuen oder als Gruppe, selten erwähnt. Wir sind, ob wir wollen oder nicht, immer auf das Denken und Handeln der Oberschicht und der Wohlhabenden fixiert.

Schließlich bleibt noch ein kritischer Punkt, vielleicht der wichtigste von allen. Die homerische Tradition einer formelhaften Ausdrucksweise hielt sich sehr lange. Ein »Dokument« war etwas, wofür man eine Phraseologie wählte, die aus einer verhältnismäßig begrenzten Anzahl klar definierter Begriffe bestand. Seine Existenz und sein Überleben hingen davon ab, ob der Autor und seine Zeitgenossen es für erhaltenswert hielten, und davon, wie stark die Ausdrucksweise von Formelhaftigkeit geprägt war. Es sind uns keinerlei »private« Aufzeichnungen erhalten. Wenn wir die Briefsammlungen ausschließen, die entweder politischen Inhalts waren oder Fälschungen aus späterer Zeit oder auch beides, so haben wir überhaupt nur zwei griechische Privatbriefe aus der Zeit vor 320. Grafitti der Art, wie sie die Beschäftigung mit Pompeji so unterhaltsam machen, sind ganz selten. Sogar die Scherben mit den Namen athenischer Politiker, die bei Prozessen über die Verbannung durch Ostrakismos benutzt wurden, sagen meist recht wenig aus und machen es uns durch ihre aus praktischen Gründen knappe Ausdrucksweise schwer, zu erkennen, was eigentlich gemeint war. Selbst eine auf den ersten Blick so persönliche Äußerung, wie sie auf einem athenischen Fluchtäfelchen zu finden ist, auf dem es heißt »(Ich verfluche) Kittos, den gebrandmarkten Sklaven, Netzweber, sein Handwerk und seine Werkstatt, Euphrosyne, die Netzweberin, ihr Handwerk und ihre Werkstatt, Philomelos von Melite und Phileas von Melite (und) Eugeiton, den Sohn des Eugeiton von Acharnai«*, ist, wie ähnliche Inschriften zeigen, durch und durch formelhaft. Gewiß sind immer neue Formen und Gattungen entstanden oder haben sich herausgebildet, aber überall in den Zeugnissen muß man sich mit der Undeutlichkeit einer zutiefst formelhaften und formalisierten Ausdrucksweise herumschlagen.

Der Quellennachweis ist also weniger einfach, als es zunächst den Anschein hat. Es ist notwendig, die Auseinandersetzung mit den Quellen zur Grundlage der Untersuchung zu machen, sich ständig mit ihnen zu beschäftigen und sich den Schwierigkeiten zu stellen, die in ihrer Begrenztheit begründet liegen. Man muß aber auch versuchen, die Lücken zu füllen und sich von den Vorurteilen der Quellen freizumachen. Am besten kann man das, wenn man Gegenstände und Gesetzmäßigkeiten erforscht, die Interpretationen möglich machen, und wenn man auf direktestem Wege eine Rekonstruktion der griechischen Geschichte und Gesellschaft als Ganzes anstrebt. Glücklicherweise wird dabei eines sehr hilfreich sein: Selbst was Oligarchien und Monarchien betrifft, ist es voreilig, von Politik und Macht zu sprechen, als sei dies ein selbständiger Bereich, dessen Kontrolle tatsächlich nur in den Händen einer kleinen, deutlich abgegrenzten Elite lag. Vielmehr gab es in jeder Staatsform einen hohen Grad an gegenseitiger Durchdringung von Politik und wirtschaftlichen Grundlagen (besonders beim Grundbesitz), von sozialem Wertesystem und den Inhalten der Kunst. Das Quellenmaterial spiegelt diese Beziehungen wider, allerdings auf Umwegen. Wenn sich also dieses Buch auch an politi-

---

* E. Ziebarth, SB Berlin 1934, 1032, Nr. 5.

schen und sozialen Angelegenheiten orientiert, was unvermeidlich auf Kosten der bildenden Kunst, der schönen Literatur und der Philosophie geschieht, befaßt es sich doch insgesamt mit einer kulturellen Einheit. Wir werden ständig von der Frage begleitet werden, inwieweit diese kulturelle Einheit eine Entwicklung hin zur politischen Einigung fördern konnte. Die Situation des Jahres 478 ist ein guter Ausgangspunkt, um zu erkennen, was eine derartige Entwicklung begünstigte und was sie behinderte.

2. Die griechische Welt im Jahre 478

Geographische Grenzen

Wenn wir vom »Griechenland« des Jahres 478 sprechen, meinen wir teils mehr, teils weniger als das heutige Griechenland. Es schloß einen beträchtlichen Teil des heutigen Libyen ein, den größten Teil Zyperns, einen mehr oder weniger zusammenhängenden Streifen Land an der Westküste der Türkei von Rhodos bis zum Hellespont, verstreute Siedlungen rund um das Schwarze Meer, die thrakische Chersones (Gallipoli), einen Streifen Land am Nordrand der Ägäis, verstreute Siedlungen entlang der Ostküste der Adria bis nach Albanien, den größten Teil der Fußspitze des italienischen Stiefels und fast ganz Sizilien. Umgekehrt aber waren einige Gebiete des heutigen Griechenland weder griechisch (Thrakien) noch empfand man sie als solche (Makedonien). Dieser geographische Umriß ist recht gut belegt durch antike Geschichtsschreiber und »Antiquare«, durch die Fundorte von Inschriften in griechischer Sprache und durch das archäologische Zeugnis von Tempeln, Häusern und öffentlichen Gebäuden in eindeutig griechischer Bauweise.

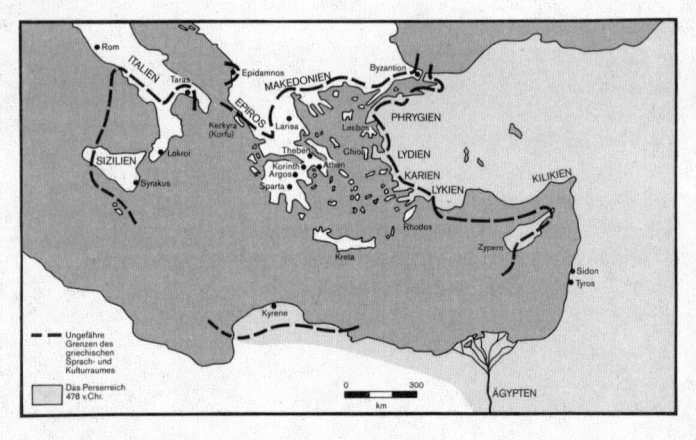

Die griechische Welt und das Perserreich

Gesellschaft

Weniger einfach läßt sich feststellen, was die griechische Welt denn griechisch machte. Eine Möglichkeit besteht darin, den Standpunkt eines Beobachters von außen einzunehmen und einige der Punkte festzustellen, worin sich die griechische Welt von unserer unterscheidet, obwohl wir Begriffe wie »Politik«, »Demokratie«, »Ethik«, »Rhetorik«, »Logik« oder »Geometrie« von den Griechen geerbt haben, und obwohl so viele Verhaltensmuster des öffentlichen und privaten Lebens – Gesetze niederzuschreiben, Münzgeld zu verwenden, Entscheidungen auf Grund von Beratungen zu treffen – auf den ersten Blick oder auch grundsätzlich den unsrigen ähnlich sind. Einige Unterschiede springen ins Auge: Grundlage der religiösen Praxis war der Polytheismus, und es bestand eine enge Verknüpfung mit der Fruchtbarkeit und mit den Jahreszeiten; die Sklaverei war weit verbreitet, entsprechend den örtlichen Verhältnissen entweder als Schuldknechtschaft oder als Leibeigenschaft; wirklich lesen und schreiben konnten nur wenige, aber flüchtige Kenntnisse auf diesem Gebiet waren vermutlich auch unter den freien Bürgern niedriger sozialer Schichten sehr weit verbreitet; die politischen Einheiten waren so klein, daß das heutige Luxemburg zu den größeren Staaten gezählt hätte.

Es ist offensichtlich, was aus solchen Unterschieden zu folgern ist. Mit anderen muß, obwohl sie gleichermaßen den Abstand zwischen der griechischen und unserer Gesellschaft deutlich machen, etwas vorsichtiger umgegangen werden. Ich will nur zwei Dinge erwähnen. Zunächst einmal können wir ziemlich sicher sein, daß, wie in anderen vorindustriellen Gesellschaften, mehr als die Hälfte, vielleicht sogar 90 Prozent der erwachsenen Bevölkerung, Sklaven wie Freie, Männer wie Frauen, in der Landwirtschaft beschäftigt waren. Gemeinden waren deshalb vor allem Ansammlungen von bäuerlichen Haushaltungen. Daraus konnten Städte werden, wenn Handwerker und eine politische Elite dazukamen. Es gab eine Tendenz, sich an Plätzen niederzulassen, wo mykenische Burgen gestanden hatten, wie in Theben, Athen oder Orchomenos, oder wo es eine Akropolis gab, die man verteidigen und im Notfall bewohnen konnte. Dennoch scheinen erst im sechsten Jahrhundert Städte groß genug gewesen zu sein, daß sie städtische Anlagen wie Mauern, Abflußkanäle und Brunnen brauchten, und wie wir sehen werden, hatte in vielen Gebieten die

Urbanisierung im Jahre 478 noch gar nicht begonnen. Die Folge davon ist, daß viele Kultzentren, wie die wichtigen Orakel in Delphi und Dodona, die ihre Bedeutung gewonnen hatten, bevor die Urbanisierung Fortschritte machte, und viele Heiligtümer und heilige Bezirke, wie der Hera-Tempel bei Argos oder der Apollon-Tempel in Bassai in Arkadien, mitten auf dem Lande liegen. Die Machtbeziehungen zwischen den Heiligtümern und den örtlichen Gemeinden waren deshalb nicht selten gespannt und kompliziert.

Wirtschaft

Ein zweiter wichtiger Unterschied ist der Mangel an fossilen Brennstoffen. Gewiß, Eisen und Bronze waren vorhanden und wurden für Waffen und Pflugscharen und ähnliches verwendet. Sie wurden aber mit Holzkohle verhüttet, und für die Herstellung von Geräten für den Haushalt und für die Landwirtschaft gab es von diesen Metallen nicht genug. Deshalb wurden diese Utensilien aus Holz, Binsen oder Ton gefertigt. (Daher kommt es, daß die Tongefäße mit ihren Formen und Größen, von denen jedes seine besondere Funktion hatte, in allen Museen einen so hervorragenden Platz einnehmen, während die Erzeugnisse aus anderem Material der Zeit nicht standgehalten haben.) Holzkohle oder Holz waren auch der Brennstoff für die Küche, und selbst sie sind vermutlich knapp geworden. Wir erfahren von Erosion und Abholzung der Wälder; das Holz für die athenischen Schiffe mußte aus Thrakien oder Makedonien importiert werden. Es wurde sogar aus den athenischen Häusern Bauholz entfernt, wenn man beim Bau zu großzügig damit umgegangen war. Der Transport auf See wurde mit Segel- oder Ruderschiffen durchgeführt, auf Land hauptsächlich mit Lastkörben, die von Menschen oder Mauleseln getragen wurden. Die Straßen waren zu schlecht und das Geschirr für Zugtiere zu ungeeignet, als daß man viel Gebrauch von Wagen hätte machen können. Die Truppen marschierten oder fuhren mit dem Schiff. Wollte ein Staat mit einem anderen Kontakt aufnehmen, dann schickte er einen Boten oder einen Gesandten aus und wartete auf dessen Rückkehr. Kleider wurden meist in den Haushalten hergestellt, gewöhnlich war das die Arbeit von Frauen jeden Alters und jeden Standes. Künstliches Licht kam nur von Lampen, die mit Pflanzenöl gespeist wurden; man sah damit im Hause wenig und draußen gar nichts. Mond und Sterne waren deshalb von ungeheurer Bedeutung, um so mehr, als sie für Seeleute und Bauern die einzig verläßlichen Zeichen für den Ablauf des Jahres boten. Schließlich soll noch die keineswegs nebensächliche Tatsache erwähnt werden, daß die Griechen in einer Welt lebten, in der es keine Uhren gab.

Vieles davon könnte natürlich für diese Zeit von allen mediterranen oder europäischen Staaten gesagt werden. Doch waren die Griechen ganz zu Recht der Ansicht, daß sie im Vergleich zu vielen anderen bemerkenswert zivilisiert lebten und auf einem hervorragenden kulturellen Niveau standen. Wir müssen deshalb feststellen, inwiefern Griechenland eine Einheit bildete und als solche empfunden wurde, obwohl eine gemeinsame Hauptstadt oder ein gemeinsames kulturelles Zentrum fehlten. Wir werden unterscheiden müssen zwischen den Faktoren, die allen griechischen Staaten gemeinsam, und anderen, die typische Kennzeichen einzelner Regionen oder Städte waren. Diese Unterscheidung wird uns auch helfen zu verstehen, weshalb die einzelnen Regionen ganz unterschiedliche Wege der politischen und kulturellen Entwicklung einschlugen. Es gibt eine Quelle, die dafür besonders ergiebig sein wird, die *Historien* des Herodot. Der Hauptstrang seines Berichtes endet mit den Feldzügen von 479, aber Anekdoten und eingestreute Exkurse veranschaulichen Denken und Haltung eines Mannes, der um 480 geboren wurde und sein Werk in der Zeit von 450 bis 430 niederschrieb.

Sprache

Der wichtigste, der fundamentale gemeinsame Nenner aller griechischen Staaten ist natürlich die griechische Sprache – oder sind vielmehr die griechischen Sprachen, denn es scheint ebenso viele Dialekte gegeben zu haben, wie es Staaten gab. Herodot führt ein extremes Beispiel dafür an, wenn er sagt:

Die Ionier sprechen nicht alle dieselbe Sprache, sondern es gibt vier unterschiedliche Typen. Für den Süden ist die führende Stadt Milet, dann kommen Myous und Priene. Alle drei sind Siedlungen in Karien und haben denselben Dialekt. Die ionischen Städte in Lydien sind Ephesos, Kolophon, Lebedos, Teos, Klazomenai und Phokaia. Diese

Städte stimmen, was die Sprache betrifft, überhaupt nicht mit den obengenannten überein, sondern haben gemeinsam einen eigenen Dialekt. Es gibt drei weitere ionische Städte, davon sind zwei Inseln, Samos und Chios, und eine, Erythrai, liegt auf dem Festland. Chios und Erythrai sprechen denselben Dialekt, aber die Samier haben einen eigenen Dialekt für sich. Das sind die vier Dialekte. (Herodot 1, 142, 3–4)

Andererseits bemerkt Pseudoxenophon, daß die Athener »dadurch, daß sie jeden Dialekt hören, vom einen dieses, vom anderen jenes übernommen haben. Jeder griechische Staat neigt dazu, seine eigene Sprache zu entwickeln und eine eigene Lebensweise und eigene Kleidung, aber die Athener haben das mit Bestandteilen vermischt, die von allen möglichen Griechen und von den Barbaren stammen.« (2, 8) Wie wenig wir darüber wissen, läßt sich daran erkennen, daß wir mit Hilfe der erhaltenen literarischen und inschriftlichen Zeugnisse nicht die Unterschiede feststellen können, auf die Herodot anspielt. Vielleicht kamen sie nur in der gesprochenen Sprache zum Vorschein. Wir können aber doch die Hauptdialektgruppen identifizieren, nämlich den ionisch-attischen, den dorischen, den aiolischen, den arkado-zyprischen und den nordwestgriechischen Dialekt. Offenbar wurde keiner von ihnen als »Hochgriechisch« verstanden. Etwas Derartiges gab es nicht. Es läßt sich noch etwas daraus schließen: Wenn etwa die Athener auch den dorischen Dialekt, den man in Megara und Sparta sprach, komisch fanden, so waren sie doch ohne weiteres in der Lage, die Leute aus Megara und Sparta zu verstehen. Die Griechen haben anscheinend niemals Schwierigkeiten gehabt, Dokumente oder Schriften zu verstehen, die in einem anderen Dialekt verfaßt waren. Diese Einheit von Sprache und Schrift ist etwas Fundamentales; sie bildete die Grundlage für die Trennung zwischen Griechen und Barbaren. Es entwickelte sich eine Gleichsetzung von »griechisch«, »Griechen« und »Kultur«, die so stark war, daß sie sogar durch die Eroberung des östlichen Mittelmeerraumes durch die Römer kaum aufgehoben werden konnte. Umgekehrt wurde es dadurch möglich, daß das Gebiet, in dem griechische Kultur und Sprache von maßgeblichem Einfluß waren, durch die Eroberungen Alexanders des Großen eine fast unbegrenzte Ausdehnung erfuhr, denn die eroberten Gebiete nahmen Kultur und Sprache der Eroberer an.

Kult und Religion

Eng verbunden mit der gemeinsamen Sprache und Kultur gab es als weiterer einigenden Faktor bestimmte Einrichtungen, die allen gemeinsam waren, vor allem solche kultischer und religiöser Art. Der Apollon, der in Delos verehrt wurde, der Apollon Pythios von Delphi und der Apollon Karneios von Sparta mögen ursprünglich verschiedene Gottheiten gewesen sein. Die an ihnen wahrnehmbaren Ähnlichkeiten hatten jedoch allmählich dazu geführt, daß sie zur Gestalt eines einzigen Gottes für ganz Griechenland zusammenflossen. Dasselbe geschah mit allen anderen höheren Gottheiten, deren Beziehungen untereinander man sich wie die einer »göttlichen Familie« dachte, schon lange bevor die Dichtung eines Homer und Hesiod dieses Thema poetisch gestaltete und es als den wichtigsten Ausgangspunkt griechischer Theologie für die Nachwelt bewahrte. Ähnlich verhielt es sich mit den Mythen über Götter und Heroen. Sie waren weit und breit bekannt durch das Epos, durch die Lyrik, durch die frühe Tragödie, durch bildliche Darstellungen an Tempeln, durch Vasenmalereien und ähnliches, obwohl einige Mythen an bestimmte Städte oder an bestimmte Kultstätten gebunden und deshalb vor allem ein Bestandteil der lokalpatriotischen Überlieferung waren. Götterverehrung und Rituale hatten überall ähnliche Formen; das direkte Gebet zur Gottheit, Opfergaben in Form von Nahrungsmitteln, Tieren oder Pflanzen, die manchmal auf dem Altar verbrannt wurden, Tänze und Gesänge und Votivgaben. Es gab heilige Bezirke, Altäre, Weihestätten und seit dem neunten Jahrhundert auch überdachte Tempel. Der Glaube an Entweihung und an die Möglichkeit der Reinigung, an die verschiedenen Formen von Orakeln, von Weissagungen und Prophezeiungen oder an den Schutz, den Zeus den Bittenden und Hilfesuchenden gewährt, war allen gemeinsam. Zudem gab es, obwohl die meisten religiösen Übungen natürlich im jeweils durch lokale Überlieferungen festgelegten Rahmen eines Haushaltes, eines Dorfes oder eines Stadtstaates stattfanden, Heiligtümer, kultische Zeremonien und Feste, die in ganz Griechenland akzeptiert wurden und für ganz Griechenland von Bedeutung waren und die früher oder später von Menschen aus allen griechischen Staaten besucht wurden.

Politische Institutionen

Ein drittes verbindendes Element, das man aus den Quellen ablesen kann und in ihnen widergespiegelt findet, ist die Tatsache, daß große und kleine Staatsverbände ähnlich organisiert waren und ein ähnliches Gemeinschaftsgefühl besaßen. Herodot läßt im Jahre 480 einen Mann zum persischen König Xerxes sagen: »Wenn ein Spartaner für sich alleine kämpft, so bedeutet er weniger als nichts, wenn sie aber gemeinsam kämpfen, sind sie die besten von allen. Grund ist dies, daß sie, obwohl sie frei sind, dies doch nicht vollständig sind, denn sie haben einen Herrn über sich, das Gesetz, das sie mehr fürchten, als deine Untertanen dich fürchten«. (7, 164, 4) Ironischerweise war der Sprecher der abgesetzte spartanische König Demaratos, der sich als Verbannter am persischen Hof aufhielt, aber sein Wort klingt überzeugend. Autoritäre Staatsformen ohne irgendeine Rechenschaftspflicht waren inzwischen generell den auf einer Verfassung begründeten Staatsformen gewichen, die freilich oft noch am Anfang ihrer Entwicklung standen und wie in Sparta selbst oligarchisch waren; es gab feste, wenn auch häufig noch ungeschriebene Gesetze; es gab eine souveräne politische Einheit, den »Stadtstaat«, der sich wie folgt definieren läßt: Nicht regionale Grenzen oder eine Gruppe von Leuten, die einfach dadurch verbunden sind, daß sie von einem König beherrscht werden, der seine Herrschaft aus einem dynastischen Erbe oder aus militärischer Macht ableitet, machen den Stadtstaat aus, er beruht vielmehr auf der geographischen Einheit und darauf, daß alle Bürger einer Gruppe angehören, die durch reale oder fiktive Blutsverwandtschaft und durch gemeinsame Abstammung verbunden ist. Man kann dies zu Recht als das vorherrschende Modell bezeichnen; es ist auf die meisten Staaten anwendbar, die im fünften und vierten Jahrhundert kulturell oder politisch eine hervorragende Rolle spielten. Es gab aber in dieser Zeit auch einige gewichtige und bezeichnende Ausnahmen. Die autokratische Alleinherrschaft oder etwas ganz ähnliches hat überlebt, und zwar bemerkenswerterweise an der geographischen Peripherie, in Zypern und Sizilien und im noch wenig besiedelten nordwestgriechischen Bergland. Eine andere Form der Monarchie hat in Sparta selbst weiterexistiert. Hier gab es aus bisher völlig unbekannten Gründen zwei Könige, jeder aus einem ganz unabhängigen königlichen Haus. Ihre Macht wurde im Laufe der Zeit eingeschränkt, aber sie behielten das erbliche

Oberkommando über die Armee und konnten, wenn sie dazu fähig waren, ihre Position, durch die sie ständig im Zentrum der Ereignisse standen, dazu benutzen, in der Innen- und Außenpolitik größeren Einfluß zu gewinnen. In anderen Regionen, so in Arkadien und in Achaia, gab es ein Netz kleiner, gebietsmäßig eingeschränkter Gemeinden, aus dem nach und nach eine Bündnisorganisation entstand, die für das Überleben und Gedeihen eine bessere Voraussetzung bot als die großen zentralistischen Nationalstaaten. Und doch war die Anziehungskraft des Stadtstaats als administrative, kulturelle und politische Einheit so groß, daß andere Formen der politischen Organisation im Laufe der Zeit von ihm aufgesogen wurden. So zeigen uns zum Beispiel die Quellen zur Geschichte Delphis, wie die Niederlassung um das Heiligtum herum verwaltungsmäßig Schritt für Schritt die Eigenschaften eines Miniaturstadtstaates annahm.

Von den zwei grundlegenden Kriterien eines Stadtstaates, der geographischen Einheit und der verwandtschaftlichen Bindung, hat das zweite größere Bedeutung. Das Gefühl der Blutsverwandtschaft und der gemeinsamen Abstammung konnte sogar ein geographisches Auseinanderbrechen, die Verpflanzung einer Gemeinde oder ihre gewaltsame Unterdrückung über Jahre und sogar Generationen überleben. Es wurde zum einen durch die stammesmäßige Natur der Teile gefördert, aus denen jedes uns bekannte griechische Staatswesen zusammengesetzt war – das galt auch, wenn, wie in Athen, neue und »künstliche« Elemente hinzukamen –, und zum anderen durch die Art und Weise, wie die Bürgerschaft als ein rein erblicher Status erhalten wurde.

In Athen sind nur diejenigen Bürger, die einen athenischen Vater und eine athenische Mutter haben. Sie werden in die Bürgerliste aufgenommen, wenn sie 18 Jahre alt geworden sind. Wenn sie zur Einschreibung anstehen, stimmen die Gemeindemitglieder nach Vereidigung über sie ab, zunächst ob sie das gesetzliche Alter erreicht zu haben scheinen – wenn es noch nicht so scheint, kommen sie wieder zu den »Kindern« –, sodann, ob sie freigeboren sind und den Gesetzen entsprechende Eltern haben. (Aristoteles, Athenaiōn politeia 42, 1)

Ähnliche Fragen wurden einem gewählten Beamten gestellt, bevor er offiziell in sein Amt eingesetzt wurde:

Wer ist dein Vater, und aus welchem *demos* (Gemeinde) stammt er? Wer ist der Großvater, wer die Mutter und wer der Vater der Mutter und aus welchem *demos* stammen sie? Danach fragen sie, ob er einen Altar des Apollon Patroos und des Zeus Herkeios unterhalte und wo sie liegen, ob er seine Eltern gut behandle, ob er seinen Bürgerpflichten nachkomme und an den Feldzügen teilgenommen habe. (Ebd. 55, 3)

Man sieht, wie zweitrangig die drei letzten Fragen gegenüber dem Gesichtspunkt der richtigen Abstammung sind. Eine wenn möglich noch größere Bedeutung hatte die Frage der Abstammung in Sparta. Die Folge waren Spannungen und Widersprüche (wir werden uns damit in Kapitel 8 auseinandersetzen), die auf der ethnischen Ebene besonders stark spürbar werden konnten. Kurz vor der persischen Invasion des Jahres 480 schickte der Perserkönig Xerxes den Argivern folgende Botschaft, von der er hoffte, sie werde die argivische Neutralität sichern:

Männer von Argos, König Xerxes läßt euch sagen, daß Perses, von dem wir abstammen, ein Sohn des Perseus gewesen ist, ein Enkel der Danae, die von der Kepheustochter Andromeda abstammt. So dürften wir also eure Nachkommen sein. Daher ziemt es sich nicht, daß wir gegen unsere Stammväter in den Streit ziehen. Aber auch ihr handelt nicht richtig, wenn ihr anderen helft und dabei gegen uns kämpft.
(Herodot 7, 150, 2)

Die Argiver akzeptierten seinen Anspruch. Es ist unwesentlich, ob sie ihn für eine echte Begründung oder für einen Vorwand hielten. Wichtig war und ist die Tatsache, daß er für angemessen gehalten wurde und daß er wirksam war.

Landwirtschaft

Der vierte gemeinsame Faktor, den wir herausgreifen, ist ein generell vergleichbares Niveau in der Technologie und den Ressourcen. An sich ist dieses Kriterium kaum geeignet, die griechische Kultur klar von den übrigen Kulturen des Mittelmeerraumes, des Balkans oder des Nahen Ostens zu unterscheiden (jedenfalls nicht mehr als den Stadtstaat, wie er gleichzeitig in Etrurien und an der phoinikischen Küste vorherrschend war). Dennoch lassen sich einige Gemeinsamkeiten innerhalb des griechischen Sprachbereichs erkennen, die als bestimmende Charakteristika empfunden wurden, während andere dem Beobachter literarischer Texte und archäologischer Reste sichtbar werden. Was die drei Hauptaktivitäten jeder griechischen Polis betrifft, Landwirtschaft, Architektur und Krieg, ist es vielleicht sinnvoll, die letzte dieser Kategorien zuerst zu erläutern. Leider ist die wichtigste davon, die Landwirtschaft, am schlechtesten dokumentiert und von der modernen Forschung am wenigsten untersucht, so daß die folgenden Ausführungen nur eine vorläufige und provisorische Skizze sein können. Das erhaltene Material hilft kaum weiter. Es gibt auf Vasen und Reliefs einige wenige Darstellungen mit bäuerlichen Geräten und Tätigkeiten, und es gibt einige Luftbilder von antiken ländlichen Gebieten, gerade genug, um beim Betrachter Enttäuschung hervorzurufen, nicht genug, um die Struktur des antiken Ackerbaus oder die Verteilung der ländlichen Siedlungen aufzuzeigen. In Attika und auf Chios sind ein paar große Bauernhöfe klassischer Zeit ausgegraben worden. Ein paar Metallgeräte haben überlebt auf der Chalkidike im Gebiet der Stadt Olynth, die 348 von Philipp von Makedonien zerstört wurde. Schließlich gibt es noch in gewissem Umfang literarisches Material, das nur allzusehr verdeutlicht, wie man hier aus Mäusedreck Dukaten schlagen muß. Ein Beispiel: Die einzige Andeutung, daß es eine saisonal bedingte Wanderung, eine Herdenwanderung gab, wie sie heute noch von den Walachen zwischen dem Pindos und dem Golf von Arta praktiziert wird, findet sich in einer Szene bei Sophokles. Ein Bote erkennt einen alten Sklaven von Oidipous' Vater Laios wieder und erklärt, weshalb:

Ich weiß genau, daß er wohl weiß, wie in Kitharions Gegend er zwei Herden hütete, ich aber nur eine: da war ich diesem Mann von Frühling bis Arktur durch ganze drei Sechsmonatszeiten nah genug. Im Winter trieb alsbald in Hürden ich mein Vieh und er das seinige in Laios' Stallungen.   (Sophokles, Oidipous Tyrannos 1133–9)

Wir haben keine Nachricht darüber, wie verbreitet die Transhumanz war, weder aus dem antiken Griechenland noch aus Sizilien oder Kleinasien. Obwohl es eine umfangreiche technische Literatur über den Ackerbau gegeben hat – der lateinische Autor Varro sagt, er habe über fünfzig griechische Bücher zu diesem Thema gelesen –, ist abgesehen von zwei längeren Abhandlungen Theophrasts über Pflanzen und Hesiods Epos *Erga kai hēmerai* aus dem achten Jahrhundert alles, was davon erhalten blieb, Xenophons kurze Abhandlung *Oikonomikos*, die sich zur Hälfte mit der Verwaltung eines Gutes befaßt. Anlagen wie Handelsgärtnereien und Parks tauchen nur zufällig einmal in athenischen Reden oder Inschriften auf. Unser Wissen über den Arbeitsablauf mit den Jahreszeiten geht auf Hesiod zurück, auf die Verbindungen von feststehenden Kulten und Festen zur Landarbeit, oder es ergibt sich nur aus der Annahme, daß sich die Praktiken kontinuierlich bis in neueste Zeit erhalten haben. Rein zufällig überliefert Plinius der Ältere die bemerkenswerte Information, daß »Luzerne auch den Griechen unbekannt war und während der persischen Invasion unter Dareios von Medien eingeführt wurde« (Naturalis historia 18, 144). Nicht einmal über eine so grundlegende Frage wie die der jeweiligen Anteile von Pachtwirtschaft, Sklavenwirtschaft und freier Landwirtschaft in den einzelnen Gebieten und zu verschiedenen Zeiten wissen wir etwas. Trotzdem sind einige Gemeinsamkeiten erkennbar, wenn auch auf ziemlich einfachem Niveau. Erstens: Ackerbau war in dem regenarmen Land allgemein üblich. Dabei lag das Schwergewicht auf Getreide, je nach dem Boden Gerste oder Weizen. Zweitens: Gepflanzt wurde, wo immer etwas gepflanzt werden konnte. Weidewirtschaft gab es nur in Randgebieten. Tiere wurden weitaus häufiger zur Erzeugung von Milchprodukten, Fellen und Wolle als zur Fleischerzeugung gehalten. Drittens dürfte der Anbau von Weinstöcken und Olivenbäumen in denselben Gegenden wie auch heute noch üblich gewesen sein. Schließlich kann die Tatsache, daß Wein, Oliven und Feigen so weit verbreitete und fundamentale Nahrungsquellen waren, als ein Charakteristikum der griechischen Kultur angesehen werden. Biertrinker wie die Thraker und Ägypter unterscheiden sich gerade in diesem Punkt, und es ist seit langem bekannt, daß die Grenze des griechischen Vordringens in die Nordägäis und ans Schwarze Meer eng mit der nördlichen Grenze des Olivenanbaus zusammenhängt.

Architektur

Über Bauwerke wissen wir sehr viel mehr, vor allem natürlich deshalb, weil so viele Gebäude erhalten sind oder freigelegt werden können, aber auch, weil sich seit dem sechsten vorchristlichen Jahrhundert eine umfangreiche Fachliteratur entwickelte, die in der römischen Literatur recht deutliche Spuren hinterließ. Das Problem liegt darin, daß sich ein Großteil des Quellenmaterials, ob es sich nun um direkt oder indirekt Erhaltenes handelt, auf Tempel und andere öffentliche Gebäude bezieht. Privathäuser in der Stadt oder auf dem Land wurden aus weniger dauerhaftem Material erstellt, scheinen ziemlich einfach gewesen zu sein – zumindest gilt das für Athen bis ins späte vierte Jahrhundert –, und haben im Grunde das künstlerische Interesse nicht geweckt. Aber sogar diese Fakten sagen bereits einiges Wichtige über die Gesellschaft im klassischen Griechenland aus, sie stehen in einem scharfen Kontrast zur sozialen Schlüsselrolle des großen Privathauses, einer Rolle, die bereits dem homerischen Megaron des mykenischen Palastes zugeschrieben werden kann und die bei uns über Mittelalter und Renaissance zum Teil bis in die Neuzeit erhalten blieb. Man kann sogar sagen, daß die Grundrisse der Häuser, soweit sie erhalten sind, zwar sehr variantenreich sind, aber doch eine grundlegende Ähnlichkeit aufweisen: Die Gebäude liegen rund um einen kleinen Innenhof, der einen nach Süden gerichteten Portikus oder ein Peristyl enthält und das Zentrum der Räumlichkeiten bildet. Dieses Bauprinzip findet sich in der Stadt und auf dem Land, in großen und in kleinen Häusern. Xenophon formuliert die allgemein übliche griechische Praxis, indem er den Sokrates sagen läßt:

Scheint nun nicht bei den gegen Süden liegenden Häusern im Winter die Sonne in die Hallen hinein, während sie im Sommer über uns selbst und die Dächer hinweg geht und Schatten spendet? Muß man also deshalb nicht die Häuser auf der nach Süden zu gelegenen Seite höher bauen, damit im Winter die Sonne nicht gehindert wird, die nach Norden zu gelegenen Seite dagegen niedriger, damit die kalten Winde nicht eindringen können? (Xenophon, Memorabilia 3, 8, 9)

In noch weit höherem Maße gilt eine solche Ähnlichkeit für Tempel und öffentliche Gebäude. Gewiß gibt es Unterschiede: Die architektonischen Prinzipien des dorischen, ionischen und äolischen Stils verkörpern ursprünglich tatsächlich regionale Stile, und auch die westgriechischen Kolonien haben eine eigene Architektur entwickelt. Dennoch hatten sich damals die regionalen Stile geographisch und stilistisch schon so weit vermischt, daß man genaugenommen nur von ständigen Erneuerungsversuchen innerhalb einer allgemein verbreiteten, einheitlichen Tradition des Bauens und Schmückens von Bauwerken sprechen kann. Die Architekten ahmten einander nach, wetteiferten miteinander und konnten in verschiedenen Städten und Regionen Bauaufträge ausführen. So arbeitete Iktinos zum Beispiel am Parthenon in Athen und am (recht entlegenen) Apollontempel im arkadischen Bassai, und ein Jahrhundert später war Pytheos ebenso am Mausoleum in Halikarnassos wie am Tempel der Athena in Priene und wahrscheinlich auch am Zeustempel von Labraunda beteiligt. Wie an diesen Beispielen deutlich wird, wurde die Einheitlichkeit der Bautradition dadurch noch verstärkt, daß die Gebäude, zu deren Gestaltung die Architekten gerufen wurden, überall dieselbe kultische, staatliche oder militärische Funktion zu erfüllen hatten.

Militär

Von den drei Bereichen Landwirtschaft, Architektur und Militär ist letzterer derjenige, über den wir am meisten wissen. Dafür gibt es verschiedene Gründe. Es sind uns, entweder als tatsächliche Funde oder auf Abbildungen, einige Waffen erhalten, aber diese Informationsquelle ist nicht so ergiebig, wie sie sein könnte, denn die Griechen gingen immer mehr dazu über, mit den Toten auch ihre Waffen zu verbrennen, und die Vasenmaler verloren nach 450 das Interesse an militärischen Szenen. Mehr Informationen liefern die erhaltenen Geschichtsschreiber, die viel Zeit auf mehr oder weniger detaillierte Schilderungen der Kriegführung verwendeten, außerdem die technischen Beschreibungen des Xenophon und des Aeneas Tacticus – Autoren des vierten vorchristlichen Jahrhunderts –, und schließlich, weniger direkt, aber doch durchgängig die gesamte literarische Überlieferung. Der Kampf war mittlerweile ein so wichtiger Bestandteil im Leben der männlichen Bürger eines jeden Staates geworden und so eng mit den beispielhaften Heldentaten der Mythologie und der Historie verknüpft, von der *Ilias* über die Arbeiten des Herakles bis zu den Helden von Marathon, Salamis und Plataiai, daß daraus ein allgemein gültiges Ideal männlichen Handelns und das Fundament eines wesentlichen Teils der Moralvorstellungen entstand. Gewiß verloren Kampf und Krieg im Laufe der Zeit diese zentrale Stellung, und die Suche nach einer weniger kriegerischen Grundlage für sittlich gutes Handeln ließ konträre Lösungen zu, aber für den Augenblick sind uns die Zeugnisse der militärischen Bräuche wichtiger als die der geläufigen Moralvorstellungen.

Da ist zunächst der Seekrieg, der in der Tat große Einheitlichkeit aufwies. Das mit 200 Mann besetzte Kriegsschiff, die Triere, war in der vorhergehenden Generation das Standardkriegsschiff für alle größeren griechischen Flotten geworden und blieb es bis um 330, obwohl sie anfällig und nicht sehr seetüchtig war, dazu sehr teuer in Bemannung und Erhaltung. Allerdings war dieses einheitliche Kennzeichen nicht so sehr ein speziell griechisches als vielmehr ein Bestandteil der Schiffahrtstradition aller Seemächte des Mittelmeerraumes – der Griechen, der Phoinikier, der Karthager und der Etrusker. Wenn wir von Verbesserungen und Innovationen in Aussehen und Taktik hören, so sind das vor allen Dingen griechische, was aber eher auf unser an Griechenland orientiertes Quellenmaterial zurückzuführen ist als auf historische Fakten. Tatsächlich war die eine uns bekannte größere Neuerung, die Tetrere, bei der die Ruderkraft auf vier Leute statt wie bei der Triere auf drei verteilt wurde (zwei Mann an jedem der zwei Ruder, ohne daß dafür mehr Platz als vorher benötigt wurde), keine griechische, sondern eine karthagische Erfindung. Das lehrt uns ein bei Plinius dem Älteren erhaltenes Aristoteles-Fragment (F 600). Diodor wiederum sagt, daß Dionysios I. von Syrakus im Jahre 399 diese Idee noch weiterentwickelt und beschlossen habe, »Tetreren und Penteren von einer Größe zu bauen, wie es sie bis dahin nicht gegeben hatte« (14, 41, 3). In den Quellen findet sich keine Nachricht über die Verbreitung dieses neuen Schiffstyps, bis um 330/29 plötzlich 18 Tetreren in einer athenischen Werftliste auftauchen. Eine speziellere Entwicklung in Richtung einer griechischen Tradition ergab sich daraus, daß die Bemannung der größeren Flotten des fünften und vierten Jahrhunderts immer ein Problem gewesen war, das die Möglichkeiten des einzelnen Staates überstieg. Ruderer aus anderen Regionen mußten angeheuert werden, besonders von den ägäischen Inseln. Erfahrene Seeleute konnten dahin gehen, wo sie am meisten verdienten, und taten das auch. Auf diese Weise entstand ein Potential erfahrener Söldner, die von Staaten oder auch von Einzelpersonen angemietet werden konnten. Im Jahr 434 zum Beispiel »brachten die Korinther, welche den Krieg gegen die Korkyräer mit großer Hitze führten, das ganze Jahr nach der Seeschlacht und das folgende mit dem Bau neuer Schiffe zu und rüsteten eine gewaltige Flotte aus, wozu sie aus der Peloponnes selbst und aus den übrigen Gegenden Griechenlands unter Versprechung starker Besoldung die Bootsleute zusammenbrachten« (Thukydides 1, 31, 1).

Ein anderer Fall: Ein Kommandant eines athenischen Kriegsschiffes im Hellespont sah sich 361 mit der Situation konfrontiert, daß sein Auftrag verlängert wurde:

Viele von meiner Besatzung verloren den Mut und verließen das Schiff, manche, um auf dem Festland in den Militärdienst zu gehen, manche, um auf den Schiffen von Thasos und Maroneia anzuheuern. Sie wurden von der höheren Besoldung verlockt und erhielten ein sehr hohes Handgeld ... Bei mir passierten mehr Desertionen als bei anderen Trierarchen ..., da deren Leute eingezogen waren und an Bord blieben, um unbehelligt wieder nach Hause zu kommen, während meine Leute im Vertrauen auf ihre Qualitäten als Ruderer sich dorthin davonmachten, wo ihnen am meisten geboten wurde ... Deshalb sandte ich meinen Hilfsoffizier Euktemon nach Lampsakos mit Geld und mit Briefen an einen Gastfreund meines Vaters mit der Bitte, die besten Seeleute, die er finden konnte, anzumieten. Ich selbst blieb in Sestos, entlohnte mit allem Geld, das ich hatte, die Besatzungsmitglieder, die geblieben waren und heuerte für höchsten Lohn andere an.

(Demosthenes 50, 14–18)

Wir ersehen daraus, wie beherrschend die Position war, die das Söldnertum später zu Wasser wie auch zu Land einnahm.

Was im Landkrieg üblich war, ist einfacher festzustellen. In ganz Griechenland war im Jahre 478 wie in den zwei Jahrhunderten vorher der normale Soldat der Hoplite, der Bürger als Fußsoldat, schwer bewaffnet mit Metallhelm, Brustpanzer, Beinschienen, Schwert und Speer; er kam für seine Ausrüstung und Bewaffnung selbst auf. Diese Hopliten wurden nach stammesmäßiger oder geographischer Herkunft in Regimentern zusammengefaßt und für den mörderischen Kampf Mann gegen Mann in geschlossener Formation auf ebenem Grund ausgebildet. Es gab zwar, wie es einer lebendigen Tradition entspricht, Änderungen und Innovationen wie etwa den aus feinen Ketten hergestellten Brustpanzer, der eine neue Entwicklung darstellte, oder das zweischneidige Schwert. Form und Schmuck des Helms hatten ohnehin immer lokale Eigenarten aufgewiesen. All diese Varianten hielten sich aber innerhalb eines bestimmten Rahmens, der grundsätzlich in Griechenland überall der gleiche und im ganzen europäischen Mittelmeerraum das spezielle Kennzeichen der Griechen war. Es gab historisch gesehen einen guten Grund für diese Einheitlichkeit. Die griechischen Staaten hatten sich im siebten und sechsten Jahrhundert so intensiv bekämpft, daß eine Vergleichbarkeit im Hinblick auf Bewaffnung, Taktik und Ausbildung zur Voraussetzung für das Überleben wurde, wobei die Tatsache, daß Bogenschützen, Reiter und leicht bewaffnete Infanterie relativ unbedeutend waren, ihre Ursache in der geographischen Lage der führenden und kriegerischsten Staaten des sechsten Jahrhunderts hatte. Sparta, Korinth, Argos, Athen und die Staaten der ägäischen Inseln lagen in einem Gebiet, wo Pferdehaltung mehr wertvolles Ackerland in Anspruch genommen hätte, als militärisch vertretbar gewesen wäre, und wo man nicht um Pässe oder hochgelegenes Weideland kämpfte, sondern um den Besitz der für den Ackerbau nutzbaren Fruchtebenen. Freilich verloren diese plausiblen historischen Beweggründe nach und nach an Bedeutung, und die partielle Auflösung der klassischen Hoplitentradition ist ein ständig wiederkehrendes Thema der Kriegsgeschichte des fünften und vierten Jahrhunderts. Dazu kam es einmal, weil sich innerhalb dieser Tradition Erneuerungen ergaben, zum anderen, weil Reichtum und Beziehungen es den Athenern möglich machten, Söldner mit der unterschiedlichsten militärischen Ausbildung anzuwerben, kretische, skythische und thrakische Bogenschützen, Steinschleuderer und andere Leichtbewaffnete, vor allem aber deshalb, weil sich immer mehr nichtgriechische Mächte, deren militärische Ressourcen aus ganz anderen Bereichen kamen, in die griechischen Angelegenheiten einmischten. Es besteht gewiß eine enge und vielfältige Verknüpfung zwischen dem Ende der zentralen militärischen Bedeutung der Hopliten, der Auflösung ihrer zentralen politischen Bedeutung und dem Untergang des Wertesystems, das sie symbolisierten.

Rohstoffe

Abgesehen von den Gemeinsamkeiten in der Landwirtschaft, der Architektur und in der Kriegführung und deren Formen zugleich mitgestaltend gibt es noch einen fünften, einen hervorstechenden gemeinsamen Faktor, nämlich den Mangel oder das völlige Fehlen von natürlichen Ressourcen. Wie Herodot den Demaratos sagen läßt, »war Armut immer in Griechenland zu Hause, unsere Tapferkeit aber haben wir uns mit Hilfe von praktischer Klugheit und strengen Gesetzen mühsam erworben« (7, 102, 1). Daß die Betonung auf dem Gesetz liegt, mag Herodot zuzuschreiben sein, aber seine Aussage läßt eine Formulierung, die bei Euripides zum Gemeinplatz wird, noch schwieriger und auffallender erscheinen: »Armut heiratete praktische Klugheit wegen ihrer engen Verwandtschaft« (F 641). Bestimmte Gedanken werden aber gerade deshalb zu Gemeinplätzen, weil sie bestehende Tatsachen in eine bündige Formulierung kleiden, und Armut war wirklich eine grundlegende Tatsache. Gewiß war die eine oder andere Stadt in der glücklichen Lage, einen Überschuß an Ackerland zu besitzen oder Erzvorräte, deren Ausbeutung dieses Bild änderte. Herodot berichtet, daß um 525 »die Siphnier auf dem Höhepunkt ihrer Größe standen. Niemand von den Bewohnern anderer Inseln war so reich wie sie. Es gab Gold- und Silberminen in ihrem Land, und zwar so reichhaltige, daß sie von dem Zehnten, der dort einging, ein kostbares Schatzhaus in Delphi errichteten, das es mit den großartigsten dort aufnehmen konnte. Sie selbst verteilten das in jedem Jahr anfallende Geld unter sich.« (3, 57, 2) Ähnliches erzählt Diodor über Akragas in der Zeit kurz vor der Eroberung und Plünderung durch die Karthager im Jahre 406:

Stadt und Gebiet von Akragas waren sehr reich ... Ihre Weinberge zeichneten sich aus durch ihre riesige Ausdehnung und Schönheit, und der größte Teil ihres Landes war mit Olivenbäumen bepflanzt, womit sie Öl im Überfluß erzeugten und an Karthago verkauften. Denn da es in Libyen zu dieser Zeit noch keine Plantagen gab, tauschten die Einwohner von Akragas ihre Erzeugnisse gegen den Reichtum von Libyen ein und häuften unglaubliche Vermögen an. Von diesem Reichtum gibt es dort noch viele Zeugnisse. (Diodor 13, 8, 4–5)

Die Tempelanlagen, die er im Anschluß daran beschreibt, bestätigen seine Aussagen. Dieselbe Erklärung gibt es vermutlich für den noch weitaus eindrucksvolleren Tempelbezirk von Selinus weiter westlich an der sizilischen Küste und näher an Karthago.

Armut und Reichtum

Doch sollte man sich durch solche Ausnahmen nicht irreführen lassen. Es gab kaum irgendwo in Griechenland ein Gebiet, wo der Nahrungsüberschuß oder der Überschuß anderer Erzeugnisse des Landes groß genug war, um ein auch nur einigermaßen bequemes Leben zu ermöglichen, ganz zu schweigen von einem Leben in Muße und Luxus. Das gab es nur für einen ganz kleinen Teil der Bevölkerung. Es gibt allerdings nur für Athen Zeugnisse, die eine ungefähre quantitative Bewertung erlauben, und auch diese sind äußerst vage. Wahrscheinlich kann man vom Athen des fünften und vierten Jahrhunderts sagen, daß weniger als 1000 Einwohner von einer Gesamtbevölkerung von vielleicht 250000 nach dem griechischen Sprachgebrauch »reich« genannt werden konnten. Demosthenes konnte über sein Gesetz von 340, das die Abgaben zur Ausrüstung von Kriegsschiffen von den 1200 auf die 300 reichsten Einwohner übertrug, allen Ernstes sagen:

Ich kann sehen, Athener, daß eure Flotte zugrundegerichtet wird und daß die reichen Leute für wenig Geld von der Abgabe befreit werden, während Bürger, die ein kleines oder mittleres Vermögen haben, ihr Kapital verlieren und die Stadt ihre Chancen infolgedessen nicht nutzen kann. Ich habe ein Gesetz eingebracht, mit dem ich die Reichen veranlaßte, zu tun, was recht und billig war, und dem Unrecht ein Ende machte, das den Armen angetan wurde. (Demosthenes 18, 102)

»Reichtum« bedeutet in diesem Zusammenhang Grundbesitz im Wert von drei bis vier Talenten oder mehr, und dementsprechend konnte ein zeitgenössischer Redner vor einem Gerichtshof sagen: »Mein Vater hinterließ mir und meinem Bruder jeweils nur ein Vermögen von 4500 Drachmen (¾ eines Talents), und davon zu leben ist nicht leicht.« (Demosthenes 42, 22) Zwanzig Jahre früher hatte Demosthenes einen Mann mit vollem Hopliten-Status, der zwischen ihm und seinem Gegner als Vermittler fungierte, als »einen armen Mann, der nicht in öffentlichen Angelegenheiten verwickelt, aber auch kein schlechter Mensch ist«, beschrieben (21, 83 u. 95). Genau derselbe Sprachgebrauch ist in den wenigen erhaltenen Zeugnissen für ganz Griechenland überliefert. Bei aller Vorsicht kann man daraus schließen, daß die wirtschaftliche Situation überall ähnlich war.

Und diese sprachlichen Zeugnisse betreffen nicht nur die wirtschaftliche Situation. Bei Pseudoxenophon stehen sich die Schlechten, die Armen, die Masse, der Pöbel, das unvernünftige, niedere, zügellose Volk auf der einen Seite und auf der anderen Seite die Reichen, Tugendhaften, Vornehmen, Mächtigen, die »Besseren«, die »Besten«, die »Wenigen«, die »Besitzenden«, die »Glücklichen« gegenüber. Etwa ein Jahrhundert später findet sich bei Aristoteles der Gegensatz zwischen den »Wenigen«, den »Reichen«, den »Besseren«, den »Besten«, den

»Hervorragenden«, den »Gerechten und Vernünftigen«, den Leuten, »die gerecht und vernünftig sind und in der Lage, ihre Muße zu genießen, die sich durch Besitz hervorheben, die sich durch Tugend auszeichnen, die von edler Abstammung sind und Tugenden und Reichtum der Vorfahren geerbt haben«, und dem »gemeinen Volk«, der »Masse«, dem »Pöbel«, den »Armen«, denen, »die sich mit ihrer Hände Arbeit den Unterhalt verdienen«, den »Tagelöhnern«, den »Handwerkern«, den »Besitzlosen«. Diese Kategorien, zugleich numerisch und wirtschaftlich, die Ausbildung, die Moral und das Verhalten betreffend oder den Beruf bezeichnend, sind bei beiden Autoren nicht voneinander zu trennen, sondern Ausdruck einer einzigen, in sich ungeheuer komplexen Polarisation. Hier stellt sich wieder einmal die Frage, ob solcher Sprachgebrauch die Gesellschaft exakt widerspiegelt. Die Sprache der Gegensätze – Wort/Tat, Hitze/Kälte, Nässe/Trockenheit, links/rechts, Körper/Geist – hat im Lauf des fünften Jahrhunderts griechisches Denken und griechische Ausdrucksweise immer mehr beherrscht und ein geistiges Erbe geformt, dem sich Platon und Aristoteles nicht völlig entziehen konnten, obwohl Aristoteles sich davon ausnimmt und sich mit Leidenschaft für eine Tradition einsetzt, die in der »Mitte« das Ideal und die Grundlage gesellschaftlicher Stabilität sah. Aber die Polarisierung ist mehr als ein Wortspiel, und die Beschwörung einer mittleren Klasse war immer eher eine utopische Vorstellung als ein Appell an die Realität. Aristoteles weiß das:

Die mittlere Klasse ist in den meisten Staaten im allgemeinen klein; und die Folge ist, daß, sobald eine der beiden Hauptklassen, die Besitzenden und die besitzlose Masse, die Oberhand gewinnt, sie die Ansichten bestimmt und die Verfassung nach ihrer Richtung hin verändert, je nachdem in eine Demokratie oder Oligarchie.

(Aristoteles, Politik 1296 a 22 ff.)

Tatsächlich läßt sich innerhalb der griechischen Geschichte kaum irgendeine Situation feststellen, in der eine »Mittelklasse« – was auch immer das bedeuten mag, am ehesten wohl kleine Grundbesitzer, auf keinen Fall Arbeiter oder Handwerker – in irgendeiner Hinsicht ein anderes Interesse oder einen anderen Antrieb hatte als sich dem vorhandenen Wertesystem, ob Oligarchie oder Demokratie, anzupassen.

Armut und soziale Gegensätze erzeugten Spannungen und den Wunsch, dem zu entkommen. Daraus entwickelten sich einige bestimmende Aspekte des griechischen Lebens. Drei davon sind besonders bemerkenswert. Das ist einmal der Gedanke, die Leute dahin zu bringen, wo die Ressourcen vorhanden waren. Die Kolonisation, inzwischen zu einem traditionellen Ausweg geworden, wurde mit Unterbrechungen auch im fünften Jahrhundert und später fortgesetzt. Im vierten Jahrhundert führt Isokrates als Argument für die Kolonisation immer wieder an, daß die Expansion über das Meer auf Kosten der Perser moralisch akzeptabel und gesellschaftlich gesehen einer Revolution auf jeden Fall vorzuziehen sei. Zweitens ist es der Gedanke, Ressourcen und Materialien – Metall, Holz, Fasern und vor allem Getreide – dorthin zu importieren, wo es sie nicht gab. Es steht außer Frage, daß dies im klassischen Griechenland in hohem Umfang geschah, wenn wir auch die Herkunft vieler Materialien noch nicht kennen, und wenn wir auch oft nicht feststellen können, welche Art von Gütern gegen die eingeführten Materialien ausgetauscht wurden. Noch schwieriger ist festzustellen, welche Verbindung zwischen solchen Handelsaktivitäten und der offiziellen Politik bestand, falls derartiges überhaupt vorhanden war. Diodors Beschreibung von Akragas (s. S. 38) läßt nicht einmal im Ansatz erkennen, wie man in Akragas oder Karthago diese Beziehung beurteilte. Nur von Athen, dessen Verhältnisse wahrscheinlich ziemlich untypisch waren, wissen wir, wie sehr die Abhängigkeit von importiertem Getreide und die Notwendigkeit, die Einfuhrroute zu schützen, die offizielle Politik bestimmten.

Demokratie und Oligarchie

Die dritte und wahrscheinlich die am meisten ins Auge stechende Konsequenz der Armut in der griechischen Gesellschaft war der ständige Zwang, die privilegierte Stellung derer, die in den Gemeinden den Grundbesitz in ihrer Hand hatten, ob sie nun zu Recht oder zu Unrecht dazu gekommen waren, und die auf diese Weise die natürlichen Ressourcen ausbeuten und einen aristokratischen Lebensstil, eine Literatur und ein institutionalisiertes Wertesystem schaffen konnten, je nach Standpunkt zu erhalten oder zu zerstören. Dabei muß eines besonders beachtet werden. Nur selten nahm im fünften und im vierten Jahrhundert der Zwang zur Umverteilung konkrete Formen an. Die

Forderung nach Aufhebung der Schulden und Umverteilung des Landes wurde zwar allgemein gefürchtet, aber selten wirklich ausgesprochen. Häufiger wurde Druck ausgeübt mit der Forderung, politische und kultische Privilegien entweder aufzuheben oder in größerem Ausmaß für die Allgemeinheit zugänglich zu machen und die Anwendbarkeit aristokratischen Lebensstils und aristokratischer Werte auch auf die unteren Schichten auszudehnen. Diejenige Staatsform, die, wenn sie erfolgreich war, solche Zwänge schuf, wurde seit etwa 450, wenn nicht schon früher, Demokratie genannt, das Gegenteil davon, die Bewahrung oder Wiedereinführung einer Staatsform, in der eine adlige oder reiche Minderheit den Staat regierte, nannte man »Herrschaft der Wenigen«, Oligarchie. Beide Bezeichnungen waren zwischen 340 und 330, zu der Zeit, als Aristoteles seine *Politik* schrieb, allgemein verbindlich geworden. Man muß dabei jedoch im Auge behalten, daß diese beiden Vorstellungen einander nicht völlig entgegengesetzt waren. Die Beteiligung an der demokratischen Staatsform wurde niemals auf Sklaven, Fremde oder Frauen ausgedehnt, während die Oligarchien häufig auf die eine oder andere Weise den Status derer anerkannten, die freie Bürger mit einwandfreier Abstammung waren, obwohl sie kein politisches Wahlrecht hatten. Es wird in Kapitel 4 gezeigt werden, daß in Athen in der Mitte des fünften Jahrhunderts, obwohl diese Zeit das am besten bezeugte und vielleicht extreme Beispiel eines solchen Druckes von unten ist, die geistige Struktur, die diesem Druck zugrundelag, äußerst konservativ war.

Weshalb dieser Druck solche Formen angenommen hat, ist ein großes Problem der Geschichtsforschung. Vielleicht liegt eine Antwort darauf im Bericht Herodots über die Ereignisse in Argos nach dessen Niederlage gegen König Kleomenes von Sparta um 494:

Argos aber war von seinen männlichen Einwohnern so verwaist, daß sich die Sklaven in allen Angelegenheiten zur Leitung und Verwaltung als Herren aufspielten, bis die Söhne der Gefallenen herangewachsen waren. Diese gewannen dann Argos wieder zurück und vertrieben die Sklaven. Durch eine Schlacht aber gewannen die verjagten Sklaven die Stadt Tiryns. Einige Zeit herrschte gegenseitiger Frieden; dann aber erschien der Seher Kleandros bei den Sklaven; er stammte aus Phigaleia in Arkadien. Er überredete sie zu einem Angriff auf ihre Herren. Daraus entstand ein langer Krieg, bis die Argiver schließlich mit Mühe als Sieger aus ihm hervorgingen. (Herodot 6, 83)

Althistoriker halten dies für eines der schwierigsten Kapitel bei Herodot überhaupt, denn die Ereignisse sind nur vage datiert, und es bleibt völlig offen, ob er mit »Sklaven« wirklich Sklaven meint oder arme Leute oder Leute, die zwar gewisse Bürgerrechte, aber kein Wahlrecht hatten. Dennoch legt der Abschnitt die auch durch andere Zeugnisse bekräftigte Vermutung nahe, daß die Anhebung des bürgerlichen Status und der Zugang zur politischen Macht realistischere Ziele waren. Eine zweite Antwort auf die Frage liegt vielleicht darin, daß dieser Druck von unten meistens destruktiv und eher auf Zerstörung einer Machtstruktur ausgerichtet war, die man als überholt oder als zufällig empfand, als auf die Zusicherung des Schutzes von seiten einer übermächtigen Oligarchie. Ersteres wird für Athen, wie wir noch sehen werden, durch einige Zeugnisse belegt, während aus Thukydides zu entnehmen ist, daß der zweite Gedanke in den Städten des attischen Seereiches von großer Bedeutung war. Thukydides läßt den athenischen Oligarchen Phrynichos im Jahre 412 sagen:

Und dann dachten jene (die Verbündeten), daß die sogenannten »Vornehmen und Guten« ihnen nicht weniger zu schaffen machen würden als das Volk, da es diese eben seien, die jenem allerlei schlimme Aufträge unterschöben und befördern halfen, wovon sie den meisten Vorteil hätten. Wenn es auf diese ankäme, so würden sie die Leute, ohne sie anzuhören, gewaltsam hinrichten lassen, dagegen sei das Volk noch ihre einzige Zuflucht und halte die »Vornehmen und Guten« in Schranken. (Thukydides 8, 48, 6)

Für einen so klugen Oligarchen wie Phrynichos ist das natürlich eine höchst angemessene Analyse, die ihm Thukydides in den Mund legt. Sie läßt auch den Gegendruck von seiten der »Besitzenden« deutlich werden und ihre Absicht, die privilegierte Stellung zurückzugewinnen und zu festigen. Das Beispiel zeigt, inwieweit das politische Handeln der athenischen »Vornehmen und Guten« *(kaloikagathoi)* ebenso durch Eigeninteresse bestimmt war wie durch allgemein athenisches Interesse. Thukydides könnte dabei das Paradebeispiel solcher sich gegenseitig bestärkender Motive im Sinne gehabt haben, nämlich die Laufbahn des Alkibiades. Ein anderes Vorgehen bestand darin, daß sich gleichgesinnte Mitglieder der besitzenden Schicht in Klubs, Vereinen oder »Verschwörungen« zusammenschlossen. Sie sind in Athen in den Jahren 411 und 404 am besten bezeugt. Damals taten sich diese »Klubs, die in der Stadt bereits existierten, um bei Prozessen und Wahlen Unterstützung zu leisten« (Thukydides 8,54,4), zusammen, um einen Staatsstreich durchzuführen, was ihnen auch gelang. Ihre Existenz läßt sich in Athen aber auch vorher und nachher nachweisen. Ihre zentrale Rolle im gesellschaftlichen Leben der besitzenden Schicht kann aus den Institutionen abgelesen werden, in denen sie sich widerspiegeln. Das gilt für die auf den rotfigurigen Vasen Athens so häufigen Symposionszenen ebenso wie für die Größe und Form der Speiseräume für Männer in den größeren Privathäusern, wo solche Bankette und Symposien stattfanden, und für die Gymnasien und Sportschulen, die der fiktive Schauplatz so vieler früher Platon-Dialoge sind. Das treffendste Beispiel kommt jedoch von außerhalb: Es handelt sich um die exklusiven Gesellschaften im Stil der Freimaurer, die auf Anregung des Philosophen Pythagoras gegründet wurden und anscheinend während der ersten Hälfte des fünften Jahrhunderts eine wirksame Kontrolle über das politische Leben in Kroton und anderen süditalienischen Städten ausgeübt haben. Es ist wahrscheinlich kein Zufall, daß diese Gesellschaften, die frühesten bekannten griechischen Beispiele einer Oligarchie, die eher auf Wahl und einer theoretischen Staatsvorstellung als auf Tradition und Abstammung beruhte, sich in den Kolonien bildeten, wo die verwandtschaftlichen und abstammungsmäßigen Bindungen und die lokalen Traditionen vermutlich schwächer waren.

Eine dritte Form des Drucks von seiten der Konservativen ging über lokale Bindungen hinaus, könnte sogar im Konflikt mit ihnen gestanden haben. Die Verbindungen, die sich durch gegenseitige Gastfreundschaft und durch Heirat zwischen den adligen Familien in den verschiedenen Teilen Griechenlands entwickelt hatten, sind seit Homer ein fester Bestandteil des Mythos und der Legende, und es gibt vom späten siebten Jahrhundert an Belege dafür, daß diese Bindungen soziale Realität waren. Zwischen 580 und 570 hatten außerdem die großen internationalen Festspiele von Olympia, Delphi, Korinth und Nemea mit ihren athletischen und musischen Wettkämpfen und ihrer Kunst des ritualisierten militärischen Kampfes größtenteils bereits die Form und Bedeutung erreicht, die sie ein Jahrhundert später immer noch besaßen. Obwohl theoretisch jeder freie Grieche daran teilnehmen konnte, waren in Wirklichkeit Reichtum, Muße und professionelles Training die Grundlage für eine erfolgreiche Teilnahme. Die Spiele waren schon lange ein Forum für Kontakte, Präsentation und Wettstreit unter den

Mitgliedern der Gruppe geworden, die man die »internationale Aristokratie« nennen könnte. Glücklicherweise machen es uns die erhaltenen olympischen Siegeslieder des Pindar und des Bakchylides mit ihrem üppigen und ausgefeilten Stil gerade für die Dekaden zwischen 490 und 460 möglich, das Wertesystem zu erkennen, das diese weitverstreute Gesellschaft zusammenhielt und das sich aus Wettbewerb, Ahnenstolz und einem Gefühl der Gottähnlichkeit zusammensetzte. So beschreibt Pindar etwa den Sieg des Alkimidas von Aigina, der vermutlich irgendwann zwischen 470 und 460 stattfand, mit Worten, die die Welt des athletischen Wettkampfes ganz eng mit den höchsten menschlichen Werten verbinden:

Ein Stamm: Menschen und Götter; von einer ja atmen wir, von
Einer Mutter wir beiden; doch Macht von ganz verschiedener Art
Trennt uns, so daß hier ein Nichts ist, dort der
    eherne Himmel ein sicherer Sitz
Bleibt für ewig. Doch kommen in etwas, sei's an hohem Geiste,
    sei's
Durch Natur, wir den Unsterblichen nah,
Wissen wir auch nicht, wohin
    wohl, ob es bei Tag ist oder Nacht, das
Schicksal uns zu
Laufen vorschrieb, bis zu was für einem Ziel.

Klar zeigt auch jetzt Alkimidas, daß man, was angestammt ist,
Sichtlich stellen kann neben fruchtbare Fluren; geben sie doch
Wechselnd bald jährlichen Lebensunterhalt aus dem Boden dem
    Menschenvolk her,
Und dann wiederum ruhen sie aus, sammeln sie Kraft. So kam vom
    Kampf,
Der sein Wunsch war, dem nemeïschen, der
Knabe als Kämpfer, der, die-
    ser Fügung von Zeus her Folge leistend,
Nunmehr nicht als
Beuteloser Jäger beim Ringkampf sich gezeigt;

Denn auf die Spur hin des Praxidamas setzt' er seinen Fuß,
Die vom Ahnen blutsverwandte Spur.
Der bracht' als Olympiasieger ja für Aiakos' Stamm
Zweige als erster herbei vom Alpheios, trug
Fünfmal an dem Isthmos auch noch Kränze davon,
In Nemea drei, enthob dem Dunkel
So Sokleides, der geboren war
Als des Hagesimachos ältester Sohn.

Doch stiegen ihm drei Preisträger auf zu Höchstleistung und Ruhm,
Als die Mühen sie ausgekostet. Und durch die Huld eines Gottes
Hat noch kein anderes Haus sonst ausge-
   zeichnet der Faustkampf als Herrn über mehr,
Über reichere Kränze in ganz Griechenlands Schoß.
                             (Pindar, 6. Nemeische Ode 1–25)

Gemeinsamkeiten

Dieses gemeinsame Wertesystem konnte schlicht zum Kampfprogramm einer sich einigenden Oberschicht degradiert werden, aber es bedeutete weit mehr als das. Es war Bestandteil einer weit verbreiteten Art, soziale und politische Beziehungen zu beurteilen, einer Denkweise, die sehr wohl über die Oberschicht hinausreichte und die als solche einen sechsten und letzten einigenden Faktor bildete. Daß Demaratos auf der Unterordnung von Freiheit unter ein Gesetz besteht (s. S. 28), gehört ebenso dazu wie das wachsende Bewußtsein dafür, daß die griechischen Sitten und Werte verhältnismäßig homogen waren im Vergleich zu denen der nichtgriechischen Welt, ein Bewußtsein, das durch die Perserkriege noch verstärkt wurde. Diese Homogenität beruhte nicht auf einem ausdrücklich formulierten und theologisch fundierten Moralkodex, denn etwas derartiges gab es nicht. Natürlich gab es moralische Maximen, nicht nur die drei berühmten Sprüche am Apollon-Tempel in Delphi (»Erkenne dich selbst«, »Nichts im Übermaß«, »Leiste Bürgschaft, und die Zerstörung ist bei der Hand«) oder das Epigramm an den Propyläen des Leto-Tempels auf Delos:

Am schönsten ist das Gerechteste, und das Beste ist Gesundheit;
am angenehmsten aber ist es, zu erhalten, was man wünscht.

Aristoteles zitiert es zweimal, aber in ganz unterschiedlichen Varianten (Nikomachische Ethik 1099a 25ff.; Eudemische Ethik 1214a 1ff.). Es gibt noch viele andere Sprüche, die anonym bleiben, den Sieben Weisen zugeschrieben werden oder von einem Dichter formuliert wurden. Doch das Problem besteht darin, daß sie unsystematisch sind und sich manchmal widersprechen und ihre Formulierung vielleicht in dem einen oder anderen Heiligtum Zustimmung gefunden hatte, sie aber dennoch nur von begrenzter Gültigkeit waren. Wie Pindars erste Strophe zeigt (s. S. 45), unterschieden sich die Götter von den Menschen eher durch Macht und Unsterblichkeit als durch ihre moralische Vollkommenheit und durch ihre Rolle als Hüter eines nach moralischen Prinzipien geordneten Universums. Sie waren die Hüter bestimmter Bereiche des Handelns, etwa des Schwurs wie Zeus Herkeios, der Heirat wie Hera oder der Handwerker wie Athena und Hephaistos, und wenn man sich mit Gebeten und Opfergaben an sie wandte und sie sich geneigt machte, dann mochten sie einen dabei behüten. Sie konnten Hüter sein in bestimmten kritischen Situationen, wie Zeus Hikesios für die Hilfeflehenden und Bettler, die Dioskuren für die Seeleute und Artemis für Frauen bei der Geburt. Sie konnten die Hüter bestimmter fundamentaler Lebensbedingungen sein, besonders der Fruchtbarkeit von Land, Tier und Mensch. Solche Vorstellungen vom Handeln der Götter gaben der ihnen zugeschriebenen Existenz unleugbar eine moralische Komponente, aber eine Komponente, die fragmentarisch und unsystematisch blieb und oft in Konflikt geriet mit der Vorstellung von Macht, die ursprünglich mit ihnen verbunden war.

Teilweise spiegelt die Übereinstimmung der Sitten und Werte einfach die Gemeinsamkeit von Sprache und Kultur wider. Alle, die Griechisch sprachen, teilten unvermeidlich ein bestimmtes moralisches Vokabular. Das bedeutet, daß Eteokles' Lob des Amphiaraos als eines »besonnenen, rechtlichen, guten *(agathos)* und gottesfürchtigen Mannes« (Aischylos, Sieben gegen Theben 610) Verhaltenskriterien enthält und Verhaltensweisen billigt, die überall in Griechenland galten und gebilligt wurden. Natürlich war der Sachverhalt etwas komplizierter. Die Entscheidung, zur Beschreibung des beispielhaften Verhaltens einer Person gerade diese Worte zu wählen, mag durch bestehende Gewohnheiten innerhalb eines vorgegebenen semantischen Bereichs gestützt worden sein, wurde aber nicht aus diesem Grunde getroffen, um so mehr als Verlagerungen und Entwicklungen im Gebrauch bestimmter komplexer Wörter ein rein linguistisches Faktum sind. Aischylos verwendet das griechische Wort *agathos*, das üblicherweise mit »gut« übersetzt wird, was hier nach der traditionellen Bedeutung vor allem militärisch zu verstehen ist, aber Demokrit, ein Philosoph aus der nächsten Generation, gebraucht das Wort, um zu sagen: »Eine vornehme Rede verklärt nicht eine mittelmäßige Tat, und eine gute *(agathē)* Tat wird durch eine üble Nachricht nicht geschädigt.« (68 B 177 DK) Eine solche Verlagerung ist ebensosehr eine Erweiterung des moralischen Horizonts wie der Sprung von Pindars Verwendung des entsprechenden abstrakten Begriffs der *aretē* zum Gebrauch, den Thukydides davon macht, wenn er das Verhalten während der Pest in Athen im Jahre 430 beschreibt:

Wenn sie einander aus Angst nicht besuchten, starben sie, weil sich niemand um sie kümmerte, so daß viele Häuser aus Mangel an Wartung ganz ausstarben. Gingen sie aber zueinander, kostete es sie das Leben. Das betraf besonders diejenigen, die sich vor den anderen an Tugend (*aretē*) auszeichnen wollten. Als ehrenhafte Leute achteten sie nicht auf die Gefahr und gingen bei ihren Freunden aus und ein.

(Thukydides 2, 51, 5)

Am wichtigsten ist dabei, daß solche Entscheidungen und Entwicklungen sich anscheinend nur in Griechenland abspielten und auf Griechenland beschränkt blieben, anders als heute, wo sich neue Worte und neuer Wortgebrauch gleichzeitig in allen westeuropäischen Sprachen ausbreiten und deutlich eine im großen und ganzen einheitliche Kultur widerspiegeln.

Die gemeinsame Art des Denkens oder die Wirkung eines gemeinsamen Vokabulars sind schwer zu erfassen, gerade weil man sie für selbstverständlich hält. Es ist leichter, diejenigen Aspekte kultureller Gemeinsamkeit zu erforschen, deren sich die Griechen selbst bewußt waren. Herodot ist unser wichtigster Zeuge hierfür. Seine *Historien* beschreiben gut zur Hälfte die Gepflogenheiten nichtgriechischer Völker. Bei ihm lassen sich die Formen erkennen, die dieses Bewußtsein annahm. Herodot setzt zum Teil eine ethnographische Tradition fort, die aus den Zeiten früher griechischer Expansion stammt und schon in der *Odyssee* sichtbar ist. Aber der Aufbau seines Berichts und die Auswahl der Gebiete, die er beschreibt, sind so klar an der Abfolge der Gebiete orientiert, die die Perser eroberten oder angriffen, daß seine Methode im wahrsten Sinne des Wortes historisch wurde. Freilich bleibt vieles rein ethnographisch. Ein bemerkenswertes Beispiel dafür ist die Beschreibung Ägyptens, wo er von den vielen Punkten, in denen »die Leute in den meisten ihrer Manieren und Bräuche genau das übliche Handeln der Menschheit umkehren«, den hervorhebt, daß »Söhne nicht verpflichtet sind, ihre Eltern zu unterstützen, wenn sie es nicht wollen, Töchter dagegen müssen es, ob sie wollen oder nicht. Wenn sie schreiben oder rechnen, tun sie das nicht von links nach rechts, wie die Griechen, sondern von rechts nach links. Und dennoch bestehen sie darauf, daß sie diejenigen sind, die den ›rechten‹ Weg gehen, und die Griechen diejenigen, die den ›linken‹, den falschen Weg gehen.« (2, 35, 2 u. 36, 4) An anderer Stelle bringt er eine Anekdote über Dareios, den König von Persien:

Nachdem er König geworden war, ließ er gewisse Griechen vorladen, die im Lande waren, und fragte sie, zu welchem Preis sie bereit wären, die Leichen ihrer Väter aufzuessen. Sie sagten, sie würden das um keinen Preis tun. Da ließ er Leute aus Indien kommen, die Kallatier hießen und ihre Väter aßen. In Gegenwart der Griechen, die durch einen Dolmetscher erfuhren, was gesprochen wurde, fragte er sie, zu welchem Preis sie bereit wären, die Körper ihrer Väter nach ihrem Tode zu verbrennen. Die Inder schrien laut auf und baten ihn, nicht so lästerlich zu reden. Solche Bräuche gab es damals unter den Menschen, und Pindar hat meiner Meinung nach recht, wenn er sagt: »Der Brauch ist überall der König.« (Herodot 3, 38, 3–4)

Eine zweite Antwort auf dieses Problem besteht in der Erkenntnis, daß unter der Voraussetzung, daß wirklich »alle Völker unterschiedliche Gewohnheiten haben und jedes seine eigene Meinung von Recht und Unrecht für die beste hält« (Pindar F 215), entweder jedes Wertesystem in der Tat von gleichem Wert als Muster des Lebens sein muß oder eine allgemeingültige Ordnung geschaffen werden müßte. Im ersten Fall blieb der Zwang zur Entscheidung bestehen, dem man nur dadurch begegnen konnte, daß man sich an eine höhere Macht oder an die Natur wandte oder daß man neue Systeme schuf, die auf rationalen Grundlagen aufgebaut waren – und genau dies war es, womit sich viele griechische Moralphilosophen und Staatstheoretiker befaßten. Die andere, weitaus analytischere Lösung, die Schaffung eines allumfassenden Systems, wird am besten illustriert in einem Aufsatz *Über die Umwelt (Über Luft, Wasser, Plätze)* aus dem späten fünften Jahrhundert, der durchaus von Hippokrates selbst stammen kann und auf jeden Fall zu den frühesten erhaltenen medizinischen Schriften des Westens gehört. Der erste Teil beschreibt die Unterschiede der Gesundheit und des körperlichen Wohlbefindens, je nachdem, ob man mit warmen oder kalten Winden, mit weichem oder hartem Wasser oder mit Regenwasser lebt oder ob man zu bestimmten Zeiten des Jahres unnatürliches Wetter zu ertragen hat. Nachdem der Autor die Bevölkerung von Kleinasien nach diesen Gesichtspunkten charakterisiert hat, wendet er sich allgemeinen Aussagen zu:

Was den Mangel an Geist und Mut unter den Einwohnern betrifft, so besteht die Hauptursache dafür, daß die Asiaten weniger kriegerisch und sanfter sind als die Europäer, in der Einheitlichkeit der Jahreszeiten, die bei ihnen keinen gewaltsamen Wechsel zwischen heiß und kalt aufweisen, sondern gleich sind. Deshalb gibt es dort keine geistigen Aufregungen und keine gewaltsamen körperlichen Veränderungen, die die Leidenschaften des Menschen wahrscheinlich mehr anheizen und ihm eher ein feuriges Temperament verleihen als ewige Gleichförmigkeit. Denn der Wechsel in den Dingen ist es, der die Leidenschaften des Menschen hervorruft und sein Erstarren verhindert. Aus diesen Gründen sind meiner Meinung nach Asiaten kraftlos. Ihre Institutionen sind ein zusätzlicher Grund, denn der größte Teil Asiens wird von Königen regiert. Wo aber die Menschen nicht unabhängig und ihre eigenen Herren sind, sondern von Despoten beherrscht werden, da sind sie nicht interessiert an militärischen Erfolgen und wollen nicht kriegerisch erscheinen ... Alle ihre tapferen und lobenswerten Taten dienen nur dazu, ihre Herren zu erhöhen und zu verherrlichen, während Gefahren und Tod das einzige sind, was ihnen selbst zufällt ... Auch wenn ein Mann von Natur aus tapfer und feurig ist, wird sein Temperament durch diese ihre Institutionen beeinflußt. Dafür kann ich einen klaren Beweis liefern. Alle Bewohner Asiens, ob Griechen oder Barbaren, die nicht von Despoten beherrscht werden, sondern unabhängig sind und für sich selbst sorgen müssen, sind die tapfersten überhaupt. Das ist deshalb so, weil sie sich den Gefahren zu ihrem eigenen Vorteil aussetzen und weil sie selbst es sind, die den Gewinn ihrer Stärke davontragen oder die Strafe für ihre Feigheit erdulden müssen. Du wirst feststellen, daß sich die Asiaten auch untereinander unterscheiden. Manche sind stärker, manche schwächer. Der Grund dafür, wie ich oben schon sagte, sind die unterschiedlichen Jahreszeiten.

(Hippokrates, Über die Umwelt 16)

Hier sind Beobachtungen, die sich von Unterschieden der Umgebung und der Umstände ableiteten, in ein System eingeordnet und einer moralischen Weltsicht untergeordnet worden, die sich an griechischen Begriffen, an Kriterien wie Tapferkeit und Freiheit in einer Art und Weise orientiert, die an Demaratos erinnert (s. S. 28). Wenn wir uns wieder Herodot zuwenden, können wir eine dritte Antwort erkennen, bei der solche Erkenntnisse zur Grundlage politischen Handelns werden. Er berichtet, daß im Winter 480/79 Alexander Philhellen, König von Makedonien, die Athener zu überreden versuchte, einen separaten Frieden mit dem persischen König zu schließen. Sie antworteten folgendermaßen:

... Nicht alles Gold dieser Welt und nicht das schönste und fruchtbarste Land könnte uns dazu bringen, mit Persien gemeinsame Sache zu machen und dazu beizutragen, daß die Perser unser Land versklaven. Und auch wenn wir uns selbst auf irgendeine Art und Weise dazu hergeben könnten, so gibt es doch noch viele machtvolle Gründe dafür, weshalb dies nicht geschehen kann. Der erste und wichtigste ist die Niederbrennung und Zerstörung unserer Tempel und Götterbilder, die uns auf jeden Fall davon abhält, Verträge abzuschließen mit dem, der sie zerstört hat, die uns vielmehr zwingt, diesen mit unserem unerbittlichen Haß zu verfolgen. Außerdem sind wir und alle Griechen Brüder. Wir haben eine gemeinsame Sprache, wir haben Altäre und Opfer, an denen wir alle teilhaben, wir haben gemeinsame Eigenarten. Es wäre in der Tat nichts Gutes, wenn die Athener all dies verraten würden. Wißt also, wenn ihr es bis jetzt noch nicht gewußt habt, daß wir, solange auch nur ein Athener am Leben ist, niemals ein Bündnis mit Xerxes schließen werden. (Herodot 7, 144, 1–3)

Wir können nicht sagen, ob die Rede historisch ist oder nicht. Wichtig ist aber, daß diese Rede von Herodot, der zwischen 450 und 430 schrieb, für glaubhaft gehalten wurde. Sie beinhaltet die zwei für das griechische Verständnis und besonders für das athenische Verständnis relevanten Vorstellungen von der griechischen Einheit von Sprache, Religion und Sitten und der ewigen Feindschaft gegenüber den Persern. Diese Vorstellungen sollten eine lange und einflußreiche Geschichte haben. Als politisches Programm waren sie Grundlage und Legitimation der militärischen Expansion Athens, die im Jahre 478 ihren Ausgang nahm. Sie überlebten die pragmatischen, aber moralisch unsauberen Kompromisse und Verträge, die mit Persern im späten fünften und frühen vierten Jahrhundert geschlossen wurden, und sie wurden von Philipp von Makedonien und seinen Verteidigern wieder aufgegriffen und zur Legitimation *seiner* Macht über Griechenland herangezogen. Als Bestandteil oft sehr einfältiger und unrealistischer rhetorischer Phraseologien dienten sie dazu, Wesen und Grenzen des Griechentums zu definieren und die hartnäckige Aufmerksamkeit von den Abgründen und Konflikten innerhalb der griechischen Gesellschaft abzulenken.

Gegensätze

Denn Konflikte gab es. Fundamental waren natürlich diejenigen, die auf den Besitz und die Nutzung von Land zurückgingen. Aristoteles konnte sagen:

Die beste Gruppe ist die der Bauern, so daß man auch ohne weiteres die Demokratie dort einrichten kann, wo das Volk von Landwirtschaft oder Viehzucht lebt. Weil diese kein großes Vermögen haben, sind sie beschäftigt und können also nicht viele Volksversammlungen abhalten. Weil sie aber gerade das Notwendige besitzen, so halten sie sich an ihre Arbeit und begehren nicht fremde Dinge.

(Aristoteles, Politik 1318b 9–14)

Und er sagte auch:

Da wir nun nach der besten Verfassung fragen, bei der der Staat am glücklichsten ist, und da wir vorhin feststellten, daß die Glückseligkeit ohne Tugend nicht bestehen kann, so ist es klar, daß im vollkommenen Staate, dessen Bürger also schlechthin und nicht nur unter bestimmten Voraussetzungen gerecht sind, diese weder als Banausen noch als Krämer leben dürfen, denn ein solches Leben ist unedel und der Tugend (*aretē*) widersprechend; ebensowenig dürfen diejenigen, die vollkommene Bürger sein wollen, Bauern sein, denn es bedarf der Muße, damit die Tugend entstehen und damit politisch gehandelt werden kann.

(Ebd. 1328b 37–1329a 2)

Das Kriterium des Reichtums als einer notwendigen Bedingung für ein aktives politisches Leben steht im Widerspruch zur moralischen Überlegenheit des Ackerbaus gegenüber allen anderen gewinnbringenden Tätigkeiten. Andererseits konnte sich die häufig gemachte Gleichsetzung zwischen einem, der Land, und einem, der das volle Bürgerrecht besitzt, wenn man das erste Glied der Gleichung als das primäre annahm, ebensogut als äußerst konservativ erweisen wie als gefährlich radikal, wenn sie auf die Verhältnisse in einer bestehenden Bürgerschaft angewendet wurde.

Drei weitere Widersprüche waren noch enger mit der Rolle und Definition des Stadtstaates verknüpft. Erstens: Die Definition des Bürgers dieses Stadtstaates nach der Abstammung in der männlichen Linie, der Blutsverwandtschaft und der Teilhabe an den öffentlichen Kulten und Opfern war von zwei Seiten her Angriffen ausgesetzt, von oben wie von unten, von seiten der Minderheiten mit exklusivem Anspruch ebenso wie von seiten derjenigen, deren gesetzmäßiger Status in schroffem Gegensatz zu ihren tatsächlichen Funktionen stand. Eine Begründung für den Angriff von oben findet sich bei Aristoteles: »Von allen das größte Recht zum Aufruhr hätten wohl jene, die das am wenigsten tun, nämlich die an Tugend hervorragenden Bürger. Denn von diesen alleine kann man vernünftigerweise annehmen, daß sie eine absolute Überlegenheit genießen.« (Politik

1301 a 39–1301 b 1) Die Gefahr von unten ging von all denen aus, die irgendwie »außerhalb« der Gemeinde standen, von ansässigen Fremden, Leibeigenen, Sklaven, Frauen. Zweitens: Obwohl der Stadtstaat sich allgemein durchgesetzt hatte und noch weiter durchsetzte und eine lebensfähige und den Anforderungen genügende kulturelle und verwaltungsmäßige Einheit war, hatten die Perserkriege in Griechenland und die Punischen Kriege in Sizilien doch seine Schwäche als machtpolitische Einheit aufgezeigt. Auf der entscheidenden Stufe war die Machtpolitik des fünften und vierten Jahrhunderts in Wirklichkeit nicht mehr die Politik von einzelnen Stadtstaaten, sondern von Staatengruppen, die sich mehr oder weniger freiwillig und dauerhaft zusammengeschlossen hatten, entweder unter der Führung einer Einzelperson, wie der des Tyrannen von Syrakus, oder, was eher verbreitet war, im Rahmen eines institutionellen Gerüsts von Bündnissen oder Allianzen. Dennoch wurden die herrschenden geistigen Vorstellungen weiterhin mit den Begriffen des autonomen Stadtstaates artikuliert. Erst auf der Höhe des Hellenismus entdeckte das politische Griechenland im Föderalismus einen Weg, mit den Spannungen und Ressentiments zurechtzukommen, die sich aus diesem Widerspruch zwischen Ideal und Wirklichkeit ergaben. Und der dritte Widerspruch: Gegenüber dem vagen Panhellenismus, wie er sich bei Herodot findet (s. S. 50f.), dominierten zwei andere Prinzipien: der chauvinistische Partikularismus der mächtigeren Staaten und die Vielfalt lokaler, geographischer, sozialer und politischer Einflüsse und Zwänge. Da es eben diese vielfältigen Komponenten, Spannungen und Widersprüche waren, auf die die Wechselwirkungen zurückgehen, die wir griechische Geschichte nennen, ist es am besten, wenn wir jetzt einen Blick auf die einzelnen Regionen werfen.

3. Regionale Bestrebungen

Was in Griechenland im fünften und vierten Jahrhundert geschah, spielte sich grob gesprochen in fünf Regionen ab: in der Ägäis, auf der Peloponnes, in Sizilien und Süditalien, in Mittelgriechenland und in den Randgebieten.

Quellen

Natürlich gab es zwischen den Regionen ständig Kontakte und gegenseitige Beeinflussungen. Am meisten wissen wir aber über die Ägäis, einmal aufgrund der athenischen Ambitionen und wegen der Präsenz der Perser in Kleinasien und in der Levante, die dort mehr militärische Aktivität als anderswo hervorrief, und zum anderen deshalb, weil die Quellen soviel mehr über Athen als über andere Staaten sagen. Das trifft nicht nur zu auf das epigraphische Material, auf die schöne Literatur und auf die Philosophie, sondern auch auf die historischen Quellen. Thukydides' Abriß der griechischen Geschichte von 478 bis 431 (1, 89–118) ist sehr allgemein und soll einen Überblick liefern über die Entwicklung der Macht Athens. Im Mittelpunkt seiner außerordentlich detaillierten Beschreibung des Peloponnesischen Krieges von 431 bis zum Abbruch im Jahre 411 steht bei allem Bemühen um Unparteilichkeit selbstverständlich Athen. Ähnlich konzentrieren sich Xenophons *Hellenika*, die über die Ereignisse in Griechenland von 411 bis 362 berichten, hauptsächlich auf Athen und Sparta, nicht zuletzt deshalb, weil Xenophon offensichtlich eine heftige Abneigung gegen Theben empfand. Ausgeglichen wird diese Quellenlage nur durch Diodor, der uns mit dem größten Teil der wenigen Nachrichten versorgt, die wir über die Westgriechen des fünften und vierten Jahrhunderts besitzen, und für die Zeit nach 411 unentbehrlich ist, weil er einer Tradition folgt, die von Xenophon unabhängig ist und andere regionale und politische Tendenzen und Interessen aufweist. Die Quellen konfrontieren uns also ständig mit dem methodischen Problem, ihnen gleichmäßig Informationen über alle Gebiete und Gemeinden entlocken zu müssen und dabei die tiefere Analyse nicht vernachlässigen zu dürfen, wenn die Überlieferung für die eine oder andere Region besonders gewichtig ist.

»Randgebiete« griechischer Kultur

Bis zu einem gewissen Grad reflektiert die Tendenz der Quellen aber doch tatsächlich vorhandene Unterschiede der Aktivitäten und Erfahrungen, und der Kontrast zwischen der Ägäis und den anderen Gebieten war zu keiner Zeit größer als in der Generation nach 480. Um es ganz grob in Machtbegriffen auszudrücken: In der Ägäis entstand eine neue Machteinheit, die ihre Position festigte; anderswo kam die Entwicklung von Machteinheiten zum Stillstand, sie lösten sich auf oder verschwanden völlig. So brach beispielsweise in Sizilien im Jahr 466 die Macht der Dynasten von Syrakus zusammen, obwohl sie als Führer gegen Karthager und Etrusker so erfolgreich gewesen waren. Die großen Menschenmassen, auf die sich ihre politische Macht stützte, waren zerstreut, und Stadt nach Stadt hatte sich der syrakusanischen Kontrolle entzogen; ein Fleckenteppich unabhängiger Staaten war entstanden, die alle sehr anfällig waren für lokale Streitigkeiten, für den Druck der Bürgerschaft von innen und für athenische Intrigen. Dasselbe war in Süditalien der Fall, wo jeder Zusammenhalt oder jede oktroyierte Hegemonie, wie sie die Städte Kroton und Tarent um 480 errichtet hatten, um 440 wieder verschwunden war. So waren die Wege frei für athenische Diplomatie und sogar für athenische Siedlungspolitik. Boiotien und Thessalien waren moralisch in Mißkredit geraten, weil sie sich 480 und 479 auf die Seite der Perser gestellt hatten. Sie verloren das Gefühl für politische Führung, das sie einst besessen hatten, und wurden nach 457 zu Objekten athenischer Kontrolle oder athenischer Bündnispolitik. Makedonien trat bis in die dreißiger Jahre überhaupt kaum in Erscheinung.

Ganz ähnlich scheint es in den Randgebieten griechischer Kultur gewesen zu sein. Allerdings wissen wir oft über die Verhältnisse dort fast nichts. So beziehen wir beispielsweise unser ganzes Wissen über das Königreich der Molosser in Epeiros im fünften Jahrhundert und noch viel später aus einer Anekdote bei Thukydides, die den homerischen Stil widerspiegelt, in dem sich das öffentliche Leben dort noch um 460 abspielte.

Weiter südlich saßen, wie aus dem Bericht des Thukydides über die athenische Kampagne des Jahres 426 zu entnehmen ist, die Aitolier, die, obwohl sie zahlreich und kriegerisch waren, immer noch in weitverstreuten unbefestigten Dörfern lebten und nur leichte Bewaffnung kannten, während im Landesinneren »die Eurytaner, die den wichtigsten Teil von den Aitoliern ausmachen, aber eine ganz unverständliche Sprache sprechen, von rohen Speisen leben« (Thukydides 3, 94, 4–5). Man wird kaum einen eindeutigeren Zusammenhang zwischen archaischen Bräuchen, Uneinigkeit und militärischer Schwäche finden.

Ähnlich spärlich ist unser Wissen über die Griechen in Nordafrika im fünften und vierten Jahrhundert. Drei Pindar-Oden belegen, daß das Königtum von Kyrene bis 460 noch bestand. Aristoteles bezieht sich in der *Politik* auf Maßnahmen, dort eine Demokratie zu etablieren. Der Zeitpunkt ist unbekannt. Thukydides und ein Ehrendekret aus Athen berichten von der kyrenischen Hilfe für beide Seiten während und nach der athenischen Invasion in Sizilien 415 bis 413. Diodor erwähnt eine kurze Tyrannis und einen schrecklichen Bürgerkrieg im Jahre 401. Eine Gruppe von Dokumenten aus Kyrene zählt Steuern von Agrarprodukten auf, eine andere die Namen von Soldaten und Feldherrn. Abgesehen von der Aussagekraft der erhaltenen Bauwerke und Artefakte, die auf einen bemerkenswerten Wohlstand schließen lassen, ist dies eigentlich alles, was wir wissen. Es genügt für die Folgerung, daß sich die Stadt bei aller Neigung zu Sparta bewußt aus den griechischen Angelegenheiten heraushielt, ebenso wie das völlige Fehlen eines ägyptischen Einflusses auf die kyrenische Kunst annehmen läßt, daß man erfolgreich den Zwängen der politischen Geographie widerstand.

Ganz ähnlich scheint es mit Kreta gewesen zu sein. Obwohl die Kreter von den Griechen eingeladen wurden, nahmen sie nicht an den Perserkriegen teil und hielten sich abseits während der ganzen Periode, mit der wir uns befassen. Die Zeugnisse der kretischen Münzen, einige zufällige Erwähnungen bei Platon und später bei dem Geographen Strabon und einige wenige Inschriften lassen vermuten, daß die Inselbewohner es um und nach 450 mehr und mehr vorzogen, die alte Überlieferung wieder ernstzunehmen, derzufolge Kreta seinen dorischen Dialekt und seine dorischen Institutionen der Kolonisierung durch Argos zu verdanken hatte. Infolgedessen mochte die argivische Politik der Nichteinmischung in griechische Machtpolitik die

Insel in dieser Hinsicht beeinflußt haben. Dazu kamen heftige Aktivitäten im Hinblick auf die Kodifizierung des Gewohnheitsrechts, in die die erhaltenen steinernen Gesetzestafeln von Gortyn und anderswo Einblick geben. Andere abseits gelegene Inseln waren in einer weniger glücklichen Lage. Zypern war, wie sich noch zeigen wird, für den östlichen Mittelmeerraum strategisch zu wichtig und seine Kupfervorräte waren zu bedeutend für eine Zeit, die im großen und ganzen immer noch Bronzezeit war, um nicht im Brennpunkt militärischer und politischer Aufmerksamkeit zu stehen. Was Korkyra betrifft, so können wir aus dem 1. Buch des Thukydides über die Jahre vor 430 erfahren, unter welchen Widerständen zu welch spätem Zeitpunkt die Insel, die 480 neutral und seitdem immer selbständig war, in die großen machtpolitischen Auseinandersetzungen Griechenlands hineingezogen wurde.

Sparta

Korkyra bringt uns über seine weit entfernt gelegene Mutterstadt Korinth wieder auf die Peloponnes, deren Situation näher beschrieben werden muß und kann. Der Name selbst war damals nicht nur ein geographischer Begriff, sondern stand in Wirklichkeit für die Hegemonie Spartas. Spartas Eroberung von Messenien um 716 erlaubte den spartanischen Bürgern zwar, auf Kosten einer unterdrückten leibeigenen Bevölkerung, den sogenannten Heloten, wie Rentiers zu leben, hatte sie aber gezwungen, Berufssoldaten zu werden, wie es sie nirgendwo in Griechenland oder außerhalb gab. Bündnisse mit Tegea um 550 und mit Korinth (spätestens um 525, vermutlich viel früher) ermöglichten es Sparta, Argos einzuschließen, das der einzige ernsthafte Rivale für die Vorherrschaft in diesem Gebiet war. In jüngster Zeit, während oder um 503, hatte die Schaffung eines Bundes, in dem viele, wenn nicht fast alle peloponnesischen Staaten zusammengeschlossen waren, die Beziehungen mehr formalisiert und gleichzeitig gerechter gemacht. Es war daraus ein Modell geworden für den Zusammenschluß und das gemeinsame Handeln der antipersischen Staaten im Jahre 481. Soviel geht aus Herodots Bericht hervor. Was offenbleibt, ist die Frage, warum Sparta seine hervorragende Rolle während der Perserkriege nicht dazu benutzte, seinen Einfluß zu festigen und auszudehnen, sondern sich in eine Haltung zurückzog, die auf den ersten Blick aus Trägheit und Schwäche zu bestehen scheint. Diese versäumte Gelegenheit beeinflußte die ganze folgende Geschichte des unabhängigen Griechenland. Das Problem besteht darin, daß die Zeugnisse ebenso dürftig wie chronologisch unzuverlässig sind. Als Hinweis von fundamentaler Bedeutung hat Herodots Bericht über den Wahrsager Teisamenos von Elis zu gelten, der die Spartaner zu nötigen vermochte, seinen Bruder und ihn selbst zu spartanischen Vollbürgern zu machen:

Als ihm die Spartaner auch dies zugestanden hatten, gewann Teisamenos von Elis, nunmehr Bürger von Sparta geworden, als ihr Wahrsager fünf gewaltige Kämpfe mit ihnen. Die fünf Schlachten aber waren folgende: Die erste war die eben genannte Schlacht von Plataiai, sodann die bei Tegea gegen die Tegeaten und Argiver, darauf die im Land der Dipaier gegen alle arkadischen Stämme mit Ausnahme der Mantineer, ferner die beim Berg Ithome gegen die Messenier. Die letzte siegreiche Schlacht aber fand bei Tanagra gegen die Athener und Argiver statt.

(Herodot 9, 35, 1–2)

Es sind also zwei größere Schlachten einzufügen zwischen der Schlacht von Plataiai im Jahre 479 und der Schlacht am Ithome-Berg (vermutlich im Jahr 459) gegen die arkadischen und argivischen Feinde. Andere Zeugnisse machen die Dinge klarer. Herodot erzählt, daß die Kontingente der Mantineer und Eleer erst spät in Plataiai erschienen sind. Es gibt Belege für einen Kampf zwischen den arkadischen Gauen, und es gibt auch Münzen mit der Aufschrift »Ark(adikon)«, worin sich vermutlich eine Bündnisstruktur widerspiegelt. 471/70 »vereinigten sich die Eleer, die bis dahin verstreut in vielen kleinen Orten gewohnt hatten, zu dem einen Staat, der jetzt als Elis bekannt ist« (Diodor 11, 54, 1), und »andere Orte auf der Peloponnes ... bestanden alle aus einer Zusammenlegung von vielen Dörfern, aus denen sich später die bekannten Städte als Einheit entwickelten. So war beispielsweise Mantinea in Arkadien unter argivischem Einfluß aus fünf Dörfern entstanden und Tegea aus neun« (Strabon 8, 3, 2), was ziemlich sicher in dieser Periode stattgefunden hat. Es sieht so aus, als ob zwischen 480 und 460 einige Bezirke in der nördlichen Peloponnes (vielleicht, wie Strabon vermuten läßt, in Achaia ebenso wie in Elis und Arkadien) sich mit ihren Ressourcen und mit ihrer Bevölkerung zu zusammenhängenden Einheiten zusammenschlossen mit dem Ziel, sich gegen Sparta zu wehren. Es war ein in sich radikaler Vorgang mit demokratischen Untertönen. Offensichtlich schloß Argos sich an, was leicht zu verstehen ist im Hinblick auf seine Feindschaft mit Sparta und im Zusammenhang mit den Zeugnissen bei Herodot (s. S. 42) und in den *Hiketiden* des Aischylos von 464/63, wonach es sich eine Demokratie nannte. Ein anderer sehr wichtiger Beleg für diese Region und diesen Zeitabschnitt findet sich am Ende des ersten Buches in den Exkursen des Thukydides über die Laufbahn des Atheners Themistokles und des spartanischen Königs Pausanias nach ihren Triumphen während der Perserkriege. Thukydides berichtet uns: »Themistokles war, als es geschah, durch einen Ostrakismos verbannt worden (wahrscheinlich 471), hielt sich in Argos auf, besuchte aber auch andere Orte in der Peloponnes.« (1, 135, 3) Das waren gewiß nicht nur Besuche geselliger Art.

In diesem sich abzeichnenden Zerfall des Peloponnesischen Bundes lag eine Hauptursache für den spartanischen Mangel an Initiative. Es gab jedoch noch andere Gründe. 478 hatte Sparta in der Tat die Führung übernommen. Seine vereinigten Streitkräfte, die in diesem Jahr den größten Teil Zyperns unterwarfen und Byzantion belagerten, brachen unter der Führung des Pausanias mit zwanzig Schiffen von der Peloponnes auf. Sein Vorgehen erregte aber so große Verärgerung, wie Thukydides im weiteren berichtet, daß die Spartaner ihn zurückholten und des Hochverrats mit Persien zu überführen versuchten, allerdings wieder freisprachen.

Währenddessen hatte der Haß, den er erregt hatte, die Bundesgenossen veranlaßt, abzufallen ... An seiner Stelle sandten die Spartaner Dorkis und einige andere mit einer kleinen Streitmacht. Aber die Bundesgenossen wollten ihnen die Führung nicht länger überlassen, und kaum merkten sie das, gingen sie wieder fort. Und die Spartaner sandten niemanden mehr hin, weil sie einerseits fürchteten, ihre Leute würden sich, wenn sie außer Landes waren, nach dem Beispiel des Pausanias auf die Gegenseite wenden, weil sie aber auch des Krieges müde waren und die Athener für fähig hielten, die Führung zu übernehmen und an ihnen gute Freunde zu haben glaubten. (Thukydides 1, 95, 3–7)

Obwohl dieser Abschnitt eine der entscheidenden Machtverschiebungen der griechischen Geschichte beschreibt, wirft er mehr Fragen auf, als er beantwortet. Der Empfang, der Dorkis gewährt wurde, läßt vermuten, daß Pausanias' Verhalten nicht das einzige Hindernis war. Die Anklage wegen Hochverrats war unbegründet; und Herodot ist sich weniger sicher als Thukydides, daß der Wechsel die Zustimmung Spartas fand. Wichtig ist hier jedoch die Stellung des Pausanias selbst. Thukydides führt später detailliert aus (1, 128–134), wie seine hochverräterischen Kontakte sowohl mit dem persischen König als auch mit den messenischen Heloten schließlich entdeckt wurden und den Regierenden die Gelegenheit gaben, ihn in einem Tempel verhungern zu lassen. Sein Bericht ist nicht ganz glaubwürdig, und die Chronologie wirft große Probleme auf. Dennoch sieht es ganz so aus, als ob Sparta nach 478 für zehn Jahre oder noch länger die Last dieses hervorragenden Politikers zu tragen gehabt hätte, eines ehrgeizigen Mannes von königlicher Abstammung in der gefestigten Position eines Regenten, dem man nicht vertrauen und den man auch nicht loswerden konnte, während sein Nachfolger Pleistarchos noch bis in die späten sechziger Jahre zu jung für dieses Amt war. Unglücklicherweise war die andere königliche Familie Spartas in einer ähnlichen Lage (s. S. 28f.). König Leotychidas hatte sich, wie Herodot berichtet, bestechen lassen, eine Strafexpedition gegen Thessalien abzubrechen, und war 476 verbannt worden. Von da an konnte, bis er starb (im Jahre 469) und sein Enkel Archidamos erwachsen wurde (vielleicht noch später), kein Mitglied der königlichen Familie ihre traditionelle Rolle, die politische und militärische Führung, übernehmen, und die spartanische Gesellschaft war damals so wenig wie später gerüstet, eine solche Krise zu meistern.

Es gab zwei weitere Gründe für Spartas Untätigkeit. Einer war zufälliger Art. Bereits 491/90 hatte es Unruhen unter den Heloten in Messenien gegeben, die von Pausanias angeblich unterstützt worden waren. 464 gab es erneut einen Aufstand von größter Heftigkeit, nachdem Sparta durch ein Erdbeben zerstört worden war, bei dem so viele Bürger umkamen, daß man zur Niederschlagung des Aufstandes die verbliebenen Verbündeten zu Hilfe rufen mußte. Der andere Grund lag im spartanischen Staatswesen selbst. Diodor berichtet über das Jahr 476/75:

Die Spartaner waren jetzt, als sie ohne rechten Grund das Kommando zur See verloren hatten, aufgebracht. Deshalb waren sie von Wut über die Griechen erfüllt, die von ihnen abgefallen waren ... Als eine Zusammenkunft des Ältestenrates *(gerousia)* stattfand, überlegten sie, ob sie Krieg gegen die Athener führen sollten ... Als die Volksversammlung zusammenkam, waren die jüngeren Leute und die Mehrheit der anderen ebenfalls bereit, die Führung zurückzuerobern, weil sie glaubten, daß sie, wenn sie sich diese sichern könnten, großen Wohlstand genießen und Sparta ganz allgemein größer und mächtiger machen würden und daß der Wohlstand der einzelnen Bürger sehr zunehmen würde ... (Dennoch) unternahm es Hetoimaridas, ein Mitglied des Ältestenrats, der ein direkter Abkömmling des Herakles war und unter den Bürgern wegen seines Wesens in großem Ansehen stand, den Rat zu geben, daß sie den Athenern die Führung überlassen sollten, weil es, wie er erklärte, nicht im spartanischen Interesse läge, Anspruch auf die Seeherrschaft zu erheben. (Diodor 11, 50, 1–6)

Dieser Gesichtspunkt gewann die Oberhand. Historiker vermuten, daß Diodors Bericht auf Vorstellungen des vierten Jahrhunderts zurückgeht, als Sparta für kurze Zeit eine starke Seemacht war, was schädliche Konsequenzen hatte. Es könnte aber doch eine historische Grundlage dafür geben, und für Hetoimaridas lassen sich schlagende Argumente finden. In Griechenland konnte man damals nur als Seemacht die führende Rolle übernehmen. Das hatte wiederum sehr hohe Kosten zur Folge, denn man mußte eine Flotte bauen, sie ausrüsten und mit einer ausgebildeten Besatzung versehen. Das stand in direktem Gegensatz zur spartanischen Tradition nach der die Krieger auf eigene Kosten in den Kampf zogen, was es Sparta bis dahin möglich gemacht hatte, ohne Münzgeld und seine verderblichen Folgen auszukommen. Eine Flotte brachte große Unterhaltsprobleme mit sich. Wo sollte das Geld herkommen? Woher sollte man Segel, Pech, Taue usw. nehmen? Sie bedeutete auch, daß die politische Macht auf diejenigen überging, die sich um die Flotte kümmerten, was sowohl den traditionellen Führungsvorstellungen als auch der militärischen Schlüsselrolle der Spartiaten, die bis dahin ihre militärische und ökonomische Vorherrschaft legitimiert hatten, völlig widersprach.

Athen

In Athen dagegen wies alles Streben nur in eine Richtung. Man kann das unmittelbar dem Bericht des Thukydides über die wachsende Macht der Athener oder Plutarchs Biographien des Kimon, des Thukydides und des Aristides entnehmen. Andere Belege müssen aus späteren oder mehr versteckten Quellen gefiltert werden, aber sie alle offenbaren eine Explosion von Energie und Tatkraft, die die übrige griechische Welt in Erstaunen versetzte. Die Entwicklung lief auf eine lange und beständige Herrschaft der Athener über die Ägäis und ihre nördlichen und östlichen Anrainer hinaus. Der Lauf der Ereignisse in diesem Gebiet bis 454 läßt sich in großen Zügen sehr klar dem ersten Buch des Thukydides (94–111) und einigen ergänzenden Zeugnissen entnehmen, wenn auch eine genaue Datierung selten möglich ist. Die ägäischen Staaten befanden sich im Widerstand gegen Persien und erbaten und akzeptierten die athenische Führung in einem Bündnis, das heute gewöhnlich als der Delisch-Attische Seebund bezeichnet wird, weil es im Winter 478/77 bei einer Konferenz auf Delos beschlossen wurde. Die wichtigsten bekannten Aktivitäten dieses Bundes bis 463 waren die Vertreibung der Perser von den ihnen verbliebenen Stützpunkten in der Ägäis, die Niederschlagung eines gewaltigen persischen Gegenangriffes zu Land und zur See am Eurymedon in Pamphylien zwischen 465 und 463 und die gewaltsame Unterwerfung zweier Inseln, die sich aus dem Bund lösen wollten, nämlich Naxos um 470 und Thasos 465–463. In den nächsten zehn Jahren gab es mit Aigina im Jahre 457 noch gewichtigen Zuwachs für den Seebund und auch für Athen selbst durch separate Bündnisse mit Argos und Thessalien um 461 und Megara um 460 und durch die Eroberung von Boiotien und Phokis 457, aber die wichtigste Aktivität des Bundes war 459 die Verlegung einer gewaltigen Flotte von 200 Schiffen von Zypern nach Ägypten, um im Nildelta einen Aufstand gegen die persische Oberherrschaft zu unterstützen. Der Aufstand hatte am Anfang bemerkenswerten Erfolg, zog sich sechs Jahre hin und endete im Spätsommer 454 mit einer Katastrophe, die anscheinend (Thukydides ist hier nicht so deutlich, wie er sein könnte) den Verlust fast der ganzen Flotte mit sich brachte und für viele tausend Menschen den Tod bedeutete. Diese Niederlage war mehr oder weniger das Ende der Angriffe des Bundes gegen Persien.

Thukydides deutet athenische Ziele und Standpunkte nur an. Er bemerkt, daß, »als die Gewalttätigkeit des Pausanias gegenüber den Griechen unerträglich wurde, namentlich gegenüber den Ioniern und den kurz vorher von persischer Oberherrschaft Befreiten, sie Zuflucht suchten bei den Athenern und sie baten, da sie doch blutsverwandt seien, ihre Führer zu werden« (1, 95, 1). Er berichtet, daß die Athener »festlegten, welche Städte Geld und welche Schiffe zum Kampf gegen die Barbaren beizutragen hätten. Sie taten dies mit der Begründung, wegen des erlittenen Unrechts Rache üben zu müssen durch die Verwüstung königlichen Gebiets« (1, 96, 1). Er sagt auch, daß der Aufstand der Thasier begann, weil sie »in Konflikt gerieten (mit

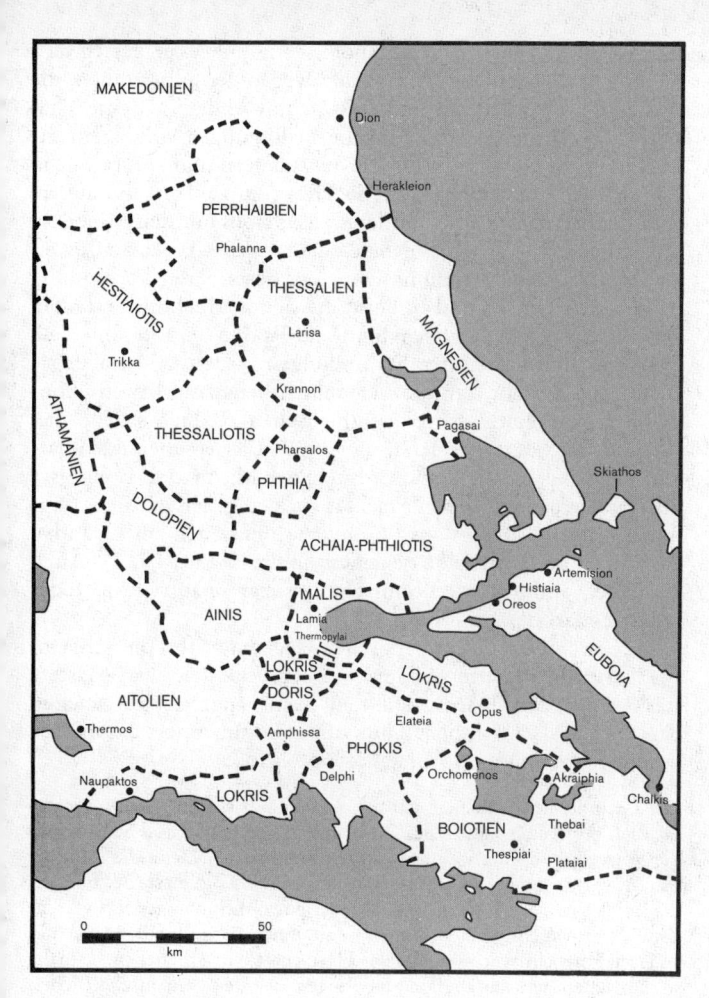

Nordgriechenland

den Athenern) wegen der Handelsstützpunkte an der thrakischen Küste gegenüber Thasos und wegen der Silberminen, die sie besaßen« (1, 100, 2), und daß er damit endete, daß die Thasier »sich ergaben ... und auf die Bedingungen eingingen, die Mauern zu schleifen, die Schiffe auszuliefern und sofort und in Zukunft eine bestimmte Summe Tribut zu zahlen, und außerdem den Besitz auf dem Festland zusammen mit den Minen zu übergeben« (1, 101, 3). Solche Andeutungen können ausgeweitet werden. Die Vorstellung von einer besonderen Verbindung zwischen Athenern und Ioniern, die sich deutlich im Verhalten ausdrückte und in gewissem Sinne auf Fakten beruhte, blieb ein wichtiger Bestandteil der Verbindungen in der Ägäis, aber sie allein genügt nicht, um das Handeln Athens zu erklären. Thukydides läßt einen späteren athenischen Redner sagen, daß einst, als die Spartaner den Athenern den Krieg überlassen hatten, sie »gleich von Anfang durch die Macht der Ereignisse veranlaßt wurden, ihre Herrschaft auf den gegenwärtigen Gipfel zu bringen, erstens aus Furcht, zweitens auch aus Gründen der Ehre und drittens aus eigenem Interesse« (1, 75, 3). Auch diese Begründung ist zu einfach, ja sogar unaufrichtig. Jeder Punkt bedarf der Erklärung.

Die Furcht vor einem persischen Gegenangriff – die Schlacht am Eurymedon hatte gezeigt, wie begründet sie war – lastete stärker auf den Inseln und den leicht angreifbaren Staaten Kleinasiens als auf Athen. Thukydides kommentiert das im Zusammenhang mit dem Aufstand von Naxos:

Die Gründe, weshalb man sie des Abfalls bezichtigte, waren hauptsächlich der Rückstand in der Lieferung der Abgaben und Schiffe und die Verweigerung der militärischen Unterstützung. Denn die Athener waren sehr streng beim Eintreiben der Abgaben. Und da sie bei Leuten, die sich's sauer werden zu lassen weder gewohnt noch geneigt waren, Zwangsmittel gebrauchten, fingen sie an, ihnen lästig zu fallen. Auch in anderer Hinsicht war man mit der Herrschaft der Athener nicht mehr so zufrieden wie anfänglich. Sie fingen bei der gemeinschaftlichen Kriegführung an, eine dominierende Rolle zu übernehmen, und dabei fiel es ihnen leicht, Abtrünnige wieder zur Räson zu bringen. Daran waren die Bundesgenossen selbst schuld. Weil sie ungern zu Felde zogen, hatten die meisten, nur um zu Hause bleiben zu können, sich statt ihres Anteils an Schiffen zur Zahlung einer bestimmten Summe verpflichtet. So machten sie es den Athenern möglich, mit diesem Geld ihre Flotte zu vergrößern, und sie selbst waren bei einem Aufstand ohne Kriegserfahrung und ohne entsprechende Mittel.

(Thukydides 1, 99)

Nach diesen Aussagen zu urteilen und auch nach der Art und Weise, wie sie mit widerspenstigen Bündnispartnern umgingen, nutzten die Athener die Perserangst eher aus, als daß sie sie selbst empfanden.

Auch die Ehre ist nur ein oberflächlicher Beweggrund. Die Aktivitäten im Ausland verschafften vielen athenischen Bürgern Ansehen und Wohlstand, aber das Ansehen der Stadt insgesamt beruhte – das haben von außen kommende Dichter wie Pindar ebenso erkannt wie die athenischen Politiker selbst – nicht so sehr auf ihrer Führung im Delisch-Attischen Seebund als vielmehr auf ihrer heroischen Rolle 480/79 im Kampf gegen die Invasion der Perser. Man kann, ohne allzu zynisch zu sein, sagen, daß vor allem die Mitglieder der athenischen Oberschicht in den Genuß dieses »Ruhmes« kamen. Dadurch, daß sie die Flotte des Bundes kommandierten, als Schatzmeister des Bundes fungierten (von Anfang an war dies ein athenisches Amt) und die einzelnen Schiffe befehligten (wie das Zitat oben zeigt, waren es immer mehr athenische Schiffe), konnten sie nicht nur hoffen, in Athen die Position zurückzugewinnen, die in den politischen Auseinandersetzungen zwischen 490 und 480 so sehr geschwächt worden war, sondern sie konnten auch hoffen, ein Maß an Macht und Ansehen zu erreichen, das über die Möglichkeiten rein athenischer Politik hinausging.

Hier stoßen wir auf einen Aspekt des Eigennutzes. Die Ereignisse in Thasos zeigen einen anderen, nämlich den der gewaltsamen Überführung der wichtigsten natürlichen Ressourcen in die Hand der Athener, was sich überall nachweisen läßt. Es gab noch einen dritten Punkt, bei dem sich Eigennutz mit dem Zwang der Umstände paarte. Für das späte fünfte Jahrhundert und sogar noch mehr für das vierte Jahrhundert sagen die Quellen ausdrücklich, daß »die Athener mehr importiertes Getreide verwenden als irgend jemand sonst« (Demosthenes 20, 31), und daß die Hälfte der athenischen Importe von der Krim stammt. Keine Quelle überliefert, wann diese Entwicklung begonnen hatte, aber die überseeischen Verbindungen Athens vor 480 machen es deutlich. Ein mißlungener Kolonisationsversuch bei Sigeion um 610, die Einnahme der thrakischen Chersones um 544, das Interesse, das die Peisistratiden vor 510 für Sigeion und Lampsakos zeigten, die Festsetzung athenischer Siedler auf Lemnos und Imbros um 499 und vielleicht auch die Besitznahme von Land auf Chalkis um 506 – all dies läßt ein bestimmtes Ziel erkennen, nämlich die Aneignung der Schlüsselpositionen am Weg zum Schwarzen Meer. Diesem Ziel kam man näher durch die Belagerung und Eroberung von Byzantion im Jahr 478 und durch die Einnahme und Besiedlung von Skyros 476, und man erreichte es ganz mit der fast völligen Übernahme der thrakischen Chersones 449–47 durch Kolonisten, die athenische Bürger waren. Insgesamt lassen sich große Abschnitte der Geschichte Athens im fünften und vierten Jahrhundert (und sogar bis in die römische Zeit hinein) unter dem Gesichtspunkt der absoluten Notwendigkeit verstehen, den Seeweg von der Krim durch den Hellespont (Dardanellen) und die Ägäis zum Piräus zu kontrollieren oder eine Kontrolle dieser Route durch andere politische Mächte zu verhindern, denn auf diesem Weg kam das Getreide, ohne das das Volk von Athen hungern mußte. Entweder kontrollierten die Athener selbst die Dardanellen oder sie waren abhängig von der Macht, die es tat.

Der Attische Seebund

Auf diese Weise Motive zu sammeln, heißt natürlich, Handlungen überzubetonen, aber es erleichtert auch die Erklärung dafür, weshalb man in Athen keine Opposition gegen die athenische Expansion als solche entdecken kann. Wie es scheint, war die Frage nicht, ob, sondern wie man expandieren sollte. Der Seebund war bei seiner Gründung nach bestimmten Regeln sogar parlamentarischer Art konstruiert worden:

Und zu diesem Zeitpunkt richteten die Athener die Institution der *hellenotamiai* (»Schatzmeister der Griechen«) ein. Die Beamten nahmen den Tribut *(phoros),* wie das eingesammelte Geld genannt wurde, in Empfang. Die Gesamtsumme wurde zuerst auf 460 Talente festgesetzt. Das allgemeine Schatzhaus war in Delos, in dessen Tempel auch die Zusammenkünfte abgehalten wurden. Am Anfang waren die von den Athenern angeführten Verbündeten unabhängig und an den Beschlüssen, die bei den Zusammenkünften gefaßt wurden, aktiv beteiligt. (Thukydides 1, 96, 2–97, 1)

Die Balance zwischen Althergebrachtem und Neuem war kompliziert. Die Wahl von Delos, der heiligen Insel Apolls, wo sich seit Jahrhunderten die Bewohner der Ägäis versammelt hatten, zum Sitz des Bundes bedeutete einen Blick zurück auf die kultischen Amphiktyonien. Das waren regional begrenzte Versammlungen, die bei größeren Heiligtümern und während regelmäßig wiederkehrender Feste stattfanden; sie waren im archaischen Griechenland die wichtigste Form zwischenstaatlicher Begegnung. Im Gegensatz dazu verkörpern der Beamtenapparat und die Festlegung der Beiträge Modernisierung und Säkularisierung. Das Ganze sollte offensichtlich dem Ausgleich zwischen Führern und Geführten dienen und die notwendigen Beratungen und Abstimmungen regeln. Doch stand den beiden athenischen Politikern, die mit dem Seebund von seiner Gründung bis in die sechziger Jahre am engsten verbunden waren – Kimon als dem Kommandanten einer militärischen Expedition nach der anderen und Aristeides als dem gerechten Hüter der Kontributionen –, Themistokles gegenüber, der 478 der führende Staatsmann Griechenlands war. Durch Plutarch und Thukydides wissen wir genügend über ihn, um festzustellen, daß er niemals mit den Angelegenheiten des Seebundes zu tun hatte. In der Tat legen Anekdoten über ihn die Vermutung nahe, daß er der Ansicht war, die athenische Führung des Seebundes solle weit weniger »parlamentarisch« und nachgiebig sein. Herodot (8, 11–112) berichtet ausführlich über sein rigoroses Geldeintreiben bei den Inselbewohnern nach der Schlacht bei Salamis, und Plutarch zitiert ein Gedicht des Timokreon von Rhodos:

Du magst den Pausanias rühmen, den Xanthippos oder den
  Leotychidas,
Ich aber preise den Aristeides,
den besten Mann, der je vom heiligen Athen gekommen.
Doch Themistokles ist verfolgt von Letos Haß,
Der Lügner und schändliche Verräter,
Der seinen Gastfreund Timokreon
Nicht in sein Vaterland Ialysos zurückführte,
Weil schnödes Geld ihn betörte.
Drei Silbertalente steckte er ein, dann fuhr er davon ins Verderben.
Die einen führte er heim wider Recht und Gesetz.
Den andern raubte er Heimat und Leben.
Sein Geldsack aber war prall gefüllt.   (Plutarch, Themistokles 21, 2–3)

Andere Zeugnisse lassen vermuten, daß Themistokles in Sparta eine größere Gefahr für Athen sah als in Persien. Es ist bekannt, daß er gegen den Druck von spartanischer Seite her darauf bestand, im Winter 479/78 die Mauern Athens wiederaufzubauen (das wird von Thukydides 1, 89–93 ausführlich beschrieben), daß er sich erfolgreich dem Vorschlag Spartas widersetzte, alle, die auf seiten der Perser gestanden hatten, von der Amphiktyonie in Delphi auszuschließen, daß er zwischen 471 und 467 sehr wahrscheinlich am Widerstand in Argos gegen Sparta beteiligt war und daß er zu guter Letzt bereit war, von 465 bis zu seinem Tod 459 die Protektion des persischen Königs zu akzeptieren. Aber er hatte wenig Chancen, sich mit seiner Ansicht darüber und über die Politik in der Ägäis gegenüber dem ungeheuer erfolgreichen Rezept Kimons durchzusetzen, der aristokratisches Patronat über die Bevölkerung mit einer engen Partnerschaft mit Sparta verband und gleichzeitig unter dem Deckmantel des auf einer Verfassung gegründeten Seebundes jede günstige Gelegenheit in der Ägäis wahrnahm. Plutarchs anschauliche, anekdotenreiche, chronologisch allerdings wenig geordnete Kimon-Biographie liefert Material, ihn zu beurteilen. Er erscheint als der berühmte lockenköpfige Kriegsheld, als der militärische Führer, als der Aristokrat mit Freunden und Kontakten überall in Griechenland, als der Mäzen von Dichtern und Künstlern, als Richter in lokalen Streitigkeiten, als Verschönerer Athens, als Frauenheld und als selbstloser Patriot und zugleich energischer Freund Spartas.

Er war auch von untadeliger Gestalt, wie der Dichter Ion sagt, hochgewachsen, und hatte volles gelocktes Haupthaar. In der Schlacht selbst zeichnete er sich durch glänzende Tapferkeit aus und gewann dadurch schnell Ansehen und Beliebtheit bei den Bürgern, von denen sich viele an ihn anschlossen und ihn ermunterten, eine Gesinnung zu hegen und zu handeln würdig Marathons, und als er sich nun der Politik zuwandte, empfing ihn das Volk freudig, und da es bereits von Themistokles genug hatte, so trug es ihn empor zu den höchsten Ämtern und Würden, zumal er sehr umgänglich und wegen seines leutseligen und schlichten Wesens bei der Menge beliebt war. (Plutarch, Kimon 5, 3–5)

Überhaupt war Kimon offenbar der Frauenliebe sehr ergeben. Denn eine Asteria, die aus Salamis stammte, und wiederum eine Mnestra nennt der Dichter Melanthios in einer an Kimon gerichteten Elegie scherzend als Frauen, um die er sich bemüht habe. Aber auch Isodike, die Tochter des Euryptolemos und Enkelin des Megakles, seine legitime Gemahlin, hat Kimon offenbar leidenschaftlich geliebt und ihren Tod tief betrauert, wenn man diesen Schluß aus den zur Linderung seines Schmerzes an ihn gerichteten Elegien ziehen darf, für deren Dichter der Philosoph Panaitios den Naturphilosophen Archelaos hält, eine Vermutung, die chronologisch wohl begründet ist. (Ebd. 4, 9–10)

Nachdem Kimon nunmehr Mittel für seine Feldzüge reichlich zur Verfügung hatte, wandte er die Gewinne, die er rühmlich von den Feinden erzielt hatte, noch rühmlicher zugunsten seiner Mitbürger an. Er ließ nämlich die Einfriedungen von seinen Gütern entfernen, damit sowohl die Fremden wie die bedürftigen Mitbürger die Freiheit hätten, ungescheut von den Früchten zu nehmen, und bei sich zuhause ließ er alltäglich ein zwar einfaches, aber für viele ausreichendes Mahl bereiten, zu dem jeder Arme, der es wollte, hereinkommen und so seinen Unterhalt haben konnte, ohne zu arbeiten, um so allein für die öffentlichen Geschäfte frei zu sein. Nach dem Zeugnis des Aristoteles allerdings hätte er nicht für alle Athener, sondern nur für die Angehörigen seines Demos, die Lakiaden, soweit sie es wollten, offene Tafel gehalten. (Ebd. 10, 1–2)

Durch den Verkauf der gewonnenen Beute (vom Eurymedon) wurde die Finanzkraft des Volkes für verschiedene Unternehmungen gestärkt. Insbesondere wurde mit den durch jenen Feldzug zugeflossenen Mitteln die Südmauer der Akropolis erbaut ... Kimon war der erste, der die Stadt mit den vornehmen und schönen Erholungsorten schmückte, die sich wenig später so außerordentlicher Beliebtheit erfreuten. Er bepflanzte den Marktplatz mit Platanen und verwandelte die Akademie aus einem wasserlosen und dürren Stück Land in einen wohlbewässerten Hain, den er mit rein gehaltenen Laufwegen und schattigen Spazierwegen ausstattete. (Ebd. 13, 5 u. 7)

Die Lakedaimonier schickten (nach dem Erdbeben von 464) mit der Bitte um Beistand Perikleidas nach Athen, von dem Aristophanes spottend sagt, daß er ›an den Altären sitzend bleich im Purpurkleid um Kriegsvolk flehte‹. Während nun Ephialtes dagegen sprach und die Athener beschwor, keine Hilfe zu bringen und nicht eine feindliche Stadt gegen Athen wieder aufzurichten, sondern den Stolz Spartas darniederliegen und zertreten zu lassen, schlug Kimon, so sagt Kritias, das Wachstum seiner Vaterstadt minder hoch an als den Nutzen der Lakedaimonier, gewann das Volk für seine Meinung und zog an der Spitze vieler Hopliten zur Hilfe aus. Ion überliefert auch das Wort, durch das er besonderen Eindruck auf die Athener machte: er habe sie aufgerufen, nicht zuzulassen, daß Griechenland fortan lahme und die Stadt ohne ihr Nebenroß fahre. (Ebd. 16, 8–10)

Die Darstellung Plutarchs enthält natürlich von vorneherein ein panegyrisches Element, und viele Einzelheiten sind vermutlich während der 550 Jahre zwischen Kimon und Plutarch in die Erzählung »eingeflossen«, aber das Ganze klingt »wahr« im Sinne des Porträts eines »Führers«, der den traditionellen Vorstellungen entspricht. Kimons Konzept brach 461 zusammen. Themistokles' Ansichten setzten sich durch und wurden zu machtvollen und dauerhaften Bestandteilen der athenischen Außenpolitik. Wie und warum es dazu kam, bedarf einer ausführlicheren und umfangreicheren Erklärung.

4. Die athenische Revolution

Vom späten achten Jahrhundert an gibt es eine kleine Anzahl von Stein-, Bronze- oder Toninschriften aus Athen, aber bis um 460 sind nur etwa zehn von ihnen offizielle Dokumente, Dekrete oder Weihinschriften, die von der Regierung oder ihren Amtsträgern aufgestellt wurden. Von 460 an existiert eine Flut von Dokumenten. Etwa 300 öffentliche Inschriften sind aus der Zeit bis zum Ende des Jahrhunderts erhalten, und ungefähr nochmal so viele aus der Zeit bis zur Besetzung Athens durch die Makedonen im Jahre 317, die das selbständige politische Handeln Athens vorübergehend einschränkte. Diese Inschriften gestatten es, mit weitaus größerer Genauigkeit, als es irgendwo sonst möglich ist, die Angelegenheiten Athens zu verfolgen, aber sie stellen auch ein sehr großes Interpretationsproblem dar. Wieso kam es zu dieser plötzlichen Fülle von Aufzeichnungen?

Entmachtung des Areopag

Zum Teil läßt sich die Frage an Hand der spezifischen Zeugnisse einer größeren politischen Umwälzung in Athen um 460 beantworten. Der einzige zusammenhängende Bericht stammt aus der dem Aristoteles zugeschriebenen *Athenaiōn politeia*. Er betrifft hauptsächlich den Areopag, den Rat, der aus all denen bestand, die als »*archōn*« (wörtlich »Herrscher«) einmal zu dem aus neun Mitgliedern bestehenden jährlich wechselnden Archontenkollegium gehört hatten. Dort heißt es:

Für etwa 17 Jahre nach den Perserkriegen war die Verfassung unter dem Vorsitz der Areopagiten in Kraft, wenn auch allmählich verfallend. Als aber das Volk erstarkte, wurde Ephialtes, Sohn des Sophonides, Vorsitzender der Volkspartei – er war offensichtlich unbestechlich und verfassungstreu – und führte Angriffe gegen den Rat. Zunächst beseitigte er viele Areopagiten, indem er gegen sie Prozesse wegen ihrer Amtsführung anstrengte. Dann, unter dem Archontat des Konon, unterband er alle hinzugekommenen Funktionen, die den Rat zu Wächtern der Verfassung machten, und schlug sie teils den Fünfhundert, teils dem Volk und teils den Richtern zu.

Etwas später heißt es:

> Darauf gelangte Perikles an die Spitze der Volkspartei; er hatte sich zunächst einen Namen gemacht, als er noch als junger Mann die Abrechnung Kimons nach seinem Strategenamt tadelte. Die Folge war eine weitere Demokratisierung der Verfassung; denn er beseitigte noch einige Funktionen der Areopagiten und lenkte das Staatsinteresse besonders auf die Seemacht, was zur Folge hatte, daß das Volk ermutigt wurde, auf allen Gebieten des Staatswesens die Dinge mehr selbst in die Hand zu nehmen ... Perikles ließ auch als erster die Gerichte besolden, da er mit dem reichen Kimon um die Volksgunst zu streiten hatte ... Als nun Damonides aus Oie, der bei vielem Ratgeber des Perikles zu sein schien, weshalb man ihn auch später verbannte, ihm, der mit seinem Privatvermögen zu unterliegen drohte, den Rat gab, dem Volk doch sein eigenes Vermögen zu schenken, richtete er die Besoldung für die Gerichte ein.
> (Aristoteles, Athenaiōn politeia 25, 1–2 u. 27, 1 u. 3–4)

Obwohl man diesen Bericht auf keinen Fall ignorieren darf, ist er doch sehr unbefriedigend. Man erfährt nicht, warum Ephialtes und Perikles Anklage erhoben haben und weshalb die Mitglieder des Areopags verurteilt wurden. Man erfährt nicht, welches die »hinzugekommenen Funktionen« waren. Die Einführung eines Entgelts für die Geschworenen wird zu einer Frage der Taktik und persönlicher Rivalitäten gemacht. Die unterstellten Motive sind naiv und simpel. Um die Entwicklung zu verdeutlichen und sie plausibel zu machen, müssen weitere Zeugnisse herangezogen werden, und dies ist wahrscheinlich einer der Fälle, in denen es klüger ist, zuerst ein allgemeines Bild zu entwerfen, in der Hoffnung, daß der Hauptinhalt der Dokumente die Ansichten derjenigen enthüllt, die sie geschaffen haben, und das politische System, das sie reflektieren.

Die Dokumente bestehen aus vier Gruppen. Eine Gruppe betrifft die Außenpolitik im weitesten Sinne – Verträge, Ehrendekrete, Dekrete, die Angelegenheiten der Städte des athenischen Reiches regeln oder das Reich als Ganzes betreffen. Sie bilden bei weitem die größte Gruppe der Beschlüsse der Volksversammlung im fünften Jahrhundert, liefern uns viele Informationen über das Reich und legen die Vermutung nahe – was ja nicht weiter erstaunlich ist –, daß die Außenpolitik und die Probleme des Reiches in der Volksversammlung bei weitem den Vorrang hatten. Eine zweite umfangreiche Gruppe besteht aus Rechenschaftsberichten von Amtsträgern, die am Ende ihres Amtsjahres ihre Tätigkeit während dieser Zeit darlegen. Die

Listen der Tribute, die von den *hellenotamiai* (s. S. 66) von 454/ 53 an aufgestellt wurden, sind die erste sicher datierte Gruppe von Belegen, aber die Inschrift, aus der der folgende Ausschnitt stammt, könnte sich auf ein früheres Datum beziehen. Sie enthält die Ausgaben der Baukommission für die Aufstellung der Statue der Athena Promachos, und sie ist ein Beispiel für einen Typ von Inschriften, der in der Folgezeit sehr häufig auftreten sollte:

[(Zahl verloren) Als K]al[list]ratos von A[charna]i [Sekretär war], erhie[lten es die Aufse]her vo[n den Staatsscha]tz[meistern];
[(Zahl verloren) Empfangenes blieb üb]rig [aus dem] ver[gangenen Jahr];
[(Zahl verloren) Heilige Ausgaben von die]ser Summe;
[(Zahl verloren) – Talente in Kupfer; Preis dafür];
[(Zahl verloren) – Talente in Zinn; Preis dafür];
[(Zahl verloren) – für den Auftr]ag [und Ba]u [von Schmelzöfen];
[(Zahl verloren) Holzkohle und Brennh]olz;
[(Zahl verloren) –];
[(Zahl verloren) Tagelöhne, Löh]ne in der [Prytanie, Löhne] pro Stück;
[(Zahl verloren) Erde und Haar];
[(Zahl verloren) Löhne für die Aufseher u]nd Sekretä[re und Helfer];
[(Zahl verloren) Ungeprägtes Silber zum] Schmuck [der Statue];
[(Zahl verloren) Summe];
[(Zahl verloren) Übertrag aus dem Erhalt]enen [für das nächste Jahr]
(IG I³ 435, Z. 24–48. Die Ergänzungen sind weniger willkürlich, als es den Anschein hat, sondern wurden analog zu Listen anderer Jahre eingesetzt.)

Solche Listen wurden auch von anderen Kommissionen aufgestellt, die öffentliche Aufgaben durchführten, ebenso von den Vorständen verschiedener größerer Heiligtümer, von den Verwaltern öffentlicher Gelder, gelegentlich von den öffentlichen Versteigerern und von den Schatzmeistern der Tempel auf nationaler wie auf lokaler Ebene. Eine dritte große Gruppe von Inschriften sind die offiziellen Grabmäler, die von etwa 465 an aufgestellt wurden, um an diejenigen zu erinnern, die im Krieg für die Stadt gefallen waren. Eine vierte Gruppe umfaßt Dekrete und Listen, die Kulte, Feste und Rituale betreffen; ein paar Aufstellungen von Amtsträgern, einige Grenzsteine und offizielle Weihinschriften vervollständigen das Bild.

Diese plötzliche Flut von Zeugnissen liefert uns verschiedenartige Informationen. Zum ersten erhellt sie, welcher Reichtum und welche Ressourcen Athen zur Verfügung standen und wie sie zum Bau von Tempeln und zur Schaffung von Kunstwerken verwendet wurden, die für Athen bis heute charakteristisch geblieben sind. Zweitens bedeutet die Tatsache, daß diese Dokumente alle auf öffentlichen Plätzen, besonders auf der Akropolis und der Agora, aufgestellt wurden, daß sie gelesen werden sollten. Zum erstenmal in der Geschichte Europas und des Mittelmeerraumes werden die Rechenschaftsberichte einer Regierung demonstrativ veröffentlicht, im Gegensatz etwa zu den Linear-B-Tafeln, die sicherlich auch Regierungsberichte enthielten, aber verborgen gehalten wurden und nur für die Palastverwaltung bestimmt waren, oder auch zu den selbstpreisenden Aufzählungen von Heldentaten, die zahllose Könige und Fürsten im Nahen Osten aufgestellt haben. Ein Geschichtsschreiber des vierten Jahrhunderts war tatsächlich der Meinung, daß »Ephialtes die *axones* und *kyrbeis* (die steinernen Körper, auf denen Solons Gesetze aufgeschrieben waren) von der Akropolis herunter zum Rathaus und auf die Agora bringen ließ« (Anaximenes, *Philippika*, FGrHist 72 F 13). Wenn dies stimmt, dann kann die Verbindung zwischen Gesetzgebung und demokratischen Institutionen kaum deutlicher symbolisiert werden. Zum dritten, und das ist von allen der wichtigste Punkt, verdeutlichen alle diese Dokumente die Bedeutung der Volksversammlung als der absolut souveränen regierenden Körperschaft, sie veranschaulichen die Bedeutung, die der Rat der 500 als wichtigstes Exekutivorgan der Regierung bekommen hatte, die Art und Weise, wie in der Volksversammlung Anträge zu konkreten Projekten werden konnten und wurden, und die Verlagerung der Macht auf die Bürgerschaft durch die wachsende Bedeutung zweier Institutionen, denen alles vorgetragen wurde und von denen alles abhing, dem Rat und der Volksversammlung. Zum Glück ist aus der Zeit um 450 ein Dokument erhalten, das die ganze Situation sehr gut veranschaulicht, wenn auch die Anfangszeilen verloren sind:

(Teil A) [... die] Veranstalter des Fests und d[ie ...] und ihre Aufwendungen; und die Prytanen sollen die [–] dem Rat vorlegen, wann immer sie es wünschten.
(Teil B) Thespieus hat beantragt, in den anderen Punkten dem Antrag des Rats zu folgen, aber fünf Männer aus den Athenern auszuwählen, die jeder vier Obolen (am Tag) bekommen sollen als Schatzmeister der Stadt, und einer von ihnen soll nach Abstimmung zum Sekretär ernannt werden. Diese Männer sollen für das Geld der Zwei Göttinnen

verantwortlich sein, wie diejenigen, die für die Bauten auf der Akropolis verantwortlich sind, die Tempel und Statuen beaufsichtigen. Eine Verweigerung des Amtes unter Eid soll nicht erlaubt sein. Die Gewählten sollen vor den Rat kommen und ihm mitteilen, wenn sie irgendwelche Schulden finden, die den Zwei Göttinnen geschuldet werden, und sie sollen versuchen, sie zurückzubekommen. Sie sollen das Amt für ein Jahr behalten, nachdem sie einen Eid darauf geschworen haben am Altar von Eleusis, und in Zukunft sollen jedes Jahr auf dieselbe Art die Männer ausgewählt werden. Sie sollen sich auch um die jährlichen Opfergaben kümmern, die (als Abgaben) für die Göttinnen entgegengenommen werden, und wenn sie feststellen, daß etwas fehlt, sollen sie es zurückholen. Die staatlichen Buchprüfer sollen in Eleusis abrechnen für das Geld, das in Eleusis ausgegeben wurde, und in der Stadt für das Geld, das in der Stadt ausgegeben wurde, wobei die Architekten Koroibos und Lysanias im Eleusinion vorgeladen werden, und in Phaleron im Heiligtum für das Geld, das in Phaleron ausgegeben wurde. In Zukunft sollen sie sich mit den Priestern und dem Rat darüber beraten, wofür am notwendigsten Geld aufgewendet werden soll. Nach ihrem Amtsjahr sollen sie vom Magistrat [–] die Gelder einholen (die Bedeutung dieses Satzes ist nicht klar). Der Beschluß soll aufgeschrieben werden auf eine Stele in Eleusis und [in der Stadt und in Ph]aleron im Eleusin[ion].
(Teil C) [Lysanias hat beantra]gt, in den anderen Punkten zu folgen [dem Antrag des Thespieus; aber die Abrech]nung über die Gelder, die den Schatz[meistern] übergeben wurden, soll von den [fünf ausgewählten Männern und] dem Archi[tekten-] (der Rest ist abgebrochen)

(IG I³ 32)

Der unmittelbare Kontext ist deutlich genug. Es sieht aus, als ob es einen spektakulären Skandal im Zusammenhang mit dem Heiligtum der Demeter und der Kore in Eleusis, in der Stadt Athen und in Phaleron gegeben hätte. Wahrscheinlich ging es um die Unterschlagung von Tempelgeldern für Bauvorhaben. Der Rat der 500 hatte bestimmte Ausmaße vorgeschlagen (Teil A), die Thespieus für unangemessen hielt und davon auch die Volksversammlung überzeugte. Er brachte nun einen Antrag in der Volksversammlung ein, mit dem er nichts anderes anstrebte, als ohne weitere Vorgabe eine völlig neue, aus fünf Mitgliedern bestehende Körperschaft zusammenzustellen, die sich sowohl mit dem gegenwärtigen Skandal auseinandersetzen als auch mit der künftigen Finanzierung beschäftigen sollte. Dazu lieferte er eine genaue Aufstellung, wie sie bezahlt werden sollten. Lysanias' Unterstützungsantrag, ebenfalls in der Volksversammlung vorgetragen, scheint dazu bestimmt gewesen zu sein, die Machtvollkommenheit dieser Körperschaft noch auszubauen.

Hier werden Macht und Handlungsfreiheit der Volksversammlung fühlbar.

Der Antrag des Thespieus erhellt aber noch vier weitere Aspekte der athenischen Revolution. Zum ersten ist zu bemerken, daß er und Lysanias völlige Redefreiheit hatten, obwohl sie, soweit wir wissen, weder ein Amt ausübten noch auch nur Mitglieder des Rates der 500 waren. Man hat sich darüber Gedanken gemacht, ob das Recht jedes Bürgers, frei zu sprechen und Anträge zu stellen, gesetzlich verankert war oder einfach dem Gewohnheitsrecht entsprach, aber der Kontrast zu den Volksversammlungen im zeitgenössischen Sparta oder in Rom zu irgendeinem späteren Zeitpunkt ist deutlich genug. Zweitens läßt sich hier sehen, in welchem Umfang der freie Zugang zu den Ämtern verwirklicht war. Die fünf Männer sollten »aus den Athenern« gewählt werden, ohne irgendeine Einschränkung nach Herkunft oder Reichtum, und dieses Prinzip war oder wurde gültig für fast alle Verwaltungsämter und staatlichen Positionen. Nur die Verwaltung der Finanzen blieb an den Wohlstand des Betreffenden gebunden, weil man dann im Falle einer Unterschlagung ein Vermögen hatte, das man pfänden konnte. Tatsächlich hatte sich ein paar Jahre vorher folgendes ereignet: »Fünf Jahre nach dem Tod des Ephialtes (458/57) beschlossen sie, die für die neun Archonten auszulosenden Kandidaten auch aus der Zeugitenklasse vorzuwählen« (Aristoteles, Athenaiōn politeia 26, 2). Damit waren alle bis auf die unterste Vermögensklasse zugelassen und für mehr als die Hälfte der athenischen Bürger standen die höchsten Staatsämter offen. Drittens, und das hängt eng mit dem freien Zugang zu den Ämtern zusammen, entwickelte sich das Prinzip der Besoldung der Ämter. Daß die neue Körperschaft der »Verwalter von Eleusis«, wie sie genannt werden sollten, einen täglichen Lohn aus öffentlichen Geldern erhielt, gab den fünf Männern, um die es ging, während ihres Amtsjahres dieselbe Position, die die Mitglieder des Rates der 500 bereits innehatten (oder in Kürze innehaben sollten; das genaue Datum ist nicht bekannt), ebenso die Archonten und gewiß noch andere Verwaltungsbeamte, und auch die 6000 Geschworenen des Volksgerichts, die für die Tage, die sie im Gerichtshof verbrachten, eine Bezahlung erhielten. Wie der Bericht des Aristoteles zeigt (s. S. 71), war diese Art von Bezahlung neu, und unsere samt und sonders konservativen Quellen mißbilligen und mißverstehen sie. Es ist anzumerken, daß es einigen Grund gegeben haben mag, die Einführung eines Tagegeldes taktischen Manövern von seiten des Perikles zuzuschreiben, aber eine solche Erklärung übersieht die Frage nach Funktion und Wirkung. Das Tagegeld erlaubte es allen, auch den ärmsten athenischen Bürgern, öffentliche Aufgaben zu übernehmen, die Zeit beanspruchten und deren Ausführung sie sich sonst nicht hätten leisten können. Damit hatten sie Anteil an der Regierung. Nicht umsonst ist die Bezahlung für ein öffentliches Amt seitdem immer ein politisches Symbol geblieben: abgeschafft durch Oligarchen, wiedereingeführt durch Demokraten, hielt sie sich in Athen bis ins dritte Jahrhundert und wurde anderswo nachgeahmt.

Viertens, und das ist der gewichtigste Gesichtspunkt, läßt sich ersehen, daß ein Fehler der Administration zur Einrichtung einer neuen exekutiven Körperschaft mit bestimmten festgelegten Machtbefugnissen führte. Es bleibt offen, wer einen Fehler gemacht hat, obwohl der Architekt nach dieser Affäre vermutlich kaum glaubwürdig blieb. Dennoch kann man sich vorstellen, welche Situation zehn oder fünfzehn Jahre vorher der Anklage des Ephialtes zugrundegelegen hatte, die sich auf die Verwaltung der Ämter bezog.

Das Bild wird noch schärfer im Licht eines anderen Dokuments aus der Zeit zwischen 460 und 450:

Rat [und Volk haben beschlossen: – war die Phyle, die die Prytanie hatte, –] war der Sekre[tär, – war der Vorsitzende, – hat es beantragt:] Nach dem Wunsch der [Praxiergidai soll die Prophezeiung des Go]ttes und die (Privilegien), die ihnen frü[her zugestanden worden waren, aufgeschrie]ben werden auf einer Ste[le aus Stein und auf der Akropolis aufgestellt werden hin]ter dem Alten Tempel: [die *polētai* (staatlichen Verkäufer) sollen den Vertrag aufge]ben. Das Geld [für die Inschrift soll aus dem Schatz] der Göttin (Athene) genommen werden nach der Sitte der Vorfahren. [Die Schatzmeister der Göttin und die] *kolakretai* (Schatzmeister der Stadt) sollen [ihnen das Geld] geben.
Das Orakel des Apollon hat geantwortet, daß folgendes [für die Praxiergidai gebräuchlich ist: an]zulegen das Heilige Gewand der (Statue der) [Göttin und die Voropfer zu bringen für die Moi]ren, für Zeus, den *moiragetes* (Führer der Moiren), für die Er[de –.]
Folgende sind die überlieferten Bräuche der Prax[iergidai: –.] (Bruch im Stein) [–] zu g[eben – für die Praxiergi]dai [–;] aber das Vlies [– zu g]eben nach [der Sitte der Väter –] gibt [–:] der Archon soll den Tempel (während des Monats) Thargeli[on] versiegeln [bis zum 28.] und [die Schlüssel] nach Sitte der Väter den Praxiergi[dai geben. Die] Praxier-[gidai] sollen [das Bild] (der Göttin) mit einem Gew[and] im Wert von zwei [Minen] bekleiden oder [eine Mine Buße] zahlen.   (IG I³ 7)

Die Inschrift ist ziemlich zerstört, aber mit viel »detektivischer« Kleinarbeit lassen sich Inhalt und Datierung rekonstruieren. Sie beschäftigt sich mit einer aristokratischen Familie, die traditionell eine hervorragende Position bei einem oder mehreren Festen des Athene-Kultes einnahm. Wie es aussieht, hat es zwischen dieser Familie und der Stadt Athen eine große Meinungsverschiedenheit über deren Aufgabe im Ritual gegeben. Schließlich wurde das Problem dadurch gelöst, daß man den Streit dem Orakel des Apollon (vermutlich in Delphi) vorlegte, und zwar mit der Absicht, von Apollon ausdrücklich eine Bestätigung dessen zu erhalten, was »Sitte der Vorfahren« war – und implizit eine Verurteilung dessen, was dies nicht war. Zu sagen, daß das, was nicht Sitte der Vorfahren war, eben ein »neuerworbenes Privileg« war, das ist ein kurzer und eigentlich unvermeidbarer Schritt, denn die beiden Begriffe werden im Griechischen oft als formale Gegensätze gebraucht. Hier zeigt sich auf der Ebene des Kultischen eine Parallele zu dem, was bei der Entmachtung des Areopag geschehen sein muß.

Sturz Kimons

Mit dem Gedanken an diese Entwicklungen können wir uns wieder der Darstellung der äußeren Ereignisse zuwenden. Es gibt da unleugbar ein von außen kommendes, ja sogar zufälliges Element. Nach dem Erdbeben von 464 hatte Sparta um Hilfe bei der Niederwerfung des Helotenaufstands gebeten, und Kimon hatte es in der Volksversammlung gegen den Widerstand des Ephialtes durchgesetzt, daß solche Hilfe geschickt wurde (s. S. 69). Aber Kimon verlor den Boden unter den Füßen,

als die Spartaner, die durch das kühne und unternehmende Wesen der Athener beunruhigt waren, und sie außerdem für ganz fremdartig hielten, zu fürchten begannen, die Athener könnten, wenn sie länger blieben, von den Belagerten auf dem Ithome-Berg in Versuchung geführt werden, politische Veränderungen herbeizuführen. Deshalb schickten sie sie als einzige unter den Verbündeten wieder fort. Von ihrem Verdacht sagten sie nichts, sondern erklärten nur, sie würden sie nicht mehr brauchen. Die Athener vermuteten, daß ihre Entlassung nicht auf einen ehrenhaften Grund, sondern auf heimliche Verdächtigungen zurückzuführen sei, und gingen tief beleidigt fort in der Überzeugung, daß sie eine solche Behandlung von seiten der Spartaner nicht verdient hätten. Sofort nach ihrer Rückkehr hoben sie das während des Perserkriegs geschlossene Bündnis auf und verbündeten sich mit Spartas Feind Argos. Beide Vertragspartner schlossen unter den gleichen Bedingungen ein Bündnis mit den Thessalern. (Thukydides 1, 102, 3–4)

Plutarch fügt hinzu, was Thukydides ausläßt, nämlich daß sie »im Zorn zurückkehrten und sich offen gegen die Freunde der Spartaner empörten. Sie griffen einen geringfügigen Vorwand auf, um Kimon durch das Scherbengericht auf zehn Jahre zu verbannen, denn dies war der festgesetzte Zeitraum für alle auf diese Weise Verbannten.« (Kimon 17, 3)

Dennoch gab es damals, wie die Zeugnisse zeigen, viel mehr als ein außenpolitisches Debakel und eine Ablösung der dafür Verantwortlichen. Es ist wichtig, was Thukydides über die Stimmung der athenischen Soldaten während des Feldzugs zum Ithome-Berg sagt. Sie sympathisierten offensichtlich mit den Messeniern, die ja schließlich auch Griechen waren und deren Wunsch nach Befreiung von der spartanischen Unterdrückung und von der Ausbeutung durch die Spartaner große Ähnlichkeit hatte mit dem Versuch der Griechen Kleinasiens nach 478, sich von der persischen Oberherrschaft zu befreien. Diesen Wunsch zu unterstützen, wie sie es 17 Jahre früher vor allem unter der Führung Kimons getan hatten, und jetzt dazu beizutragen, die Messenier in Unterdrückung zu halten, das war ein handgreiflicher Widerspruch, der für Kimon sehr schlimme Folgen hatte. Zumindest bei dieser Gelegenheit waren die Athener von ihm im wahrsten Sinn des Wortes in die Irre geführt worden. Diese Überlegung fügt sich mit der Anklage des Ephialtes, mit der drastischen Einschränkung der Macht des Areopag und sogar mit den Verhandlungen zwischen Athen und den *praxiergidai* zusammen. Man kann vermuten, das Endziel habe darin bestanden, Stil, Offenheit und Verantwortlichkeit der politischen Führung in großem Umfang in die Hände des Volkes zu legen. Hinzu kommt, daß dieser Sachverhalt mit großer Deutlichkeit aus der zeitgenössischen Tragödie abzulesen ist. Was immer der private Gesichtspunkt und die dramatische Intention des Aischylos gewesen sein mögen, es kann kaum Zufall sein, daß die Rede, die er 464/63 dem argivischen König in den Mund legt, als er mit der Bitte der 50 Töchter des Ägypters Danaos um Asyl und Schutz konfrontiert wird, als Programm für vieles gelten kann, was in den nächsten zehn Jahren geschah:

Doch sitzt ihr nicht schutzflehend an des Hauses Herd bei mir.
Wenn insgemein Befleckung droht der Stadt,
gemeinsam sorge dann das Volk für Abwehr auch.
Ich aber kann euch kein Versprechen geben,
eh ich mit den Bürgern allen Rats darüber pflog.

Oder an anderer Stelle:

Welch schweres Unheil! Wähle nicht zum Richter mich!
Sagt' ich's doch vorher: nicht möcht' ohne Volk
ich dies durchführen, hätt' ich gleich die Macht;
und niemals soll mein Volk mir sagen, fügt sich's irgendwie nicht gut:
Landfremde ehrtest, eignes Land verheertest du!
(Aischylos, Hiketiden 365–369 u. 397–401)

So ist es wohl auch kein Zufall, daß das Motiv der »Verantwortlichkeit« in Aischylos' Dichtung so häufig zu finden ist.

Einige Neuerungen dieser Epoche können als Ergebnis der simplen Notwendigkeit angesehen werden, einen modernen Verwaltungsapparat zu schaffen, der Athens neuen Verantwortlichkeiten zu Hause und in der Ägäis gewachsen war. Dennoch enthält der größere Teil dieser Neuerungen eine deutliche Unterordnung der Exekutive unter die Organe der Volksregierung, und zwar auf eine Weise, die den älteren Magistraten und Institutionen einen gewaltigen Stoß versetzte. Der Vorgang trug dazu bei – was wahrscheinlich beabsichtigt war –, eine Aristokratie unter Kontrolle zu bringen, die offenbar ebenso ehrgeizig wie wohl auch unzuverlässig oder inkompetent war. Es kam zu keinen größeren inneren Gewaltakten, wenn auch Ephialtes selbst 462/61 ermordet wurde.

Polarisierung zwischen Athen und Sparta

Thukydides berichtet, daß 458 eine spartanische Armee in athenisches Gebiet eindrang und in Boiotien blieb, zum Teil, weil »bestimmte Leute in Athen sie heimlich dazu ermuntert hatten, weil sie hofften, der Herrschaft der Demokratie und dem Bau der langen Mauern würde ein Ende gemacht werden« (1, 107, 4). Doch dies waren im Endeffekt zehn Jahre voll tiefer Umwälzungen, in denen sich die politische Landschaft Griechenlands ständig änderte. Was die internationale Politik betrifft, so haben die Zitate aus Thukydides bereits ganz deutlich gemacht, daß aus dieser Zeit die Feindschaft zwischen Athen und Sparta und die wachsende Polarisierung Griechenlands zwischen denjenigen Staaten stammen, die für fast ein Jahrhundert griechische Erfahrungen bestimmen sollten. Was die Ägäis betrifft, so wurde der Besitz des athenischen Bürgerrechts allmählich so wertvoll, daß das Bürgerrechtsgesetz des Perikles 451/50 (s. S. 114) die athenische Bürgerschaft zu einer exklusiven Gruppe machte, für Außenstehende nicht zugänglich. Dies blieb so bis ins späte dritte Jahrhundert. In Athen selbst kämpfte die alte aristokratische Oberschicht, die ihre ererbte Macht größtenteils verloren hatte, auf verschiedene Weise ums Überleben. Zum Teil übernahm sie die neuen Praktiken und Anschauungen, ohne wirklich an sie zu glauben. Wie Pseudoxenophon bitter, aber nicht ganz unberechtigt bemerkt: »Wer aber, ohne zum Volke zu gehören, es vorgezogen hat, in einem demokratischen Gemeinwesen zu wohnen statt in einem oligarchischen, der hat es darauf abgesehen, im Trüben zu fischen, und hat erkannt, daß es eher in einer Demokratie als in einer Oligarchie möglich ist, unentdeckt ein Schuft zu sein.« (2, 20) Andere zogen sich zurück, gruppierten sich neu und dachten über neue Waffen nach, um damit zurückzuschlagen. Man übertreibt nicht, wenn man sagt, die Suche nach solchen neuen Waffen sei auch eine Erklärung für die Entwicklung der politischen Theorie in Griechenland, wie wir sie bei Platon, Isokrates und Aristoteles finden.

Dennoch – und das ist eine zentrale Schwierigkeit, mit der uns das Quellenmaterial konfrontiert –, solche Hinweise darauf, wie die »Revolutionäre« ihr Tun beurteilten (wir finden sie zum Beispiel in der *Athenaiōn politeia* oder in dem Beschluß über die *praxiergidai*), sprechen nicht die Sprache der Revolution. Sie sprechen eher von der Abschaffung von Überflüssigem oder von der Rückkehr zu den Sitten der Vorfahren. Dieser Widerspruch hat Parallelen. Man könnte sich daran erinnern, daß die Reformation des sechzehnten Jahrhunderts in Europa für eine Rückkehr zu den Praktiken und Werten des frühen Christentums gehalten wurde oder daß die englischen Levellers des 17. Jahrhunderts die Aufhebung der »normannischen Knechtschaft« und die Rückkehr zur freieren Gesellschaft der Sachsen vor der normannischen Eroberung forderten.

Politischer Mythos

Diese zweite Parallele ist besonders anregend und hilfreich, denn sie führt ein neues Motiv in die Überlegungen ein, das Motiv des politischen Mythos, der in dem aus Athen erhaltenen Quellenmaterial ganz deutlich erkennbar ist. Gerade in dieser Zeit, in den *Eumeniden* des Aischylos von 458, findet sich etwas, was nur als »Gründungsmythos« der Institution bezeichnet werden kann, die im Zentrum des allgemeinen Interesses dieser Jahre stand. Auf den Rat des Apollon war Orestes nach Athen gekommen, um sich vor einem besonderen, von Athene eingesetzten Gericht vom Fluch des Muttermordes an Klytaimnestra zu befreien. Am Ende der Verhandlung sagt Athene:

Vernehmt nun die Satzung, Männer Attikas,
des ersten Falles Richtung von vergoßnem Blut.
Bestehn soll auch in Zukunft für des Aigeus Volk
auf immer der Gerichtshof dieses hohen Rats.
Den Areshügel hier, der Amazonen Sitz
und Lager, als sie kamen, Theseus voller Haß
mit Kampf zu überziehen, und ihre neue Burg,
die hochgetürmte hier, entgegentürmten einst
und Ares opferten, woher den Namen trägt
die Felsenhöh Areopag, es wird auf ihm
der Bürger Ehrfurcht und die ihr verwandte Furcht
dem Unrecht wehren so bei Tag wie auch des Nachts,
falls selbst die Bürger nicht vergällen das Gesetz
durch bösen Zuguß; machst mit Schlamm das Wasser du,
das klare schmutzig, nie dann findst du reinen Trank.
Nicht obrigkeitslos noch Tyrannenknecht zu sein,
rat Bürgern ich als ihres Strebens höchstes Ziel,
und – nicht die Furcht ganz fortzubannen aus der Stadt,
denn wer der Menschen, der nichts fürchtet, bleibt gerecht?
Wenn solche Furcht ihr und, wie's recht ist, Ehrfurcht hegt
als Landesbollwerk und des Staates Schutz und Heil,
habt ihr zu eigen, was der Menschen keiner hat,
nicht bei den Skythen noch auch in des Pelops Land.
Als unbestechlich setz ich diesen hohen Rat,
ehrwürdig, strengen Sinnes, über Schlafende
als ewig wache Hut des Landes stiftend ein.

(Aischylos, Eumeniden 681–706)

Auf den ersten Blick könnte keine »Gründung« deutlicher ausgesprochen werden. Das Gericht ist von einer göttlichen Autorität eingesetzt worden, es findet in einer zeitlosen Vergangenheit statt, und das Verbrechen, über das man zu Gericht sitzt, ist Mord, also genau die Entscheidungsgewalt, die dem Areopag nach der »Sitte der Vorfahren« zugestanden hatte, ihm aber durch die Reformen des Ephialtes entzogen wurde. Allerdings bleibt die Andeutung einer Warnung (wenn es sich überhaupt darum handelt) in den Zeilen 693–695, und die Phrasen »Bollwerke des Landes« und »ewig wache Hut des Landes« könnten in ihrer Bedeutung weit über das Urteilsrecht in Mordfällen hinausgehen und eine Rolle so ungewöhnlicher Art andeuten wie etwa bei Aristoteles die »Wächter der Verfassung« (s. S. 70). Obwohl die Frage, was Aischylos hier eigentlich genau empfiehlt, ein schwieriges Problem ist, dessen Lösung von der modernen Wissenschaft endlos debattiert wurde, handelt es sich doch mehr um eine Frage der Aischylos-Interpretation als um eine Frage zur Politik Athens. Die »Sitte der Vorfahren« wurde als Rechtfertigung für alles und jedes herangezogen, sowohl von ihm als auch von anderen. Wenn dies eine Revolution war, so eine, die in zutiefst konservative Begriffe eingebettet war.

5. Das Reich Athens

Konflikt zwischen Athen und Sparta

Wir haben im 4. Kapitel gesehen, wie Kimons Konzeption für Athen zusammenbrach – in der Innenpolitik zugunsten einer Regierungsform, die sich auf Mitwirkung und Verantwortlichkeit gründete, in der Außenpolitik in Gestalt des Krieges mit Sparta und seinen peloponnesischen Verbündeten. In den fünfziger und vierziger Jahren gab es keine systematische Kriegführung mehr. Der Krieg fand ein formales Ende im Winter 446/45 mit einem dreißigjährigen Frieden zwischen Athen und Sparta, brach mit weitaus größerer Intensität aber 431 wieder aus und wurde das, was die Nachwelt als den Peloponnesischen Krieg bezeichnet. Einerseits sahen beide Seiten darin einen Kampf ums Überleben, andererseits sollte der Krieg aber auch darüber entscheiden, ob Griechenland weiterhin eine rein geographische Bezeichnung blieb, die politisch gesehen eine pluralistische Struktur deckte, oder ob es unter der Hegemonie Athens auf genau die gleiche Art und Weise geeinigt werden würde wie Italien ein Jahrhundert später unter römischer Hegemonie. Es liegt deshalb nahe, diesen und den vorhergehenden Konflikt auf das Wachstum und die Konsolidierung des attischen Seereiches in der Ägäis zurückzuführen, aber es gibt zwei Schwierigkeiten. Erstens hat man an dieser Stelle alle Ursache, darauf hinzuweisen, daß das Seereich Athens tatsächlich anstelle der Spartaner die Aufgabe übernommen hatte, die Perser außerhalb Griechenlands zu halten. Daß die Spartaner diesen Rollenwechsel des Jahres 477 akzeptierten, läßt sich, bei allem Widerstand, der zum Ausdruck kam, mit guten Gründen annehmen: Zwanzig Jahre später nämlich »sandte der Perserkönig einen anderen Perser, der Megabazos hieß, mit finanziellen Mitteln ausgestattet nach Sparta, um damit die Peloponnesier zu einem Einfall nach Attika zu verleiten und so die Athener von Ägypten abzuziehen. Da diese Verhandlungen erfolglos blieben und die Geldausgabe keine Wirkung zeigte, rief er Megabazos mit dem Rest des Geldes wieder nach Kleinasien zurück.« (Thukydides 1, 109, 2-3)

Zweitens mischte Sparta sich zwar in die Angelegenheiten Athens und in den athenischen Einflußbereich ein, wo sich die

Gelegenheit bot: 465 dadurch, daß es den Thasiern versprach, in Attika einzudringen, 457 durch geheime Kontakte im Zusammenhang mit einem geplanten Staatsstreich in Athen und 466 durch eine tatsächliche Invasion in Attika; es scheint aber doch im großen und ganzen das fait accompli in der Ägäis akzeptiert und in den Friedensverträgen der Jahre 446/45 und 421 auch diplomatisch anerkannt zu haben. Die Auseinandersetzungen konnten also nicht im attischen Seereich als solchem ihre Hauptursache haben. Wie die ausführliche Analyse der Spannungen und kritischen Situationen der Jahre vor 430 im ersten Buch des Thukydides deutlich macht, betrafen sie eher die bedrohliche Ausdehnung des Einflusses und der Kontrollmöglichkeiten Athens von einem Gebiet Griechenlands, der Ägäis, auf ein zweites, auf Zentralgriechenland, und, wenn auch zunächst nur am Rande, auf ein drittes, auf Sizilien und Westgriechenland im allgemeinen. Die Korinther wiesen in ihrer Rede an die Spartaner und ihre Verbündeten in Sparta im Juli 432 ausdrücklich darauf hin:

Obwohl wir es mehrmals vorhergesagt haben, welchen Schaden uns die Athener zufügen würden, habt ihr doch niemals das von uns Berichtete genauer untersucht, sondern habt immer vermutet, daß diejenigen, die so reden, von privaten Interessen geleitet sind. Und ihr habt, statt diese Bundesgenossen hier zusammenzurufen, bevor etwas Gravierendes passierte, dies immer aufgeschoben, bis wir wirklich in Not waren. Wir sind hier am meisten berechtigt zu sprechen, denn wir haben die größten Beschwerden vorzutragen, sowohl über die Beleidigungen der Athener als auch über die Gleichgültigkeit der Spartaner. Wenn sie die Verletzungen griechischen Rechts heimlich begangen hätten, möchte man denken, ihr wüßtet es nicht, und es wäre unsere Pflicht, euch aufzuklären. Aber unter den gegebenen Umständen ist kein langes Reden notwendig. Ihr seht ja, daß einige bereits in die Knechtschaft gefallen sind und anderen, und zwar vor allem unseren Bundesgenossen, ein ähnliches Schicksal zugedacht ist und daß die Angreifer schon lange den Krieg gegen uns vorbereiten. Warum haben sie uns sonst durch Betrug Korkyra entrissen und halten es mit Gewalt oder warum haben sie Poteidaia belagert? Letzteres ist besonders gut als Stützpunkt für eine Aktion gegen Thrakien geeignet, und ersteres hätte den Peloponnesiern eine starke Flotte zur Verfügung stellen können.

(Thukydides 1, 68, 2–4)

Hier finden wir nicht nur eine Bestätigung der Abneigung Spartas, sich gegen Athen zu wenden, sondern auch einen zusätzlichen Grund dafür. Die Tatsache, daß die Spartaner »private Interessen« argwöhnten, klingt bitter, gibt aber sowohl in den

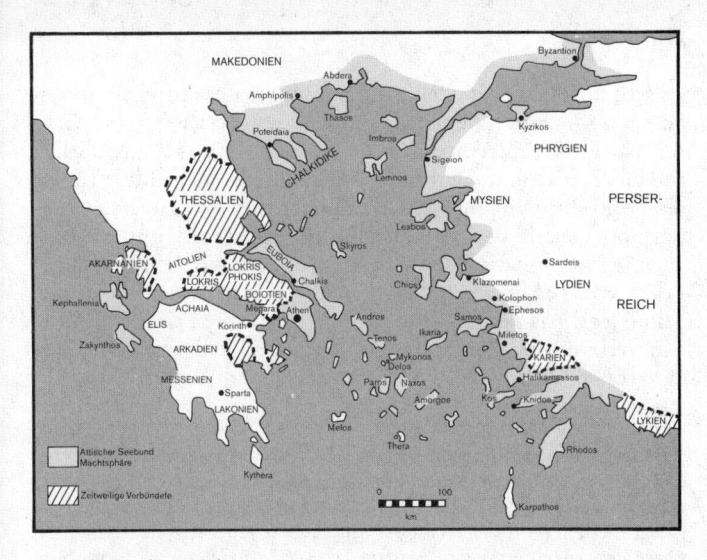

Das athenische Reich

fünfziger als auch in den dreißiger Jahren insofern einen Sinn, als die Ausdehnung des athenischen Einflusses außerhalb der Ägäis nach Zentralgriechenland oder in Richtung Westen die Interessen Korinths sehr direkt berührte, spartanische Interessen aber nur am Rande. Es gab also drei, nicht zwei Mächte, die in die Auseinandersetzung hineingezogen wurden: drei Regionen Griechenlands waren darin verwickelt, die Ägäis aber gerade nicht. Dennoch blieb die Ägäis logistisch gesehen immer die Basis des Handelns.

Mit dieser Region zu beginnen und mit der Entwicklung athenischer Kontrollmöglichkeiten dort bedeutet also, der Logik der Ressourcen zu folgen, auch wenn man dabei der chronologischen Abfolge ein bißchen Gewalt antun muß. Man muß auch der politischen Logik folgen, indem man den Änderungen nachspürt, die das athenische Vorgehen erfuhr, als Athen in neue Regionen vordrang, und man muß sich nach den Quellen richten, denn die Ägäis zu verlassen bedeutet, sich aus einem besser dokumentierten in einen weniger gut dokumentierten Bereich zu begeben.

Quellen

Es gibt fünf Hauptquellen für das Studium des attischen Seereiches auf seinem Höhepunkt. Thukydides' Bericht ist am wichtigsten. Er ist skizzenhaft für die Jahre bis 430, aber ausführlich für die Zeit danach und liefert uns die grundlegende Abfolge der politischen und militärischen Ereignisse. Er ist reich an Fakten und Details und enthält eine eindrucksvolle und weitreichende Interpretation der Vorgänge, die das Werk durchzieht in Form von Exkursen und Reden, die er den Akteuren in den Mund legt. Als zweites kommen die Listen der Tribute, die von den verbündeten Städten gezahlt wurden, und von 454/53 an auf großen Säulen, *stelai*, aufgeschrieben und auf der Akropolis aufgestellt wurden. Die Präambel der Liste I enthält folgendes:

[Die folgenden einzelnen Beiträge] sind alle entgegengenommen worden [für die Göttin (Athene)] von den *hellenotamiai* [– war der Sekretär] und sie sollen [den] Dreißig (staatlichen Verkäufern) als erste vorgelegt werden [von den Tributen, die die Verbündeten] den Athenern unter dem Archontat des Aris[ton] (454/53) brachten in Höhe von einer Mine [pro Talent]. (IG I^3 259)

Was aufgezeichnet wurde, war also nur das Sechzigstel, das offiziell als Beitrag an Athene gezahlt wurde, obwohl in Wirklichkeit auch der Rest auf eine recht obskure Art und Weise dem Schatz der Athene zugeschlagen wurde und so für allgemeine Vorhaben zugänglich gemacht werden konnte. Da die Städte viele Jahre denselben Betrag zahlten, liegt der historische Wert der Liste entweder darin, daß Beitragszahler fehlen, was auf einen Aufstand oder die Einnahme durch einen Feind hinweist, oder darin, daß das Tributniveau im ganzen sich ändert, oder es liegt in speziellen Änderungen, die eine einzelne Stadt oder Region betreffen, und auch darin, daß man die Höhe des Einkommens ablesen kann, das Athen jedes Jahr zusätzlich zu seinen eigenen Einkommensquellen hatte. Die dritte Quelle sind jene Beschlüsse der athenischen Volksversammlung, die sich mit den Angelegenheiten der Ägäis befassen. Sie konnten alle Mitgliedstaaten des Seebundes generell betreffen oder auch die Angelegenheiten einer einzelnen Stadt und deren Beziehungen zu Athen und zum Seebund, oder sie konnten sich auf den Status einer einzelnen Person oder Personengruppe aus einer Stadt beziehen. Die vierte Gruppe sind meist zufällige Anspielungen und Bezüge in literarischen Quellen. Einige sind zeitgenössisch oder fast zeitgenössisch wie zum Beispiel von 425 an Aristophanes und die Fragmente anderer Komödiendichter, Pseudoxenophon und die attischen Redner von etwa 420 an. Andere Quellen stammen aus dem vierten Jahrhundert oder aus viel späterer Zeit. Von diesen ist Plutarchs Perikles-Biographie besonders wertvoll. Schließlich gibt es einige wenige Dokumente, die von den verbündeten Staaten selbst stammen.

Solche Quellen liefern ein Bild der wechselseitigen Beziehungen in der Ägäis. Die Vorgänge selbst sind klar genug, ebenso die Kontrollmechanismen Athens, aber die Interpretation ist notgedrungen sehr kontrovers. Man muß deshalb mit dem beginnen, was eindeutig ist.

Unterstützung Ägyptens

Die größte Leistung der Athener in der Ägäis und im Nahen Osten in den fünfziger Jahren war eine Expedition gewesen, die Ägypten helfen sollte, seine Unabhängigkeit von Persien zurückzugewinnen (s. S. 62). Aus dem Bericht des Thukydides geht nicht genau hervor, wieviele Schiffe und Soldaten verlorengingen, als diese Streitmacht im Sommer des Jahres 454 bei Prosopitis eingeschlossen, belagert und gekapert wurde, aber wenn man eine zur Unterstützung nachgesandte Flotte von 50 Schiffen miteinschließt, die ebenfalls gekapert wurde, mögen es insgesamt etwa 250 Schiffe gewesen sein, und Thukydides beschreibt die Katastrophe mit genau den gleichen Worten wie das Ende der sizilischen Expedition im Jahre 413. Nach allgemeiner Ansicht hatte diese Niederlage drei wichtige Konsequenzen in der Ägäis. Erstens wurde der Schatz des Seebundes von Delos auf die athenische Akropolis verlegt (ob wirklich aus Sicherheitsgründen oder nur unter diesem Vorwand, läßt sich nicht beurteilen). Man kann dies mit Gewißheit aus den Anfangszeiten der Tributlisten folgern (s. S. 86). Zweitens ist es wahrscheinlich, daß offensive Unternehmen sowohl gegen Persien als auch in Mittelgriechenland größtenteils eingestellt wurden. Drittens gab es überall in den Gemeinden des kleinasiatischen Festlandes, die durch persische Attacken zu Land am leichtesten anzugreifen waren, Revolten. Man kann dies aus den erhaltenen athenischen Dekreten, die sich auf Ansiedlungen nach solchen Aufständen in Erythrai, Milet und Kolophon beziehen, ablesen wie auch aus dem Eintritt neuer und dem Fehlen alter Mitglieder und aus Unregelmäßigkeiten in den Tributlisten, die auf Schwierigkeiten in Karien und anderswo hindeuten. Ein Indiz ist auch die Herzlichkeit eines athenischen Dekrets von 451/50:

Sig[eier]. [Rat und Vo]lk haben beschlossen: Oineis [war die Phyle in der Prytanie, –]s war der Sekre[tär, – hatte den Vors]itz, An[tidotos war Archon, – o]chides hat den Antrag gestellt: [Zu loben sind] die Sigeier, [denn sie sind g]ut gegenüber [dem Volk von Athen –, und dieser Beschluß soll niedergeschrieben werden auf einer Säule aus] Stein auf Ko[sten der S]igeier und auf der Akropolis aufgestellt werden, wie sie selbst wünschen, damit es niedergeschrieben ist, und keiner auf dem Festland (von Kleinasien) soll ihnen Unrecht tun. (IG I³ 17)

Konsolidierung des Seereiches

Es scheint aber – vermutlich ebenfalls 451 – durch eine größere Expedition des Bundes nach Zypern unter der Führung Kimons, der aus der Verbannung zurückgekehrt war, die Sicherheit in der Ägäis wiederhergestellt worden zu sein, allerdings um den Preis von Kimons Tod auf dieser Insel. Danach wurden die Feindseligkeiten zwischen dem Seebund und Persien einfach eingestellt. In den nächsten 37 Jahren bestanden die vorherrschenden Aktivitäten in der Ägäis erstens darin, für und durch attische Siedler an strategisch wichtigen Plätzen in der Ägäis und an ihren Küsten fruchtbares Land in Besitz zu nehmen, und zweitens, größere Aufstände zu unterdrücken oder ihnen zuvorzukommen, ob nun Sparta oder Persien im Hintergrund standen oder nicht. Veranlassung gaben dazu die Städte auf Euboia 446, auf Samos und Byzantion 441–439, auf der Chalkidike von 433 an, auf Lesbos 427 und an der thrakischen Küste in Folge einer spartanischen Expedition im Sommer 424. Während dieser Jahre blieben Zusammensetzung und Ausdehnung des Bundes äußerst stabil, bis nach dem Zusammenbruch 413, der die sizilische Expedition beendete, die Schwäche Athens Sparta und Persien erlaubte, gemeinsam in das ägäische Machtvakuum vorzustoßen. Der Bund bestand aus etwa 150 tributpflichtigen Gemeinden, die größtenteils im ägäischen Raum lagen. Die nördlichste war Byzantion, die östlichste Phaselis. Alle Gemeinden, die je dazugehört hatten, ausgenommen eine Handvoll gräzisierter karischer Fürstentümer, waren griechisch in ihrer Kultur und Sprache, jedenfalls was die Bürger betraf. Diese Tatsache war direkt zurückzuführen auf die ursprüngliche Zielsetzung und hatte einen tiefen Einfluß auf den Zusammenhalt und auf die Kontrolle, die Athen ausüben und erwarten konnte.

Erstens und vor allem machte diese Tatsache es dem Bund möglich, die Verwandtschaft der Ionier als Grundlage zu nehmen. Zur Zeit der Gründung sprachen fast alle verbündeten Städte den ionischen Dialekt. Athens Anspruch, »ältestes ionisches Land« zu sein, der schon durch Solon (4 a W) bezeugt ist, scheint im fünften Jahrhundert allgemein anerkannt worden zu sein und Beziehungen wie zwischen einer Mutterstadt und ihren Kolonien impliziert zu haben. Man machte von dieser Bindung zunächst nur zufällig und indirekt Gebrauch. Die herrschende Schicht einer Stadt (Milet) erhob für sich Anspruch auf die Abstammung von den athenischen Königen. Auf zwei Inseln gab es Kulte der »Athene, Herrin von Athen«. Verschiedene Autoren entwickelten Gründungslegenden der ionischen Städte durch Athen. Kimon nannte einen seiner Söhne *Oulios* nach dem auf Delos und in Kleinasien geläufigen kultischen Titel Apollons. Zwei Dekrete aus der Zeit um 450 weisen allerdings in eine andere Richtung. Das eine, das von Kleinias um 447 veranlaßt wurde und strengere Regeln für das Eintreiben der Tribute festlegt, enthält die Spezifizierung »und wenn jemand einen Verstoß begeht im Hinblick auf die Abgabe eines Rindes oder [einer Rüstung] (Schild und Helm), soll er angeklagt werden« (Meiggs-Lewis 46, Z. 41–42). Ein anderes von 445, das sich auf die Aussendung von Siedlern in eine Stadt namens Brea irgendwo in Thrakien bezieht, legt fest, daß Kolonisten »eine Kuh und eine Rü[stung] zu den großen Panathenäen [bringen müssen] [und] zu den [Dionysi]en einen Phallus« (Meiggs-Lewis 49, Z. 11–13). Beide Dokumente spiegeln deutlich die Einrichtung einer einheitlichen Vorgehensweise wider, die wir nicht datieren können und die alle Gemeinden des Bundes betraf, auch wenn nun viele nicht ionisch waren und keine Verwandtschaft mit Athen beanspruchen konnten. Glücklicherweise läßt sich ihre Wiederinkraftsetzung im Jahre 425 genau datieren: »[Die Stä]dte, die tribut[pflichtig] sind, ... müssen alle ein Rind und eine Rüstung zu den gro[ßen Panathenäen bringen]. Sie müssen am Festzug teilnehmen [in derselben Art wie Kol]oni[sten].« (Meiggs-Lewis 69, Z. 55–58)

Proxenie

Dies klingt unwiderruflich und brutal. Doch »ihnen (den Athenern) fiel eine große Zahl griechischer Städte zu, die zwar von den Barbaren erobert worden waren, aber ihre Bevölkerung erhalten hatten; trotzdem konnten sie siebzig Jahre lang die Herrschaft über sie behaupten dadurch, daß sie in allen Städten treue Freunde hatten« (Platon, 7. Brief, 332b–c). Zahlreiche Dokumente belegen die Wahrheit dieses Anspruchs. Insgesamt geht es dabei um die Institution der *Proxenie*, bei der ein prominenter Bürger des Staates A, der im Staate A lebte, vom Staate B dazu auserwählt wurde, den Bürgern des Staates B Gastfreundschaft zu gewähren, sie vor Gericht zu vertreten und ganz allgemein ihre Interessen zu wahren. Damals war das eine altehrwürdige Institution, die sich von den *xenia*-Beziehungen zwischen Personen und Familien ableitete, die wir bei Homer finden, aber unter athenischer Vorherrschaft wurde sie modifiziert, sogar von neuem institutionalisiert. In Korkyra war im Jahre 427 »Peithias selbsternannter Proxenos Athens und Führer des Volkes. Er wurde vor Gericht gebracht und beschuldigt, Korkyra unter das Joch Athens bringen zu wollen« (Thukydides 3, 70, 3). Die nächste Stufe war eine formale Anerkennung durch Athen:

Rat und Vo[lk] haben beschlossen: Antiochis war die Phyle in der Prytan[ie, Kle]ophrades war der Sekretär, [–]ades hatte den Vorsitz, Charia[s war Archon, K]allisthenes stellte den Antrag; weil Ana[ximene]s und seine Söhne der Stadt [Wohltate]n erwiesen haben, soll er als *proxenos* [und Wohltä]ter der Athener aufgeschrieben werden auf einer stei[nernen Stele zu seinen eigenen] Ko[sten –].   (IG I^3 95; von 415/14)

Solche Ehrungen konnten gefährlich werden. Peithias wurde zwar vor Gericht freigesprochen, aber kurz danach gelyncht, und zwanzig Jahre früher hatte die Volksversammlung beschlossen, daß

[– Acheloion *proxenos* und Woh]ltäte[r der Athener sein soll: und wenn] Acheloion [von jemandem unrecht get]an wird, [kann er ihn anklagen] in A[then vor dem Gericht des Pol]emarchen, [und er muß keine] Gerichts[gebühren] zahlen ausgenommen fünf Drachmen [–.]. Wenn jemand [Acheloion oder] einen seiner Söhne [tö]tet [in einer der Städte, in] denen die Athener [herrschen, soll die Stadt eine Strafe von] fünf Talenten zahlen, [als ob] einer der [Athe]ner hätte sterben müssen, [und eine Bestrafung] soll durchgeführt werden gegen den[jenigen, als ob ein Athener gestor]ben wäre.   (IG I^3 19; um 451)

Man sieht auch, weshalb *proxenoi* angreifbar waren und Schutz benötigten. Sie konnten offen oder im geheimen versuchen, ihren Staat in die pro-athenische Richtung umzulenken, wie Peithias das tat. Sie konnten als Informanten fungieren, wie es 428 geschah:

So hatten die Tenedier, die auf gespannten Fuße mit den Mytilenern standen, die Methymnier und aus privaten Gründen auch einige Leute von Mytilene selbst, die *proxenoi* der Athener waren, den Athenern Informationen zugespielt, daß Mytilene im Begriff war, Lesbos gewaltsam unter seine Herrschaft zu bringen und sich in Eile für einen Aufstand vorbereitete mit Unterstützung der Spartaner und ihrer Verwandten, der Boiotier. (Thukydides 3, 2, 2)

Sie konnten einen Staatsstreich organisieren, wie im Sommer 429, als eine athenische Flotte auf Anstiftung des Nikias von Gortyn auf ihrem Weg um die Peloponnes nach Kreta umgelenkt wurde. Er »war *proxenos* der Athener und hatte sie überredet, auf Kydonia zu landen mit dem Versprechen, ihnen diese gegen sie feindselig gesinnte Stadt in die Hände zu spielen. Seine wirkliche Absicht war, den Leuten von Polichna, Nachbarn von Kydonia, einen Gefallen zu tun.« (Thukydides 2, 85, 5) So wurde diese modifizierte Institution zum Instrument der Politik. Die Athener gewährten den *proxenoi* Protektion, Ansehen und Macht und bekamen auf diese Weise ohne Aufwand (Proxenie-Dekrete kosteten nichts) ein Reservoir enger Verbündeter, das nicht direkt politisch und deshalb diplomatisch akzeptabel war.

Tribute

Dementsprechend wurden einige Städte, die Schlüsselpositionen innehatten, im Hinblick auf Status oder Finanzen bevorzugt behandelt. Alle verbündeten Staaten waren »autonom« gewesen, aber mit diesem Begriff wurde eher die Beschaffung von Schiffen als die Beschaffung von Geld für die Bundeskasse bezeichnet, die nur für eine intern selbständige Regierung möglich war. 446 waren in diesem Sinne nur noch drei Staaten autonom. Samos verlor diesen Status 439, Lesbos 427, aber Chios blieb autonom und oligarchisch regiert bis zu seinem Aufstand im Jahr 412. Seine besondere Stellung, die in athenischen Dekreten und sogar in Gebeten anerkannt wurde, mochte während des

Jahres 412 ein gefährliches Privileg geworden sein, aber Athen gewann dadurch auch die aktive Mitarbeit des zweitstärksten Machtzentrums in der Ägäis. Andererseits wurden, obwohl die Tribute gerecht und ohne Ausnahme eingetrieben werden sollten, aber doch Ausnahmen gemacht, und man kann oft erraten, weshalb. Beispielsweise sagen uns erhaltene Fragmente der Tributlisten, daß Ainos an der Ostküste Thrakiens bis 449/48 zwölf Talente zahlte, zehn Talente von 444/43 bis 439/38, vier Talente 435/34, und nichts 434/33, 431/30 und 429/28. Vielleicht wurde das Geld für eine Garnison ausgegeben. Wahrscheinlicher ist es, daß Athen der Meinung war, die thrakischen Stämme könnten unter zwei aufeinanderfolgenden fähigen und ambitionierten Königen einen Druck ausüben, der kompensiert werden müßte. Noch erhellender ist das Zeugnis über Methone im südlichen Makedonien, denn hier ist ein ganzer Vorgang in athenischen Dekreten erhalten, der die Stadt betrifft und 424/23 en bloc niedergeschrieben wurde. Methone schloß sich dem Seebund anscheinend 434/33 an, als die guten Beziehungen zwischen Athen und dem makedonischen König Perdikkas ins Wanken gerieten, schlechter wurden und ihre Entwicklung nicht vorherzusehen war. Im ersten Dekret 430/29 heißt es:

Das Volk soll sofort über die Frage der Methonier entscheiden, ob es recht ist, für das Volk sofort einen Tribut festzusetzen, oder ob es für sie genügt, wenn sie den sechzigsten Teil des Tributs zahlen, der bei den früheren Panathenäen festgesetzt wurde, sonst aber frei von Tributen sind. Was ihre Schulden betrifft, für die sie im staatlichen Schatzhaus der Athener aufgeschrieben wurden, werden die Athener ihnen, wenn sie weiterhin so loyal sind wie jetzt oder sogar noch loyaler, erlauben, daß sie gesondert eingeteilt werden im Hinblick auf diese Rückstände, und wenn ein [allgemeiner] Beschluß ergangen ist, der die Schulden betrifft, die [auf den öffentlichen Listen] aufgezeichnet sind, sollen keine Forderungen an die Methonier ergehen, [bevor nicht] von ihnen ein gesonderter Beschluß verabschiedet wurde. Drei [Gesandte], die über fünfzig Jahre alt sind, sollen zu Perdikkas gesendet werden und ihm sagen, daß es recht ist, daß er sie das Meer befahren läßt und ihre Bewegungen nicht behindert, daß er ihnen erlauben soll, wie vorher in das Land zu importieren, daß keine Seite die andere verletzen soll, und daß er kein Heer ohne ihre Zustimmung durch das Land der Methonier führen solle ... (Meiggs-Lewis 65, Z. 5–23)

Und weiter 426/5:

Den Methoniern soll es erlaubt sein, Getreide zu exportieren von Byzantion in Höhe von [(einigen tausend)] Scheffel pro Jahr. Die Wäch-

ter des Hellespont sollen diese Exporte nicht behindern oder zulassen, daß jemand anders sie behindert, oder anderenfalls sollen sie jeder eine Buße von 10000 Drachmen zahlen wegen Vernachlässigung ihres Amtes ... Falls die Athener irgendeinen Beschluß fassen, die Verbündeten betreffend, der militärische Unterstützung oder irgendeinen anderen Dienst von den Städten fordert, ob es die Athener selbst oder die Städte betrifft, soll er die Methonier betreffen, falls er sie namentlich erwähnt, sonst aber nicht. Sie sollen einen angemessenen Anteil bei der Verteidigung ihres eigenen Gebiets übernehmen ...
(Meiggs-Lewis 65, Z. 34–47)

Inwieweit Methone wirklich zwischen der Seemacht und der Landmacht des Hinterlandes in Bedrängnis geriet, oder inwieweit es klug genug war, Athen und Perdikkas gegeneinander auszuspielen, bleibt offen. Jedenfalls konnten die Staaten an der Küste, obwohl sie leichter anzugreifen waren, dieses Spiel mit größerer Zuversicht spielen als die Inselstaaten.

Abgesehen von nackter Gewaltanwendung gab es noch andere Möglichkeiten. Das Dekret für Acheloion zeigt, wie Streitfälle, in die einige privilegierte Einzelpersonen verwickelt waren, vor ein athenisches Gericht kommen konnten und wieweit Privilegien ausgedehnt werden konnten. Wenn die Ergänzungen richtig sind, lautete dieser Beschluß aus dem Jahre 425/24 folgendermaßen:

... [K]l[eo]nymos hat beantragt: betreffend Ach[– von Chios soll es nicht] erlaubt sein [irgend jemandem, ihn oder seinen Sohn ohne Erlaubnis des] Volks von Athen zu bestrafen. [Wenn jemand verstößt gegen eines der] Zugeständnisse (die ihm gemacht worden waren) soll seine Stra[fe der Tod sein und sein Vermö]gen soll eingezogen werden, u[nd der zehnte Teil davon soll an die Göttin gehen] ... (IG I³ 70)

In ähnlicher Weise wurden einige, vielleicht sogar alle Streitfälle, die eine Geldstrafe in bestimmter Höhe mit sich brachten, nach Athen verlegt. Der Beschluß, der nach dem Aufstand dieser Stadt 446 die Angelegenheiten von Chalkis auf Euboia regelte, legt unter anderem folgendes fest:

Prozesse von Chalkidiern gegen ihre Mitbürger sollen in Chalkis geführt werden, sowie Prozesse gegen Athener in Athen. Ausgenommen sind Verbannung, Todesstrafe und Atimie (Verlust der bürgerlichen Rechte). In diesen Fällen muß es aber ein Appellationsrecht vor dem Gericht der *thesmothetai* in Athen geben entsprechend dem Beschluß des Volkes. (Meiggs-Lewis 52, Z. 71–76)

Durchsetzung der Demokratie

Um 415 konnte der Redner Antiphon einen Klienten aus Mytilene, der des Mordes angeklagt war, vor einem athenischen Gericht sagen lassen, seine Ankläger hätten damit, daß sie angeblich den Hauptzeugen töteten, etwas getan, »was nicht einmal einem Staat erlaubt ist, nämlich jemanden zum Tode zu verurteilen ohne die Erlaubnis des Volkes von Athen« (5, 47). Er mag übertrieben haben, aber die Behauptung muß auf jeden Fall plausibel gewesen sein. Andererseits konnte der Wunsch nach willfährigen Regimen in den verbündeten Städten nicht nur kollaborierende »Freunde« und *proxenoi* erforderlich machen, sondern auch einen Wechsel der Verfassung. Quellen aus dem vierten Jahrhundert bestätigen, daß »die Athener überall Oligarchien zerstörten« (Aristoteles, Politik 1307 b 23) und daß

wir auf den Wunsch des Volkes kamen und gegen die Tyrannen Krieg führten. Wir hielten es für ungeheuerlich, daß viele wenigen unterworfen sein sollten oder daß arme, aber achtbare Leute von den Ämtern ausgeschlossen sein sollten oder daß einige über das herrschen sollten, was gemeinsamer Besitz aller Bürger sein sollte, während andere, die von Geburt Bürger waren, ansässige Fremde sein sollten, die durch Gesetz vom Bürgerrecht ausgeschlossen waren. Diese und auch schlimmere Eigenschaften der Oligarchie veranlaßten uns, bei anderen dieselbe Verfassung einzuführen, die wir selbst hatten. (Isokrates 4, 105–106)

Die spezifischen zeitgenössischen Zeugnisse gehen meistens auf einen Aufstand zurück, der stattgefunden hatte oder drohte, und sie deuten nicht eben auf einen Kreuzzug für die Moral hin. Als Milet 441 einen Konflikt mit Samos hatte und »einige Privatpersonen aus Samos selbst, die eine Änderung der Verfassung wünschten, den Milesiern Vorschub leisteten, fuhren die Athener mit 40 Schiffen nach Samos, richteten dort eine Demokratie ein, nahmen 50 Kinder und ebensoviele Erwachsene als Geiseln, brachten sie nach Lemnos in Verwahrung, richteten dort eine Garnison ein und kehrten nach Hause zurück« (Thukydides 1, 115, 2–3). Zwölf Jahre früher, 453/52, legt ein Beschluß, der sich mit Erythrai nach seinem Aufstand befaßt, folgendes fest:

Es soll einen Rat geben, bestehend aus 120 Mitgliedern, ausgewählt durch Los; der [–] im Rat; ein Nichtbürger oder ein Mann, der weniger als 30 Jahre alt ist, kann nicht im Rat sein ... Keiner soll innerhalb von vier Jahren zweimal Ratsmitglied sein. Der erste Rat soll durch Auslosung von den [Aufs]ehern und dem Garnisonskommandeur eingesetzt werden. Die zukünftigen sollen durch den bestehenden Rat und den [Garnisons]kommandeur eingesetzt werden mindestens 30 Tage, bevor der [Rat] aus dem Amt geht. (Meiggs-Lewis 40, Z. 8–16)

Man hat gewöhnlich gefolgert, daß ein demokratischer Rat eine demokratische Volksversammlung miteinschließe und daß es sich hier um eine wirkliche Neuerung handelte. Andere Vereinbarungen lassen aber offen, ob eine demokratische Regierung neu etabliert oder wiedereingerichtet wurde. Einige Oligarchien wurden sicherlich in Frieden gelassen. Zeugnisse aus der Spätzeit des Peloponnesischen Krieges überlassen für den Fall, daß sie in den Bund zurückkehren, den Städten die Wahl der Verfassung. Man könnte sagen, daß die Demokratie überall in Mode kam. Es sieht so aus, als seien die meisten ägäischen Gemeinden während der zwanziger Jahre Demokratien gewesen, aber das hatte sich aus ganz unterschiedlichen Ausgangssituationen und aufgrund ganz verschiedener Entscheidungen (und zwar nicht nur athenischer) entwickelt und war weniger das Ergebnis bewußter Einflußnahme.

Trotzdem waren der Wille und die Fähigkeit zur Einführung eines bestimmten Systems vorhanden. Wir haben einige Beispiele für das, was der zweite Beschluß von Methone (s. S. 92) »allgemeine Beschlüsse« nennt, »die Verbündeten betreffend, die militärische Unterstützung oder irgendeinen anderen Dienst von den Städten fordern«. Einige betrafen die Tribute. Ein Dekret von 425, das eine allgemeine Neuveranlagung und eine gewaltige Zuwachsrate für die Tribute vorsieht, ist als einziges Dokument einer Art erhalten, von der es eine lange Reihe gegeben haben muß. Das Dekret des Kleinias von etwa 447 ist wiederum unnachgiebig:

Ra[t und] Volk haben es beschlossen; die Phyle Oineis war in der Pry[tanie. Sp]oudias war der Sekre[tär, –]on war der Vorsitzende, Kleini[as hat es beantragt:] Der Rat und die Arch[onten in] den Städten und die Aufsichtsbe[amten] sollen dafür sorgen, daß die Tribute jedes Jahr eingesammelt werden und nach Athen gebracht werden. Sie sollen mit den Städten Symbole (Identifikations-Siegel) ver[einbaren, dam]it es denen, die den Tribut bringen, nicht möglich sein wird, zu betrügen. Jede Stadt soll auf einer Tafel die Tribute aufzeichnen, die sie schicken muß, sie mit dem Symbol kennzeichnen und nach Athen senden. Diejenigen, die sie bringen, sollen die Tafel im Rat übergeben, wenn sie den Tribut zahlen ... Die Athener sollen vier Männer auswählen [und sie in die] Städte schicken, um ihnen einen Beleg zu geben für den Tri[but, der gezahlt wurde, und] den [nicht gezahlten] Tribut einfordern [von denen, die im Rück]stand sind ... wenn ein Ath[ener oder ein Verbündeter einen Verstoß begeht im Hinblick auf den] Tribut, den [die Städte nach Athen senden] sollen, [nachdem er auf einer Tafel aufgezeich]net wurde für die, die ihn bringen, darf jeder Athe[ner] oder Ver[bündete, der es] will, ihn ankla[gen vor] den Prytanen ... Die [*hellenotamiai* sollen] auf einer geweißten Tafel [einen Bericht abgeben und die Höhe der Tribut]e und die Städte [aufführen, die den vollen Betrag gezahlt haben und] sie sollen berichten [–] ...   (Meiggs-Lewis 46)

Andere Beschlüsse allgemeiner Art gehen jedoch noch weit über Tribute oder militärische Fragen hinaus. Es wurde schon gezeigt (s. S. 90), daß man guten Grund hat, die Existenz eines allgemeinen Beschlusses anzunehmen, der die Bundesmitglieder aufforderte, sich mit Opfern an den Panathenäen und den Dionysien zu beteiligen. Ein anderer, der zwar in vielen Kopien, aber auch so nur sehr fragmentarisch erhalten ist, sieht vor, allen verbündeten Städten zugunsten Athens das Münzrecht zu entziehen. Folgende Klauseln sind am deutlichsten:

[(8) Und wenn jeman]d einen Antr[ag darüber vorlegt] oder zur Abstimmung bringt, [daß es erlaubt sein soll, fremde Währung] zu verwenden oder zu leihen, [soll er sofort angeklagt werden] vor den Elf (Strafvollzugs-Beauftragten): und die [Elf] sollen ihn [mit dem To]d bestra[fen: aber] wenn er widerspricht (dem Richterspruch), sollen sie ihn [vor Geri]cht bringen ... (12) Der Schreiber des [Rats] soll folgende Klausel dem Eid der Ratsherren hinzufügen [für die Zukunft]: Wenn jemand in den Städten Silbermünzen prägt und nicht [athenische Währung] benutzt und athenische Gewichte und Ma[ße, sondern fremde Währung] und Gewichte und Maße, [werde ich ihn bestrafen u]nd [ihm Buße auferlegen entsprechend dem frühe]ren Beschluß, den Klearcho[s beantragt hat]. (13) [Jedermann kann überge]ben fremdes Geld, [das er besitzt und es austauschen,] wann immer er es wünscht [in Übereinstimmung mit eben diesen Regeln]. Die Stadt [muß es ihm mit unserem eigenen Geld zurückzahlen], und jeder einzelne muß sein Geld [nach Athen bringen und es bei der M]ünze [deponieren].
                      (Meiggs-Lewis 45)

Datierung, Ziel und Wirkung dieses Dekrets sind vielfach diskutiert worden, denn es hat sich als schwierig erwiesen, Unterbrechungen der Münzprägung in den Staaten der Ägäis zu datieren, manchmal sogar, sie überhaupt zu erkennen. Die griechischen Münzen aus dieser und noch viel späterer Zeit tragen keine Daten. Lediglich stilistische Kriterien bieten eine Unterscheidungshilfe zwischen Münzen aus den vierziger, dreißiger und zwanziger Jahren. Und die Münzprägung scheint überall

Unterbrechungen unterworfen gewesen zu sein, wenn der Staat nicht wie Athen den ständigen Nachschub von Edelmetall unter seiner eigenen Kontrolle hatte.

Die Hauptbedeutung dieser und anderer Beschlüsse liegt zum einen darin, daß durch sie die Ausweitung athenischer Machtansprüche deutlich wird. Athens Beschlüsse konnten überall in der Ägäis durchgesetzt werden, und sie konnten weit über Fragen des Tributs oder der Kriegführung hinausgehen. Zum anderen zeigen sie, wie die Durchsetzung dieser Beschlüsse eine kurz- oder langfristige athenische Invasion in ägäische Staaten mit sich brachte oder zur Grundlage hatte. Auf einer Ebene ist von »Aufsichtsbeamten« die Rede, offenbar Zivilisten, die wie in Erythrai (s. S. 94) ausgesandt wurden, um die schwierige Situation nach einem Aufstand zu überwachen oder »um einen Überblick über die Lage in den verschiedenen Staaten zu gewinnen«, wie es ein später Lexikograph ausdrückt (Harpokration s. v. *episkopos*). Auf einer zweiten Stufe kommen athenische Bürger ins Land, deren Anwesenheit offensichtlich für längere Zeit vorgesehen ist. Anscheinend wurden sie nach und nach so häufig eingesetzt, daß die Durchsetzung des Münzdekrets hauptsächlich in ihren Händen lag und nur an zweiter Stelle den lokalen Magistraten der Städte überlassen wurde, »falls es da keinen athenischen Archonten gab« (Meiggs-Lewis 45, § 4). Einige waren Garnisonskommandeure. Aber Garnisonen waren teuer und, bevor der Peloponnesische Krieg ausbrach, keineswegs üblich. Sie wurden, wie es scheint, nur dazu benutzt, Städte zu kontrollieren, die rebelliert hatten oder rebellieren konnten, oder um eine Stadt gegen Gefährdung von außen zu schützen. Weitaus wichtiger, beherrschender und effektiver waren die dauerhaften und durch genügend Landbesitz wirtschaftlich unabhängigen Siedlungen athenischer Bürger im Ausland. Einige kamen als Kolonisten. Sie wurden entweder Bürger bereits existierender Städte oder nahmen mit anderen aus der Ägäis an Neugründungen teil.

Kleruchien

Andere kamen als »Pächter« (*klerouchoi*). Sie blieben athenische Bürger und wurden nicht Bürger der Gemeinde, in der sie lebten. Insgesamt sind etwa 24 Siedlungen bekannt (es können sehr wohl noch mehr gewesen sein), und es läßt sich den Quellen nicht immer entnehmen, um welche Art von Ansiedlung es sich handelte. Leider ist auch nicht bekannt, wieviele Menschen insgesamt Athen auf diese Weise verlassen haben, aber man wird zu Recht an mindestens 10000 Leute denken. Das Problem liegt darin zu verstehen, warum sie dahin oder dorthin ausgesandt wurden. Die Beweggründe scheinen gewechselt und sich verändert zu haben. Ein Fall ist eindeutig: Die Kette thrakische Chersones – Lemnos – Imbros – Skyros (alle wurden während des Jahres 447 von Athen besetzt) schützte die Getreideroute vom Schwarzen Meer nach Athen und muß zu diesem Zweck eingerichtet worden sein. Aber Plutarch weiß von anderen Motiven:

Zusätzlich sandte Perikles 1000 Bürger als Siedler nach der Chersones, 5000 nach Naxos, halb so viel nach Andros, 1000 nach Thrakien, wo sie sich unter den Bisalten niederlassen sollten, und andere nach Italien, als Sybaris unter dem neuen Namen Thourioi wieder aufgebaut wurde. Dies alles ordnete er an, um die Stadt von dem Haufen arbeitsloser und eben deswegen unruhiger Elemente zu befreien, um der Not des Volkes zu steuern, die Bundesgenossen einzuschüchtern und ihre Aufruhrgelüste durch eine Art von Besatzung niederzuhalten. (Perikles 11, 5–6)

Seine Sprache ist verfälscht und seine Quelle unauffindbar, aber seine Interpretation wird durch andere Zeugnisse bestätigt. Viele Kleruchien wurden im Gebiet von Städten angesiedelt, die einen Aufstand durchgeführt hatten, und waren ebenso zur Verhütung wie auch zur Bestrafung gedacht. Der Beschluß zur Gründung der Kolonie von Brea um 445 hat einen Zusatz, den die Volksversammlung hinzufügte und der vorsieht, »daß die Kolonisten, die nach Brea gingen, Theten und Zeugiten sein sollten« (Meiggs-Lewis 49, Z. 39–42). Hier wurde den beiden untersten Besitzklassen ausdrücklich der Vorzug gegeben. Es waren jedoch nicht immer die strategisch bedingte Einrichtung einer Garnison oder ein wirklicher Auszug von Menschen aus Athen ausschlaggebend. Bei der Beschreibung der Folgen des Aufstandes von Lesbos sagt Thukydides, daß 427

den Lesbiern kein Tribut auferlegt wurde; aber ihr ganzes Land, ausgenommen das der Methymnier (die loyal geblieben waren), wurde in 3000 Landlose aufgeteilt, von denen 300 den Göttern geweiht wurden, und der Rest wurde unter einer Anzahl attischer Kleruchen verlost, die zu den Inseln ausgesandt worden waren. Die Lesbier wurden dazu verpflichtet, ihnen eine Pacht von zwei Minen jährlich zu zahlen für jedes Landlos, während sie selbst das Land bebauten.

(Thukydides 3, 50, 2)

Ob die Leute, von denen die Rede ist, dorthin gingen, um zu bleiben, ist unklar, wichtig ist aber, daß sie Rentiers wurden, die sich die überschüssigen Erträge aus der Arbeit der Lesbier aneigneten. Je mehr anzunehmen ist, daß solche Kleruchen wahrscheinlich arme Bürger sein sollten, um so mehr illustrieren solche Aktionen das demokratische Programm, »aus allen Bürgern ohne Landbesitz Hopliten zu machen«, auf das Antiphon (F 61 Blaß) einige Jahre später anspielt. Kleruchien und Kolonien brachten nicht nur militärische und strategische Stützpunkte ein, sondern auch Land. Da wir zudem wissen, daß die Athener sich auch privat viel Land in den verbündeten Staaten anzueignen pflegten, stellt sich die athenische Präsenz in der Ägäis mehr und mehr als gewaltiger Landraub dar, der zum Nutzen der athenischen Bürger aller Klassen von der athenischen Seemacht ausgeführt und gedeckt wurde.

Flotte

Natürlich lag allen diesen Erscheinungen und Praktiken Gewalt oder die Androhung von Gewalt zugrunde. Nach der Plünderung Milets durch die Perser 494 war Athen zur größten Stadt in der Ägäis geworden, mit einer Bevölkerung und mit Einkünften von solchen Ausmaßen, daß damit eine Seemacht unterhalten werden konnte, deren Kontrolle über die Ägäis nur durch das Zusammengehen persischer Hilfsmittel mit denen von zumindest einem Teil Griechenlands aufgehoben werden konnte. Noch 322/21 lag die endgültige Niederwerfung der Flotte in den Händen der Makedonen, die die Hilfsmittel der Perser übernommen hatten. Aber obwohl es sich dabei um ein so wichtiges politisch-militärisches Phänomen handelte, wissen wir sehr wenig über diese Flotte des fünften Jahrhunderts. Herodot sagt, daß Athen im Jahre 480 180 Schiffe hatte, Thukydides, daß es im Jahre 431 300 Schiffe waren. Es gab ohne Zweifel ein Wachstum, aber wir wissen nicht, wann. Während der Notfälle der Jahre 458, 454, 430 und 428 waren wahrscheinlich mehr als 200 Schiffe in Dienst gestellt, und auf jeden Fall muß das Bestreben darin gelegen haben, so viele Schiffsrümpfe zur Verfügung zu haben, daß auch eine große Katastrophe nicht zu leeren Werften führen konnte. Gleichermaßen wichtig war es, über geübte Ruderer und über eine adäquate Finanzierung zu verfügen. In der Notsituation des Jahres 428 bemerkten die Athener, daß die Spartaner eine Expedition vorbereiteten, weil sie die Athener für schwach hielten. Sie wollten es den Spartanern klar machen, daß dies ein Irrtum war und daß sie selbst gut im Stande wären, den Angriff von der Peloponnes zurückzuschlagen, ohne die Flotte aus Lesbos zu entfernen. Sie bemannten 100 Schiffe, wofür sie athenische Bürger einzogen, mit Ausnahme der zwei obersten Zensus-Klassen, und ansässige Fremde und ließen sich mit der Flotte am Isthmus sehen, zeigten ihre Macht und landeten auf der Peloponnes, wo immer es ihnen einfiel. (Thukydides 3, 16, 1)

Zwei Tatsachen werden deutlich. Erstens hatte jeder Bürger Athens, ausgenommen vielleicht die zwei obersten Besitzklassen, die entsprechende Grundausbildung absolviert. Tatsächlich machen Thukydides' Berichte über einige Seeunternehmen deutlich, welch hohes Ausbildungsniveau man erreicht hatte; es erlaubte kleinen athenischen Einheiten, weitaus größere feindliche Kräfte einzuschließen. Zweitens aber war es zu diesem Zeitpunkt eine Ausnahme, daß Schiffe ausschließlich mit athenischen Bürgern bemannt wurden. Thukydides läßt die Korinther im August 432 sagen: »Wenn wir uns Geld von Olympia und Delphi leihen, werden wir in der Lage sein, ihre fremden Ruderer zu übernehmen, indem wir ihnen höhere Bezahlung anbieten. Ihre Stärke beruht mehr auf Söldnern als auf ihren eigenen Bürgern, während unsere Stärke mehr auf Menschen als auf Geld beruht und deshalb der Gefahr der Abwerbung weniger ausgesetzt ist.« (1, 121, 3) Dann läßt er den Perikles dieses Argument mit den Worten entkräften: »Wir haben mehr und bessere Bürger als Besatzung für unsere Schiffe und bessere Steuerleute, als in ganz Griechenland zu finden sind. Und es besteht keine Gefahr bei einem solchen Schritt. Keiner von unseren ausländischen Seeleuten würde bereit sein, seinem Land den Rücken zu kehren, bei ihnen in Dienst zu gehen und für den höheren Lohn weniger Tage schlechtere Aussichten in Kauf zu nehmen.« (1, 143, 1–2) Dies stellte sich größtenteils als gerechtfertigt heraus. Natürlich war der Seekrieg teuer. Abgesehen von den grundlegenden Kosten für den Bau eines Schiffes betrugen die Löhne für die Mannschaft eines Schiffes mindestens 3000 Drachmen im Monat, und man hat vermutet, daß viele Abgaben der verbündeten Staaten deshalb einen Bruchteil oder ein Vielfaches von drei Talenten betrugen, weil dies die durchschnittlichen Kosten des Unterhalts für eine Triere für einen Feldzug-Sommer waren. Aber zusätzlich zu Athens eigenen Einkünften gab es den Reservefonds des Seebundes, der von seiner Einrichtung 478/77 bis zur Verlegung von Delos nach Athen 454 auf 9700 Talente angewachsen war. Mit der Beute erfolgreicher Feldzüge und mit Tributen und Kontributionen im Hintergrund konnte die athenische Volksversammlung die Flotte nach Belieben einsetzen, ohne daß ein Einspruch von seiten der Verbündeten oder der athenischen Oberschicht zu befürchten war.

Kallias-Frieden

Insoweit ist die Lage ganz klar, aber das Seereich gibt uns auch Interpretationsprobleme auf, die unlösbar bleiben. Eines davon ist, daß nach dem Tod Kimons die Feindseligkeiten mit Persien für die Dauer einer Generation ein Ende nahmen. Autoren von 350 und später und wenige Vorgänger aus den achtziger Jahren des vierten Jahrhunderts behaupten, daß es einen formellen Frieden gegeben habe. Die ausführlichste Version – Diodor hat sie von Ephoros, einem Historiker des vierten Jahrhunderts, übernommen – besagt, daß 449/48

die Athener und ihre Verbündeten einen Friedensvertrag mit Persien schlossen, dessen grundsätzliche Bedingungen folgendermaßen lauteten: Alle griechischen Städte Asiens sollen unter selbstgewählten Gesetzen leben. Die persischen Satrapen dürfen nicht näher als drei Tagesreisen an die Küste herankommen. Kein persisches Kriegsschiff darf zwischen Phaselis und den Felsen von Kyaneai (an der Mündung des Schwarzen Meeres) fahren. Und wenn diese Bedingungen vom König und seinen Feldherrn eingehalten werden, dürfen die Athener keine Truppen in persisches Territorium schicken. (Diodor 12, 4, 5)

Da andere Erwähnungen vielfach dieselben Bedingungen wiedergeben, liegt die Schwierigkeit darin zu entscheiden, ob Diodor ein authentisches Dokument übermittelt oder nicht. Diejenigen, die der Ansicht sind, daß er das tut, argumentieren damit, daß man die Überlieferung wegen Anachronismen, Widersprüchlichkeiten oder Unklarheiten im Kontext oder im Inhalt (was bei einem literarisch überlieferten Dokument durchaus vorkommen kann) nicht grundsätzlich für anfechtbar halten könne; daß einige Wendungen in den Quellen den Stil ionischer Dokumente wiederzugeben scheinen; schließlich, daß man, um die überlieferten Fakten des fünften Jahrhunderts zu verstehen, auf jeden Fall einen derartigen Frieden postulieren müßte, selbst wenn es überhaupt keine Überlieferung dazu gäbe. Die Auseinandersetzungen nahmen nämlich tatsächlich ein Ende. Da es mit ziemlicher Sicherheit 449/48 keine Tributlisten gegeben hat, ist in diesem Jahr wirklich etwas sehr Sonderbares mit den Tributen passiert, wahrscheinlich eine völlige Aufhebung der Zahlungen. Phaselis und Byzantion waren tatsächlich für eine Generation die östlichsten und nördlichsten Randposten des Bundes. Die ionischen Städte blieben bis zum Einmarsch der Perser 413 im Bereich des Bundes sicher. Zweifler führen verschiedene Gegengründe an. Die Quellen des fünften Jahrhunderts, insbesondere Thukydides, erwähnen keinerlei Frieden im Jahre 449. Die erste Erwähnung des Friedens 380 durch Isokrates steht im Widerspruch zu dem, was später kanonisch wurde. Ein Geschichtsschreiber des vierten Jahrhunderts nennt den Frieden rundweg eine Fälschung und begründet dies damit, daß die Kopie, die in Athen damals offensichtlich zu lesen war, nicht im attischen Alphabet geschrieben sei, das Athen bis 403 offiziell verwendete, sondern im ionischen, das nach diesem Zeitpunkt in Gebrauch kam (Theopomp FGrHist 115 F 153–154). Es gibt noch einen sehr gewichtigen Grund dafür, das Dokument als Fälschung oder bestenfalls als spätere Nachbildung zu betrachten, nämlich eine ganze Reihe (mehr als ein Dutzend) von Dokumenten und Beschlüssen, die uns durch die literarische Überlieferung oder spätere Abschriften auf Stein erhalten sind. Auf sie wird von etwa 350 an Bezug genommen. Sie alle erwecken den Eindruck, athenische Dekrete oder Dokumente aus der Zeit von 490 bis 440 zu sein, und alle zeigen die Vaterlandsliebe, die Großzügigkeit und die militärischen Erfolge Athens in einem sehr vorteilhaften Licht. Auf diese Weise wurde der Kallias-Frieden, so benannt nach dem athenischen Politiker, der Athens Unterhändler gewesen sein soll, ein klassisches historisches Problem. Die dem Quellenmaterial entnommenen Argumente für und wider die Authentizität legen die Vermutung nahe, daß beide Gesichtspunkte zum Teil berechtigt sind; bis heute hat aber keine Lösung allgemeine Zustimmung gefunden. Bis dies geschieht, kann keine Geschichte der Ägäis in der Mitte des fünften Jahrhunderts geschrieben werden, die nicht in enttäuschender Weise provisorisch, vorläufig ist.

Eine zweite Kontroverse ergibt sich aus demselben Zusammenhang. Die Jahre nach 454 haben etwa ein Dutzend Dokumente hervorgebracht, aus denen viele Historiker eine Verhärtung der Haltung Athens und eine Verstärkung seiner Kontrolle über die Ägäis ablesen. Manchmal entsteht der Eindruck ganz direkt, wie etwa beim Dekret des Kleinias oder beim Münzdekret (s. S. 95 f.). Manchmal ist er indirekt, etwa wenn 453/52 Mitglieder der neuen *boulē* (Rat) von Erythrai aufgefordert werden, einen Eid darauf zu leisten, daß sie »im Interesse des Volkes (*plēthos*) von Erythrai und des Volkes von Athen und seiner Verbündeten« handeln würden, und darauf, daß Verbannte »aus dem ganzen Bereich des Attischen Bundes verbannt sein sollen« (Meiggs-Lewis 40, Z. 21 f. und 31). 446/45 war jedoch vom Bund nicht mehr die Rede; alle Chalkidier schworen, »sich nicht gegen das Volk von Athen auf irgendeine Weise oder in irgendeiner Hinsicht zu erheben, ob durch Wort oder Tat ...« (Meiggs-Lewis 52, Z. 21 f.), und Acheloion wird Schutz gewährt »in allen Städten unter athenischer Herrschaft« (s. S. 90). Dennoch weisen nicht alle Zeugnisse denselben Weg. Die Verbündeten tauchen wieder auf in dem Eid, den die Samier 439 nach dem Ende ihres Aufstandes schwören mußten. Es ist so gut wie kein Dokument aus der Zeit vor 454 erhalten, das zum Vergleich dienen könnte. Athens Verhalten gegenüber Thasos 465–463 (s. S. 62 f.) ist von ebenso skrupelloser Eigennützigkeit wie irgendeine spätere Einschaltung. Thukydides erkennt zwar, daß eine Verhärtung stattfand, verlegt sie aber in die frühen sechziger Jahre und macht weniger den athenischen Imperialismus als vielmehr die Trägheit der Bundesgenossen dafür verantwortlich. Ursprünge, Formen und rationale Begründungen von Macht waren eine fixe Idee für ihn. Daraus resultiert wohl sein allzu pro-athenischer Blickpunkt. Die Gesamtheit der Zeugnisse läßt jedoch vermuten, daß wir es eher mit einem stetigen Machtzuwachs Athens als mit einem kurzfristigen und sprunghaften Ansteigen in der Mitte des Jahrhunderts zu tun haben.

Athens Vordringen in Mittelgriechenland

So wurde damals eine ganze Region Griechenlands, die Ägäis, zum »attischen Binnenmeer« und was sich an Widerstand dagegen erhob, entwickelte sich mehr in den betroffenen Gemeinden als in Sparta, Korinth oder auch Persien. In Mittelgriechenland lagen die Dinge anders. Eigentlich stammt alles, was über das dortige Eindringen Athens zwischen 462 und 446 bekannt ist, aus dem telegraphisch kurzen Überblick bei Thukydides (1, 102–115). Es gab offensichtlich Widerstand, aber da Thukydides keine Analyse irgendeiner Art liefert (auch keine Daten: die im folgenden angeführten sind Annäherungswerte der modernen Forschung), liegt die Verantwortung für die Interpretation völlig in unserer Hand. Thukydides zählt folgende Fakten auf: ein Bündnis zwischen Argos und Thessalien 462/61; um 460 die Ansiedlung von messenischen Verbannten in dem neuen athenischen Besitz Naupaktos; um 459 Seeschlachten bei Halieis und Kekryphaleia gegen korinthische beziehungsweise peloponnesische Schiffe; um 458 bei Megara eine Landschlacht gegen Korinth; Seeschlacht, Blockade und Einnahme von Aigina 459–457; zwei Landschlachten im Jahre 457, eine mit Spartanern und Boiotiern bei Tanagra, die andere nur mit den Boiotiern bei Oinophyta, durch die Athen die Kontrolle über Boiotien, Phokis und Ost-Lokris gewann; 456/55 ein Flottenunternehmen, durch das die spartanische Werft bei Gytheion zerstört und das Territorium von Korinth und Sikyon verletzt wurde; um 453 ein erfolgloser athenisch-boiotischer Versuch, in Pharsalos in Thessalien einen pro-athenischen König einzusetzen; eine Expedition nach Delphi etwa 449/48; 447 eine Expedition zur Wiedergewinnung der Kontrolle über das westliche Boiotien, die bei Koroneia zerschlagen wurde und die Athener veranlaßte, Boiotien preiszugeben; ein Aufstand Megaras und Euboias 446, der zu einer peloponnesischen Invasion in Attika führte; und ein formeller Friedensschluß im Winter 446/45, bei dem Athen auf seinen restlichen Landbesitz in Mittelgriechenland verzichtete.

Es ist eine große, immer noch nicht ganz erfüllte Herausforderung, aus einer so zusammenhanglosen Reihe von Ereignissen einen politischen Sinn abzulesen. Man kann damit beginnen, einige Verhaltensmuster herauszuschälen. So hatten zum Beispiel die langfristigen Ziele Athens ihre Grenzen und beschränkten sich bemerkenswerterweise auf Gebiete, die nur durch eine Seemacht gehalten werden konnten. Zweitens waren die Aktivitäten Spartas sehr unregelmäßig, vielleicht wegen der Verluste durch das Erdbeben und den Helotenaufstand (s. S. 60). Bis 446 betrafen sie eher Doris und Delphi als andere Verbündete oder kritische Punkte, und Thukydides' Bericht läßt vermuten, daß Sparta in die Tanagra-Kampagne hineingezogen wurde und nicht gezielt daran teilnahm. Die Initiative ging meistens von Athen aus. Die Epizentren der Aktivitäten sind offensichtlich Korinth und Boiotien. Vermutlich lagen folgende Absichten zugrunde: erstens, einen festen Block von athenisch kontrollierten Territorien nördlich des Isthmus zu schaffen, der Athen sowohl den direkten Zugang zum Golf sicherte als auch die Kräfte des Peloponnesischen Bundes (s. S. 58) daran hinderte, mit Leichtigkeit und ohne Gefährdung nach Norden vorzudringen; zweitens, Korinths Position als nördlichstes Mitglied dieses Bundes so exponiert und nach allen Seiten hin angreifbar zu machen, daß es nach aller geostrategischen Logik Sparta verlassen und sich Athen oder Argos anschließen mußte. Zu diesem Zeitpunkt würde der Peloponnesische Bund, der auf zwei Beinen stand und nun das eine Bein verloren hatte, zusammenbrechen, und Sparta würde isoliert bleiben.

Es mag leichtsinnig sein, so rasch eine so folgenreiche Erklärung zu entwickeln, aber wie so oft in der griechischen Geschichte hat man auch hier die Wahl zwischen einer riskanten

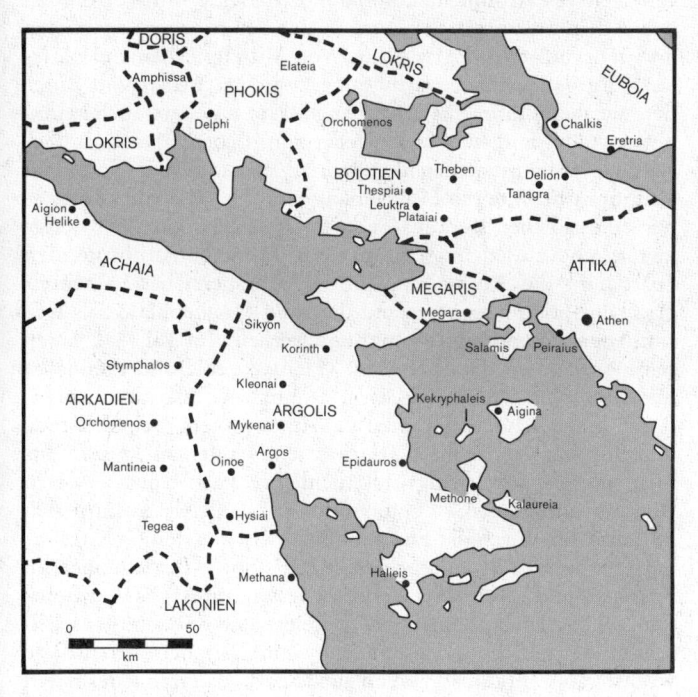

Mittelgriechenland

Erklärung und dem ergebnislosen Wiederkauen dessen, was die erhaltenen Quellen zufällig aussagen. Diese ungewöhnliche Interpretation läßt sich stützen durch kurzfristige, langfristige und mittelfristige Überlegungen. Kurzfristige Überlegungen kann man aus Thukydides entnehmen. Im Jahre 457

> kamen die Spartaner den Doriern (in Doris) zu Hilfe, ... und nachdem die Phoker gezwungen worden waren, die Stadt im Ausgleich wieder zurückzugeben, begannen sie ihren Rückzug. Es war wahrscheinlich, daß die Athener eine Flotte aussenden würden, um ihnen den Seeweg über den Golf abzuschneiden. Die Route über Geraneia erschien ihnen ebenfalls nicht sicher, da die Athener Megara und Pegai besetzt hatten. Der Weg war nämlich schwierig und wurde immer von den Athenern bewacht, und die Spartaner hatten damals auch erfahren, daß die Athener die Absicht hatten, sie auf diesem Weg aufzuhalten. So beschlossen sie, in Boiotien zu bleiben und zu überlegen, wie sie am sichersten durchkommen würden. (Thukydides 1, 107, 2–4)

Ein weiteres Argument kommt hinzu: Beide Motive, die ich den Athenern unterstelle, sind in der langfristigen regionalen und geopolitischen Entwicklung von Mittelgriechenland ohnehin vorgegeben. Eine Verbindung zwischen Athen und Boiotien wurde im Jahre 424 erneut angestrebt und kam auch beinahe zustande, und sie wurde wieder zum Leben erweckt in Gestalt von Bündnissen in den Jahren 395 und 378. Zu jedem Zeitpunkt brachte die Möglichkeit oder das tatsächliche Bestehen eines solchen Bündnisses die Spartaner in akute Schwierigkeiten, und zu jedem Zeitpunkt erlaubte seine Auflösung den Spartanern die Ausweitung ihres Einflußbereiches in Mittelgriechenland. Ebenso bestand die reale Möglichkeit, daß Korinth den Peloponnesischen Bund verließ. Im Juli 432 baten seine Gesandten die Spartaner: »Helft euren Bundesgenossen und besonders den Poteidaiern, wie ihr es versprochen habt, durch einen schnellen Einfall in Attika, opfert nicht Freunde und Blutsverwandte ihren erbittertsten Feinden auf, macht uns nicht mutlos und zwingt uns nicht, uns nach einem anderen Bündnis umzusehen.« (Thukydides 1, 71, 4) Als Korinth sich im Jahre 421 durch die Entspannung zwischen den Großmächten provoziert fühlte, brach es kurzfristig die Beziehungen zu Sparta ab und verbündete sich statt dessen mit Argos und Boiotien. 395 geschah noch einmal dasselbe, und 391 schloß es sich vollständig mit Argos zusammen. Wahrscheinlich waren diese wechselnden Bündnisse, wenn auch Sparta dadurch jedesmal in akute Schwierigkeiten geriet, doch ein Zeichen von Korinths zunehmender Schwäche während des fünften Jahrhunderts, wohingegen sie für Boiotien ein Zeichen wachsender Stärke waren. Von Bedeutung ist dabei dennoch die Kontinuität des taktischen Stellungswechsels beider Staaten gegenüber Sparta und Athen über mehrere Generationen hin.

Der mittlere Zeitabschnitt, die fünfzehn Jahre nach 446, bestätigt meine These am ehesten. Im Juli 432 übten die Korinther auf Sparta einen starken Druck aus, sich gegen Athen zu stellen (s. S. 84), und für diese Zeit erleichtert es uns der für die dreißiger Jahre weitaus ausführlichere Bericht des Thukydides, die Ursache zu erkennen. Er beschreibt zwei wichtige Vorfälle. Der eine ist ein Streit zwischen Korinth und seiner Kolonie Korkyra, bei dem es um ihre gemeinsame Kolonie Epidamnos ging. Dieser Streit führte dazu, daß Korkyra Athen um Hilfe bat, und daß es im August oder September 433 zu einem Gefecht zwischen athenischen und korinthischen Schiffen vor der Festlandsküste bei Sybota kam. Der zweite Vorfall betraf Poteidaia, eine Kolonie Korinths auf der Chalkidike, aber auch ein tributpflichtiger Verbündeter Athens. Hier hatte die brutale athenische Reaktion auf eine drohende Revolte zur aktiven Unterstützung der Stadt durch Korinth geführt, als sie im Juni 432 von den Athenern belagert wurde. Thukydides berichtet auch, allerdings empörend knapp, daß aufgrund von Klagen Korinths

die Aigineten, die es aus Furcht vor Athen nicht wagten, öffentlich ihre Gesandten hinzuschicken, heimlich nicht wenig zum Krieg beitrugen, indem sie sich beklagten, sie seien nicht, wie der Vertrag vorsah, unabhängig. Da riefen die Spartaner ihre Verbündeten hinzu und jeden, der sonst noch Unrecht von Athen erlitten zu haben glaubte, und baten sie in einer ihrer üblichen Versammlungen, zu reden. Unter den vielen, die da auftraten und einer nach dem anderen ihre Vorwürfe erhoben, erklärten namentlich die Megarer – neben anderen nicht geringfügigen Anklagepunkten – sie würden vor allem von den Häfen des athenischen Reiches und vom attischen Markt entgegen dem Vertrag ausgeschlossen.
(Thukydides 1, 67, 2–4)

Eine andere »Beschwerde« könnte auf einen (nicht datierbaren) Flottenfeldzug gegen Arkanien an der Mündung des Golfs von Korinth zurückgehen, den Thukydides etwas später nebenbei erwähnt. Trotz der ausgiebigen Diskussion in der Wissenschaft und trotz der Tatsache, daß man von anderen Autoren (Aristophanes, Diodor, Plutarch) – wahrscheinlich zu Unrecht – annimmt, sie hätten mehr Informationen besessen, bleiben diese letztgenannten Beschwerden in ihrer Bedeutung völlig im Dunkeln. Um die Bedeutung der Vorgänge zu erkennen, ist es jedenfalls immer noch unerläßlich, Thukydides an den Anfang und an das Ende der Untersuchungen zu stellen. Die Lösung der Frage wird allerdings durch seine eigene zweideutige Ausdrucksweise nicht eben gefördert, denn er leitet seinen Bericht ein mit den Worten: »Den wahrsten Grund freilich und zugleich den am meisten vernachlässigten sehe ich im Wachstum Athens, das die erschreckten Spartaner zum Krieg zwang; aber die beiderseits öffentlich vorgebrachten Beschuldigungen, derentwegen sie den Vertrag aufhoben und den Krieg anfingen, waren die folgenden ...« (1, 23, 6). Hier bezeichnet er eine Motivation als »am meisten vernachlässigt«, die immer wieder in den Reden auftaucht, die er den Teilnehmern an den Verhandlungen in Sparta im Juli und September 432 in den Mund legt. Trotzdem sind einige Dinge eindeutig. Zunächst sind die Bedingungen des Vertrages von 446/45 wichtig, auch wenn es fraglich ist, ob Athen sie gebrochen hat. Das Problem lag anscheinend darin, daß sie – wir haben allerdings den exakten Text nicht vorliegen – so ungenau formuliert waren, daß sie der Interpretation allzuviel Freiheit boten. Zweitens werden beide Seiten so dargestellt, als ob sie sich für das Opfer einer Aggression hielten. »Daß es uns, den Beleidigten, zukäme, uns zu besinnen, soll niemand behaupten – wer zu beleidigen gedenkt, dem kommt es eher zu, sich sehr lange zu besinnen«, sagt der kriegerische Spartaner Sthenelaidas (1, 86, 5). »Daß die Spartaner es auf unser Verderben abgesehen haben, war schon lange deutlich, und jetzt erst recht«, antwortet Perikles (1, 140, 2). So oder so ging die Initiative, die zu der Krise von 432 führte, unzweifelhaft von Athen aus und war anscheinend nicht so sehr durch Athen forciert als vielmehr durch die Umstände nahegelegt worden, durch die eine Gelegenheit für Manöver und die Wahl unter mehreren Möglichkeiten gegeben war. Drittens zeigt sich, wenn man einen Blick auf die Karte wirft, daß diese Initiative wiederum darin bestand, daß Athen aus seinem »eigenen« ägäischen Bereich heraus nach Mittelgriechenland eindrang. Das geographische und politische Epizentrum war wiederum Korinth. Der Zusammenhang von Ziel und Taktik ist deutlich genug. Deutlich ist auch, daß Athens Macht nun nicht an einem regionalen, sondern an einem nationalen, ja sogar mediterranen Maßstab gemessen werden muß. Diese Macht bedarf einer ausführlicheren Analyse.

6. Die athenische Gesellschaft im fünften Jahrhundert

Wir haben in Kapitel 4 gesehen, daß aus dem dokumentarischen Quellenmaterial bald nach 460 eine dramatische Intensivierung des öffentlichen Lebens in Athen abgelesen werden kann. Dasselbe gilt für fast alle anderen Arten von Zeugnissen über Athen. Von den 35 vollständig oder teilweise erhaltenen Tragödien stammen nur drei aus der Zeit vor 460; von Komödien gibt es bis 425 nichts als verstreute Bruchstücke. Von den erhaltenen Prosaschriften sind die ältesten von Herodot und Pseudoxenophon aus den vierziger und dreißiger Jahren und von etwa 420 an von den frühen Rednern, wie etwa von Antiphon. Das gleiche gilt für kultische und weltliche Bauten und sogar für Münzen. Einzige Ausnahmen sind Lyrik und Vasenmalerei, wobei letztere eher in der Qualität abnahm als in der Quantität. Das Problem besteht darin, das Quellenmaterial zu erfassen und ihm Informationen über die Gesellschaft, die es hervorbrachte, zu entnehmen, die über wenig hilfreiche Spezialanalysen und belanglose Loblieder hinausgehen. Wir müssen auswählen und vereinfachen, und können dies glücklicherweise auch tun, denn der Anhäufung des Quellenmaterials liegt eine wichtige historische Tatsache zugrunde: die Konzentration von Begabungen und Ressourcen in Athen. Diese Konzentration geht den Historiker an und muß von ihm erforscht und interpretiert werden. Drei Aspekte fallen ins Auge: das Volk, das Geld und die Macht.

Sklaven

Erstens: das Volk. Es war vor allem das fünfte Jahrhundert, in dem Athen wurde, was es bis zum Fall von Konstantinopel blieb, nämlich *der* Ort vor allen anderen im europäischen Ostmittelmeerraum, zu dem die Menschen hinströmten und von dem sie sich angezogen fühlten. Einige kamen freiwillig. Die meisten aber kamen nicht freiwillig, und es ist bezeichnend für unsere Quellen, daß von den verschiedenen Gruppen von Zuwanderern in umgekehrter Proportion zu ihrer Anzahl und Bedeutung gesprochen wird, denn die größte Gruppe waren selbstverständlich die Sklaven. Unser Wissen über sie ist weitgehend Flickwerk aus gelegentlichen Hinweisen und Anspielungen, und das Problem, zu irgendeinem Zeitpunkt ihre genaue Anzahl festzustellen, ist in der Tat zugleich unlösbar und fundamental. Die Zeugnisse sind zufällig und anekdotisch. Thukydides sagt, daß nach der Besetzung von Dekeleia durch die Spartaner im Frühjahr 413 die Athener im Sommer »großen Schaden erlitten. Das ganze Land war ihnen verloren, mehr als 20 000 Sklaven waren schon übergelaufen, zum größten Teil Handwerker, alle Schafe und Zugtiere waren zugrundegegangen.« (7, 27, 4–5) Xenophon schreibt um 354:

Ich nehme an, daß diejenigen von uns, die daran interessiert sind, gehört haben, daß vor langer Zeit Nikias, Sohn des Nikeratos, 1000 Sklaven in den Silberminen beschäftigt hatte: er lieh sie Sosias, dem Thraker, unter der Bedingung, daß er ihm jeden Tag eine Obole pro Mann Miete zahlen sollte, und daß sich ihre Anzahl nicht reduzieren dürfe. Hipponikos hatte 600 Sklaven zu denselben Bedingungen ausgeliehen, was ihm ein Nettoeinkommen von 100 Drachmen am Tag brachte. Philemonidas bekam 50 Drachmen am Tag für 300 Sklaven, und andere hatten, wie ich mir vorstellen kann, ähnliche Einkünfte, wenn ihre Möglichkeiten es erlaubten. (Xenophon, Poroi 4, 14–15)

Später, nach Chaironeia, im Jahre 337 wurde Hypereides von der Regierung ausgeschlossen, weil er vorgeschlagen hatte, »erstens mehr als 150 000 Sklaven die Freiheit zu geben, sowohl denen aus den Silberminen, als auch denen auf dem Lande, und zweitens ebenso den Staatsschuldnern, den Verbannten, denen, die das Bürgerrecht verloren hatten, und den ansässigen Fremden« (Hypereides F 29). Darin, daß diese Forderung aus einer Zeit erneuter intensiver Nutzung der Silberminen stammt, könnte ein Anhaltspunkt für die Genauigkeit der überlieferten Zahl liegen. Die weit höhere Zahl von 400 000, die sich in anderen Quellen findet, wird im allgemeinen nicht für glaubhaft gehalten.

Auf festerem Boden stehen wir bei der Beantwortung der Frage, woher die Sklaven kamen. Im Jahre 415 kam es zu einem großen Skandal. Es sind etwa 53 Leute bekannt, die für schuldig befunden wurden, die Eleusinischen Mysterien entweiht und/oder die phallischen Statuen, die Hermen, verstümmelt zu haben, die vor jedem Haus standen, um das Böse abzuwehren. Ihr Besitz wurde konfisziert und im Jahre 414 verkauft, und die Versteigerungslisten wurden veröffentlicht. Auf einem Fragment heißt es:

Ansässige Fremde auf dem Besitz des Kephisodoros, die in Piräus leben:

165 Dr.*	Thrakerin	144 Dr.	Skythe
135 Dr.	Thrakerin	121 Dr.	Illyrer
170 Dr.	Thraker	153 Dr.	Kolcher
240 Dr.	Syrer	174 Dr.	karischer Knabe
105 Dr.	Karier	72 Dr.	karisches Kleinkind
161 Dr.	Illyrer	301 Dr.	Syrier
220 Dr.	Thrakerin	151 Dr.	Melitt – (Maltese?)
115 Dr.	Thraker	85 Dr.	Lyderin

(Meiggs-Lewis 79 A, Z. 33–49)

Andere Zeugnisse dieser Art aus dem fünften und vierten Jahrhundert legen die Vermutung nahe, daß diese Gruppe, was Abstammung, Geschlecht und Preis betrifft, einen sehr typischen Querschnitt bietet. Die einzige signifikante, wenn auch kleine Gruppe, die nicht vertreten ist, sind die »im Haus Geborenen«, zur Hälfte vermutlich uneheliche Kinder des Hausherrn, die den rechtlichen Status ihrer Mutter übernahmen.

Es läßt sich auch, jedenfalls in groben Zügen, erkennen, wo sie verwendet wurden. Die Silberminen, die das Edelmetall für die Münzen förderten, mit denen die für die Athener lebensnotwendigen Getreideimporte bezahlt wurden, scheinen im Verbrauch von Arbeitssklaven unersättlich gewesen zu sein. Das Gebet der eben besänftigten Furien »Ertrag aus des Bodens Reichtum möge stets lohnen das unerwartete Geschenk der Götter« (Aischylos, Eumeniden 946–948) muß im Licht des Vertrages zwischen Nikias und Sosias gesehen werden. Das Ausmaß des Einsatzes von Sklaven in der Landwirtschaft läßt sich nicht feststellen, aber er war wohl auf jedem bäuerlichen Besitz, wie groß er auch war, die Regel. Dies geht aus dem *Oikonomikos* des Xenophon hervor, der einzigen erhaltenen Abhandlung, die sich (zu einem Teil) mit Fragen der Landwirtschaft beschäftigt. Solche Art von Sklaverei gab den Landbewohnern die Möglichkeit, ihre politischen Rechte auszuüben, und den Aristokraten die Mittel, groß aufzutreten, ein luxuriöses Leben zu führen und auf die Kontrolle der öffentlichen Angelegenheiten zu hoffen. Handwerkssklaven, oft »außerhalb Lebende«, zahlten für das zweifelhafte Privileg, de facto frei zu sein, eine regelmäßige Abgabe an ihren Besitzer. Sie waren nicht nur eine Einkommensquelle für die Rentiers, sondern müssen

---

* Dr. = Drachmen

auch viel von den grundlegenden Artikeln des täglichen Lebens hergestellt haben, also Hausgeräte und Waffen. Sicherlich waren sie am Tempelbau beteiligt und gehörten mit zur Berufsgruppe der kleinen Gewerbetreibenden und Einzelhändler. Die ausführlichste und häufig zitierte Quelle des fünften Jahrhunderts, die Listen der Baukommission des Erechtheions, enthält für den Mai 407 folgende Zahlungen:

Für Steinarbeiten. Für die Kannelierung der Säulen am Ostende beim Altar: die Säule nächst dem Altar der Diona, Laossos von Alopeke, Philon von Erchia, Parmeaon, Sklave des Laossos, Karion, Sklave des Laossos, Ikaros – 110 Drachmen. Die nächste Säule, die zweite, Phalakros von Paiania, Philostratos von Paiania, Thargelios, Sklave des Phalakros, Gerys, Sklave des Phalakros – 110 Drachmen. Die nächste Säule, Ameiniades, der in Koile lebt, Lysanias, Somenes, Sklave des Ameiniades, Aischines, Timokrates – 110 Drachmen. Die nächste Säule, Simias, der in Alopeke lebt, Kerdon, Sindron, Sokles, Sannion, Epieites, Sosandros – 60 Drachmen. Die sechste Säule vom Altar der Diona, Theugenes von Piräus, Kephisogenes von Piräus, Tenkros, der in Kydathenaion lebt, Kephisodores, Nikostratos, Theugeiton von Piräus – 110 Drachmen. Für Steinarbeiten insgesamt 500 Drachmen.

(Erechtheion XVII 2, 46–69, S. 396f.)

Daraus läßt sich sowohl der Anteil an Sklaven ersehen (mindestens 20 der 107 Beschäftigten, deren Namen erhalten sind) als auch im Hinblick auf die Bezahlung deren offensichtliche Gleichstellung mit Bürgern und Metöken. Allerdings standen Freie im Jahr 407 so wenige zur Verfügung, daß Sklaven vielleicht eine wichtige Rolle spielten und besser behandelt wurden, als dies normalerweise der Fall war. Schließlich gab es die Haussklaven, die überall in der Alten und Neuen Komödie und in unzähligen Anspielungen bei Rednern, Prosaautoren und Philosophen dargestellt werden. Obwohl die Quellenlage insofern sehr einseitig ist, als die dargestellten Haushalte kaum von Armut geschlagen waren, spiegelt das Material wahrscheinlich ziemlich genau zwei Tatsachen wider, einmal das vorherrschende Muster des Sklaven als Hausdiener und zum anderen die schizophrene Verbindung von leicht sich entwickelnder Vertrautheit und gelegentlicher Gewalttätigkeit, der die Sklaven ausgesetzt waren.

Aus den Quellen läßt sich nicht direkt entnehmen, wie sehr Sklaven gebraucht wurden, und viele Historiker neigen dazu, die Abhängigkeit der athenischen Gesellschaft von der Arbeit und den Dienstleistungen der Sklavenbevölkerung zu bagatellisieren. Es gibt aber auf jeden Fall drei Überlegungen, die gegen diese Ansicht sprechen. Bei Preisen, die im Durchschnitt sieben Monatslöhne für einen ausgebildeten Mann betrugen, konnte sogar ein vergleichsweise armer Bürger zu wirtschaftlichem Wohlstand und Ansehen gelangen, indem er sich so viele Sklaven wie möglich kaufte. »Diejenigen, die es sich leisten können, kaufen Sklaven, damit sie Hilfsarbeiter haben können«, sagt Xenophons Sokrates (Memorabilia 2, 2, 2), womit er offenbar eine ins Auge stechende Tatsache anführen will. Nach herrschender Wertvorstellung war die Sklaverei schon längst geächtet. Man betrachtete den privaten Handel freier Menschen mit freien Menschen als eine unerträgliche Herabwürdigung und sah die Versklavung von Mitgriechen mit Mißbilligung. Nur einer der Sklaven, die 414 verkauft wurden, war Grieche (ein Messenier), und Xenophon erinnert sich an anderer Stelle an ein Gespräch zwischen Sokrates und einem gewissen Eutheros, der im Jahre 404 in Armut gestürzt worden war, sich seinen Lebensunterhalt als Arbeiter verdiente und im Falle des körperlichen Zusammenbruchs mit der Aussicht auf ein elendes Alter konfrontiert war. »Wäre es nicht besser, wenn du dir eine Arbeit suchen würdest, von der du auch leben kannst, wenn du älter bist, indem du nämlich zu einem reichen Mann gehst, der einen Helfer braucht, und ihm und dir selber hilfst, indem du dich um seine Angelegenheiten kümmerst, ihm hilfst, die Ernte einzubringen und seinen Besitz zu hüten? – Ich könnte die Sklaverei kaum ertragen, Sokrates. – Aber sicher werden doch diejenigen, die die Staaten unter ihrer Aufsicht haben, aus diesem Grunde eher für angesehener, nicht für sklavisch gehalten. – Ich kann es einfach nicht ertragen, jemand anderem dienstbar zu sein, Sokrates.« (Memorabilia 2, 8) Andererseits ist es wahr, daß es gelegentlich Verbesserungen dessen gab, was wir Produktivität nennen könnten. So wurde um 515 eine Art Baukran verwendet, und im späten sechsten Jahrhundert wurden die Kapazitäten der Handelsschiffe ausgebaut. Trotzdem blieben die vorhandenen Techniken immer sehr arbeitsintensiv, in der Landwirtschaft wie im Handwerk, im Transportwesen und im Bergbau. Was nur mit der Arbeitskraft der Bürger getan werden konnte, war deshalb ohnehin begrenzt, so daß die einzige Möglichkeit, diese oder jene Ressource auszuschöpfen, diese oder jene Gelegenheit zu nutzen oder auch nur den eigenen Haushalt komfortabler zu gestalten, darin lag, stärker auf importierte Arbeitskräfte zurückzugreifen. Diese waren leicht zugänglich.

»Die Thraker verkaufen ihre Kinder für die Ausfuhr ins Ausland«, sagt Herodot (5, 6) nüchtern. Die Quantität hing nur von der athenischen Zahlungsfähigkeit ab, und die wiederum war dank der Silberminen in der Tat unbegrenzt.

Metöken

Sklaven wurden also nach Athen gebracht, sie hatten keine andere Wahl. Viele Freie hingegen hatten die Wahl, und auch sie scheinen zumeist nach Athen gezogen zu sein, obwohl sich auch hier – wie meistens – kaum Zahlen nennen lassen. Die freien ansässigen Fremden, die es 508/07 in Attika gab, wurden damals vermutlich in die Bürgerschaft aufgenommen, aber der Zufluß anderer in späterer Zeit muß beträchtlich gewesen sein. Sie wurden gewöhnlich als *metoikoi*, Metöken, bezeichnet, ein Fachausdruck, den Aischylos in seinen *Hiketiden* von 465/64 ganz vorurteilsfrei verwendete. Das Ergebnis und vielleicht auch die Absicht des perikleischen Bürgerrechtsgesetzes von 451/50, »daß diejenigen, deren Eltern nicht beide Bürger waren, selbst keine Bürger sein sollten« (Athenaiōn politeia 26, 4), bestand darin, eine scharfe Trennung zu vollziehen zwischen dem Status des Bürgers und dem des Metöken. Im Herbst 431 waren in der athenischen Armee, die in Megara eindrang, mindestens 3000 Metöken als Hopliten. Die einzige Zahl, die wir überhaupt über die gesamte Metökenbevölkerung haben – allerdings geht sie auf den Zensus des Jahres 317 zurück, also eine Zeit nach einer Periode inneren und internationalen Zerfalls –, geht von mindestens 10 000 Metöken aus. Diese Zahl umfaßt vielleicht nur erwachsene Männer. Nach diesem Zeugnis müssen die Metöken einen sehr wichtigen Bestandteil der Bevölkerung gebildet haben. Die Erechtheion-Listen (s. S. 112) und viele andere Zeugnisse zeigen, daß sie sich vor allem auf Handwerk und Kleinhandel verlegt haben. Es blieb ihnen auch nichts anderes übrig, denn sie durften in Attika keinen Grundbesitz haben. Dennoch gibt es Zeugnisse dafür, daß zumindest einige Metöken in der Landwirtschaft tätig waren, aus dem obengenannten Grund als Pächter. Es ist wahrscheinlich und wird allgemein angenommen, daß die meisten Metöken ursprünglich nach Athen gekommen waren, weil sie angezogen wurden durch die Möglichkeit, sich ihren Lebensunterhalt dort auf weitaus bessere Art zu verdienen als irgendwo im ägäischen Raum, und daß sie die Lücken füllten, die durch eine allgemeine Anhebung des Lebensstandards und des Wohlstandes der Bürger entstanden waren. Die meisten sind wahrscheinlich vergleichsweise arm geblieben. Die 3000 Hopliten aus dem Metökenstand müssen aber doch eine solide wirtschaftliche Basis gehabt haben. Eine noch weitaus wohlhabendere Gruppe unter den Metöken wird repräsentiert nicht nur durch Kephisodoros (s. S. 111), sondern auch durch den Redner Lysias, dessen Besitz während der Herrschaft der Oligarchen 404/03 für nicht weniger als 70 Talente verkauft wurde, und der bis dahin »der reichste der Metöken gewesen war« (Lysias, P. Oxy. XIII 1606, Z. 30 u. 153–155). Der Unterschied zwischen Metöken und Bürgern betrifft den rechtlichen, nicht den wirtschaftlichen Status.

Andere Motive sind ebenfalls belegt. Wir sind in der glücklichen Lage zu wissen, daß Lysias' Vater Kephalos »von Geburt Syrakusaner war, aber nach Athen ging, weil er in dieser Stadt leben wollte und auch, weil Perikles, der Sohn des Xanthippos, ihn dazu überredet hatte, da er ein persönlicher Freund des Perikles war und sie beide durch gegenseitige Gastfreundschaft verbunden waren, und er war ein sehr wohlhabender Mann. Aber einige sagen, daß er nach Athen ging, weil er aus Syrakus verbannt worden war unter der Tyrannis des Gelon.« (Plutarch, Moralia 835 c) Ob Kephalos nun ein Flüchtling war oder nicht, bei anderen ist das unzweifelhaft. Entweder wurden sie angezogen durch ein stabileres und mit ihren eigenen Ansichten mehr übereinstimmendes System oder sie wurden schlicht und einfach in die Verbannung getrieben. Es sind die Einwanderer aus der Oberschicht, von denen wir als einzelne am meisten hören, deren historische Bedeutung aber in keinem Verhältnis zu ihrer Anzahl steht. Es ist bemerkenswert genug, daß Platon unsere beste Einzelquelle über sie ist. Seine Einleitungen und beiläufigen Anspielungen werfen um so mehr Licht auf die Sache, weil sie zufällig sind und nebenbei erfolgen. Zwei auffallende Aspekte ergeben sich aus den Anfangsworten der *Politeia*. Sokrates erzählt: »Ich ging gestern mit Glaukon, dem Sohn des Ariston, nach Piräus, teils um die Göttin anzubeten, dann aber wollte ich zugleich das Fest sehen, wie sie es feiern wollten, da sie es jetzt zum erstenmal begehen. Schön nun schien mir auch der Festzug unserer Einheimischen zu sein, nicht weniger prachtvoll aber war der, den die Thraker organisierten. Nachdem wir gebetet und die Feier mitangesehen hatten, gingen wir sofort zurück nach Athen. Wie nun Polemarchos, der Sohn des Kephalos, uns von ferne nach Hause zu gehen sah, sagte er seinem Sklaven, er solle laufen und uns sagen, daß wir auf ihn warten sollten.« (327 a–b) Die Göttin ist die thrakische Gottheit Bendis, über deren Heimischwerden in Athen im späten fünften Jahrhundert wir durch andere Zeugnisse ein wenig informiert sind. Sie war nur eine von mehreren fremden Gottheiten (eine andere ist die ägyptische Isis), deren Kult im fünften Jahrhundert nach Attika kam, mitgebracht von fremden Volksgruppen, die einflußreich genug waren, ihre Anerkennung in Athen zu sichern. Polemarchos bewegt sich wie sein Bruder Lysias, ihr Vater und viele andere Metöken früherer oder späterer Zeit ganz selbstverständlich innerhalb der Gesellschaft Athens. Einige unter ihnen brachten es sogar noch weiter, wie eine zufällige Bemerkung bei Platon im Lauf der Unterhaltung zwischen Sokrates und Ion deutlich macht. »Mein lieber Ion«, sagt Sokrates, »hast du nicht von Apollodoros von Kyzikos gehört?« – »Nein, wer ist das?« – »Ein Mann, den die Athener oft zu ihrem Feldherrn gemacht haben, obwohl er ein Fremder ist; und da gibt es Phanosthenes von Andros und Herakleides von Klazomenai, die sich beide als hervorragende Männer erwiesen, obwohl sie Fremde waren. Athen hat aus ihnen Feldherrn und Träger anderer Ämter gemacht.« (541 c–d) Der Dialog *Ion* zeigt noch etwas anderes. Dahinter, daß ein Künstler beschrieben wird, in diesem Fall der Homer-Rezitator Ion aus Ephesos, der zu Besuch ist und sich als ein bewundernder oder in diesem Fall skeptischer Zuhörer erweist, steht ein Grundprinzip, das auch vielen anderen Platonischen Dialogen zugrundeliegt und das eine langfristige und fundamentale Rückbesinnung auf die griechische Kultur ahnen läßt. Angezogen durch die staatliche Schirmherrschaft, die während der athenischen Musikfeste angeboten wurde, durch Kommissionen, die zum Schmuck von Tempeln oder zur Errichtung von Kunstwerken gegründet wurden oder durch das private Mäzenatentum und die gesellschaftliche Anerkennung, die ihr von den reichen athenischen Aristokraten geboten wurde, begann die früher überall zerstreute »geistige Aristokratie« der Maler, Bildhauer, Schauspieler, Schriftsteller, Lehrer und Philosophen Griechenlands mehr und mehr Athen als Zentrum zu betrachten und so ihren Beitrag zu der Konzentration von Begabungen zu leisten, die ihren formalen Niederschlag im vierten Jahrhundert in den Schulen der Künstler, Redner und Philosophen fand.

Staatliche Einnahmen

Mäzenatentum kostet Geld, und das Geld war vorhanden. Wenn die Zeugnisse über das fünfte Jahrhundert in Athen irgendeinen Eindruck hinterlassen, so ist es der einer Anhäufung von finanziellen Mitteln sowohl in öffentlichen als auch in privaten Händen, wie es sie bis zu diesem Zeitpunkt in Griechenland niemals gegeben hatte. Als im Jahre 431 der Krieg ausbrach, sagte Perikles vor der Volksversammlung,

sie hätten keinen Grund zu verzweifeln, da die Stadt von anderen Einkünften jährlich 600 Talente an Beiträgen der Verbündeten einnähme; und auf der Akropolis lagen damals noch 6000 Talente gemünzten Silbers (zur Zeit des höchsten Kassenstandes hatten nur 300 Talente auf 10000 gefehlt, aber davon waren die Propyläen und andere Bauten erstellt worden, und es war Geld für Poteidaia weggenommen worden). In diese Summen waren nicht eingeschlossen das Gold und Silber in Form von Weihgeschenken einzelner und des Staates und all der heiligen Geräte für die Prozessionen und Festspiele, ebensowenig die Perserbeute und was sonst noch ähnliches vorhanden war. Das waren mindestens 500 Talente. Ferner rechnete er die Schätze der anderen Heiligtümer hinzu. Diese waren keineswegs unbedeutend und konnten alle verwendet werden. Schließlich könnten sie, wenn sie in äußerster Not wären, auch das Gold nehmen, mit dem die Statue der Athene verkleidet war; das waren 40 Talente puren Goldes, und alles abnehmbar. (Thukydides 2, 13, 3–5)

Es besteht auch Grund zu der Annahme, daß die Einkünfte, die sich insgesamt aus den inländischen Quellen ergaben, mindestens 400 Talente im Jahr betrugen. Tatsächlich läßt Aristophanes zu Anfang des Jahres 422 Antikleon zu seinem Vater sagen: »Sieh, rechne nur einmal so obenhin an den Fingern nur, ohne Rechensteine, wieviel an Tribut von den verbündeten Städten im Jahr wohl summa summarum bei uns eingeht. Dann noch die Zölle und Hafengebühren und die vielen Prozente und Zinsen, Bergwerkserträge, dem Staat zugefallenes Besitztum, Pachtzinsen und Marktgebühren. Das alles zusammengerechnet trägt uns zirka zweitausend Talente ein.« (Wespen, 657–660) Diese Zahl mag ein bißchen übertrieben sein, liegt aber vermutlich gar nicht so weit über der wirklichen Summe, denn wir können im Jahr 428/27 und auffälligerweise 425/24 jeweils einen deutlichen Sprung in der Höhe der eingehenden Tribute erkennen.

In Antikleons Aufzählung der Einkünfte fehlen zwei wichtige Dinge: Einkommenssteuer und Vermögenssteuer. Erstere ließ sich nicht realisieren. Ein Besitzer von Bergwerkssklaven, wie etwa Nikias, mochte ein Einkommen in Geld haben und wußte wohl auch, wie hoch es war, aber die meisten Leute in Attika und gewiß die meisten Bürger lebten von der Landwirtschaft, deren Transaktionen nur gelegentlich mit Geld abgewickelt wurden. Ihr »Einkommen« waren landwirtschaftliche Produkte, die sie zum größten Teil selbst verbrauchten. Es ist eine Naturalienabgabe bekannt, die für Demeter und Kore, die Ackerbaugottheiten von Eleusis, eingefordert wurde, aber bei Prozentsätzen von 1/1200 für Weizen und 1/600 für Gerste haben solche Abgaben eher kultische als fiskalische Bedeutung. Im Gegensatz dazu war die Besteuerung von Besitz durchführbar. Die Schätzung des Vermögens (s. u.) war schon lange vorher dazu verwendet worden, die Bürgerschaft in vier Zensusklassen aufzuteilen. Dennoch wurden solche Steuern im fünften und vierten Jahrhundert in Athen (und anderswo) nur in militärischen Notfällen erhoben, und zwar nur von den wohlhabenderen Klassen. Das war selten genug der Fall in Anbetracht der Tatsache, daß sie zu bezahlen als Kennzeichen bürgerlicher Tugend galt (s. S. 121). Noch im vierten Jahrhundert, als solche Steuern in größerem Umfang notwendig wurden, überschritten sie offensichtlich nicht die Höhe einer einprozentigen jährlichen Vermögenssteuer.

Staatliche Ausgaben

Die Ausgabenseite dagegen kann nur recht fragmentarisch dargestellt werden. Antikleon berechnet als Kosten für die 6000 Richter der Heliaia 150 Talente im Jahr (wahrscheinlich ein Maximum), und Tagegelder und Unterhalt des Rats, der Magistrate, Behörden und Staatssklaven mögen weitere 50 Talente (wiederum ein Maximum) beansprucht haben, aber die wichtigsten regelmäßigen, wenn auch in unterschiedlichem Umfang wiederkehrenden Aufwendungen galten den Streitkräften. Bei diesem Phänomen sollte man einen Augenblick verweilen. Wenn ein designierter Archon gefragt wird, ob er »Steuern zahlt und Kriegsdienst leistet, wenn es notwendig ist« (Athenaiōn politeia 4, 3), enthält das Wort *telos,* das mit »Steuer« übersetzt wird, in Wirklichkeit viel mehr. Es bezeichnet den ganzen Komplex von Verpflichtungen und Privilegien, die sich davon ableiten, daß er zu den eingeborenen Bürgern gehört, daß er Grundbesitz hat und daß er einer der vier Besitzklassen angehört. Da der Militärdienst ein Hauptbestandteil dieses Komplexes war, während die sonstigen Verpflichtungen verschiedene Formen annahmen entsprechend der Größe des Grundbesitzes, mußte die Zahlung von Unterhaltskosten oder Sold als unangemessen erscheinen. Doch die erhaltenen Aufzählungen der Kosten des Krieges gegen Samos und Byzantion 440/39 zeigen, daß sich damals das Prinzip durchgesetzt hatte, während des aktiven Dienstes selbst für seinen Unterhalt aufzukommen. Die Einführung dieses Prinzips war einerseits da, wo dies ohnehin seit langem geläufig war, vermutlich verbunden mit der Einführung eines Söldnerwesens im echten Sinne, und andererseits in der Zeit nach 460 mit der ebenso revolutionären Einführung von Unterhaltszahlungen während der Erfüllung staatsbürgerlicher Aufgaben. Wann auch immer dies nun stattfand, die Folge war eine bis dahin unerhörte Anhebung der Ausgaben. Eine Triere für einen Monat auf See zu erhalten, kostete mindestens 3000 Drachmen, auch wenn die Seeleute nur drei Obolen für den Tag bekamen: Zumindest während des Jahres 415 konnten sie mit dem Doppelten, einer Drachme pro Tag, rechnen. Hopliten wurden ebenfalls bezahlt und zwar besser als Seeleute. Für die großen Feldzüge der dreißiger Jahre sind Zahlen bekannt (über 1400 Talente für Samos und Byzantion, über 2000 Talente für Poteidaia und 76 Talente sogar für die verhältnismäßig kurze und unbedeutende Expedition nach Korkyra 433), die es leicht verständlich machen, daß in den zwanziger Jahren die Reserven trotz drastischer Tributerhöhungen mit alarmierender Schnelligkeit dahinschwanden. 431 konnte Perikles vielleicht noch nicht in vollem Umfang abschätzen, wie verheerend teuer ein Krieg im neuen Stil sein konnte.

Es bleiben die Sonderausgaben, insbesondere für Tempel und öffentliche Arbeiten, mit denen Athen umgestaltet wurde. Einige wenige Gruppen von Listen haben überlebt, meist allerdings sehr fragmentarisch (die meisten Zahlen sind verloren). Die zuverlässigste ist noch diejenige für die Gold- und Elfenbeinstatue der Athena im Parthenon: sie kostete zwischen 700 und 1000 Talenten. Wenn man von der gut fundierten Vermutung ausgeht, daß der Parthenontempel etwa 500 Talente gekostet hat, kann man sich aus einer sehr späten und indirekten Überlieferung den Schluß zurechtlegen, daß die Athena-Statue, der

Parthenon und die Propyläen insgesamt über 2000 Talente gekostet haben. Diese Überlieferung kommt vermutlich der Wahrheit nahe, ebenso eine andere, die nur Isokrates bekannt war (7, 66), daß nämlich die Schiffshallen in Piräus 1000 Talente gekostet haben. Für andere Monumente sind keine Zahlen erhalten, weder für die Statue der Athena Promachos noch für die Langen Mauern, das Odeion, die Tempel des Hephaistos und Ares auf der Agora, die Tempel des Poseidon in Sunion, der Nemesis in Rhamnus und der Artemis in Brauron, und auch nicht für das Initiationsgebäude *(telestērion)* in Eleusis. Wir wissen weder, was all diese Bauwerke gekostet haben, noch, woher das Geld genommen wurde, selbst wenn sie in die von Perikles erwähnten »anderen öffentlichen Gebäude« miteingerechnet sind. Es ist bereits der Punkt erreicht, wo die Dokumente uns enttäuschen, und die greifbaren Fakten in Gestalt der erhaltenen Überreste sind alles, wovon wir ausgehen können.

Solche Bauwerke wurden aus der Staatskasse bezahlt, entweder aus Einkünften durch Tribute, durch Kriegsbeute oder allgemeiner Art, denn für Mäzene von der Art Kimons in den sechziger Jahren (s. S. 68f.) waren die Aufwendungen nicht mehr erschwinglich. Glücklicherweise ist ein Dokument erhalten, das ein Licht auf diesen Übergang wirft. Einem Dekret der dreißiger Jahre, das sich auf den Bau eines Brunnenhauses bezog, wurde folgender Zusatzartikel hinzugefügt: »In anderen Punkten soll entsprechend dem Antrag des Nikoma[chos verfahren werden: man soll Perikles und Par]alos und Xanthippos loben und die Kin[der, aber die Kosten aus dem Geld bestreiten], das für die Tribute der Athener gezahlt wurde, [nachdem die Göttin] den ihr nach Vätersitte zustehenden Anteil [davon] bekommen hat.« (IG I^3 49)

Liturgien

Man war offensichtlich von der privaten zur öffentlich-staatlichen Finanzierung übergegangen. Auf niedrigerer Stufe konnte man jedoch öffentliche Aufgaben mit privater Zurschaustellung verbinden und tat das auch. Eine Möglichkeit bestand darin, tatkräftig und großzügig die Ausstattung und das Kommando über eine Triere für ein Jahr zu übernehmen (Trierarchie). Ein anderer Weg war es, als Impresario die Ausrichtung einer Tragödien-Trilogie, eines Chorliedes oder einer Komödie zu übernehmen (Choregie). Diese sogenannten Liturgien, die von den wenigen hundert reichsten Männern Athens übernommen wurden und jedesmal bis zu einem Talent kosten konnten, wurden ein grundlegender Bestandteil des öffentlichen Lebens in Athen. Der finanzielle Aufwand diente zwei Dingen, einmal einem wirksamen künstlerischen Mäzenatentum, zum anderen einer Umverteilung des Reichtums an ärmere Leute, die die Chöre oder die Schiffsbesatzungen bildeten. Durch die dabei entfaltete Schönheit und Pracht wurden gleichzeitig die Götter geehrt, das menschliche Bedürfnis nach Spektakeln befriedigt und angemessen glanzvolle Aufführungen der Kunstformen der Tragödie und Komödie, die sich die Dichter Athens zu eigen gemacht hatten, garantiert. Man konnte sich durch die bereitwillige und effektive Übernahme einer Liturgie die Sympathien der Bürgerschaft erwerben. Die wohlhabenden Leute, die so etwas auf sich nahmen, rechneten damit und nutzten sie für den Erfolg im öffentlichen Leben. »Was mich betrifft, so kannst du aus meinen früheren Handlungen entnehmen, daß ich kein Intrigant bin und daß ich meine Augen nicht auf etwas richte, was mir nicht gehört. Im Gegenteil, anders als meine Gegner habe ich oft hohe Vermögenssteuer gezahlt, bin oft Trierarch gewesen, habe eine prächtige Choregie ausgestattet, habe vielen Leuten zinsfreien Kredit gegeben und für viele Leute Bürgschaften bezahlt. Der Reichtum, den ich besitze, ist das Ergebnis meiner eigenen Arbeit, ich habe ihn nicht in irgendeinem Prozeß gewonnen. Ich opfere gern und fürchte die Gesetze. Jemanden wie mich wirst du keiner gottlosen oder unehrenhaften Handlung überführen.« (Antiphon, Tetralogie 1, B 12) Diese Rede, die vermutlich in den zwanziger Jahren geschrieben wurde, ist nur das erste erhaltene Beispiel von vielen, in denen Argumente dieser Art verwendet werden. Es waren Argumente, die zu hören ein Volksgerichtshof in Athen erwarten konnte und von denen ein Redner erwarten konnte, daß sie überzeugen würden.

Wohlstand

Privater Reichtum wurde natürlich nicht immer für staatliche Zwecke verwendet, noch waren die ganz reichen Leute die einzigen Spender. Mit der Beobachtung, daß »die Athener mit

Leuten aus den verschiedensten Gebieten zusammengekommen sind und dabei die verschiedensten Schlemmereien entdeckt haben; durch die Seeherrschaft der Athener sind die Spezialitäten von Sizilien, Italien, Zypern, Ägypten, Lydien, der Peloponnes und dem Pontos nach Athen gekommen« berührt Pseudoxenophon (2, 7) beiläufig ein Thema, das zu einem Motiv der Komödie wurde. Als Beispiel ein Katalog aus einem Theaterstück fast derselben Zeit, aus dem politische Untertöne herauszuhören sind:

Erzählt mir jetzt, ihr Musen, die ihr in den Olympischen Wohnungen wohnt, von all den Segnungen (seit der Zeit, als Dionysos über das veilchenfarbene Meer fuhr), die er den Menschen gebracht hat in seinem schwarzen Schiff. Von Kyrene Silphium-Stengel und Ochsenhäute, vom Hellespont Makrelen und alle Arten von gepökeltem Fisch, von Thessalien Salz und Rinderhälften, von Sitalkes die Krätze, um die Spartaner zu plagen, von Perdikkas Lügen in Schiffsladungen. Syrakus liefert Schweine und Käse – noch für die Korkyräer, mag Poseidon sie in ihren hohlen Schiffen zerstören, denn sie sind doppelzüngig. Diese Dinge kommen also aus diesen Gegenden, aber von Ägypten bekommen wir gedrehte Seile und Papyrus, von Syrien Weihrauch, während das gerechte Kreta uns Zypressen für die Götter schickt und Libyen uns viel Elfenbein zu kaufen gibt. Rhodos liefert Rosinen und getrocknete Feigen, während Birnen und runde Äpfel aus Euboia kommen, Sklaven aus Phrygien, Söldner aus Arkadien. Pagasai (in Thessalien) stellt Sklaven her und brennt ihnen das Gütezeichen »Schurke« ein. Die Eicheln des Zeus und die glänzenden Mandeln kommen von den Paphlagoniern und sind die Schmuckstücke beim Festessen. Phoinikien liefert die Früchte der Palme und die schönste Weizenblüte, Karthago schickt uns Teppiche und Kissen in vielen Farben.

(Hermippos, Phormophoroi F 63)

Hier kann man, größtenteils auf der Ebene privaten Konsums, die Anhäufung von Gütern und Dienstleistungen sehen, die mit Hilfe des unter der ganzen Bevölkerung verteilten Reichtums zugänglich geworden waren, eines Reichtums, durch den sich Handelsbeziehungen mit entferntesten Gebieten entwickelt hatten und durch den die Athener zu den reichsten Menschen Griechenlands geworden waren.

Veränderung traditioneller Normen

Diese Anhäufung hatte noch andere Folgen. Sogar die nur in so begrenztem Umfang möglichen Ausgrabungen in den bewohnten Gebieten von Athen und Piräus haben doch, soweit sie durchgeführt wurden, zahlreiche Neubauten aus dem fünften Jahrhundert zum Vorschein gebracht in einem Areal innerhalb der Themistokles-Mauern Athens, das vorher Ackerland gewesen war. Sie haben auch das explosive Wachstum von Piräus von einem Dorf mittlerer Größe zu einer großzügig geplanten Stadt, dem größten Hafen Griechenlands, deutlich gemacht. Vermutlich war es der Einfluß von Immigranten, der dieses städtische Wachstum so dramatisch vorantrieb, ebenso wie er Athens Abhängigkeit von importierter Nahrung vergrößerte und damit seine Abhängigkeit von den Erträgen der Bergwerke, um diese Importe bezahlen zu können.

Noch weitreichender waren die Folgen des Geldzuflusses. Daß eine finanzielle Reserve existierte, wie Perikles es beschrieb (s. S. 117), hatte den überwältigenden Vorteil, eine spontane militärische Aktion zu Land oder zur See möglich zu machen. Das Geld mußte nicht über Nacht aus anderen Quellen beschafft werden, so daß die athenische Politik unabhängig war vom Einspruch eines unterworfenen Verbündeten oder der einzigen anderen möglichen Geldquelle, der athenischen Oberschicht. In späteren Zeiten war dies nicht mehr der Fall. Die Höhe der Summen, mit denen man umging, schuf neue Verantwortlichkeiten und bedeutete neue Versuchungen. Eine traditionelle Gesellschaft konnte von Leuten regiert werden, deren Anspruch auf öffentliche Anerkennung auf ihrem Reichtum, auf ihrer Tapferkeit und Stärke oder auf ihrer Abstammung von einem Gott oder einem Halbgott beruhte. Das komplizierte, auf einer Volksversammlung beruhende politische System Athens aber hatte hatte nun plötzlich einen akuten Bedarf an regierungsfähigen Männern, die mit ihrer Person eine ganze Reihe von Ansprüchen und Forderungen zufriedenstellen mußten, die genügend Verstand haben mußten, um eine Sache überzeugend darzulegen und die mit feindseligen Gegnern und einer blutrünstigen Volksversammlung fertig werden mußten, die sich an ihre Fersen hefteten. Es ist kein Zufall, daß der *Laches* und der *Menon*, die zwei Platonischen Dialoge, die sich vor allem mit Erziehung beschäftigten, den Mangel an politischen Erfolgen der Söhne des Themistokles, Aristides, Perikles und

Thukydides (nicht des Historikers, sondern eines Politikers und älteren Verwandten) herausgreifen. Auf die traditionelle Weise dazu erzogen, gute Reiter, Ringer, Musiker und Athleten zu sein, hatten zwei von ihnen, Melesias, der Sohn des Thukydides, und Lysimachos, der Sohn des Aristides, eine ungeeignete Ausbildung bekommen. Sie erzählten Laches:

Oft erzählen wir unseren Söhnen von den vielen edlen Taten, die unsere Väter im Krieg und im Frieden getan haben, beim Umgang mit den Verbündeten ebenso wie bei der Verwaltung des Staates. Keiner von uns hat solche Taten vorzuweisen. In Wahrheit schämen wir uns, wenn sie diesen Gegensatz sehen, und wir werfen unseren Vätern vor, daß sie uns erlaubt haben, die Tage unserer Jugend zu vergeuden, während sie selbst mit den Interessen anderer beschäftigt waren, und daraufhin treiben wir die jungen Leute an ... Diese wiederum versprechen uns, unsere Wünsche zu erfüllen. Und wir bemühen uns darum, ja zu entdecken, welche Art von Studium und Beschäftigung am besten geeignet ist, sie zu tüchtigeren Männern zu machen.   (Platon, Laches 179 c–d)

Sophisten

Die später von den Sophisten angebotene Ausbildung war ein Weg, diesem Mangel abzuhelfen. Es gibt in der Philosophie des vierten Jahrhunderts keinen Aspekt, der mehr ins Auge sticht, als ihre logische und mathematische Art des Denkens. Aber die traditionelle geistige Prägung der Oberschicht war so stark, daß sich die größere Betonung der Rationalität nicht zugunsten von Buchhaltung und Rechnungswesen auswirkte, sondern in der Abstraktion und der Geometrie, was in Platons *Politeia* mit Händen zu greifen ist. So blieb auf der Ebene der praktischen politischen Erfahrung eine Lücke bestehen. Sie wurde notgedrungen gefüllt von Leuten, die die gewünschten politischen und administrativen Fähigkeiten in größerem Maße besaßen.

Demagogen

Das waren die sogenannten Demagogen. Kleon ist der berühmteste von ihnen; andere waren Hyperbolos, Androkles und Kleophon. Unsere Hauptquellen, Thukydides und Aristophanes, zeichnen ein düsteres Bild von ihnen. Thukydides schreibt über Kleon mit mehr persönlicher Beteiligung, als er sich irgendwo sonst erlaubt, und bemerkt bitter, daß die Nachfolger des Perikles, worin alle drei obengenannten eingeschlossen waren, den Krieg für Athen verloren haben, weil sie seine Strategie auf den Kopf stellten (s. S. 146). Aristophanes porträtiert Kleon zweimal, einmal in den *Rittern* von 424 als den paphlagonischen Sklaven und zum anderen in den *Wespen* von 422 als den Hund (Kyon) von Kydathenaion. In diesen beiden Stücken und auch in gelegentlichen Anspielungen anderswo ist sein Ton so scharf und verächtlich, daß die Vermutung naheliegt, Aristophanes habe die Ansicht des Thukydides geteilt. Die Versuchung ist groß, diese Ansicht zu übernehmen, aber es gibt verschiedene Gründe, dies nicht zu tun. Beide Autoren hatten wahrscheinlich vor Gericht einen Zusammenstoß mit Kleon gehabt, und beide gehörten von Abstammung und Neigung her im Gegensatz zu den Demagogen zum »vornehmen und edlen« Flügel der athenischen Gesellschaft. Die sozialen Vorurteile waren stark und kamen zum Ausdruck in der wiederholten, soweit wir wissen aber völlig unrichtigen Behauptung, die Demagogen seien fremder oder unehelicher Abstammung. Doch wichtiger ist es, den Gegensatz zwischen ihnen und Perikles genauer zu definieren. Gewiß hat Perikles eine so unangefochtene Führungsposition wie kein anderer Athener erreicht. Thukydides befaßt sich besonders mit diesem Gesichtspunkt und bewundert ihn:

Der Grund hierfür war, daß jener mächtig war durch sein Ansehen und seine Einsicht, in Geldangelegenheiten rein und unbestechlich, die Masse in Freiheit niederhalten konnte und sich nicht von ihr führen ließ, sondern selbst führte, weil er nicht, um die Macht mit unlauteren Mitteln zu erlangen, ihr zu Gefallen redete, vielmehr gestützt auf sein Ansehen, ihr auch im Zorn widersprach ... So war es dem Namen nach eine Demokratie, in Wirklichkeit aber die Herrschaft des ersten Mannes. Seine Nachfolger, einer ziemlich wie der andere und jeder nur bemüht, der erste zu werden, sanken so tief, den Launen des Volkes sogar in der Staatsführung nachzugeben. (Thukydides 2, 65, 8–10)

Dennoch ist Thukydides wenig hilfreich bei der Beantwortung der Frage, wie Perikles diese Stellung erlangte. Integrität war offensichtlich wichtig. Das war bereits bei Ephialtes zu sehen (s. S. 70 f.). Um aber mehr über Perikles' eigene »demagogische« Techniken zu erfahren, müssen wir uns mit Plutarchs Biographie des Perikles befassen. Hier läßt sich in einer von Plutarchs glänzendsten Nachschöpfungen die einzigartige Hingabe des Perikles an das politische Leben als Lebenserfüllung nachvollziehen, sein »olympischer« Redestil, die Aufteilung des Überschusses an Tributen für den Bau des Parthenon und das übrige Bauprogramm, seine vorsichtige Kriegführung und Außenpolitik, sein Kolonisationsprogramm, sein kluger Gebrauch von Bestechungsgeldern, wenn sich die Gelegenheit bot, sein Instinkt für Volkstümlichkeit und melodramatische Gebärden:

Der tüchtigste und fleißigste unter den Künstlern (die beim Bau der Propyläen mitarbeiteten) tat einen Fehltritt und stürzte aus großer Höhe in die Tiefe. Dabei verletzte er sich so schwer, daß er von den Ärzten aufgegeben wurde. Perikles war sehr niedergeschlagen, da erschien ihm Athene im Traum und zeigte ihm, wie er den Verunglückten heilen könne. Er folgte ihrem Rat und machte den Mann leicht und schnell wieder gesund. (Plutarch, Perikles 13, 13)

Wir hören allerdings auch von seinen Kontakten zu Intellektuellen wie Damonides (s. S. 71), Zenon und Anaxagoras. Daraus leitet Plutarch Perikles' Sinn für Würde ab:

Perikles ... gewann dadurch viel: seine Gesinnung voll hohen Ernstes, seine erhabene Sprechweise, die sich rein erhielt von aller niedrigen und gemeinen Schmeichelei, das beherrschte Antlitz, das so selten lachte, den gelassenen Gang, den anständigen Faltenwurf des Mantels, der auch bei leidenschaftlicher Rede nicht in Unordnung geriet, den ruhigen Klang seiner Stimme und noch viele Eigenschaften dieser Art, die überall Staunen und Bewunderung hervorriefen.

(Plutarch, Perikles 5, 1)

Hier wird am Verhalten des Perikles das kulturelle Ideal des Edelmannes, des Gentleman, dargestellt. Plutarch sah zu Recht einen Widerspruch zwischen diesem Verhalten und der volkstümlichen Politik des Perikles. Und dieser Widerspruch war schließlich sogar die Ursache der Schwierigkeiten, die Perikles kurz vor seinem Tode hatte. Seine Nachfolger entgingen solchen Schwierigkeiten nur dadurch, daß sie sich nicht als Gentlemen gerierten und ihr Verhalten gänzlich an dem Ziel orientierten, Bestrebungen, Befürchtungen und Vorurteile der Volksversammlung und des Volksgerichts zu artikulieren. Sie hätten allerdings Gentlemen sein können. Die meisten Demagogen waren reich, denn sie besaßen Handwerkssklaven. Einige, wie Kleon und Kleophon, waren weitaus aristokratischer, als es irgendeine Quelle vermuten läßt, und andere mit demselben Hintergrund, aber unterschiedlicher Veranlagung, wie etwa Nikias, wurden vom konservativen Flügel der Politiker bereitwillig akzeptiert. Es war jedoch einem Demokraten hilfreich, rauh und antiintellektuell zu sein, ja sogar, die Zuhörerschaft zu brüskieren. Thukydides läßt Kleon mit folgenden undemokratischen Überlegungen eine Rede beginnen:

Schon oft und bei anderen Gelegenheiten habe ich erkannt, daß die Demokratie unfähig ist, über andere zu herrschen, vor allem aber jetzt bei eurer Reue wegen Mytilene ... Aber das Allergefährlichste ist doch, wenn bei uns kein Beschluß umunstößlich feststehen soll und wenn wir nicht einsehen wollen, daß eine Stadt mit schlechteren, aber unveränderlichen Gesetzen mächtiger ist als mit guten, an die man sich nicht hält. (Thukydides 3, 37, 1 u. 3)

Dieser Hinweis sollte ernstgenommen werden. Die Demagogen waren radikal in dem Sinne, daß sie aristokratische Anmaßung und aristokratische Unfähigkeit schonungslos attackierten. Sie waren insofern eine neue Art von Politikern, als sie die administrative und rhetorische Ausbildung besaßen, die Melesias und Lysimachos entbehrt hatten. Im Grunde aber vertraten sie die altmodischen Werte und Ansichten des bäuerlichen Kerns der athenischen Gesellschaft. Es ist kein Zufall, daß einer der Protagonisten des Aristophanes, ein ältlicher, einfallsreicher Witzbold, der sich leidenschaftlich der Geschworenentätigkeit widmet, eine große Vorliebe für die älteren Dichter hat und wenig Geschmack an den neuen Lernmethoden der Sophisten findet, den Namen »Freund Kleons« bekommen hat: Philokleon in den *Wespen*.

Befähigung schließt Integrität nicht zwangsläufig mit ein. Korruption ist ein ständig wiederkehrendes Thema in den athenischen Quellen des fünften und vierten Jahrhunderts. Daß der Antrag des Thespieus (s. S. 73) vermutlich einige Formen solch unehrenhaften Handelns widerspiegelt, wurde schon gezeigt. Es gibt aber noch spektakulärere Beispiele für dieses Verhalten oder für den Verdacht, jemand habe sich so verhalten. Um 420 erinnert Antiphon einen Gerichtshof an einen alten Skandal:

Einst wurden die *hellenotamiai* alle bis auf einen einzigen hingerichtet aufgrund einer falschen Anklage, die die Bundeskasse betraf. Bei diesem Urteil war nicht kluge Überlegung, sondern Haß die treibende Kraft. Die Sache kam später ans Licht. Der einzige Überlebende, dessen Name der Überlieferung nach Sosias war, war zum Tode verurteilt, aber nicht sofort hingerichtet worden. Als herauskam, auf welche Weise das Geld verschwunden war, wurde er vom Volk sofort den Elf (Scharfrichtern) übergeben. Er wurde freigelassen, aber die anderen waren alle hingerichtet worden, obwohl sie unschuldig waren.
 (Antiphon 5, 69–70)

Das geschah wahrscheinlich 440/39, denn die Tributsliste dieses Jahres enthält eine sehr eigentümliche Löschung im Kopfstück. Von manchen Politikern wurde – oft zu Recht – behauptet, sie hätten Bestechungsgelder, Begünstigungen und Gegenleistungen akzeptiert. Es war etwas Besonderes, wenn ein Politiker bei seinem Tod ein armer Mann war wie Kleophon. Bei denjenigen Politikern, die wirklich ehrenhaft waren, bei Aristides, Ephialtes, Perikles, war diese Ehrenhaftigkeit ein wichtiger Bestandteil ihres Anspruchs auf öffentliche Anerkennung. »Einige sagen, wenn einer mit Geld in der Hand sich an den Rat oder das Volk wendet, wird er seinen Bescheid erhalten. Ich kann diesen darin beistimmen, daß für Geld viel in Athen erledigt wird und noch mehr erledigt werden würde, wenn noch mehr Leute Geld geben würden.« (Pseudoxenophon 3, 3)

Ausübung und Kontrolle von Macht

Korruption ist ein ständig wiederkehrendes Thema, aber nicht weniger häufig erörtert wird die Frage der Macht, ihrer Konzentration, ihrer Ausübungen, ihrer Rechtfertigung, ihrer Auswirkungen und ihrer Kontrolle. Sie ist im zeitgenössischen Denken auf allen Stufen greifbar. Es wurde schon gezeigt, (s. S. 117), wie Thukydides den Perikles ausgiebig bei der finanziellen Basis verweilen läßt, bevor er sich daran macht, vergleichbar ausführlich die Kriegsreserven an Schiffen und Männern aufzuführen. In ähnlicher Weise hebt Pseudoxenophon die politischen Folgen hervor, wenn er bemerkt, daß »in Athen mit Recht die Armen und das Volk berechtigt sind, den Vorzug vor den Vornehmen und den Reichen zu haben, und zwar deshalb, weil nur das Volk es ist, das die Schiffe fahren läßt und dadurch der Stadt die Machtstellung verschafft; und die Steuerleute, die Rudervögte, Unterabteilungskommandanten, die Deckwarte und die Schiffsbauer, alle diese nur sind es, die die Stadt mächtig machen, jedenfalls mehr als die Hopliten und die Vornehmen und angesehene Bürger überhaupt.« (1, 2) Dieses Bewußtsein bringt eine Vielfalt von Reaktionen hervor. In der letzten Rede, die Thukydides dem Perikles kurz vor seinem Tod im Jahre 429 in den Mund legt, läßt er ihn sagen:

Für die Ehre der Stadt, eine Folge der Herrschaft, und ihr seid alle stolz darauf, müßt ihr jetzt eintreten, ohne Mühen zu scheuen – oder ihr dürft überhaupt nicht nach Ehre streben. Glaubt ja nicht, der Kampf gelte nur der Entscheidung: Knechtschaft oder Freiheit. Nein, es droht euch der Verlust des Reiches, und Gefahr bedeutet der Haß, den ihr euch durch eure Herrschaft zugezogen habt. Von ihr zurückzutreten steht euch nicht mehr frei, falls etwa jemand aus Angst über die Lage mit einem solchen Vorschlag den friedliebenden, biederen Bürger spielen will. Denn eine Art Tyrannis ist ja bereits die Herrschaft, die ihr ausübt; sie zu ergreifen, mag ungerecht erscheinen, sie loszulassen ist aber lebensgefährlich. (Thukydides 2, 63, 1–2)

Die Rede gehört zu den komplexesten Texten des Thukydides. Ein deutlich dominierendes Motiv ist das kritiklose Akzeptieren der Vorzüge des Imperiums: Rang, Stolz und Ehre. Das Motiv taucht auch anderswo so häufig auf, daß es mit Sicherheit eine gewisse Realität widerspiegelt. Zu Anfang 422 legt Aristophanes Antikleon eine grobere Variante in den Mund:

Überzeuge dich selber, du Armer, der leicht sich bereichern könnte, trotz einem,
Wie die Herrn, die das Volk stets führen im Mund, der Henker weiß wie dich umstricken:
Du, dem eine Unzahl Städte gehorcht, vom Pontos bis nach Sardinien,
nichts hast du davon, als den Bettel, den Lohn, den messen sie tropfenweise erst noch
wie Öl, auf die Wolle gegossen, dir zu, kaum genug, um nicht Hungers zu sterben!
Denn arm sein sollst du und bleiben, das ist ihr Wille: Warum? Das vernimm jetzt!
Ihn, der dich dressiert und füttert, du sollst an den Herrn dich gewöhnen, damit du,
sobald auf den Feind er dich hetzt: ›Faß! Faß!‹ wie ein Bullenbeißer ihn anpackst!
Ja, wollten dem Volke sein tägliches Brot sie verschaffen, nichts leichter als dieses!
Sind der Städte doch jetzt an die tausend fast, die jährlich Tribut uns entrichten;
Und verfügte man nun, daß zwanzig Mann zu verköstigen jede verpflichtet,
da lebten ja zwanzigtausend allhier von lauter gebratenen Hasen,
festtäglich bekränzt, und wir schwämmen in Milch und Honig und Butter und Schmierkäs –
ein Leben, wie es die Bürger der Stadt doch verdienen, die Marathonkämpfer! (Aristophanes, Wespen 698–711)

Hinter diesem auffallend abstoßenden Stück demagogischer Rhetorik verbirgt sich die Vorstellung, daß die Siege Athens in den Perserkriegen der Stadt und ihren Bürgern den Anspruch auf eine privilegierte Position verschafft haben. Noch einmal Thukydides:

Und um es genau zu sagen, nicht zu Unrecht haben wir die Ionier und die Inselbewohner unterworfen, die wir als unsere Stammesverwandten, wie die Syrakusaner behaupten, geknechtet halten. Sie haben nämlich uns, ihre Mutterstadt, im Bunde mit den Persern angegriffen und nicht den Mut gefunden, abzufallen und Hab und Gut aufzuopfern, wie wir, als wir die Stadt verließen, nein, Knechtschaft wählten sie für sich und wollten sie auch über uns bringen. Deswegen herrschen wir jetzt mit vollem Recht, denn wir haben die stärkste Flotte und (unsere) unbedingte Einsatzbereitschaft den Hellenen, sie dagegen den Persern zur Verfügung gestellt und uns dabei geschadet.

(Thukydides 6, 82, 3–83, 1)

Diese Stellungnahme eines athenischen Diplomaten 415 in Sizilien ist der deutlichste Ausdruck eines mythologisierten Anspruchs auf Privilegien, den Thukydides offensichtlich nicht als erster formuliert. Er wurde im vierten Jahrhundert von Isokrates und anderen wieder zum Leben erweckt und existierte noch außerordentlich lange weiter. In rhetorischen Lobeshymnen auf Athen taucht er noch während des Römischen Kaiserreichs auf.

Es gibt noch andere Rechtfertigungsgründe. Drei davon sind auf jeden Fall bei Thukydides zu finden, wobei es ein unzählige Male erörtertes Problem ist, ob sie von ihm selber formuliert wurden, oder ob er sie nur weitergibt. Klassisch geworden ist der dem Perikles bei der berühmten Gefallenenrede im Winter 431/30 in den Mund gelegte Ausspruch, daß die Athener kulturell überlegen seien, daß sie Bildung und geistige Beweglichkeit bei sich vereinten und Wagemut mit Überlegung verbänden auf eine Weise, wie es ihnen kein anderer griechischer Staat gleichtun könne. Ein zweiter Rechtfertigungsgrund war der Anspruch, den Thukydides im Sommer 432 die athenischen Gesandten in Sparta vortragen läßt, die Athener kontrollierten die von ihnen Unterworfenen auf viel mildere und zurückhaltendere Art, als es ihnen ihre Überlegenheit eigentlich erlauben würde. Beide Ansprüche spiegeln deutlich jenen selbstgefälligen und selbstherrlichen Zug in der Haltung der Athener wider, der es, wie sarkastische Kritiker beobachteten, so leicht machte, einem aus Athenern bestehenden Publikum zu schmeicheln und es mit einem klug gewählten Pindar-Zitat in die Irre zu führen.

»In alten Zeiten, wenn euch die Gesandten der Städte eine Nase zu drehen gedachten, nannten sie euch das ›veilchenbekränzte Volk‹, und wenn immer einer euch so nannte, hüpftet ihr empor auf unruhigem Hintern aus Freude über die ›Kränze‹. Und wenn einer dann in bezauberndem Ton vom ›fetten, glänzenden‹ Athen sprach, bekam er von euch, was er wollte, weil er mit Fett euch ölte wie Sardinen.« (Aristophanes, Acharner 636–640)

Der dritte Rechtfertigungsgrund wurde mit sehr unterschiedlichen Begriffen ausgedrückt. Die Konzentration athenischer Macht und vor allem die Form, die sie annahm, die Seemacht, wurde während des fünften Jahrhunderts zum intellektuellen Paradigma für die Art und Weise, wie sich Menschen im praktischen Leben verhalten. Als solche war sie (für manche zumindest) ein brennendes moralisches Problem:

Wir allerdings gedenken unsererseits nicht mit schönen Worten – etwa als Besieger der Perser seien wir zur Herrschaft berechtigt oder wir müßten erlittenes Unrecht jetzt vergelten – euch endlose und unglaubhafte Reden vorzutragen ... Ihr wißt so gut wie wir, daß das Recht nach dem Lauf der Welt nur zwischen Gleichberechtigten eine Frage ist, während die Stärkeren tun, was sie können, und die Schwächeren hinnehmen, was sie hinnehmen müssen ... Von den Göttern glauben wir und von den Menschen wissen wir, daß sie ihrer Natur gemäß herrschen, wenn immer sie dazu in der Lage sind. Wir haben dieses Gesetz nicht erfunden noch sind wir die ersten, die sich daran halten. Es hat lange vor uns existiert und wird auch für alle unsere Nachkommen gelten. Wir tun nichts als uns daran zu halten, in dem Bewußtsein, daß ihr und alle anderen, wenn sie dieselbe Macht hätten wie wir, dasselbe tun würden. (Thukydides 5, 89 u. 5, 105, 2)

Das ist der dritte Rechtfertigungsgrund: Auf diese Weise will Thukydides uns glauben machen, daß die Athener im Jahre 416 mit der bis dahin unabhängigen Stadt Melos (vergeblich) verhandelten, bevor sie dazu übergingen, sie zu belagern und sie schließlich einnahmen und die ganze Bevölkerung töteten oder versklavten. Obwohl die Worte so präsentiert werden, halten es nur wenige Historiker für möglich, daß es sich dabei um ein wörtliches Zitat handelt. Auf jeden Fall waren oder wurden die Motive, die hier zum Ausdruck gebracht werden – die Beziehung zwischen Macht und Gerechtigkeit und die Rolle der »Notwendigkeit« –, zentrale Themen der athenischen Intellektuellen, wobei das Motiv der Notwendigkeit unter anderem bereits in der letzten Perikles-Rede auftaucht (s. S. 129).

Zwei andere Faktoren verschärften noch diese Problematik. Einer war die Tatsache, daß die Athener Macht über *Griechen* ausübten. Es hätte nicht die geringsten Gewissensbisse gegeben, wenn Herrschaft über Nichtgriechen ausgeübt worden wäre. Um es etwas zynisch auszudrücken: Barbaren waren entweder gefährlich und deshalb verdientermaßen das Objekt feindseliger Schilderungen und offensiver Aktivitäten, oder sie waren militärisch unterlegen, in welchem Falle sie von Natur aus Sklaven waren oder dazu gemacht wurden, wenn sich die Notwendigkeit oder die Gelegenheit ergab. Zunächst waren die Athener aber Befreier gewesen, und der imperiale Mythos, der allmählich deutlich wurde, betonte, ja überbetonte in der Tat die ethnische Übereinstimmung, die zwischen den Athenern und ihren unterworfenen Verbündeten bestand. Der Widerspruch war fundamental: Athen konnte nicht die Staaten des ägäischen Raumes einer Situation unterwerfen, die im allgemeinen Sklaverei genannt wurde, und gleichzeitig diese Staaten als gleichberechtigte Mitglieder einer Gemeinschaft bezeichnen. Der zweite Faktor – er wird am deutlichsten dargestellt in den ethnographischen Exkursen Herodots – war die Vergegenwärtigung der Tatsache, daß die moralischen Systeme überall auf der Welt unterschiedlich waren; daß man, um ein solches System zu begründen, mehr benötigte als die Billigung durch einen Gott oder einen Gesetzgeber oder durch das bloße Alter dieses Systems; und daß die naturgegebene und die moralische Weltordnung nicht nur theoretisch voneinander zu trennen sind, sondern auch formale Gegensätze sein konnten. Es gibt eine klassische Formulierung der Folgen, die man sich für den Bereich privaten Verhaltens vorstellen konnte:

Gerechtigkeit besteht nicht darin, die Gesetze des Staates, dessen Bürger man ist, zu überschreiten. Ein Mann wird deshalb mit dem größtmöglichen Vorteil für sich selbst Gerechtigkeit üben, wenn er sich in Gegenwart von Zeugen an die Gesetze hält, in Abwesenheit von Zeugen aber den Vorschriften der Natur folgt. Denn die Gesetze des Staates sind zufällig, die Gesetze der Natur aber unumgänglich, und die Gesetze des Staates sind das Ergebnis einer Abmachung und nicht einer Entwicklung, die Gesetze der Natur aber sind das Ergebnis einer Entwicklung, nicht einer Abmachung. Deshalb ist jemand, der die gesetzlichen Regeln überschreitet, ohne von den Teilhabern dieser Abmachung beobachtet zu werden, frei von Schande und Bestrafung, wenn er beobachtet wird aber nicht. Andererseits ist das Übel gleich groß, wenn jemand die angeborenen Gesetze der Natur verletzt, gleichgültig, ob er unbeobachtet ist oder ob es alle sehen. Denn das Unrecht hängt nicht von Meinungen, sondern von Tatsachen ab. All dies ist das Thema unserer Untersuchung. Das meiste nämlich von dem, was dem Gesetz entspricht, steht im Widerspruch zur Natur.

(Antiphon der Sophist, Über die Wahrheit, 87 A 44 DK, A col. I–II)

Eine andere von Kallikles in Platons *Gorgias* gebrauchte Formulierung führt noch deutlicher hin zum Verhalten in der Öffentlichkeit und zur Verteilung und Kontrolle von Macht:

Wie kann ein Mann glücklich sein, der der Sklave von irgend etwas ist? Ich aber bin ganz und gar der Meinung, daß jemand, der wirklich leben will, seinen Wünschen erlauben sollte, so weit wie möglich zu wachsen, und sie nicht zügeln sollte. Wenn sie ihren vollen Umfang erreicht haben, sollte er den Mut und den Verstand haben, ihnen zu dienen und all seine Sehnsüchte zu erfüllen. Das ist meiner Überzeugung nach natürliche Gerechtigkeit und natürlicher Adel. Doch viele Menschen können nicht bis zu diesem Punkt gelangen; und sie machen den Starken Vorwürfe, weil sie sich ihrer eigenen Schwäche schämen, die sie verbergen möchten, und deshalb sagen sie, daß Maßlosigkeit etwas Minderwertiges ist.

Und etwas früher heißt es:

Die Gesetzgeber sind die Masse, und die Masse ist schwach. Sie machen Gesetze und verteilen Lob und Tadel im Hinblick auf sich selbst und ihre eigenen Interessen; und sie erschrecken die Stärkeren und diejenigen, die in der Lage sind, sie zu besiegen, damit sie nicht besiegt werden. Und sie sagen, daß Unehrenhaftigkeit schändlich und ungerecht ist, und bezeichnen mit dem Ausdruck Ungerechtigkeit den Wunsch eines Menschen, mehr zu haben als seine Nachbarn, weil sie ihre eigene Unterlegenheit kennen. Ich vermute, daß sie nur zu froh sind über die Gleichheit. Und deshalb wird das Streben, mehr zu haben als die Masse, gewöhnlich als schändlich und ungerecht bezeichnet und wird Ungerechtigkeit genannt, wohingegen die Natur selbst nahelegt, daß es gerecht ist, daß die Besseren mehr haben als die Schlechteren, die Mächtigeren mehr als die Schwächeren. Auf vielerlei Art und Weise zeigt sie, daß unter Menschen ebenso wie unter Tieren und in der Tat unter ganzen Städten und Völkern Gerechtigkeit darin besteht, daß der Überlegene den Unterlegenen beherrscht und mehr hat als dieser.

(Gorgias 491 e–492 a u. 483 b–d)

Wir wissen nicht, wer Kallikles war, abgesehen davon, daß er und Antiphon fast Zeitgenossen gewesen sein müssen, und wir wissen auch nicht, ob er wirklich diese und andere Ansichten vertrat, die ihm hier zugeschrieben werden. Daß sie einen machtvollen Eindruck hinterließen und eine sehr wichtige und einflußreiche zeitgenössische Denkweise widerspiegelten, das geht nicht nur aus den gewaltigen intellektuellen Anstrengungen hervor, die Platon immer wieder auf sich nimmt, um Kallikles zu widerlegen, und aus dem Widerhall dieser Ansichten in dem oligarchischen Staatsstreich von 411 und 404, sondern auch aus der hervorragenden Rolle, die die Mechanismen der Ausübung und Kontrolle von Macht im politischen Leben Athens dieser Zeit allmählich zu spielen begannen. Natürlich gibt es das Problem der Entwicklung oder Bewahrung wirksamer Machtmechanismen in jeder Gesellschaft, aber es war in Athen, dessen Entscheidungen zu einer Sache von europäischer und mediterraner Bedeutung geworden waren, besonders akut. Um solche Mechanismen, besonders die Kontrollmechanismen, identifizieren und einordnen zu können, muß man auch die wichtigsten Spannungen und Gegensätze kennen, zu deren Vermittlung sie dienen. Man kann hier von den Motiven, die in den Quellen sichtbar werden, direkte Rückschlüsse auf die Gesellschaft ziehen, die sie widerspiegeln. Unvermeidlich ergab sich ein Konflikt aus dem Gegensatz zwischen Reichen und Armen. Daß dieser Konflikt vorhanden war und auch empfunden wurde, geht aus der Sprache des Kallikles und des Pseudoxenophon eindeutig hervor und wird auch in der Praxis sichtbar in der Grausamkeit und Unbarmherzigkeit, die 411 zu Tage kam. Das Problem besteht eigentlich eher in der Frage, was den Ausbruch dieses Konflikts bis dahin verhindert hatte. Es ist gut möglich, daß er lange überlagert wurde von dem gemeinsamen Interesse aller Bürger, die Macht in ihren eigenen Händen und von Einwanderern und Fremden fern zu halten. Ein anderer Gegensatz, derjenige zwischen den Politikern und »uns«, kommt in der Rede des Antikleon (s. S. 129) sehr deutlich zum Ausdruck. Dieser Gegensatz war ebenfalls unvermeidlich, auch in einem Staat, in dem so viel Entscheidungsgewalt in den Händen der Volksversammlung lag. Er geht zurück auf Solon, wird zum Gemeinplatz in der Rhetorik des vierten Jahrhunderts und brachte zwei Gruppen von miteinander im Widerstreit liegenden Verfahrensweisen und Institutionen hervor, diejenigen, durch die das Volk die Politiker im großen und ganzen unter seiner Kontrolle zu halten hoffte, und diejenigen, durch die die Politiker ihrerseits hofften, das Volk unter Kontrolle zu haben. Die Gefahr, durch den Ostrakismos für zehn Jahre verbannt zu werden, war ein Beispiel für die erste Gruppe. Ein anderes richtet sich besonders gegen die Regierenden: »Es findet über sie in jeder Prytanie eine Abstimmung statt, ob sie ihr Amt gut zu verwalten scheinen. Wenn gegen einen gestimmt wird, liegt das Urteil beim Gericht, und wenn er verurteilt wird, bestimmen die Richter die Strafe, die er erleiden muß. Bei Freispruch tritt er sein Amt wieder an.« (Athenaiōn politeia 61, 2) Es gab noch andere gesetzmäßige Verfahrensweisen, die auf die Beamten angewendet werden konnten. Ganz summarisch läßt sich die Lage so beschreiben: Obwohl einige Formen gesetzlichen Einschreitens (»Anklagen«) nur von der betroffenen Partei oder im Fall eines Mordes von Verwandten eingeleitet werden konnten, gab es andere Anklagemöglichkeiten, mit denen jeder Bürger von gutem Ruf gegen einen anderen Bürger Anklage erheben konnte. Solche Prozesse konnten auf speziellen politischen Anklagepunkten beruhen, wie »ein ungesetzliches Gesetz vorgeschlagen zu haben« oder »ein Gesetz vorgeschlagen zu haben, das einem bestehenden Gesetz widersprach« oder auf Anklagepunkten wie der Gottlosigkeit, des falschen Zeugnisses oder der Beleidigung, wobei das politische Element einfach das Motiv des Anklägers oder der Status des Angeklagten war. Zu guter Letzt konnte von jedem beliebigen, Bürger oder Nichtbürger, frei oder unfrei, Anklage wegen »Hochverrats« erhoben werden, und diese Anklage konnte auf jedem beliebigen Vorwurf beruhen, wenn man darin nur eine Gefährdung der Stabilität des Staates und der Verfassung sehen konnte. Deshalb waren öffentliche Persönlichkeiten ständig den Sanktionen durch die Gerichtshöfe ausgesetzt, die der Bürgerschaft in Gestalt der Geschworenengerichte häufig die Möglichkeit boten, von ihrem Vetorecht Gebrauch zu machen. In diesem Sinne hat Aristoteles ganz recht, wenn er feststellt: »Wenn das Volk Herr in den Gerichtshöfen ist, dann ist es auch Herr über das Staatswesen.« (Athenaiōn politeia 9, 1) Es ist kein Zufall, daß die Literatur über das öffentliche Leben Athens, das heißt also, Aristophanes, die attischen Redner, die *Athenaiōn politeia* des Aristoteles, und die Analysen des Systems bei Pseudoxenophon und in der *Politik* des Aristoteles, den Gerichtshöfen eine so zentrale Position zuweisen. Die Volksgerichte aufzulösen gehörte daher zu den ersten Maßnahmen jedes autoritären Systems. Der Höhepunkt wurde erreicht durch einen namhaften Politiker, dessen aktive Laufbahn sich von 404/03 bis in die dreißiger Jahre des vierten Jahrhunderts erstreckte: »Der berühmte Aristophon von Azenia war einmal so unverfroren, sich in eurer Gegenwart damit zu brüsten, daß er bei 75 Anklagen wegen eines gesetzeswidrigen Gesetzesantrags freigesprochen worden war.« (Aischines 3, 199) Kein Politiker war davor sicher.

Für die Politiker bestand deshalb die Notwendigkeit, sich eine möglichst starke Machtgrundlage zu schaffen, eine Notwendigkeit, die noch dadurch verstärkt wurde, daß sich in der Generation, mit der wir uns befassen, der relative Wert der verschiedenen möglichen Komponenten einer solchen Machtgrundlage sehr rasch änderte. Wir haben schon gesehen, daß gewisse Komponenten kultureller Art abgelöst wurden durch Fähigkeiten, die sich auf den Umgang mit Geld oder auf die Administration bezogen (s. S. 123). Ebenso verloren Ansprüche wie die der Praxiergidai (s. S. 76) in den fünfziger Jahren auf eine anerkannte Position im öffentlichen Leben aufgrund der Abstammung von einem Gott oder Halbgott ihre Bedeutung. Platon läßt den Ktesippos amüsiert und ein bißchen herablassend beschreiben, wie Hippothales, der wahnsinnig in den jungen Lysis verliebt war,

> nur vom Reichtum des Demokrates sprechen kann, den die ganze Stadt feiert, und vom Großvater Lysis und den anderen Vätern unserer Jugend und ihren Pferdeställen und ihren Siegen bei den Pythischen Spielen und auf dem Isthmus und in Nemea mit ihren Viergespannen und einzelnen Pferden. Solche Geschichten erzählt er ständig. Und er gibt noch Dümmeres von sich. Erst vorgestern hat er ein Gedicht gemacht, in dem er die Unterhaltung des Herakles beschreibt, der eine Verbindung zu der Familie hatte, und damit fortfährt, wie Herakles wegen dieser Verwandtschaft gastfreundlich von einem Vorfahren des Lysis empfangen wurde. Dieser Vorfahr stammte über die Tochter des Gründers des Demos selbst von Zeus ab. Das ist die Art von Altweibergeschichten, die er singt und uns vorträgt, und wir müssen ihm zuhören.
> (Platon, Lysis 205 c–d)

Platon kann dies keinesfalls in einem Klima geschrieben haben, in dem man solche aristokratische Anmaßung ernstnahm. Im Gegensatz dazu wurden natürlich militärische Fähigkeiten sehr ernstgenommen. Die Trennungslinie zwischen Politiker und Feldherr war nicht so klar gezogen wie in späteren Zeiten, und die meisten Politiker, wenn auch nicht alle, hatten auch leitende militärische Aufgaben oder gehörten zum Strategenkollegium, wenn sich die Gelegenheit bot. Auch Feldherrn mußten in der Öffentlichkeit wirkungsvoll sprechen können, nicht nur, um ihre Truppen vor der Schlacht zu ermutigen (bei Thukydides und jedem späteren Geschichtsschreiber ein Anlaß für zahlreiche Reden), sondern sie mußten auch Rat und Volksversammlung davon überzeugen können, diesen oder jenen Plan einer militärischen Aktion zu Land oder zur See gutzuheißen. Noch mehr galt dies für alle Politiker.

Rhetorik

Die Redekunst wurde ein Vehikel der Macht. Diese bedeutende Rolle war nicht ganz neu. Niemand kann die Homerischen Epen lesen, ohne die Macht zu fühlen, die schon damals der Überzeugungskraft des gesprochenen Wortes zugeschrieben wurde. Aber nach 450 führten in Athen und anderswo die formelle Souveränität von Rat, Volksversammlung und Gerichtshöfen und die Größe der Zuhörerschaft bei jeder dieser Institutionen dazu, daß ein massives und kontinuierliches Bemühen um die Techniken des überzeugenden und wirkungsvollen Sprechens für jeden wesentlich wurde, der im öffentlichen Leben etwas werden wollte. Die Ergebnisse dieser Anstrengungen lassen sich an den Reden ablesen, an den direkt überlieferten wie an den nacherzählten, nachempfundenen oder auch frei erfundenen in den Berichten der Historiker. Sie zeigen, wie die Fähigkeit, in der Öffentlichkeit zu sprechen, eingesetzt wurde. Dabei stellen sie die athenische Gesellschaft weitaus unmittelbarer dar, als es Historiker oder Inschriften tun können, denn ein Redner mußte, um überzeugend zu wirken, mit den Meinungen, Werten und Vorurteilen seiner Zuhörerschaft umgehen können. Natürlich ist genau dies die Ursache dafür, daß solche Reden von einem Historiker in einem gewissen Sinne mit Vorsicht zu betrachten sind. Gewöhnlich werden nur einseitige Argumente verwendet. Die Redner sind bemerkenswert unzuverlässige Zeugen für die Wahrheit. Ihre Aufgabe war es, zu überzeugen, nicht, Bericht zu erstatten. Tatsachen, die nicht ins Bild passen, werden übergangen, die systematische Darstellung wird für eine aufrüttelnde Einleitung oder einen durchschlagenden und niederschmetternden Schluß geopfert, es gibt reichlich Appelle an die Vorurteile und den Eigennutz der Zuhörerschaft – ein Beispiel dafür ist die Rede des Antikleon (s. S. 129) –, die Beweisführung jongliert mit fragwürdigen Wahrscheinlichkeiten, wie bei Antiphon zu sehen war (s. S. 132). Unwesentliche Dinge werden verwendet, um ein schönes Bild zu schaffen oder etwas lächerlich zu machen. Historische Einblicke werden verkürzt oder in das warme Licht sentimentaler patriotischer Verherrlichung getaucht. Paradoxerweise ist aber gerade diese große Unzuverlässigkeit ein historisches Zeugnis ersten Ranges. Welcher Zusammenhang auch immer bei dieser oder jener Gelegenheit zwischen der Realität und der auf sie angewendeten Ausdrucksweise bestand, eines ist sicher: man kann mit Hilfe dieser Reden erkennen, wie die erfahrensten Praktiker in der Kunst des Überzeugens an ihre Aufgabe herangingen. Wenn Antiphon mehr mit Wahrscheinlichkeiten als mit Tatsachen argumentiert, so weist dies auf zwei Dinge hin, einmal auf die Leichtigkeit, mit der passende Zeugen gekauft werden konnten, und zum anderen auf die neuen weitreichenden Möglichkeiten, menschliche Probleme durch den Appell an logisches und systematisches Denken lösbar zu machen. Ein anderes Beispiel: Andokides konnte sich im Winter 392/91 mit folgenden Worten für einen Frieden mit Sparta einsetzen:

Nachdem wir Krieg geführt haben wegen der Megarer und unser Land der Verwüstung preisgegeben haben, nachdem wir viele Güter verloren haben, schlossen wir den Frieden, den Nikias, der Sohn des Nikeratos, für uns ausgehandelt hatte. Ich denke, ihr alle wißt, daß wir aufgrund dieses Friedens 7000 Talente Gold auf der Akropolis deponieren konnten, mehr als 300 Schiffe besaßen, mehr als 1200 Talente jährlich an Tributen einnahmen und daß wir die Chersones und Naxos und mehr als zwei Drittel Euboias besaßen. Es würde zu weit führen, alle anderen Kolonien einzeln aufzuführen. Mit all diesen Dingen in unserem Besitz haben wir uns wieder auf einen Krieg mit Sparta eingelassen, auch diesmal auf Anraten der Argiver. (Andokides 3, 8–9)

Als geschichtliche Darstellung ist diese Passage völlig unzureichend, denn es sind fünf oder sechs schwerwiegende Irrtümer oder übertriebene Vereinfachungen darin enthalten. Als eine andere Art von Geschichtsschreibung ist der Abschnitt jedoch von unschätzbarem Wert, denn er zeigt uns, daß bei den meisten Leuten die Erinnerung an die Vergangenheit so verschwommen war, daß sie Argumente dieser Art für überzeugend halten konnten.

Noch ein Beispiel. In der Gefallenenrede des Gorgias heißt es:

Sie haben vor allem, wie es richtig war, zweifach Körper und Geist geübt, den einen im Rat, den anderen in der Tat; sie waren Helfer derjenigen, die schuldlos ins Unglück kamen, und Züchtiger derjenigen, die ihr Glück nicht verdienten; sie waren tapfer im Einsatz für die Allgemeinheit, schnell im Einsatz für die richtige Sache, und sie hielten mit der Klugheit ihres Geistes die Unvernunft des Körpers in Schranken. Sie waren gewalttätig gegenüber den Gewalttätigen, zurückhaltend gegenüber den Zurückhaltenden, furchtlos gegenüber den Furchtlosen, schrecklich gegenüber den Schrecklichen. Zum Beweis dafür haben sie, um Zeus zu ehren, die Siegeszeichen aufgestellt als Weihegabe von ihnen selbst. Es waren Männer, die wohlvertraut waren mit dem zukünftigen Geist des Kriegers, mit der Liebe, soweit sie das Gesetz erlaubte, mit dem Wettstreit in Waffen, mit dem Frieden, dem Freund der Künste. Es waren Männer, die den Göttern ihre Verehrung erwiesen durch ihre Gerechtigkeit, den Eltern ihre kindliche Verehrung durch ihre Fürsorge und den Freunden Gerechtigkeit durch ihr Vertrauen. Deshalb stirbt die Liebe zu ihnen nicht, auch wenn sie tot sind, sondern unsterblich lebt sie weiter in den Körpern der Sterblichen.

(Gorgias DK 82 B 6)

Hier spricht in der Tat jemand, der berauscht ist vom Spiel mit Worten und Antithesen (spätere griechische Kritiker nannten ihn »kindisch«), aber die Vision vom idealen Bürger würde in jedem griechischen Staat spontan Zustimmung gefunden haben. Gleichzeitig zeigt sich dabei, daß eine Rede damals ebenso eine Art öffentlicher Aufführung sein konnte wie heute eine Symphonie oder eine Klaviersonate und daß sie auf dieselbe Art komponiert, geformt und beurteilt werden konnte.

Die erhaltenen Reden ermöglichen uns mit anderen Worten einen direkten Einblick in die Art und Weise, wie Macht gehandhabt, vergrößert oder auch neu geschaffen wurde. Niemand im öffentlichen Leben, und wenn er noch so ehrenhaft war, konnte es vermeiden, die vorhandenen Techniken anzuwenden und ganz bewußt eine bestimmte Rolle für sich selbst zu kreieren, die sich vor allem im Stil und in der Art seiner öffentlichen Auftritte widerspiegelte. Und kein Mitglied der Volksversammlung oder der Gerichte, wie dumm es auch war, konnte es vermeiden, wiederholt eine Wahl zwischen den verschiedenen miteinander im Wettstreit liegenden Rollenbildern zu treffen.

Dieses Motiv des Wettstreits zwischen Einzelpersonen war es, das für den letzten und wichtigsten Konfliktpunkt sorgte und gleichzeitig ein schwerwiegendes Grundsatzproblem darstellte. Wettstreit um Macht wurde weithin als Wettstreit um *Ehre* verstanden oder dahingehend interpretiert, allerdings nicht in jedem Fall. Thukydides verwendet konsequent die Sprache der Macht (s. S. 125). Wenn ein »Tyrann« beschrieben wird, so liegt der Schwerpunkt häufig auf seiner ungezügelten Macht, zu tun, was er will. Das reicht bis zur Groteske und Karikatur. Auf die Unverblümtheit der Sprache eines Kallikles wurde schon hingewiesen (s. S. 133). Im großen und ganzen gibt Aristoteles den geläufigen Sprachgebrauch wieder, wenn er sagt: »Die gebildeten und energischen Menschen wählen die Ehre. Denn dies kann man als Ziel des politischen Lebens bezeichnen.« (Nikomachische Ethik 1095 b 22–23) Daß die meisten Leute diese Ansicht teilten, geht aus unzähligen Bemerkungen in den Quellen hervor und auch daraus, daß die Ämter, die mit Machtausübung und Verantwortlichkeit verbunden waren, im allgemeinen als »Ehren« bezeichnet wurden, oder sogar aus der Tatsache, daß die Tyrannis auch als Konzentration von Ehren verstanden werden konnte. Bei Xenophon sagt der Dichter Simonides zu Hieron von Syrakus:

Der Mensch, Hieron, unterscheidet sich, wie mir scheint, in diesem Punkt von den Tieren, daß er nach Ehre strebt. Alle Lebewesen scheinen gleichermaßen Gefallen zu finden am Essen, Trinken, Schlafen und an der Liebe, aber die Liebe zur Ehre gibt es weder bei den nicht mit Vernunft begabten Lebewesen noch auch bei allen Menschen. Die Leute, die von dem Streben nach Ehre und Ruhm erfüllt sind, das sind genau diejenigen, die sich am meisten von den Tieren unterscheiden und die als wahre Menschen betrachtet werden können, nicht nur als menschliche Wesen. Deshalb glaube ich, daß ihr Tyrannen ganz recht habt, wenn ihr all die Nachteile auf euch nehmt, die mit eurer Tyrannis verbunden sind, denn euch werden von den anderen Menschen außergewöhnliche Ehren zugestanden. Es gibt nämlich keine Freude für die Menschen, die der Freude der Götter ähnlicher ist als frohe und heitere Gedanken über die Ehre. (Xenophon, Hieron 7, 3–4)

Hieron stimmt ihm zwar nicht zu, sondern unterscheidet zwischen der von Furcht bedingten Schmeichelei gegenüber dem Tyrannen und Ehrungen, die freiwillig und bereitwillig zugestanden werden, aber die Aussage an sich, die hier in einer für Xenophon sehr starken und poetischen Sprache ausgedrückt wird, bleibt doch bestehen. Der Begriff, den er verwendet, die »Liebe zur Ehre« *(philotimia)*, wurde nach und nach überall eingesetzt, um von Ehrgeiz bestimmte öffentliche Aktivitäten zu kennzeichnen, manchmal im negativen, zunehmend aber im positiven Sinne. Pindar konnte düster davon sprechen, wie »Männer, die allzusehr dazu neigen, nach Ehren zu streben, den Städten sichtbares Elend einbringen« (F. 210), und Thukydides gebraucht den Ausdruck mit Bitterkeit im Zusammenhang mit den Nachfolgern des Perikles, aber er läßt Perikles in seiner Gefallenenrede auch sagen: »Das Ehrgefühl altert nicht, im nutzlosen Greisenalter erfreut nicht so sehr der Gewinn, wie manche sagen, sondern die Ehre.« (2, 44, 4) Sehr aufschlußreich ist die Tatsache, daß das Wort *philotimia* in den vierziger Jahren des vierten Jahrhunderts plötzlich in den athenischen Dekreten auftaucht, und zwar in dem Augenblick, als die Stadt beginnt, Dekrete zu Ehren ihrer eigenen Bürger zu beschließen.

Dahinter steht ein Gedanke, der eigentlich nicht neu ist. Seine Wurzeln liegen tief im griechischen Denken verborgen. Der heroische Code, »immer Bester zu sein und überlegen zu sein den anderen« (Ilias 6, 208 u. 11, 783), war seit Homer ein Denkklischee gewesen. Er wurde vom Krieg auf die Sphäre ritualisierter Gewaltausübung übertragen und gehörte zu den Idealen des Handelns und der persönlichen Tugend, die bei den panhellenischen Spielen institutionalisiert worden waren. Er wurde auch auf die vom Staat veranstalteten Feste übertragen, denn die Theateraufführungen der Dramatiker waren Wettkämpfe von Dichtern und Choregen, und die anderen Wettbewerbe – ob es, wie in diesem Fall, musikalische oder ob es athletisch-militärische wie bei anderen Festen waren – waren noch enger mit den wichtigsten staatlichen Institutionen verbunden, als es sich um Wettkämpfe unter den Abgesandten der zehn Phylen (Stämme) handelte.

Wenn es dabei auch eindeutig nichtpolitische Aspekte gab, so machte der Wettstreit um Ehre und Ansehen den Kampf um die Macht doch zu einer Sache, die ausschließlich unter den Politikern ausgetragen wurde. Das läßt sich sehr leicht erkennen, wenn man die Auswirkungen der Überführung eines Prozeßgegners vor Gericht betrachtet oder wenn man sieht, wie die Dreier-Konstellation Politiker – Gegner – Volk (Volksversammlung oder Geschworenengericht) dazu benutzt werden konnte, sich selbst als »Freund des Volkes« darzustellen im Gegensatz zu einem Gegner, der dies – mehr oder weniger deutlich ausgedrückt – nicht war. Es läßt sich nachvollziehen, wenn man beobachtet, auf welche Weise Politiker eine Sache in die Hand nahmen oder eine Initiative ergriffen, indem sie, wie Perikles, in der Volksversammlung wohldurchdachte und glänzend formulierte Anträge vorlegten oder, wie die Politiker der zwanziger Jahre, versuchten, sich gegenseitig durch immer ehrgeizigere Pläne zu übertrumpfen. Die Schwierigkeit liegt dagegen darin, die Anwendung dieser und anderer Machtmechanismen mit dem Streben nach Ehre als einer idealen Haltung zu vereinbaren. Für den Historiker mag es ein gewisser Trost sein, daß diejenigen, die in diese Vorgänge verwickelt waren, die Unlösbarkeit dieses Konflikts, der die Spannungen des politischen Lebens in Athen noch verstärkte, wahrscheinlich ebenfalls empfunden haben.

7. Der Peloponnesische Krieg

Datierung

Der Peloponnesische Krieg konfrontiert den Historiker vor allem mit drei Problemen. Das erste besteht merkwürdigerweise darin, den Krieg als solchen zu definieren. Traditionell setzt man seinen Anfang in das Jahr 431 und sein Ende in das Jahr 404. Er teilt sich jedoch auf in mehrere unterschiedliche Phasen. Da ist zuerst der nach dem spartanischen König Archidamos benannte Archidamische Krieg, der im Frühjahr 421 mit dem Nikias-Frieden endet. Dann kommt eine Periode wechselnder politischer und militärischer Aktivitäten, die bis zum Ende der athenischen Expedition nach Sizilien 413 andauert. Es folgt ein Seekrieg im ionischen und ägäischen Bereich, der mit der Kapitulation Athens endet. Die beiden ersten Phasen hängen zusammen, aber in den Jahren 413 bis 411 gab es einen sehr drastischen Einschnitt, als Athens Übermacht gebrochen wurde, Persien in den Krieg eingriff und Sparta eine Seemacht wurde. Es entstand international gesehen eine neue politische Konstellation, die stabil blieb für eine Generation bis in die siebziger Jahre des nächsten Jahrhunderts hinein. Die tatsächliche Beendigung der militärischen Aktivitäten in den Jahren 404 und 386 ist vergleichsweise unwichtig. Deshalb endet dieses Kapitel mit dem Jahr 413, und es bleibt dem folgenden überlassen, die Zeit von 412 bis 380 darzustellen, was zwar unorthodox ist, den militärischen und politischen Tatsachen jedoch entspricht.

Quellen

Es entspricht auch ungefähr der Überlieferung; das zweite Problem sind nämlich die Quellen. Für die Kriegsjahre haben wir die Komödien des Aristophanes, frühe Reden und Flugschriften, Plutarchs Biographien des Nikias, des Alkibiades und des Lysander und eine kontinuierliche Flut von Dokumenten aus Athen. Doch sind die Bedeutung und der Einfluß einer einzigen Quelle, der *Historien* des Thukydides, die 411 abbrechen und niemals vollendet wurden, so überragend, daß man allem Anschein nach nichts anderes tun kann, als sie als einen wahrheitsgetreuen und vollständigen Bericht über die Ereignisse bis zu diesem Zeitpunkt zu akzeptieren. Aber je mehr man das tut, desto weniger kann man Distanz bewahren und sich der Meinung und dem Urteil des Thukydides entziehen. Um dies zu erreichen, können wir Ereignisse, Themen und Dokumente ins Spiel bringen, die Thukydides nicht erwähnt. Wir können seinen Text so interpretieren, als ob wir einen detaillierten Überblick über seine persönliche Meinung gewinnen und die von ihm bevorzugten Themen, Auslassungen und Kernpunkte erkennen wollten und dann korrigierende Faktoren hinzufügen. Und wir können die Informationen nutzen, die er uns zur Verfügung stellt, um eine möglichst differenzierte Grundlage für unsere Analyse zu entwickeln.

Letztere Methode ist vielleicht die ergiebigste, denn sie ist eng verknüpft mit dem ständigen Problem zu entscheiden, was für das Verständnis des Krieges wichtig ist. Thukydides liefert einerseits einen dichten und vollständigen Bericht der militärischen Ereignisse und ist dabei chronologisch und in anderer Hinsicht so sorgfältig, daß er manchmal unzusammenhängend wird, er bringt andererseits aber auch eine Reihe von Abschnitten, die stilistisch ausgefeilt sind. Sie sind oft als Reden oder als Debatten in der Volksversammlung angelegt, gelegentlich auch als Kommentar des Verfassers, und sie dienen immer wieder dazu, zu untersuchen, was große Ereignisse für ein Staatswesen bedeuten, so etwa die Beschreibung der Pest in Athen im Jahre 430 (2, 47ff.), des Bürgerkriegs in Korkyra 427 (3, 70–83) oder der Hexenjagd in Athen im Jahre 415 (6, 53–61). Manchmal enthalten sie aber auch Thukydides' Deutung der psychologischen Ursachen einer Handlung. Seine eigentliche Stärke besteht nicht darin, zufriedenstellend zu erklären, weshalb etwas auf diesem oder jenem Kriegsschauplatz stattfand, oder darin, sich wiederholende Vorgänge zu begründen, so wie er auch nicht die Beziehung zwischen der Logistik der Kriegsführung und ihrer Technologie analysiert, da er sie wie alle griechischen Autoren für gegeben nimmt. So liegt die Verantwortung für die richtige Interpretation seiner Texte doch in weit größerem Maße bei uns, als es auf den ersten Blick den Anschein hat.

Die ersten Kriegsjahre

Das Grundmuster der Vorgänge ist evident. Sparta und seine Verbündeten waren auf dem Land unschlagbar, aber schwach zur See. Mit Athen verhielt es sich genau umgekehrt. Die jeweilige Strategie mußte sich also an diese Tatsachen halten bzw. versuchen, etwas daran zu ändern. Es ist nicht überraschend, daß man in den ersten Kriegsjahren entsprechend den militärischen Gegebenheiten vorging. Die erste und wichtigste Tat der Spartaner war es, in Attika einzufallen und die Äcker zu verwüsten. Das taten sie 431, 430, zweimal 428, 427 und 425. Daraufhin benutzen die Athener die 292 bei Pylos gefangengenommenen Spartiaten als Geiseln und »beschlossen, sie hinauszuführen und zu töten, falls die Peloponnesier ins Land einfielen, bevor ein Frieden geschlossen wurde« (Thukydides 4, 41, 1). Das war eine recht vernünftige Taktik. 446 hatte allein die Gefahr einer Invasion die Athener veranlaßt, zu ungünstigen Bedingungen Frieden zu schließen. 431 verlor Perikles aufgrund des Schreckens, den die erste Invasion ausgelöst hatte, beinahe die Führung, als er sich weigerte, einem Ausfall zuzustimmen. Dementsprechend »hatten zu Beginn des Krieges die einen den Athenern ein Jahr, die anderen zwei Jahre, niemand aber mehr als drei Jahre, die sie ausharren würden, gegeben, wenn die Peloponnesier in ihr Land einfielen« (2, 28, 3). Doch während des Jahres 421 »entdeckten die Spartaner, daß der Krieg anders verlief, als sie erwartet hatten, da sie gemeint hatten, in wenigen Jahren Athens Macht stürzen zu können, wenn sie nur die Äcker verwüsteten« (5, 14, 3). König Archidamos soll 432 gesagt haben: »Man könnte vielleicht als Grund zur Zuversicht anführen, daß wir ihnen an Waffen und Heeresstärke überlegen sind und in ihr Land einfallen und es verwüsten können. Sie haben aber noch viel anderes Land, das sie beherrschen, und können auf dem Seeweg einführen, was ihnen fehlt... Von der Hoffnung sollten wir uns nie irreführen lassen, daß wir den Krieg rasch beenden können, indem wir ihr Land verwüsten. Ich fürchte eher, wir werden ihn unseren Kindern vererben.« (1, 81, 1–2 u. 6)

Doch Perikles eigene Ideen waren gleichermaßen unergiebig. Wie er bei verschiedenen Gelegenheiten sagte, sollten die Athener

nicht ihr Reich erweitern, solange Krieg ist, und nicht freiwillig noch mehr Gefahren suchen... Sie sollten auch ihre Verbündeten im Auge behalten, denn die Stärke Athens beruhe auf dem Geld, das durch ihre Zahlungen hereinkomme ... Sie sollten ruhig warten, auf die Flotte achten, sich auf keine neuen Eroberungen einlassen und die Stadt während des Krieges keinen Gefahren aussetzen.

(Thukydides 1, 144, 1; 2, 13, 2 u. 2, 65, 7)

Dieser Rat ließ offensichtlich Expeditionen zur See, bei denen in den ersten Kriegsjahren Küstengebiete der Peloponnes verwüstet wurden, ebenso zu wie den Einfall in Megara, der jedes Jahr stattfand, nachdem sich der größte Teil der peloponnesischen Armee wieder nach Hause zurückgezogen hatte. Aber die Kosten waren hoch und das Ergebnis unbedeutend. Nicht eine einzige Stadt auf der Peloponnes wurde eingenommen oder besetzt gehalten, und ein oligarchischer Umsturz in Megara 424 band auf lange Sicht die Stadt noch stärker in das spartanische Bündnis ein.

Die Kriegführung der ersten Jahre führte schließlich zum völligen Stillstand. Aus dem Bericht des Thukydides läßt sich ersehen, wie die intelligenteren Militärs jeder Seite versuchten, etwas dagegen zu unternehmen, indem sie die Grenzen überschritten und Bevölkerung und Territorium des Gegners drangsalierten, auch wenn dadurch nur Unbesonnenheit, Ehrgeiz und Abenteurertum gefördert wurden. Thukydides bemerkt bissig:

Die Athener taten ganz das Gegenteil (von dem, was Perikles ihnen geraten hatte), und trieben aus persönlichem Ehrgeiz heraus und zum persönlichen Gewinn den ganzen Staat in Unternehmungen, die mit dem Krieg in keinem Zusammenhang standen, die sowohl für Athen selbst als auch für die Verbündeten falsch waren und, solange sie gutgingen, nur einzelnen Bürgern Gewinn und Ehre brachten, als sie fehlschlugen, aber das ganze Land ins Unglück brachten ... Perikles' Nachfolger, die untereinander gleichrangig waren und sich alle nur um den Vorrang bemühten, gingen sogar so weit, daß sie die Führung der Staatsgeschäfte den Launen des Volkes auslieferten. Daher ... wurden viele Fehler begangen, vor allem die sizilische Expedition, die eigentlich von der Planung her weniger im Hinblick auf die Angegriffenen als vielmehr im Hinblick auf die Daheimgebliebenen eine Fehlkalkulation war, weil diese nicht die besten Maßnahmen ergriffen, um die, die ausgezogen waren, zu unterstützen, sondern es vorzogen, sich in internen Machtkämpfen aufzureiben, wodurch nicht nur die Stoßkraft des Feldzuges verloren ging, sondern auch zu Hause erstmals Uneinigkeit entstand. (Thukydides 2, 65, 7 u. 10–11)

Viele würden dieser für seine Verhältnisse sehr persönlichen Äußerung zustimmen, aber es läßt sich auch erkennen, daß die

Zweifel, ob der Krieg mit der Strategie des Perikles oder des Archidamos zu gewinnen sei, weit verbreitet waren.

Taktik Spartas

Bei den Spartanern waren wirksamen Neuerungen jedoch bis 413 Grenzen gesetzt, die Pläne übertrafen die realen Möglichkeiten bei weitem. Obwohl Hetoimaridas vierzig Jahre früher Bedenken gegen eine Flotte geäußert hatte (s. S. 61), wurde im Jahre 431 ein großes Flottenbauprogramm gestartet. Allerdings scheint es wenig effektiv gewesen zu sein. Und obwohl Korinth und seine Verbündeten 433 mit dem Bau von 150 Schiffen beauftragt worden waren, bestand bis 412 die größte Flotte, die eine Expedition unternahm – das war im Sommer 429 –, aus hundert Schiffen. Die peloponnesischen Seestreitkräfte erlitten entweder große Verluste im Kampf mit zahlenmäßig unterlegenen Gegnern oder unterlagen völlig. Weshalb das so war, läßt sich durchaus erkennen. Was die Taktik anging, waren sie der langjährigen Erfahrung der Athener weit unterlegen. Thukydides verweist darauf bei verschiedenen Gelegenheiten. Es standen ihnen wenige ausgebildete Ruderer zur Verfügung. Und was das Wichtigste ist, sie hatten weder Geld noch Reserven. Der Gedanke, sich die Schätze von Olympia und Delphi »auszuleihen«, wurde diskutiert, aber nicht ausgeführt. Eine Inschrift aus Sparta, vermutlich aus dem Jahre 427, scheint Beiträge aufzuzählen, die von Gemeinden und Einzelpersonen außerhalb Spartas geleistet worden waren. Interessanterweise gehörten die Melier auch dazu und »die Freunde (Spartas) auf Chios« (Meiggs-Lewis 67). Aber die Summen waren niedrig, und Persien, die nächstliegende Quelle für Schiffe und Geld, erwies sich als wenig hilfreich. Im Winter 425/24 konnten die Athener

in Eion am Strymon einen Perser namens Artaphernes festnehmen, der vom Großkönig kam und auf dem Weg nach Sparta war. Er wurde nach Athen gebracht und seine Briefe aus der assyrischen Schrift umgeschrieben und gelesen. Unter vielem, was da sonst noch stand, wurde den Spartanern vor allem gesagt, daß der König nicht wisse, was sie wollten; so viele Gesandte kämen, keiner sage das Gleiche. Wenn sie offen zu ihm sprechen wollten, sollten sie zusammen mit dem Perser Gesandte zu ihm schicken. (Thukydides 4, 50, 1–2)

»Offen sprechen« bedeutete wahrscheinlich, die diplomatische Gegenleistung auszuhandeln, auf die die Spartaner vorbereitet werden sollten, aber anscheinend war es der Mehrheit in Sparta vor 412 nicht möglich, den damit verbundenen Kompromiß zu akzeptieren. Eine andere wichtige Taktik Spartas, nämlich der Versuch, die athenischen Verbündeten zum Abfall von Athen oder zur Neutralität zu bewegen, war um einiges erfolgreicher. In den meisten Fällen ging die Initiative nicht von Sparta, sondern von den Einheimischen aus; normalerweise waren es Oligarchen. Solche Fälle dienten als Beispiel für ein Schema, das Thukydides aus dem Bürgerkrieg in Korkyra ableitete:

Überall gab es Unruhen, und die Volksführer bemühten sich um das Eingreifen Athens, die Oligarchen um das Eingreifen Spartas. Solange Frieden war, mochte es an Vorwänden oder auch an Gelegenheiten, sie zu Hilfe zu rufen, fehlen. Aber im Krieg, wo die Bündnisse auf beiden Seiten dazu dienten, den Gegner zu schwächen und die eigene Seite voranzubringen, gab es für diejenigen, die einen Umsturz herbeiführen wollten, viele Gelegenheiten, Fremde ins Land zu bringen.

(Thukydides 3, 82, 1)

Unternehmungen, für die der Zugang zum Meer notwendig war, brachen jedoch in sich zusammen. Die Aufstände von Kephallenia und Zakynthos 431, 430 und 429 mißlangen. Sparta unterstützte zwar 428/27 den Aufstand von Mytilene, aber der spartanische General Alkidas verhielt sich so ängstlich und so wenig einfühlsam, als er in den ägäischen Raum kam, daß er mehr Schaden anrichtete als Gutes tat. Nachdem er ein paar Gefangene hatte umbringen lassen, sagten manche Gesinnungsgenossen, »das sei nicht der richtige Weg, Griechenland zu befreien, wenn er Männer töte, die nie gegen ihn die Waffen erhoben hätten, nicht seine Feinde und nur gezwungenermaßen Verbündete Athens seien. Wenn er so weitermache, werde er nicht viele Gegner zu Freunden gewinnen, aber viele Freunde sich zu Feinden machen.« (Thukydides 3, 32, 2) Ähnlich wirkungslos war die spartanische Unterstützung der Oligarchen in Korkyra während des Bürgerkrieges zwischen 427 und 424, da die athenische Flotte den Spartanern in den kritischen Augenblicken den Zugang verwehrte.

Aktionen zu Lande waren erfolgreicher. Die spartanische und korinthische Hilfe war im nördlichen Bereich des Golfs von Korinth ständig gefragt. Hier verhinderte 430, 429 und 426 die Unterstützung Ambrakias und Aitoliens gegen Akarnanien, Argos und die athenische Kolonie von Naupaktos auf jeden

Fall, daß sich von Naupaktos aus der athenische Einflußbereich erweiterte. Nördlich des Isthmos hatte, wie Thukydides sagt (3, 68, 4), die Einnahme und Belagerung von Plataiai zwischen 429 und 427 das Ziel, den Boiotiern, den wichtigsten und am ehesten angreifbaren Verbündeten Spartas, Erleichterung zu verschaffen. Wessen Idee dies war, wissen wir nicht. Mehr ist über den einzigen wirklichen Erfolg Spartas vor 413 bekannt. Brasidas gelang es zusammen mit 700 freigelassenen Heloten im Winter 424/23, viele Städte auf der Chalkidike und im nordägäischen Raum zum Abfall von Athen zu bewegen. Er hatte zwar in Sparta, obwohl nicht von königlicher Abstammung, seit 431 bei weitem die auffallendste Karriere gemacht, seine Unternehmungen waren aber hauptsächlich Rettungsoperationen gewesen. Jetzt aber

schickten ihn die Spartaner in voller Absicht – auch die Chalkidier hatten sich ihn gewünscht – als einen Mann, der sich in der Heimat bei allem den Ruf der Tatkraft erworben hatte und der, als er draußen war, Sparta die größte Dienste leistete. Damals bewog er durch sein gerechtes und maßvolles Auftreten in den Städten die meisten zum Abfall, andere Orte nahm er auch durch Verrat, was Sparta die Bereitschaft zum Frieden einbrachte, den es dann auch schließen konnte, wobei im Austausch Orte zurückgegeben und zurückgenommen wurden, und außerdem die Entlastung vom Krieg auf der Peloponnes. Und für den späteren Krieg nach den Ereignissen auf Sizilien war nichts so sehr die Ursache für die Offenheit der athenischen Verbündeten gegenüber Sparta als die damalige einsichtige und edle Haltung des Brasidas, manchen vom Hörensagen, manchen durch eigene Erfahrung bekannt. Er war der erste, der auszog, und er erwies sich als ein in jeder Hinsicht vollkommener Mann. Daraus schloß man, die übrigen seien wie er.

(Thukydides 4, 81)

Thukydides' Begeisterung hindert ihn nicht, später zu bemerken, daß »Erfolg und Ehre, die der Krieg ihm gab«, aus ihm und dem Athener Kleon, der gleichzeitig mit Brasidas in der Schlacht bei Amphipolis fiel, »in Friedenszeiten die zwei Hauptgegner auf jeder Seite gemacht hatten« (5, 16, 1). Tatsächlich genoß Brasidas wohl nicht volles Vertrauen in Sparta. Seine Streitkräfte waren wie alle Heloten und wurden nicht wieder verstärkt. An Brasidas wie auch an seinem jüngeren athenischen Zeitgenossen Alkibiades läßt sich manches erkennen, was den *stratēgos autokratōr,* den unabhängigen, ehrgeizigen und »mit allen Vollmachten ausgestatteten Feldherrn« des vierten Jahrhunderts vorausnimmt (s. S. 221). Nicht zum ersten und nicht zum letzten Mal in der Geschichte Spartas führte ein erfolgreicher Feldzug zu einer neuen und vielleicht angespannten Beziehung zwischen Staat und Feldherrn.

Taktik Athens

Athens Versuche, den Krieg voranzutreiben, lassen sich am besten in ihren regionalen Auswirkungen darstellen, da so die Kontinuität der Zwänge und Interessen deutlich wird, die in ihren Ursprüngen weit in die Vergangenheit zurückreichen. Vier Regionen verdienen besondere Aufmerksamkeit. Im ägäischen Raum wurde der Rat des Perikles jedenfalls aufs Wort genau befolgt. Man unternahm gewaltige Anstrengungen, um abgefallene Verbündete wiederzugewinnen, so etwa Poteidaia zwischen 433 und dem Winter 430/29, Mytilene 428/27 und die Städte der Chalkidike und Thrakiens zwischen 423 und 421. Thukydides beschreibt die Vorgänge ausführlich. Es gab im Winter 425 auch Bemühungen, das unzufriedene Chios aufzuhalten, ebenso 427 Kolophon. Teilweise lassen sich sogar die Kosten dieser Unternehmungen feststellen. Thukydides sagt, daß die Belagerung von Poteidaia mehr als 2000 Talente kostete (2, 70, 2) und daß die Belagerung von Mytilene eine Sondersteuer notwendig machte. Fakten der Art, daß 428/27 und noch einmal sehr kraß 425 die Tribute angehoben wurden oder daß der Zinssatz bei Staatsanleihen vom Schatz der Athene Polias 426/25 von etwa 7 Prozent im Jahr auf kaum mehr als 1⅕ Prozent herabgesetzt wurde, stammen allerdings nicht aus Thukydides, sondern sind das Ergebnis mühevoller detektivischer Kleinarbeit der modernen Historiker an den Tributlisten und den Abrechnungen der Schatzmeister. Am informativsten ist der Neuveranlagungsbeschluß von 425, ein kämpferisches Dokument, das vermutlich von der berechtigten Annahme ausging, daß sich nach dem athenischen Sieg bei Pylos solche Pläne durchsetzen ließen. Er legt folgendes fest:

[Die gegenwärtigen Tribute sollen, da] sie zu niedrig geworden sind, gemeinsam von den Geschworenen und dem Rat neu festgesetzt werden, [und wie im letzten Rechnungsjahr] soll die Veranlagung (durchgeführt werden) [in allen Städten in angemessenem] Umfang innerhalb des Monats Poseideion (Januar/Februar). Das Ge[schäft soll ausgeführt werden täglich] vom Beginn des Monats an in [eben der Art und Weise, daß die Veranlagung] der Tribute im [Monat] Po[seideion] abgeschlossen werden kann: [Der Rat soll in öffentlicher Sitzung] das Geschäft der [Neuveranlagung] durchführen [ohne Unterbrechung, bis] es vollendet ist, wenn nicht [vom Volk irgendein gegenteiliger Beschluß ergeht.] Keine S[tadt soll] für einen Tribut [veranlagt werden, der unter dem liegt, den sie vorher gezahlt hat,] wenn einer [Kürzung nicht deshalb zugestimmt wird, weil es] unmög[lich ist, mehr zu zahlen, auch bei voller Ausschöpfung der Mittel] des Landes.

(Meiggs-Lewis 69, Z. 17–22)

Auf der angehängten Tabelle werden sogar Städte veranlagt, die außerhalb des Seereichs lagen. Nach dem Frieden von 421 wurde die Höhe des Tributs allerdings wieder herabgesetzt, und in Wirklichkeit wurde während des Krieges erstaunlich wenig dafür getan, neue Staaten in das Seereich einzugliedern. Die einzigen Ausnahmen waren kurze Beutezüge auf Kreta 429 und gegen Melos 416. Aus letzterem gestaltete Thukydides die geschliffenste und berühmteste Passage seines Werkes (5, 84–116), in der er den Erfolg des kaltblütigen und amoralischen Gebrauchs von Macht, wie er in Melos stattfand, darstellt im scharfen Kontrast zum spektakulären Mißerfolg, den dieses Vorgehen in Sizilien hatte (dargestellt in den Büchern 6 und 7).

In drei anderen Regionen allerdings gingen die hektischen Aktivitäten der athenischen Feldherrn und Politiker durchaus über die von Perikles gezogenen Grenzen hinaus, ohne Zweifel mit Absicht. Chronologisch gesehen war dies zuerst die Nordküste des Golfs von Korinth, wo um 460 im Interesse der Athener messenische Flüchtlinge die Kolonie Naupaktos gegründet hatten. Vor dem Krieg war von hier aus Akarnanien an den Bund angeschlossen worden, und es bestand die Aussicht, die traditionellen Bindungen dieses Gebietes an Korinth zu lösen. Die Opposition in Ambrakien und Aitolien hatte während des Jahres 426 noch wenig erreicht, als Demosthenes, ein neu in Naupaktos eingetroffener Feldherr, zum Angriff auf Aitolien überredet wurde. Bei dieser Gelegenheit geht Thukydides einmal näher auf die strategischen Überlegungen ein:

Demosthenes stimmte dem zu, nicht nur den Messeniern zuliebe, sondern auch, weil er hoffte, daß er, wenn die Aitolier zu den anderen Verbündeten vom Festland stießen, ohne Hilfe von zu Hause auf dem Landweg gegen die Boiotier ziehen könnte, durch das ozolische Lokris nach Kytinion in der Doris und links am Parnaß vorbei, bis er zu den Phokern kommen würde, die er zwingen konnte, sich ihm anzuschließen, falls sie dies aufgrund ihrer alten Freundschaft zu Athen nicht freiwillig tun würden. In Phokis angekommen wäre er ja schon an der Grenze zu Boiotien. (Thukydides 3, 95, 1)

Der Angriff schlug fehl, die Hopliten des Demosthenes waren in dem waldreichen und gebirgigen Land den leichtbewaffneten Aitoliern deutlich unterlegen. Der Plan dieses Feldzugs ging auf die fünfziger Jahre zurück, als sich athenisch besetztes Territorium bis weit nach Mittelgriechenland erstreckt hatte, und wurde im November 424 wiederaufgegriffen. Damals fielen gleichzeitig Demosthenes, wieder von Naupaktos aus, der Großteil der athenischen Armee von Attika aus und boiotische Verbannte von Phokis aus in Boiotien ein. Die zeitliche Koordination gelang nicht, die Athener wurden bei Delion entscheidend geschlagen, und das einzige Ergebnis bestand darin, daß das Selbstvertrauen Thebens gestärkt und seine Kontrolle über Boiotien gefestigt wurde. Trotzdem hatte sich die zugrundeliegende Idee, nämlich lokale Dissidenten zu unterstützen, gleichzeitig boiotischen Hopliten den Weg nach Sparta abzuschneiden und so ein erträglicheres Gleichgewicht der Landstreitkräfte zu schaffen, dreißig Jahre früher als durchführbar erwiesen und hätte auch diesmal den Krieg ohne weiteres entscheiden können.

Das zweite Gebiet war die Peloponnes selbst. Überfälle auf die Küsten von der See aus hatten wenig bewirkt, aber die Einnahme und Besetzung von Pylos an der Südwestküste durch Kleon und Demosthenes 425 und der Insel Kythera 424 durch Nikias hatten, nach der Beschreibung des Thukydides (4, 55–56) zu urteilen, Sparta doch sehr demoralisiert. Im Januar 424 läßt Artistophanes den Wurstverkäufer über Kleon sagen:

Denkst du, ich weiß nicht, was du in Argos treibst? Er tut, als wollt er Argos uns befreunden, und spielt mit den Spartanern unterm Tisch.
(Aristophanes, Ritter 463–465)

Entwicklung bis zum Nikias-Frieden

Kleon war sicher voreilig, denn Argos hatte seit 451 einen Vertrag mit Sparta, in dem es zusicherte, kein Bündnis mit Athen zu schließen – aber er war nicht dumm. Daß dieser Vertrag im Jahre 421 auslief, war, wie Thukydides ausdrücklich sagt, für

Sparta ein wichtiger Grund, in diesem Jahr Frieden zu schließen, und führte gleichzeitig in der Peloponnes zu umfangreicheren politischen Umgruppierungen. Sie waren Ergebnis vielschichtiger, von Thukydides (5, 25–83) detailliert beschriebener Entwicklungen. Da sie sich nach kurzer Zeit als Fehlschläge erwiesen – während des Jahres 417 wurde der Status quo der zwanziger Jahre wiederhergestellt – war der Effekt gering. Dennoch wurden sie für die athenische Politik von Bedeutung, und es lassen sich in ihnen Motive erkennen, die über mehrere Generationen hin immer wieder in der peloponnesischen Politik auftauchten und eine wichtige Rolle spielten.

Zwei dieser Motive, die Bereitschaft Korinths, das Bündnis mit Sparta aufzugeben, und ein allgemeiner Unmut der Stadt über die Entspannung zwischen den Großmächten, kamen mit einem Schlag zum Vorschein, als dem Frieden zwischen Athen und Sparta im Frühling 421 rasch ein Bündnis zwischen den beiden Staaten folgte:

Die Korinther ... wandten sich nach Argos und sprachen zuerst mit einigen der argivischen Oberbeamten: nachdem Sparta nicht zum Nutzen, sondern zur Unterwerfung der Peloponnes einen Frieden und ein Bündnis mit den einst so verhaßten Athenern geschlossen habe, müsse Argos nun für die Rettung der Peloponnes sorgen und einen Beschluß fassen, in dem es jede griechische Stadt, die wolle, wenn sie nur frei sei und gleiches Recht gewähre, einlade, mit Argos ein Bündnis zum gegenseitigen Schutz zu schließen. (Thukydides 5, 27, 2)

Ein drittes Motiv, das für das Ende der Entspannung von 421 verantwortlich wurde, waren die athenischen Abenteuer auf der Peloponnes. Themistokles und Kleon hatten beide richtig erkannt, daß Argos Athen den politischen Zugang zur Peloponnes ermöglichen konnte. Während des Sommers 420 hatte sich Athen mit Argos, Elis und Mantineia verbündet und damit begonnen, seinen Verbündeten Streitkräfte zur Unterstützung ihrer eigenen Interessen zur Verfügung zu stellen.

Alkibiades

Der Initiator in Athen war Alkibiades:

Er dachte, daß es besser sei, mit Argos zusammenzugehen, vor allem aber trieb ihn sein gekränkter Stolz auf die Gegenseite, denn die Spartaner hatten über den Friedensvertrag (von 421) mit Nikias und Laches verhandelt und ihn wegen seiner Jugend übergangen und ihm nicht die Ehre erwiesen, die der alten Gastfreundschaft seiner Familie mit ihnen entsprach. (Thukydides 5, 43, 2)

Durch Thukydides, Xenophon, Platon und die Biographie des Plutarch wissen wir sehr gut Bescheid über Alkibiades, gut genug, um zu erkennen, daß es sich bei ihm um eine äußerst instabile Verbindung von Selbstsucht und gesellschaftlichem Ehrgeiz handelte. Solange seine öffentlichen und privaten Interessen und die Ehrungen, die man ihm erwies, sich entsprachen, ging alles gut, aber als Verbannter konnte er 414 auch zu den Spartanern sagen: »Aufgrund der Niederträchtigkeit derer, die mich vertrieben haben, bin ich verbannt, was mich nicht hindern soll, euch zu dienen, wenn ihr meinem Rat folgt. Meine schlimmsten Feinde seid nicht ihr, die ihr ja nur euren Feinden schadet, sondern diejenigen, die ihre Freunde zwingen, Feinde zu werden. Ich fühle dann keine Vaterlandsliebe mehr, wenn ich gekränkt werde, sondern nur solange, wie ich meiner Rechte als Bürger sicher bin.« (Thukydides 6, 92, 3–4) Er konnte seine Talente ebenso kaltblütig dafür einsetzen, Sparta gegen Athen zu Hilfe zu kommen (in den Jahren 414–412), wie dem persischen Vizekönig zu raten, eines gegen das andere auszuspielen (411) oder die athenische Seemacht in der Ägäis wiederaufzubauen (nach 410). Er war aber auch ein Produkt der brodelnden Rivalitäten des politischen Alltagslebens in Athen (s. S. 139). Wenn Nikias Minoa einnahm, setzte Demosthenes dem den Angriff auf Aitolien entgegen. Als Demosthenes Pylos einnahm, half Kleon bei der Gefangennahme von 292 Spartanern und »schnappte skrupellos den spartanischen Schlachtbraten, den ich in Pylos machte, und servierte ihn dem Demos selbst«, wie Aristophanes den Demosthenes im Januar 424 sagen läßt (Ritter 55–57). Als Kleon die Tribute anhob, schlug Hyperbolos vor, mit 100 Schiffen Karthago anzugreifen (Ritter 1300ff.). Dieses rastlose Überbieten wurde sicher durch den Krieg, durch Ehrgeiz und private Eifersucht noch angeheizt, und bis zu einem gewissen Grad auch durch die soziale Spannung in Athen. Es war aber auch ein verzweifeltes Suchen nach einem Weg, den Krieg zu gewinnen, und die Anhäufung der Angebote in Mittelgriechenland und der nördlichen Peloponnes war nicht zufällig. In dieser Region einen Machtblock zu schaffen und anzuführen war für Athen die langfristige Alternative oder Ergänzung zur Kontrolle der Ägäis. Die Idee taucht wieder auf in den neunziger, siebziger und sechziger Jahren des vierten Jahrhunderts, denn es war der einzige Weg, Sparta vom Isthmos abzuschneiden und eine Landmacht zu werden. Doch scheiterte jeder Versuch stets aus dem gleichen Grund: an der natürlichen Stärke der Position Spartas auf der Peloponnes. Hier liegt der vierte Grund für die Wirren jener Jahre verborgen.

Mit einem Mal »hatten die Spartaner erkannt, daß es höchste Zeit für sie war, einzugreifen, wenn sie den Fortgang des Unheils verhindern wollten; sie zogen deshalb mit ihrem gesamten Aufgebot einschließlich der Heloten gegen die Argiver zu Feld« (Thukydides 5, 57, 1) und zerbrachen in der Schlacht bei Mantineia im Hochsommer 418 die Opposition der Verbündeten völlig. Thukydides bemerkt dazu, daß »sie sich mit dieser einen Tat völlig von dem Vorwurf der Feigheit befreiten, der wegen der Katastrophe auf der Insel und überhaupt wegen ihrer Unentschlossenheit und Langsamkeit überall in Griechenland gegen sie erhoben wurde; die Umstände waren, wie es hieß, gegen sie gewesen, aber der Haltung nach waren sie immer noch dieselben.« (5, 75, 3) In den nächsten zwanzig Jahren gab es keinen wirksamen Widerstand gegen die Spartaner auf der Peloponnes.

Sizilien

Die »argivische Politik« des Alkibiades (s. S. 155) griff eine schon lange vorher formulierte Idee wieder auf und entwickelte sie weiter. Dasselbe gilt für seine »sizilische Politik«, denn die athenischen Interessen in Sizilien und im Westen reichten mindestens bis in die fünfziger Jahre zurück. Dies ist die dritte Region, mit deren Hilfe die Athener die verfahrene Entwicklung des Peloponnesischen Krieges umzulenken suchten. Die Zeugnisse für ihre früheren Interessen sind fragmentarisch. Herodot (8, 62) berichtet von einer Drohung des Themistokles 480, daß er den Rückzug der Athener nach Siris in Apulien veranlassen würde, »was uns seit altersher gehört«, wenn seine Ansicht von den Verbündeten nicht akzeptiert werde. Athenische Inschriften belegen Bündnisse mit Segesta und Halkyai in Westsizilien, die wahrscheinlich in den fünfziger und vierziger Jahren geschlossen worden waren und mit Rhegion und Leontinoi an der Straße von Messina, die möglicherweise in den vierziger Jahren geschlossen, 434/33 aber erneuert wurden.

Diodor und andere liefern die bemerkenswerte Information, daß Sybaris zwischen 446/45 und 443 als athenische Kolonie Thurioi wiedergegründet wurde. Thukydides bringt in den Büchern 3 und 4 einen genauen Bericht darüber, wie eine athenische Expedition, die 427 nach Westen gesandt und später noch verstärkt wurde, am Krieg zwischen den Verbündeten Athens und Syrakus' teilnahm, bis im Sommer 424 auf einem Kongreß der sizilischen Staaten in Gela Frieden geschlossen und die Athener zum Rückzug veranlaßt wurden. Es sind also einige grundlegende Fakten bekannt, die man nun ordnen muß, indem man versucht zu verstehen, was die Athener beabsichtigten und welche Region bereit war, sie aufzunehmen. Zum ersten Punkt: Thukydides sagt, daß sich die Athener 433 nicht nur wegen ihrer Flotte mit Korkyra verbündeten, sondern auch deshalb, weil »ihnen die Lage der Insel an der Passage nach Italien und Sizilien so geeignet erschien« (1, 44, 3). Er sagt auch, daß die Expedition im Jahre 427 »unter dem Vorwand der Blutsverwandtschaft (mit den ionischen Leontinoi) ausgesandt wurde, um zu verhindern, daß sizilisches Getreide nach der Peloponnes exportiert würde, und um zu sehen, ob sie die sizilischen Städte unterwerfen könnten« (3, 86, 4). Was die Beweggründe früherer Aktivitäten betrifft, ist man auf Vermutungen angewiesen. Athens Eigenbedarf an Getreide und Holz war dabei wohl von Bedeutung, denn die wachsenden Importe athenischer Töpferwaren in der ganzen Region mußten ja irgendwie bezahlt worden sein, wahrscheinlich kaum mit Geld oder Sklaven. Vielleicht wollte Athen auch den korinthischen Interessen im Westen in derselben Weise entgegentreten, wie man nach 460 seinen eigenen Interessen in Mittelgriechenland entgegentrat. Es ist jedoch notwendig, die allgemeine Situation zu analysieren, und dabei ist das Informationsproblem ein großes Hindernis. Was Sizilien betrifft, so ist ein grundlegendes Minimum an Nachrichten in Diodors Büchern 11 und 12 enthalten, ein vernünftigerweise zusammenhängender Bericht über seine Heimatinsel, der wahrscheinlich über Timaios auf Autoren des fünften Jahrhunderts zurückgeht; aber was Süditalien betrifft, sind Informationen sehr dünn gesät. Diodor berichtet nur wenig, u. a. über die Gründung von Thurioi. Ansonsten müssen wir Tempel, andere archäologische Anlagen und Münzen als Zeugen heranziehen, zusammen mit wenigen zufälligen literarischen Bezügen, zum Beispiel dem Bericht des Herodot über die katastrophale Niederlage der vereinigten Streitkräfte von Tarent und Rhegion gegen die Stämme des italienischen Stiefelabsatzes im Jahre 473. Die einzige Verständnishilfe anderer Art, wenn man sie überhaupt so nennen will, kommt aus der komplizierten Tradition über Pythagoras und seine Nachfolger in Kroton und anderswo. Diese ganze Überlieferung ist in drei Werken enthalten, die Diogenes Laërtios (spätes drittes Jahrhundert nach Christus), der Neuplatoniker Porphyrios (gestorben zwischen 303 und 305 n. Chr.) und sein späterer Schüler Iamblichos verfaßt haben. Deren Informationen führen Stufe um Stufe über Quellen des frühen Kaiserreichs, über hellenistische Historiker und alexandrinische Gelehrte zurück zu Schülern des Platon und Aristoteles und zu den frühen Geschichtsschreibern des Westens. Da jede nachfolgende Generation sah, was sie sehen wollte, und die Autorität der Lehre des Pythagoras zur Bestätigung ihrer eigenen Ansichten heranzog, sind sehr viele Möglichkeiten der Entstellung gegeben, die sich aber schwerlich nachprüfen lassen. Man kann deshalb nichts anderes tun als alle dem Anschein nach korrekten Details herauszupflücken und zu versuchen, daraus ein Gerüst zu erstellen, mag der dokumentarische Nachweis auch auf unsicheren Beinen stehen.

Ein ständig wiederkehrendes Thema ist die Schaffung und Auflösung von »Vereinigten Staaten« in verschiedenen Formen. Zwei davon ziehen die besondere Aufmerksamkeit auf sich, da ihre Grundlagen und ihre jeweilige Legitimation so unterschiedlich und die Zeugnisse für sie so grundverschieden sind. Die erste läßt sich einerseits aus verschiedenen Serien von Münzen der Zeit zwischen 480 und 450 erschließen, die die Legende KRO(ton) auf der einen und SY(baris), PANDO(sia) oder TE(mea) auf der anderen Seite tragen, und andererseits aus der Überlieferung über die Pythagoräer, daß sie »Gesetzeshüter waren und bestimmte italienische Städte regierten, indem sie Entscheidungen trafen und Ratschläge gaben, was das Beste für sie sei, und dabei auf öffentliche Einkünfte verzichteten. Obwohl es viele Verleumdungen gegen sie gab, setzten sich doch für eine Zeit die Tugenden und die Verdienste *(kalokagathia)* der Pythagoräer durch und auch der Wunsch der Städte selbst, so daß sie ihre Regierungsangelegenheiten durch Pythagoräer wahrgenommen haben wollten.« (Iamblichos, De vita Pythagorica 129) Wenn diese Überlieferung und ihre zeitliche Einordnung auch vage bleiben, kann man doch vermuten, daß die aristokratische Kontrolle der Politik durch pythagoräische Sekten ausgeübt wurde und daß Kroton möglicherweise deren

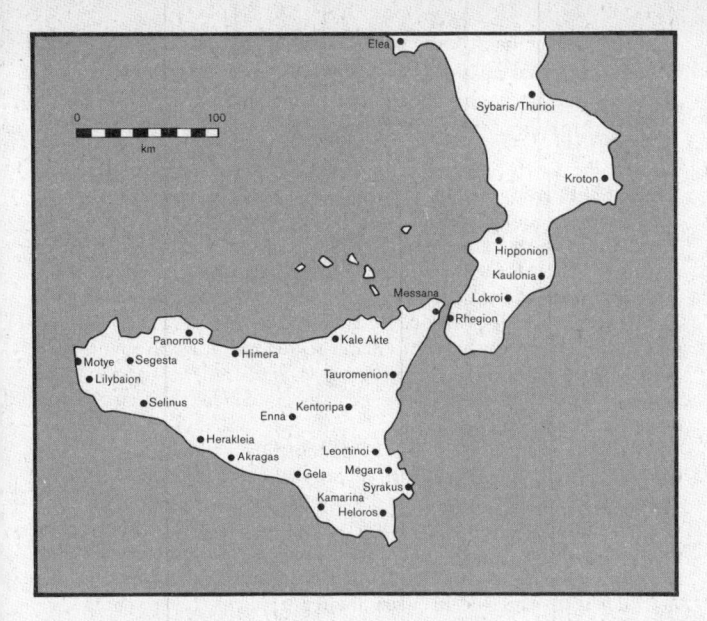

Sizilien und Süditalien

Zentrum war. Sicher ist, daß diese Kontrolle ein Ende nahm, als die Demokraten »ihr Ränkeschmieden gegen die Pythagoräer so weit trieben, daß sie eines Tages, als jene sich im Haus des Milon in Kroton versammelt hatten, um über politische Dinge zu beraten, Feuer an das Gebäude legten und die Männer verbrennen ließen« (ebd. 249). Die Zeugnisse der Münzen und die Bestätigung bei Diodor, daß Sybaris, Pandosia und Temea um 450 völlig unabhängig waren, erlauben eine ungefähre Datierung des Endes der pythagoräischen Machtausübung.

Krotons Einfluß führte wohl nicht dazu, daß ein regelrechtes »Reich« gegründet wurde. Bei Syrakus war dies aber in den siebziger Jahren mit Sicherheit der Fall. Herodot und Diodor berichten uns, wie sich Gelon erst zum Tyrannen von Gela, dann von Syrakus machte, wie er scharenweise die Bevölkerung der Nachbarstädte nach Syrakus verpflanzte, wie er komplizierte Heiratsverbindungen mit den Tyrannen von Akragas knüpfte, und wie er so im Süden Siziliens einen gefestigten dorischen Superstaat schuf. Aus Diodor läßt sich auch entnehmen, wie

Gelons Brüder nach seinem Tod 478 sein Werk fortsetzten und
wie der Mangel an politischem Gefühl und Streitigkeiten mit
Akragas der Dynastie 466/65 ein Ende bereiteten. Dann, nach
vielerlei Unruhen,

> kehrten die Leute, die aus ihren eigenen Städten vertrieben worden
> waren, als Hieron (Gelons Bruder) König war, da sie jetzt Unterstützung in ihrem Kampf fanden, in ihre Mutterstädte zurück und vertrieben die, die sich zu Unrecht den Wohnsitz anderer angeeignet hatten.
> Darunter waren Einwohner von Gela, Akragas und Himera. Auf dieselbe Art hatten die Leute von Rhegion gemeinsam mit denen von
> Zankle die Söhne des Anaxilas vertrieben, die über sie geherrscht hatten, und ihr Vaterland befreit. Später teilten die Bewohner von Gela,
> die die Uransiedler von Kamarina gewesen waren, dieses Land in Landlose auf. Und nützlicherweise kamen all diese Städte, die den Krieg zu
> beenden wünschten, zu einem gemeinsamen Beschluß, wobei sie sich
> mit den Söldnern in ihrer Mitte einigten. Darauf holten sie die Verbannten zurück und gaben ihren Städten wieder die Regierung, die sie
> ursprünglich gehabt hatten. Den Söldnern, die aufgrund der früheren
> Tyrannis im Besitz von Städten waren, die anderen gehörten, erlaubten
> sie, ihren persönlichen Besitz mitzunehmen und sich allesamt in Messene anzusiedeln. So wurde damals dem Bürgerkrieg und den Unruhen
> ein Ende gemacht, die in allen Städten Siziliens geherrscht hatten.
> Nachdem die Städte die Regierungsformen, die von Fremden bei ihnen
> eingeführt worden waren, abgeschafft hatten, teilten sie fast ohne Ausnahme ihr Land unter ihren Bürgern auf.
> (Diodor 2, 76, 4–6; er datiert diese Vorgänge in das Jahr 461/60, sie
> müssen sich aber über einige Jahre hingezogen haben.)

In der Folgezeit blieb Syrakus in der Tat die führende Stadt im
Westen, und Diodor bemerkt, daß 439/38 »die Syrakusaner...
100 Trieren bauten und ihre Reiterei verdoppelten; sie verstärkten auch ihre Fußstreitkräfte und trafen finanzielle Vorsorge, indem sie von den ihnen unterworfenen Sikulern höhere Tribute
erhoben. Dies taten sie mit der Absicht, nach und nach ganz
Sizilien zu unterwerfen.« (Diodor 12, 30, 1) Dennoch blieb Syrakus bis zum Ende des Jahrhunderts nur eine Stadt unter vielen.

Der Fall von Syrakus hinterließ ein Vakuum, das kurzfristig
durch die nichtgriechischen Sikuler im spärlich besiedelten
Hinterland westlich des Ätna ausgefüllt wurde. Zunächst bestand ein Bündnis mit Syrakus. 461/60 führte Duketios, einer
ihrer Führer, »der von Groll gegen die Bewohner von Katane
erfüllt war, weil sie den Sikulern Land geraubt hatten, ein Heer
gegen sie« (Ebd. 2, 76, 3). In den fünfziger Jahren machte er
sich daran, die Sikuler in einem Bund zu vereinigen. Er gründe-

te Städte und eine Hauptstadt und nahm es erfolgreich mit den vereinigten Streitkräften von Syrakus und Akragas auf. Er wurde gefangengenommen und nach Korinth verbannt, entkam 446/45, gründete Kale Akte an der Nordküste Siziliens und erneuerte seinen Anspruch, die Sikuler zu führen. Welches Format er hatte, wird aus der Tatsache deutlich, daß die Syrakusaner erst nach seinem Tode 440/39 in der Lage waren, gegen die nichtgriechischen Städte vorzugehen.

Andere Punkte, die sich daraus ergeben, können nur kurz gestreift werden. Einer ist der Besitz von Land. Er war die Ursache für den Groll der Sikuler gegenüber Katane, und er war das Hauptmotiv der Wiederbesiedlung von 461/60 (s. S. 160). Aus einem ähnlichen Grund entstand 454 »ein Krieg zwischen den Leuten von Segesta und Lilybaion wegen des Landes am Fluß Mazaros, und es kam zu einem erbitterten Kampf, in dem beide Seiten hohe Verluste erlitten, die Streitfrage aber nicht entschieden wurde« (Diodor 2, 86, 2). Die Neugründung von Sybaris und anderen Orten in Süditalien in den vierziger und dreißiger Jahren läßt sich ähnlich einordnen, und wenn die chronologischen Angaben des Iamblichos nur etwas deutlicher wären, könnten wir seine Aussage sehr ernst nehmen, daß

die Verfassung von Kroton, die auf die Stadtgründung zurückging, so lange bestehen blieb, wie das Volk von Kroton das vorhandene Land besaß und Pythagoras hier lebte, wenn sie auch unpopulär war und die Leute auf eine Gelegenheit zu einer Veränderung warteten. Aber als sie Sybaris unterwarfen und als Pythagoras fortging und die Regierung beschloß, das in der Schlacht gewonnene Land nicht mit Hilfe einer Auslosung an alle zu verteilen, wie es der Wunsch des Volkes war, kam der heimliche Haß zum Ausbruch, und das Volk wandte sich gegen die Pythagoräer.   (Iamblichos, De vita Pythagorica 255)

Es lassen sich noch gewisse andere Charakteristika erkennen, wenn auch nicht ohne weiteres erklären: die vergleichsweise vorhandene Wurzellosigkeit der Bevölkerung; die Art und Weise, wie die Regierenden den durch Ackerbau erworbenen Wohlstand des Landes verfügbar machten und darüber verfügen konnten, um Tempel zu bauen und Söldner zu halten; das Hin und Her zwischen Unternehmungen, die, wie 460 oder 424, auf einen gemeinsamen Beschluß hin durchgeführt wurden; lokale Feindschaften und Antagonismen zwischen Doriern und Ioniern; auch die Leichtigkeit, mit der eine hervorragende Einzelpersönlichkeit die Verfassung eines Staates unterdrücken oder völlig außer Kraft setzen konnte.

All diese Aspekte lassen das Vorgehen Athens einleuchtend erscheinen. Wahrscheinlich ist es kein Zufall, daß Athen nach 460 nur Bündnisse mit Städten ionischen Ursprungs oder mit nichtgriechischen Gemeinden wie Segesta und Halikyai schloß. Duketios' Ausbruch 446 und seine Abwendung von dem Gebiet am Ätna in Richtung Nordküste könnten von Athen unterstützt worden sein, um auf diese Weise Syrakus in Schach zu halten. Die natürlichen Ressourcen dieses Gebiets boten einen echten Beweggrund, und seine politische Zerrissenheit ließ die Gelegenheit günstig erscheinen. Thukydides macht deutlich, daß der Hauptinitiator der großen Expedition von 415 bis 413 persönliche Motive hatte: »Bei weitem der leidenschaftlichste Befürworter der Unternehmung war jedoch Alkibiades, Sohn des Kleinias, der die Pläne des Nikias aus zwei Gründen vereiteln wollte, einmal, weil er sein politischer Gegner war, und zum anderen, weil er von ihm in seiner Rede angegriffen worden war. Außerdem war er von außerordentlichem Ehrgeiz erfüllt, ein Kommando zu übernehmen, durch das er Sizilien und Karthago erobern und aufgrund dieses Erfolges für sich persönlich Ruhm und Reichtum zu erlangen hoffte.« (6, 15, 2) Doch Thukydides zeigt auch, daß der ursprüngliche Plan der Athener, »die in Wirklichkeit die ganze Insel erobern wollten, obwohl sie so taten, als wollten sie nur ihren Blutsverwandten und deren Verbündeten helfen« (6, 6, 1), auf Hilferufe von Segesta zurückging und seine Wurzeln und Parallelen in früheren Zeiten hatte. Aus der sehr ausführlichen Erzählung des Thukydides in den Büchern 6 und 7 läßt sich entnehmen, wie dieser ursprüngliche Plan sich in einen Angriff auf Syrakus und eine langandauernde Belagerung verwandelte, wie die Stadt im Sommer 414 schon fast übergeben worden wäre, wenn nicht rechtzeitig der Spartaner Gylippos gekommen wäre und die Verteidigung übernommen hätte. Dadurch wurde die Stadt gerettet, und es wurde möglich, die verstärkte athenische Armee zu Land zu besiegen, die Flotte in der Schlacht im Großen Hafen zu zerstören und den Überlebenden im Herbst 413 den Rückzug abzuschneiden. Thukydides sagt mit ergreifender Schlichtheit:

Dies war das wichtigste Ereignis des ganzen Krieges, meiner Meinung nach sogar der ganzen griechischen Geschichte, für die Sieger der größte Ruhm und für die Besiegten das größte Unglück. Auf der ganzen Linie besiegt und unter Leiden, von denen keines geringfügig war, waren sie buchstäblich vernichtet worden und hatten Fußvolk, Schiffe und überhaupt alles verloren, und von so vielen kehrten nur wenige nach Hause zurück. (Thukydides 7, 87, 5–6)

Mehr als 40 000 mögen damals gefallen sein. Ihr Tod kennzeichnete das Fehlschlagen des vierten und größten Versuchs der Athener, dem Krieg die entscheidende Wende zu geben. Dadurch wurde der Krieg entschieden, und es wurde auch entschieden, daß es in der griechischen Geschichte keine Entwicklung wie in der italienischen geben würde. Während Rom als eine dominierende Macht seine Autorität ins Spiel brachte, sich die wichtigsten natürlichen Ressourcen unterwarf und schließlich seine Souveränität in einem höheren Ganzen aufgehen ließ, blieb Griechenland weiterhin polyzentrisch, von innerem Wettstreit geprägt, geschwächt und den Einflüssen und dem Druck von außen unterworfen.

8. Die spartanische Vorherrschaft

Von 413 an änderte sich für die Dauer einer Generation nichts an der politischen Konstellation in Griechenland. Die Niederlage der Athener in Sizilien gab den Spartanern Auftrieb, sie konnten sich mit den Persern verständigen und den Krieg gewinnen, sie unterdrückten zwischen 395 und 386 neu sich entwickelnde Feindseligkeiten und beherrschten die griechische Politik. Spartas Macht hatte Bestand, bis im Winter 380/79 ein Staatsstreich in Theben dazu führte, daß der spartanische Einfluß zuerst in Griechenland allgemein und dann nach 371 auch auf der Peloponnes allmählich zurückging.

Quellen

Die Ereignisse damals hingen alle zusammen, eine zusammenhängende Überlieferung gibt es darüber aber leider nicht, denn Thukydides' sonst ausführliches 8. Buch ist nicht vollendet. Es beginnt im Herbst 413 und endet im September 411 mitten im Satz. Wir kennen drei Autoren, die ihn fortsetzen: Xenophon, dessen erhaltene *Hellenika* beginnen, indem sie den abgebrochenen Satz vollenden, und bis ins Jahr 362 reichen, Theopomp, dessen *Hellenika* in den fünfziger und vierziger Jahren des vierten Jahrhunderts geschrieben wurden und wahrscheinlich im Jahr 394 endeten, und die *Hellenika* von Oxyrhynchos, deren Autor unbekannt ist. Dieser Bericht, von dem ein Teil 1908 gefunden wurde, (s. S. 18) könnte vielleicht im Jahr 413 begonnen haben und endete wahrscheinlich 386. Verfaßt wurde er vermutlich zwischen 360 und 350. Inzwischen hat man erkannt, daß der Bericht Diodors bis 386 letztlich von dieser Quelle abhängt. Es gibt schwache Hinweise darauf, daß Theopomp sie ebenfalls benutzt hat. Ihre Qualität ist so hoch, daß sogar die Zusammenfassung Diodors sehr ernstzunehmen ist. Aus diesem Grund müssen die beiden Quellen ständig gegeneinander abgewogen werden. Außerdem müssen herangezogen werden: Xenophons Biographie des Königs Agesilaos von Sparta, wenn auch nicht als Hauptquelle, da sie panegyrischen Charakter hat; private und politische Reden des Andokides, Lysias und Isaios; Plutarchs Lebensbeschreibungen des Alkibiades, Agesilaos und Lysander, die wiederum eine komplizierte Mischung aus Theopomp und anderen Quellen sind; wie üblich diverse Dokumente aus Athen und eine Passage aus der *Athenaiōn politeia* des Aristoteles, die sich mit den oligarchischen Staatsstreichen in Athen in den Jahren 411 und 404/03 befaßt und Belege und Einzelheiten enthält, die dadurch nicht an Bedeutung verlieren, daß sie ansonsten unbekannt sind und ihre Zuverlässigkeit angezweifelt wird. Wie immer muß man einen möglichst einfachen Weg suchen, und das tut man am besten, indem man die Materialien daraufhin untersucht, welchen unterschiedlichen Einfluß die sizilische Niederlage Athens auf Mächte und Regionen hatte.

Folgen der athenischen Niederlage in Sizilien

Die Reaktionen in Athen waren unterschiedlich. Zehn Jahre zuvor hatte Pseudoxenophon folgende Ansicht vertreten: »Unter diesen Umständen also erkläre ich es für unmöglich, daß die Dinge in Athen anders stehen, als sie jetzt stehen, außer daß es möglich ist, im Kleinen etwa dieses wegzunehmen, jenes hinzuzufügen; vieles aber umzugestalten ist nicht möglich, ohne ihnen von der Volksherrschaft etwas wegzunehmen (3, 8). Nun gab es aber zumindest eine kleine Gruppe von Leuten, die anders dachten. In einem Großteil seines 8. Buches befaßt sich Thukydides mit dem Staatsstreich des Jahres 411, dessen Hauptforderung zunächst darin bestand, im Interesse des Krieges und der Wirtschaft die Diäten abzuschaffen und eine »andere Art von Demokratie« einzurichten, wie die Führer des Aufstandes das nannten, um auf diese Weise die Unterstützung Persiens zu gewinnen und die Rückkehr des Alkibiades aus dem Exil zu erreichen. Thukydides, der offensichtlich die intellektuellen und politischen Qualitäten der Anführer bewundert, macht aber auch deutlich, welche Halsabschneiderei dahinter steckte. Ziel der Anführer war es, das neue System einzuführen, ungeachtet der außenpolitischen Auswirkungen. Zumindest bei einigen von ihnen bestand der Wunsch, sofort einen Frieden mit Sparta zu schließen. Von seiten des Volkes gab es keinerlei Unterstützung, und schließlich erfolgte im September 411 der geschickte Seitenwechsel des Theramenes, der von den Oligarchen der schlaueste war. Er leitete die Einrichtung einer halbwegs demokratischen Verfassung in die Wege, bei der immerhin 5000 Bürger das volle Bürgerrecht hatten. Die Ereignisse von 411 lassen in der Tat sehr klar erkennen, welche Haupttriebkräfte in der athenischen Gesellschaft vorhanden waren. Die Mehrheit bewies nämlich einen beträchtlichen Willen zum Widerstand und zur Wiederbewaffnung und lehnte jeden Kompromiß ab. Im Herbst 413 »beschloß man, bis zuletzt Widerstand zu leisten, sich Holz und Geld zu beschaffen und eine Flotte auszurüsten, Schritte zu unternehmen, sich die Verbündeten zu sichern, vor allem in Euboia, in der Stadt mehr zu sparen und einen Ältestenrat zu wählen, der die Angelegenheiten vorberaten sollte, wenn es notwendig war. Nach kurzer Zeit waren sie, wie es sich für eine Demokratie gehört, in der großen Angst des Augenblicks bereit, so besonnen wie möglich zu sein« (Thukydides 8, 1, 3–4). Es wurden Schiffe in Auftrag gegeben und 412/11 nach und nach ausgesandt, um die athenische Präsenz in der Ägäis wiederherzustellen. 410 zerstörte eine Flotte unter dem Kommando des halb rehabilitierten Alkibiades bei Kyzikos eine spartanische Flotte, und die Spartaner waren zum Frieden bereit.

Die Vernünftigsten unter den Athenern neigten dazu, Frieden zu schließen, aber die Kriegstreiber und diejenigen, die aus öffentlichen Wirren persönlichen Gewinn zu ziehen hofften, wählten den Krieg. Kleophon, der führende Demagoge dieser Zeit, war ebenfalls dieser Ansicht. Er ... munterte die Leute auf, indem er sie an ihre großen militärischen Erfolge erinnerte, so als ob das Schicksal nicht einen Erfolg im Krieg gegen einen anderen aufwöge. Damals folgten die Athener diesem schlechten Rat, was sie bereuten, als es zu spät war, ließen sich durch trügerische Worte fangen und machten einen so großen Fehler, daß sie sich niemals davon erholen konnten.
Von ihren Erfolgen mitgerissen und von vielen großen Hoffnungen erfüllt, dachten sie, sie könnten ihre Oberherrschaft rasch zurückgewinnen. (Diodor 13, 53)

Soweit Diodor. Der Wille zum Widerstand tritt auch hier klar zutage, und das sogar trotz der politischen Feindseligkeit, die Diodor aus seiner letzten Quelle übernimmt. Er wird auch deutlich in einer zerstörten Inschrift von 407, die offenbar den außergewöhnlichen Ausweg aufzeigte, der auch von Alkibiades bei seiner Rückkehr nach Athen unterstützt wurde, nämlich Schiffe in Makedonien selbst bauen zu lassen. Anderswo ist im Zusammenhang mit einer Notlage im Jahre 406 von einem erschütternden Kraftakt die Rede:

Als die Athener hörten ..., daß (ihr Feldherr) Konon in Mytilene eingeschlossen war, bestimmten sie in einem Volksbeschluß, Entsatz zu bringen mit 110 Schiffen, für deren Mannschaften sie sämtliche Leute heranzogen, die im dienstfähigen Alter waren, sowohl Sklaven wie freie Bürger. Und nachdem die 110 Schiffe innerhalb von dreißig Tagen mit Mannschaft besetzt worden waren, fuhren sie ab. Es waren auch viele aus der Klasse der Ritter an Bord gegangen. Sie wandten sich nun nach Samos und nahmen dort noch zehn samische Schiffe mit; über dreißig weitere brachten sie von den übrigen Bundesgenossen zusammen, deren Leute sie sämtlich zum Schiffsdienst zwangen.

(Xenophon, Hellenika 1, 6, 24–25)

Sogar noch 405, wie uns zwei Redner in auffallend unterschiedlichen Formulierungen mitteilen,

als eure Schiffe zerstört worden waren (bei Aigospotamoi) ... waren diejenigen, die einen Umsturz im Staat haben wollten, mit ihren Intrigen beschäftigt. Sie meinten, daß ihr einziges Hindernis die Volksführer, die Feldherrn und die Taxiarchen seien ... So begannen sie, Kleophon anzugreifen ... Als die spartanischen Gesandten die Bedingungen festlegten, unter welchen sie zu einem Frieden bereit waren – daß die langen Mauern 10 Stadien weit geschleift werden sollten –, habt ihr Athener euch damals geweigert zu glauben, was ihr hörtet ..., und Kleophon stand auf und protestierte im Interesse von euch allen, daß dies niemals geschehen könne. Danach sagte Theramenes, der einen Anschlag auf eure Demokratie im Sinne hatte, daß er, wenn ihr ihn zum Gesandten ernennen und mit allen Vollmachten ausstatten würdet, es so arrangieren werde, daß weder die Mauern niedergebrochen werden müßten noch irgendeine andere Demütigung der Stadt stattfinden würde. Ihr habt euch überzeugen lassen ... Die anderen ... brachten Kleophon vor Gericht unter dem Vorwand, er sei für die Nachtruhe nicht ins Lager zurückgekehrt, in Wirklichkeit aber, weil er in eurem Interesse gegen das Schleifen der Mauern gesprochen hatte. Dann wählten sie einen Gerichtshof aus für seinen Prozeß, und diese Befürworter der Oligarchie erschienen vor Gericht und ließen ihn unter diesem Vorwand zum Tode verurteilen.

(Lysias 12, 5–12)

So lautet der Bericht des Lysias in einer Prozeßrede etwa sechs Jahre nach dem Ereignis. Wir können das mit dem Appell des Aischines an seine Richter im Jahre 343 vergleichen, man solle

die größte Dummheit vermeiden (die die Vorfahren begingen), als sie im Krieg geschlagen worden waren und die Spartaner sie aufforderten, einen Frieden zu schließen, bei dem sie Lemnos, Imbros und Skyros ebenso wie Attika behalten konnten und außerdem ihre demokratische Verfassung unangetastet blieb. Sie weigerten sich, das zu akzeptieren, und zogen es vor, Krieg zu führen, obwohl sie das nicht konnten. Kleophon, der Leierbauer, den viele (als einen Sklaven) mit Fußeisen kannten, der sich skandalöserweise selbst zum Bürger gemacht und das Volk mit Geld bestochen hatte, sagte, er werde ein Messer nehmen und jedem den Hals durchschneiden, der vom Frieden spreche.

(Aischines 2, 76)

In Wirklichkeit bedurfte es der Belagerung, fürchterlicher Hungersnöte und des Meuchelmords, bis die Athener im Mai 404 schließlich kapitulierten.

Das war eine Reaktion auf die Ereignisse in Sizilien. Eine andere – nicht weiter überraschend – bestand darin, daß es überall in der Ägäis zu Aufständen kam. Aus dem Sommer 411 sind Revolten in Chios, Erythrai, Klazomenai, Lesbos, Melite, Rhodos, Abydos und Euboia überliefert, und wenig später aus Byzantion, Thasos, Kyzikos und vielen anderen Städten an der Nordküste der Ägäis. Es läßt sich auch erkennen, daß Athen für ihre Rückgewinnung auf der Stelle eine Flotte brauchte, daß einige Städte wie Chios hartnäckig Widerstand leisteten und daß die Athener bei der Rückeroberung vorsichtig vorgehen mußten. Eine Inschrift des Jahres 408 legt folgendes fest:

[Die Athener sollen zurückgeben] die Geiseln, die sie haben, [und in] Zukunft keine (Geiseln nehmen), [und die Selym]brier sollen ihre frühere Verfas[sung, wie sie es für richtig] halten, [wiedereinsetzen] ... [Was das Geld betrifft,] das im Krieg verlorenging und [den Athen]ern oder den Verbündeten gehörte, oder wenn [die Archonten] irgendeine Schuld oder eine Kaution von jemandem fordern, der sie hat, soll diese Forderung nicht eingetrieben werden, ausgenommen Land und Ha[us].
(Meiggs-Lewis 87, Z. 8–12 u. 18–22)

Aber es läßt sich auch ein erstaunlicher Grad von Loyalität gegenüber Athen feststellen. Ein Beschluß vom Winter 410/09 bestimmt: »Zu loben sind die Neopoliten von Thasos, erstens, weil sie, obwohl sie *apoikoi* (Kolonisten) von Thasos sind und von diesem und von den Peloponnesiern belagert wurden, nicht von Athen abfallen wollten, sondern sich als gute Männer erwiesen gegenüber dem Heer und dem Volk von Athen und den Verbündeten.« (Meiggs-Lewis 89, Z. 6–11) Sogar als 405 die totale Niederlage bei Aigospotamoi dem athenischen Widerstand zur See ein Ende gemacht hatte, konnte Athen noch

die samischen Gesandten loben, sowohl die früheren als auch die jetzigen, und den Rat und die Feldherrn und die anderen Samier, denn sie sind gute Männer und tun bereitwillig Gutes, wenn sie können ... Als Gegengabe für die Wohltaten, die sie Athen erwiesen haben, jetzt noch erweisen und erweisen werden, haben Rat und Volk von Athen beschlossen, daß die Samier Athener sein sollen, die ihren Staat führen, wie sie wollen; und damit dies für beide Seiten möglichst passend geregelt wird, wie sie selbst es sagen, soll, wenn Friede geschlossen ist, gemeinsam über die anderen Angelegenheiten beraten werden. Die Samier sollen autonom sein und ihre eigenen Gesetze gebrauchen und ansonsten in Übereinstimmung mit den Eiden und Abmachungen handeln, die zwischen Athen und Samos bestehen ...

(Meiggs-Lewis 94, Z. 7–17)

Diese Jahre von 413 bis 404 machen deutlich, daß das athenische Reich eben nicht nur eine Gewaltherrschaft war. Wie schon vorher und auch später gab es damals für die Staaten der Ägäis sehr wesentliche Gründe, zusammenzuhalten. Nicht zuletzt gehörten dazu Persiens langfristige Bestrebungen, die Territorien und Einkünfte der kleinasiatischen Küstenstädte zurückzugewinnen, Bestrebungen, die seit 478 enttäuscht wurden. Persiens Anspruch bekam eine Legitimation dadurch, daß Athen 414 eine karische Revolte gegen Persien unterstützt hatte. Nach 413 schien dieses Ziel realistisch zu sein und wurde in der Folgezeit aktiv angestrebt. Es gab dafür zwei Möglichkeiten, zwischen denen Persien in den nächsten Jahrzehnten ständig hin und her schwanken sollte. Eine bestand darin, die führenden Mächte Griechenlands gegeneinander auszuspielen. Noch im Winter 412/11, in der Verbannung, nachdem er sich dem neuen persischen Vizekönig in Sardes angeschlossen hatte,

riet Alkibiades dem Tissaphernes, den Krieg nicht zu rasch zu beenden. Auch sollte er sich nicht überreden lassen, die phoinikische Flotte, die er ausrüsten ließ, herbeizuziehen, oder Geld für mehr griechische Truppen bereitzustellen und so Land- und Seemacht in dieselben Hände zu legen, sondern er sollte sie lieber auf die kämpfenden Parteien verteilen. So behalte der König die Freiheit, jeweils gegen den, der aufsässig ist, den anderen aufzubieten. Wenn nämlich See- und Landmacht in einer Hand sind, werde er keinen finden, dem er helfen könne, die jeweils dominierende Macht niederzuwerfen, sondern müsse selbst sich aufraffen und unter großen Kosten und Gefahren den Kampf auf sich nehmen. Am billigsten sei es, die Griechen die Sache untereinander austragen zu lassen, einen kleinen Teil der Kosten beizutragen und sich selbst keiner Gefahr auszusetzen.

(Thukydides 8,46, 1–2)

Gewiß ist es vorstellbar, daß Tissaphernes, was ihn selbst betraf, die Schlagkräftigkeit dieses Arguments einsah, aber es gab noch die andere Möglichkeit, sich mit Sparta einig zu werden, was, wie die Ereignisse zeigen sollten, sowohl den persischen wie auch den spartanischen Bedürfnissen entgegenkam.

Spartas Reaktion auf die Ereignisse in Sizilien bestand darin, wieder aktiv zu werden. Thukydides sagt, daß die Spartaner wegen des Kriegsausbruches 431 ein schlechtes Gewissen hatten, im Jahre 414 aber erkannten, »daß genau die gleiche Schuld, die sie selbst vorher auf sich geladen hatten, jetzt auf der Seite Athens bestehe, und nun begannen, den Krieg mit aller Kraft zu führen« (7,18, 3). Es ging jetzt nicht mehr darum, ob, sondern wo man die Initiative ergreifen sollte. Obwohl die spartanischen Feldherrn immer ein reichliches Maß an Feigheit, Unfähigkeit und Brutalität an den Tag legten, stimmten doch wenigstens bis 404 die Interessen der Einzelnen und der Gesamtheit insoweit überein, daß Sparta den Sieg erringen sollte. Um dieses Ziel zu erreichen, war ein Übereinkommen zwischen Sparta und Persien erforderlich. Bis dahin war Sparta davor zurückgescheut (s. S. 83 u. 148), aber 412 wurden zwei Verträge mit Persien geschlossen, von denen einer so naiv war wie der andere. Im Winter 412/11 sagte einer der weniger nachgiebig gesonnenen spartanischen Gesandten,

> keiner dieser Verträge sei recht so. Es sei empörend, wenn alle Gebiete, über die der König und seine Vorfahren früher geherrscht hatten, auch jetzt von ihm beansprucht würden; das bedeutet ja, daß auch alle Inseln, Thessalien, Lokris, alles bis Boiotien ihm wieder untertan sein würden, und daß die Spartaner den Griechen statt der Freiheit die persische Oberherrschaft brächten. Man müsse also einen anderen, besseren Vertrag schließen, da sie diesen selbstverständlich nicht anerkennen könnten und unter solchen Bedingungen auch sein Geld nicht annehmen wollten. Tissaphernes war darüber so erbost, daß er sich zornig zurückzog und es zu keiner Einigung kam.
>
> (Thukydides 8, 43, 3–4)

Schließlich wurde doch ein »besserer Vertrag« geschlossen, dessen Kernklausel lautete: »Das Land des Königs, soweit es in Asien liegt, soll das Land des Königs bleiben; und über sein Land soll der König bestimmen, wie er will.« (Thukydides 8, 58, 2) Diese Entscheidung, die Küste von Kleinasien als Trennungslinie anzuerkennen, wurde der »historische Kompromiß« der Griechen. Es bestanden weiterhin Spannungen, die sich aus dem Interessenkonflikt zwischen Persien und den griechischen Minderheiten in Kleinasien ergaben, oder Spannungen zwischen Spartanern, die sich wenig um Kleinasien kümmerten, und solchen, die mit Athen im Hinblick auf das panhellenische Ideal der Befreiung aller griechischen Staaten übereinstimmten. Manchmal spitzten sich diese Konflikte zu, im großen und ganzen aber behielt kühle Überlegung die Oberhand. In kurzer Zeit lieferte dieses Arrangement Sparta alles, was es sich gewünscht hatte: genügend Geld, um eine Flotte zu bauen, auszurüsten und zu unterhalten; das Vertrauen darauf, frühere Flottenniederlagen wiedergutzumachen; und die Möglichkeit, den Krieg in die Ägäis zu tragen, Athens Hauptverbündete auf den Inseln anzugreifen, die Getreideroute durch den Hellespont zu attackieren, schließlich bei Aigospotamoi 405 die athenische Flotte zu vernichten und Athen zur Kapitulation zu zwingen. Xenophon und Diodor berichten über diese Ereignisse recht ausführlich, sind aber weniger ergiebig, wenn es darum geht, die längerfristigen Möglichkeiten und Probleme darzulegen, mit denen Sparta konfrontiert war. Hier müssen wir wieder selbst versuchen, die historischen Linien nachzuziehen.

Es ergeben sich drei Hauptstränge. Der erste führt zu Lysander, der 407/06 und noch einmal 405/04 mit spektakulärem Erfolg die spartanische Flotte kommandierte. »Das Streben nach Ehre und Bewährung war dem Lysander durch die spartanische Erziehung eingepflanzt und in ihm lebendig, und man braucht dies nicht so sehr seiner natürlichen Anlage zuzuschreiben. Aber daß er mehr, als es sonst Art der Spartaner war, den Mächtigen zu schmeicheln verstand, das war wohl seine besondere Gabe, und daß er sich leicht tat, wenn es notwendig war, die Last einer ihm übergeordneten Macht zu tragen. Das halten einige für einen nicht unwesentlichen Teil der politischen Begabung«, bemerkt Plutarch (Lysandros 2, 2–3). Ebenso begabt wie ehrgeizig, nutzte Lysander alle Möglichkeiten des persönlichen Vorankommens, die ihm zugänglich waren. Die erste bestand darin, eine enge Freundschaft mit Kyros zu schließen. Kyros war von seinem Vater, König Dareios II., 408 zum Statthalter von Kleinasien ernannt worden und sah in Sparta im allgemeinen und in Lysander im besonderen Verbündete, die sowohl für die Interessen Persiens als auch für seine eigenen Interessen von Nutzen sein könnten. Eine zweite Möglichkeit bestand darin, die eigenen Freunde überall in der Ägäis in Gestalt von Kontrollkommissionen als Machtfaktoren zu etablieren, die, da sie oft aus zehn Männern bestanden, Dekarchien genannt wurden.

Von solcher Art war, wie berichtet wird, auch sein Verhalten im Falle Milets. Als seine Vertrauten und Gastfreunde, denen er versprochen hatte, beim Sturz der Demokratie und bei der Vertreibung ihrer Feinde behilflich zu sein, sich anders besannen und sich mit ihren Gegnern versöhnten, tat er zwar nach außen so, als sei er damit zufrieden und wolle die Versöhnung fördern, heimlich aber machte er ihnen schwere Vorwürfe und hetzte sie gegen die Demokraten auf. Sobald er dann erfahren hatte, daß der Aufruhr losbrach, kam er schnellstens herbei, drang in die Stadt ein und machte den ersten der Aufrührer, denen er begegnete, schwere Vorwürfe und fuhr sie grimmig an, als ob er sie bestrafen würde, den anderen aber redete er gut zu, sie sollten guten Mutes sein und weiter nichts Schlimmes befürchten, denn er sei ja zur Stelle. Doch das war Heuchelei und falsches Spiel, wodurch er erreichen wollte, daß die Führer der Demokraten nicht flohen, sondern in der Stadt blieben und umgebracht werden konnten. Und das geschah dann auch, und alle, die sich auf sein Wort verlassen hatten, wurden abgeschlachtet. (Plutarch, Lysandros 8, 1–3)

Die dritte Methode bestand darin, einen erstaunlichen Persönlichkeitskult zu schaffen, der ohne Zweifel von seinen »Freunden« mit dem nötigen Instrumentarium ausgestattet wurde. Dazu gehörten Bildwerke ebenso wie Schmeicheloden für Feste, die zu seinen Ehren abgehalten wurden. Nach unseren Informationen, die allerdings nur von einem einzigen Historiker stammen, der nach 300 schrieb, nämlich dem bei Plutarch zitierten Duris, war Lysander wahrscheinlich der erste Grieche, der zu Lebzeiten wie ein Gott oder Halbgott kultische Ehren genoß. Eine vierte Methode bestand darin, den Reichtum des ägäischen Raumes an sich zu reißen. Plutarch und Diodor sprechen von 1500 Talenten, die er nach Sparta zurücksandte, Xenophon von weiteren 470 Talenten, die er selbst mitbrachte, und Diodor berichtet, daß er 1000 Talente im Jahr an Tributen erhob. Wenn diese letzte Zahl glaubhaft ist, so läßt sie sich mit den Einnahmen vergleichen, über die das attische Reich auf dem Höhepunkt seiner Macht verfügen konnte. Hier liegt der Kern der Sache. Für Sparta bot sich die Möglichkeit, ein Seereich aufzubauen, in dem die Staaten der Ägäis das Geld zur Finanzierung der Schiffe zur Verfügung stellten, die die Garnisonen beschützten, mit deren Hilfe der Bestand eben dieser Seeherrschaft garantiert wurde. Der Preis dafür bestand darin, Lysanders eigene charismatische Rolle als Admiral, Freund des Kyros, Freund der Oligarchen und wichtigster spartanischer Politiker zu akzeptieren und auf irgendeine Art auch zu legalisieren.

Erhebung des Kyros

All dies schlug fehl. Im Jahre 402 sandte Kyros Boten nach Lakedaimon mit der Forderung, so wie er sich gegen die Lakedaimonier während des Kriegs mit den Athenern verhalten habe, sollten sich nun auch die Lakedaimonier ihm gegenüber verhalten. Die Ephoren, die diesen Anspruch für berechtigt hielten, sandten den für das betreffende Jahr gewählten Nauarchen Samios zu Kyros, damit er ihm bei Bedarf zur Verfügung stünde. Dieser wiederum führte sehr bereitwillig jedes Ansinnen des Kyros aus: mit seiner Flotte, die er mit der des Kyros vereinigt hatte, fuhr er (um Karien) herum nach Kilikien und verhinderte damit, daß sich Syennesis, der Beherrscher Kilikiens, zu Lande dem Kyros auf seinem Zug gegen den Großkönig entgegenstellen konnte. Die genaue Darstellung der Ereignisse, wie Kyros ein Heer zusammenbrachte und damit ins Innere des Landes gegen seinen Bruder zog, die Beschreibung der Schlacht und wie er dabei den Tod fand und ebenso, wie die Griechen hinterher davonkamen und sich bis zum Schwarzen Meer durchschlugen, findet man bei Themistogenes von Syrakus.

(Xenophon, Hellenika 2,1, 1–2)

Soweit Xenophon, der hier vorsichtig auf den Bericht Bezug nimmt, den er unter einem Pseudonym veröffentlichte und der uns unter dem Titel *Anabasis* erhalten ist. Daß die Expedition des Jahres 401 ein großer militärischer Erfolg war, wird deutlich. Die 10000 griechischen Söldner, die Kyros mit Spartas Hilfe heimlich angeworben hatte, besiegten die Streitkräfte Persiens, überstanden die Gefangennahme ihrer offiziellen Führer nach dem Tod des Kyros und meisterten im Winter 401/400 den gefahrvollen Rückzug nach Norden durch die Gebirge Kleinasiens ohne nennenswerte Verluste. Für jeden ehrgeizigen Griechen, der Augen im Kopf hatte, lag damit die militärische Schwäche Persiens offen zutage. Dennoch war die Expedition politisch gesehen eine Katastrophe, denn Sparta hatte mit seiner Unterstützung des Kyros dafür gesorgt, daß die Beziehungen zu seinem Bruder für die nächsten acht Jahre völlig abkühlten.

Herrschaft der Dreißig in Athen

Außerdem entstand durch Lysanders »Dekarchien« heftigste Feindschaft. Wie gewöhnlich ist Athen der einzige Fall, über den wir mehr wissen. Irgendwann im Spätsommer 404 – das genaue Datum ist umstritten – zwang Lysander die athenische Volksversammlung, eine Junta von 30 Leuten zu ernennen und in ihr Amt einzusetzen; er stellte fest, »die Athener hätten die Bedingungen des Friedensvertrages gebrochen, weil sie, seiner Behauptung nach, die Mauern später als vereinbart niedergerissen hätten« (Diodor 14,3,6). Es gibt wenige Abschnitte in der antiken Geschichte, die so gut durch verschiedene Überlieferungsstränge belegt sind wie die nachfolgenden Unruhen in Athen bis zu dem Zeitpunkt, als die Dreißig im Frühsommer 403 vertrieben wurden, die verbannten Demokraten mit Gewalt zurückkehrten und im Oktober schließlich die Demokratie wiedereingeführt wurde. Theramenes und Platons Onkel Kritias, die beiden führenden und zugleich klügsten Politiker unter den Dreißig, hatten erkannt, daß das Spiel nach den Regeln Lysanders gespielt werden mußte, obwohl sie, soweit sich aus ihrer früheren politischen Laufbahn ersehen läßt, ihrer Gesinnung nach, eher eine offene Oligarchie bevorzugten, an der alle Hopliten Anteil hatten. Kritias war bei diesem Spiel skrupelloser als Theramenes und erreichte, daß sich die Streitigkeiten zwischen ihnen verschärften und Theramenes hingerichtet wurde. Daß Kritias' Position und Herrschaft zerbrach, war teilweise auf eine zunehmende Opposition der Verbannten gegenüber den Dreißig in Athen und ganz allgemein auf die Stimmung in der griechischen Öffentlichkeit zurückzuführen, zum Teil aber auch darauf, daß Lysanders Einfluß in Sparta während des Sommers 403 allmählich schwand. Andere Dekarchien hatten möglicherweise länger Bestand, aber sie fanden mit Sicherheit alle während des Jahres 396 ein Ende, »aufgelöst durch die Ephoren, die verkündet hatten, daß alle Städte zu ihren überlieferten Verfassungen zurückkehren sollten« (Xenophon, Hellenika 3,4,2).

Drittens wurden, wie die Anordnung der Ephoren zeigt, Lysanders Macht und seine Bestrebungen allmählich als Bedrohung der überlieferten spartanischen Regierungsform gesehen und waren es vielleicht auch. Während des Jahres 403 und danach wurden seine Anhänger in Sparta gerichtlich verfolgt, er selbst zog sich rasch aus der Politik zurück, und das Regime der Dreißig in Athen fand ein Ende, denn »der (spartanische) König Pausanias war von Eifersucht auf Lysander erfüllt; denn er argwöhnte, daß dieser, wenn er seine Unternehmungen erfolgreich bis zum Ende gebracht hätte, weiteren Ruhm ernten und zugleich Athen ganz zu seinem eigenen Bereich machen werde. Deshalb zog er selbst, nachdem er drei der Ephoren für sich gewonnen hatte, an der Spitze einer Streitmacht aus Sparta aus« (Xenophon, Hellenika 2,4,29) und überwachte persönlich die Rückkehr zur Demokratie. Aber die Ursache für diese Vorgänge lag weniger darin, daß sich Lysander wie jeder hervorragende Politiker Feinde gemacht hatte, sondern wohl eher in seiner *philotimia* (s. S. 140), die für die etablierten spartanischen Wertvorstellungen eine Herausforderung bedeutete, obwohl sie Teil dieser Wertvorstellungen war.

Die spartanische Gesellschaft

Von der spartanischen Gesellschaft dieser Zeit können wir uns ein einigermaßen genaues Bild machen, zum Teil aufgrund von Plutarchs Berichten, vor allem aber durch Xenophon, der ein Zeitgenosse war, viele Jahre als Verbannter auf der Peloponnes lebte und enge Kontakte zu Sparta hatte. Seine *Hellenika*, sein Enkomion auf Agesilaos und sein *Staat der Lakedaimonier* liefern Porträts der spartanischen Führer und der spartanischen Gesellschaft, die durch die in ihnen enthaltene Sympathie um so aufschlußreicher sind, weil dadurch die verborgenen Spannungen und Widersprüche zum Vorschein kommen. Theoretisch gab es, wie Plutarch sagt,

von den vereint mit den Doriern nach der Peloponnes zurückgekehrten Herakliden in Sparta eine zahlreiche und angesehene Nachkommenschaft. Aber nicht jeder von ihnen hatte teil an der Thronfolge, sondern nur die Angehörigen zweier Familien, Eurypontiden und Agiaden genannt, wurden Könige. Den anderen stand wegen ihrer hohen Geburt kein besonderes Vorrecht im Staate zu. Vielmehr standen die Ehrenstellen allen Befähigten aufgrund ihrer Verdienste offen.

(Plutarch, Lysandros 24, 3)

Die enge Kameradschaft zwischen diesen »Gleichen« wurde verstärkt durch ein sehr intensives kommunales Leben, durch eine einheitliche und rigorose militärische und soziale Erziehung und durch ihr gemeinsames Interesse daran, Grundbesitz, Reichtum und Macht in ihren Händen zu halten. Ihr Zusammenhalt war Spartas größte Stärke, wurde damals aber auf verschiedene Weise unterminiert. Obwohl die Privilegien der Könige im Laufe der Zeit geschrumpft waren, hatte sich ihre hervorragende und überragende Position im öffentlichen Leben erhalten (s. S. 28). Durch die Auswirkungen der Erbschaftsgesetze kam es dahin, daß manche Leute reich wurden, während andere ihre bürgerlichen Rechte verloren, weil sie zu arm waren, um einen Beitrag zu den gemeinsamen Essen (Syssitien) zu leisten. Dadurch, daß Nichtspartiaten und sogar rechtlose Heloten zur Armee zugelassen wurden, war ein Widerspruch entstanden zwischen ihrem rechtlichen und ihrem tatsächlichen Status, der die Legitimität des Anspruchs der Spartiaten auf das Monopol der Macht unterhöhlte. Jetzt, da Sparta Griechenland kontrollierte und jeder Spartaner, der in öffentlichen Angelegenheiten ins Ausland ging, in ganz Griechenland eine Person von Rang und Einfluß war, standen Standesneid und Machtgier in tödlichem Widerspruch zur traditionellen Solidarität.

Es sind zwei Episoden überliefert, die dies deutlich machen. Die erste betrifft nicht Lysander selbst, sondern einen gewissen Kinadon,

einen jungen Mann von stattlichem Körperbau und kraftvollem Geiste (der im Sommer 397 eine Verschwörung angezettelt hatte). Er gehörte nicht zu der Gruppe der »Gleichberechtigten«. Als nun die Ephoren den Denunzianten nach dem mutmaßlichen Verlauf der geplanten Verschwörung fragten, berichtete der, Kinadon habe ihn einmal an den Rand des Marktplatzes geführt und aufgefordert, zu zählen, wieviele Spartiaten dort versammelt seien. »Und ich«, sagte er, »fragte ihn, als ich den König, die Ephoren, die Geronten und die übrigen gezählt hatte und etwa auf vierzig gekommen war: »Warum hießest du mich gerade diese zählen, Kinadon?« Da antwortete der: »Diese betrachte als deine Feinde, alle übrigen jedoch, die du auf dem Markt siehst, als deine Verbündeten, und das sind mehr als viertausend« ... und er habe hinzugefügt, unter den Spartiaten, die sich auf den Landgütern befänden, gebe es jeweils einen Feind, nämlich den Gutsherrn, Verbündete dagegen in großer Zahl. Als ihn die Ephoren noch befragten, wie groß er die Zahl der Mitwisser dieses Planes angebe, antwortete er, nach der Auskunft des Kinadon auch hierüber hätten sie, die Anführer der Verschwörung, nur ganz wenige, aber vertrauenswürdige Leute in ihren Plan eingeweiht: diese Gruppe behaupte aber, daß sie selbst sich mit sämtlichen Heloten, Minderberechtigten und Periöken im Einverständnis wüßten. Wo nämlich unter diesen die Rede gerade auf die Spartiaten komme, da könne keiner verbergen, daß er sie wohl am liebsten roh auffräße! ... Als dann Kinadon hergebracht und seines Vergehens überführt wurde, darauf auch alles eingestand und seine Mitwisser nannte, stellten sie ihm zuletzt die Frage, was er denn im Sinne gehabt habe mit dieser seiner Handlungsweise. Da gab er zur Antwort, er habe hinter niemandem zurückstehen wollen in Lakedaimon.

(Xenophon, Hellenika 3, 3,5–11)

Die zweite Episode hat mit Lysander zu tun, aber die Quelle liefert eine Information, die völlig aus dem Zusammenhang fällt. Als König Agis im Herbst 398 starb, standen als Nachfolger sein lahmer Bruder Agesilaos und Leotychidas zur Debatte, der Sohn seiner Frau, von dem man vermutete, daß er nicht der Sohn des Agis, sondern des Alkibiades war. Es lagen bereits sich widersprechende Gebote von Göttern, Orakeln und alle möglichen Prophezeiungen vor, als

Lysander ... zugunsten des Agesilaos ... sagte, nach seiner Meinung bedeute der Befehl des Gottes (der gelautet hatte, man müsse sich vor einem lahmen König hüten) nicht, daß man sich vor einem Mann hüten solle, der infolge eines Sturzes hinke, sondern vielmehr davor, daß einer von unechter Abstammung König werde. Auf jeden Fall müsse man doch wohl sagen, die Königsherrschaft hinke, sobald nicht mehr die Nachkommen des Herakles es seien, die die Stadt regierten. Nachdem die Stadt diese Deutung der beiden Parteien angehört hatte, wurde Agesilaos zum König gewählt. (Xenophon, Hellenika 3, 3, 3–4)

Soweit stimmen alle Quellen überein. Doch Plutarch, der sich, wie es scheint, auf den Historiker Ephoros stützt, sagt auch, daß nach Lysanders Tod in der Schlacht im Jahre 395 in seinem Hause Papiere gefunden wurden, die ein reichhaltiges Sammelsurium von Entwürfen von Reden, falschen Orakeln und selbstverfertigten Vorzeichen enthielten. Über ihre Bedeutung meint Plutarch:

Lysander faßte den Plan, die Königswürde den beiden Häusern zu nehmen und allen Herakliden gemeinsam zugänglich zu machen, oder wie einige sagen, nicht nur den Herakliden, sondern allen Spartanern, damit die Ehre nicht nur den von Herakles Entstammten, sondern den wie Herakles Gearteten zuteil würde, wenn sie nach der Leistung ausgewählt würden, die auch Herakles selbst zu göttlichen Ehren verholfen hatte. Er hoffte nun, daß für die Königswürde, wenn sie nach diesem Grundsatz vergeben wurde, außer ihm kein anderer Spartaner in Frage kommen würde. (Plutarch, Lysandros 24, 4–5)

Lysander als Königsmacher erscheint sinnvoll innerhalb der traditionellen spartanischen Begriffe, wo enge persönliche Freundschaft, die wie auch hier oft eine homosexuelle Komponente hatte, die öffentliche Politik beeinflußte. Lysander als König repräsentiert wohl eher das, was das traditionelle Sparta von ihm auch nach seinem Tod noch befürchtete, und weniger die Hoffnungen, die er sich selbst wirklich gemacht hatte. Auf jeden Fall wurden seine und Kinadons umstürzlerische Pläne, wie auch immer sie ausgesehen haben, alle vereitelt. Die spartanische Revolution ließ noch weitere 150 Jahre auf sich warten, und selbst dann hielt man sich an die Tradition: sie wurde durch Könige geführt.

Sparta und die Griechen Kleinasiens

Als Lysanders Einfluß schwand, kam in der spartanischen Politik ein anderes Konzept staatlichen Handelns zum Zuge. Die Initiative ging jetzt von den Königen aus. Die Griechen in Kleinasien hatten auf den Tod des Kyros mit der Forderung an die Spartaner reagiert, »da diese die Vorsteher von ganz Hellas seien, müßten sie sich auch ihrer, der Griechen in Kleinasien, annehmen und verhindern, daß ihr Land verwüstet würde und sie ihre Freiheit verlören« (Xenophon, Hellenika 3,1,3). Vom Herbst 400 an nahm die spartanische Unterstützung für sie wie auch für abtrünnige Satrapen und lokale Dynasten zu, wobei sowohl die panhellenische Solidarität als auch der Wunsch, ein Imperium zu errichten, Beweggründe waren. Der Hauptantrieb wurde unübersehbar im Frühling 396, als Agesilaos' erste Maßnahmen als neuer König darin bestanden, in Aulis in demonstrativer Nachahmung des Agamemnon ein Opfer zu veranstalten, sein Ziel zu verkünden, »daß die griechischen Städte in Asien ebenso unabhängig sein sollten wie die Städte in unserem Teil Griechenlands« (ebd. 3,4,5), und in drei Sommerfeldzügen die persische Position in Kleinasien zu attackieren. Er tat das mit solchem Erfolg, daß sein Hauptfeind Tissaphernes, der im Winter 401/400 vom persischen König Artaxerxes ausgesandt worden war, um die Situation nach dem Tod des Kyros zu klären, im Jahre 395 wegen seines Mißerfolgs hingerichtet wurde. Sein Nachfolger war gezwungen, einen Kompromiß anzubieten: »Der Großkönig stellt nun die Forderung, daß du in dein Land zurückkehrst und die Städte in Asien im Besitz ihrer Autonomie seien, aber ihm den alten Tribut zahlen sollen.« (Ebd. 3,4,25) Das Angebot sollte die griechischen Verfassungsvorstellungen mit persischen Steuerinteressen in Einklang bringen. Acht Jahre später hielt der Perserkönig allerdings etwas ganz anderes für richtig, denn wie unter Lysander, so hatte der Erfolg auch unter Agesilaos eine selbstzerstörerische Wirkung.

Diesmal wurden in zwei Regionen, in der Ägäis und in Mittelgriechenland, Gegenstöße in Gang gesetzt. Die persische

Flotte, die auf der Grundlage des Bestandes, der 397 die Ursache für die erste Kampagne des Agesilaos gewesen war, erneuert worden war, wurde dem Athener Konon anvertraut, der als einziger seiner Kollegen aus der Niederlage bei Aigospotamoi einen Gewinn gezogen hatte. Konon hatte sich damals als Söldnerführer im Ausland anheuern lassen, ein Verhalten, das Schule machen sollte. Er benutzte seine drei Positionen als persischer Admiral, als Söldnerführer und als athenischer Politiker dazu, Athen enger an Persien heranzubringen, die spartanische Flotte im August 394 bei Knidos zu zerstören und mit der Neuschaffung des attischen Seereiches in der Ägäis zu beginnen.

Der Korinthische Krieg

Währenddessen war es in Mittelgriechenland zu einer erneuten Verstimmung Korinths und Thebens über Sparta gekommen, die dadurch begründet war, daß man aus dem Krieg nicht den erhofften Nutzen gezogen hatte. Sie führte nicht nur wie 421/20 zu einer Entfremdung von Sparta, sondern verstärkte auch die Bereitschaft, mit Argos und Athen gemeinsame Sache zu machen. Die »Ursachen« für den komplexen und auf den ersten Blick amorphen »Korinthischen Krieg« waren gleichermaßen verwickelt und widersprüchlich. »Wir verstehen alle, ihr Athener, daß ihr gerne das Reich zurückhaben wollt, an dessen Besitz ihr euch gewöhnt habt«, läßt Xenophon (3,5,10) die Thebaner im Sommer 395 sagen, als das Bündnis zwischen Athen und Theben geschlossen wurde. Folgerichtig zählt im Winter 392/91 ein athenischer Politiker folgende Gründe für einen Krieg auf: »... unsere Stadt wird nicht frei sein, es wird uns nicht möglich sein, Trieren zu bauen und die, die wir haben, zu behalten und auszurüsten, wir werden die Inseln Lemnos, Imbros und Skyros nicht zurückbekommen noch die Chersones und die Kolonien und die privaten Besitztümer und Verpflichtungen jenseits des Meeres, bis wir nicht Sparta und seine Verbündeten geschlagen haben« (Andokides 3,14–15). Xenophon jedoch erklärt sich ausdrücklich für Sparta und gegen Theben, indem er die Provokation Spartas durch die Thebaner und die Bestechung griechischer Politiker durch persische Agenten herausstellt. Diodor behauptet, »daß sie (die Verbündeten) dachten, es würde leicht sein, die spartanische Oberherrschaft abzuwerfen, weil die

Spartaner aufgrund ihres harten Regiments bei ihren Verbündeten verhaßt waren« (15,82,2). Die *Hellenika* von Oxyrhynchos, Diodors älteste Quelle, beurteilen die Lage so, daß in Athen zwei Politiker

> es dringend wünschten, Athen feindselig zu stimmen, und zwar nicht, weil sie mit Timokrates (dem Agenten des Perserkönigs) gesprochen und Geld genommen hatten, sondern schon lange vorher. Dennoch sagen einige, daß es das Geld des Königs war, das sie umstimmte, ebenso wie die Leute in Boiotien und in den anderen Städten, die ich erwähnt habe. Diese Meinung berücksichtigt nicht, daß alle diese schon lange Feinde der Spartaner waren und schon lange versuchten, ihre Stadt zum Krieg zu bewegen. Die Argiver und Boiotier haßten die Spartaner, weil sie ihre persönlichen Feinde unter den Bürgern zu Freunden hatten, während die Kriegsbefürworter in Athen die Athener vom Weg der Freundschaft und des Friedens abbringen und sie zu Krieg und ehrgeizigeren Geschäften bewegen wollten, damit sie selbst aus den öffentlichen Geldern einen Gewinn ziehen konnten. Unter den Korinthern ähnelten diejenigen, die die Dinge in Bewegung bringen wollten, meistens den Argivern und Boiotiern darin, daß sie Feinde der Spartaner waren: Timolaos hatte als einziger einen individuellen Grund für seine Feindschaft, obwohl er vorher ein großer Freund und Befürworter der Spartaner gewesen war. (Hellenika Oxyrhynchia 7, 2–3)

Alle antiken Autoren unterschätzen übrigens den Zusammenhang zwischen diesen Ereignissen und den Streitfragen und Konstellationen des Peloponnesischen Krieges, zu dem der Korinthische Krieg gewissermaßen die Koda bildete.

Der Verlauf des Krieges machte wieder einmal klar, von welcher Bedeutung Persien und die Seemacht für die Angelegenheiten Griechenlands waren. Zu Land blieb der Krieg zusammenhanglos und bruchstückhaft und entwickelte sich vor allem zu einer Auseinandersetzung um den Besitz des Isthmus, die zerstörerische Wirkung für Korinth selbst hatte. Wie um die regionalen Machtzusammenhänge und Loyalitäten zu betonen, blieb die übrige Peloponnes bemerkenswert loyal gegenüber Sparta.

Konon

Zur See aber wurde Konon immer erfolgreicher, die Interessen der Athener und Perser divergierten immer mehr, und Sparta konnte zunehmend diese Lücke füllen. Während des Winters 392/91, als nach und nach die Berichte über Konons Tätigkeit zu den Lakedaimoniern drangen, nämlich, daß er nicht nur den Athenern mit dem Gelde des Großkönigs ihre Mauern wieder aufrichte, sondern aus denselben Mitteln auch die Flotte unterhalte, mit der er auf dem besten Wege sei, die Inseln sowie die Küstenstädte des Festlandes wieder für die Athener zu gewinnen, da gelangten sie zu der Meinung, wenn sie Tiribazos, den Feldherrn des Großkönigs, hierüber genauer ins Bild setzten, würden sie Tiribazos entweder dazu bringen, auf ihre Seite überzugehen oder wenigstens die weitere Zahlung des Unterhalts für Konons Flotte zu unterbinden. Sie faßten also den entsprechenden Beschluß und entsandten Antalkidas zu Tiribazos mit dem Auftrag, diesen über die Vorgänge zu unterrichten und zu versuchen, für Lakedaimon Frieden mit dem Großkönig zu erwirken ... Was die Griechenstädte in Kleinasien angehe, so würden die Lakedaimonier sie dem König nicht länger streitig machen, sondern sich zufriedengeben, wenn nur sämtliche Inseln und die übrigen Städte ihre Unabhängigkeit wahren könnten. (Xenophon, Hellenika 4,8,12 u. 14)

Wenn dieses Unternehmen auch scheiterte, so wurde der Kontakt zwischen Athen und Persien doch unterbrochen, als Konon im Frühling 391 gefangengenommen wurde. In der Folgezeit nahm die Tendenz Athens zu, nach Vorstellungen zu handeln, die sich am Zustand vor 404 orientierten, und Sparta war immer erfolgreicher mit seiner Methode, mit Hilfe kleiner militärischer Einheiten Verwüstung anzurichten. Beide Entwicklungen bewogen Persien vermutlich dazu, sich endgültig auf die Seite Spartas zu schlagen.

Persien

Der König Artaxerxes hält es für gerecht, daß die Städte in Asien ihm gehören und auch die Inseln Klazomenai und Kypros, und daß die übrigen griechischen Städte, kleine wie große, in Unabhängigkeit gelassen werden, ausgenommen Lemnos, Imbros und Skyros; diese sollen wie in der Vergangenheit den Athenern gehören. Wer aber diese Friedensbedingungen nicht annehmen will, gegen den werde ich Krieg führen mit denen zusammen, die diesen Frieden wollen, zu Lande und zu Wasser mit meiner Flotte und meinem Gelde.
(Xenophon, Hellenika 5,1,31)

So lautete der Erlaß des Perserkönigs, der bei einer Konferenz im Winter 387/86 erging. Die Athener, die wieder blockiert und durch eine spartanische Flotte vom Hungertod bedroht waren, hatten keine andere Wahl, und bei ihren anderen Verbündeten herrschte wenig Bereitschaft zum Krieg. Sparta, das doch ein Imperium in Kleinasien verloren hatte, war nun im Begriff, im griechischen Mutterland ein anderes Imperium zu gewinnen. Der Friede, der entweder der Friede des Antalkidas oder Königsfriede genannt wird, wurde im Frühjahr 386 unterzeichnet. Xenophon berichtet, wie Sparta sich daran machte, widerspenstige Staaten unter seine Knute zu zwingen, wie es in Theben eine Garnison einrichtete, wie es existierende oder sich bildende Staaten auflöste, und wie es im allgemeinen »Autonomie« im Hinblick darauf interpretierte, was ihm genehm war, während es sich an seine Verpflichtungen im Handel mit Persien insofern hielt, als es die Aufstände in Zypern und in Ägypten gegen Persien nicht unterstützte.

Auf diese Weise entwickelte Sparta sein drittes und erfolgreichstes Konzept der Außenpolitik, das den Kompromiß von 412 wiederaufnahm und, soweit bekannt, von allen spartanischen Politikern akzeptiert wurde. Auch für Persien war dies ein ideales Arrangement, das die persischen Militärs noch 333/32 angesichts der Invasion Alexanders wieder aufzugreifen versuchten. Bei den anderen Griechen führten diese Vereinbarungen und die Art, wie die Spartaner sie interpretierten, zu einem Groll, dessen Auswirkungen sich bis 338 und in spätere Zeit verfolgen lassen.

9. Gesellschaftliche Veränderungen

Die achtziger Jahre als Wendepunkt

Die achtziger Jahre des 4. Jahrhunderts v. Chr. bedeuteten einen Wendepunkt. Bis in diese Dekade waren die hauptsächlichen Trennungslinien innerhalb der griechischen Gesellschaft seit fast einem Jahrhundert unverändert geblieben, und die vorherrschenden Formen sozialer Artikulation hatten sich seit annähernd 300 Jahren nicht verändert. In der Folgezeit aber unterlagen alle Teile dieses Bildes einer rapiden Veränderung. Neue Zentren politischer und militärischer Macht entstanden und hatten einen starken Einfluß auf die Ereignisse: die Monarchie, die Reiterei und das Söldnerwesen erhielten immer größere Bedeutung. Ansichten, Glaube und Geschmack änderten sich, und das führte zu einer wesentlichen Modifizierung der Institutionen der Staaten. Von den dreißiger Jahren an verlangsamte sich das Tempo dieser Entwicklung. Politisch gesehen überlebte die makedonische Vorherrschaft, seit sie von Philipp nach 338 etabliert war, alle Gefährdungen und blieb der maßgebende Orientierungspunkt der griechischen Politik, bis Makedonien durch Rom ersetzt wurde. Im östlichen Mittelmeerraum ergab sich nach dem Zusammenbruch Persiens unter dem Angriff Makedoniens von 334 an eine neue Aufteilung in Zonen, die auf Makedonien und auch auf den uralten Machtzentren Ägypten, Syrien-Mesopotamien und Kleinasien basierte und ebenfalls stabil blieb bis zur Eroberung durch die Römer. Kulturell gesehen entwickelte sich in Griechenland selbst und in den in kurzer Zeit hellenisierten Gebieten des östlichen Mittelmeers eine neue Art von griechischer Zivilisation, die offen war für alle, die griechisch sprechen und sich wie Griechen verhalten wollten. Sie beruhte auf Städten, die als kulturelle und administrative Zentren aufblühten, gleichzeitig aber dem Ehrgeiz, wirkliche Machtfaktoren zu sein, abgeschworen hatten und sich eher um Sicherheit durch Protektion, um Autonomie und um Privilegien bemühten, die ihnen die herrschenden Könige gewähren konnten. Im allgemeinen besaßen sie eine formal demokratische Regierung, die aber in Wirklichkeit oligarchisch war.

Natürlich darf man nicht allzu schematisch urteilen. Die hellenistische Gesellschaft war an sich ebenso eine Sache, die sich entwickelte, wie es die klassische Gesellschaft gewesen war, wobei andererseits auch viele Elemente des öffentlichen und privaten Lebens aus dem fünften Jahrhundert unverändert bis in die dreißiger Jahre des dritten Jahrhunderts und länger erhalten blieben. Dennoch bleibt die Tatsache bestehen, daß zwischen den achtziger und den dreißiger Jahren eine auffallende Veränderung stattfand, die erklärt und interpretiert werden muß, eine Aufgabe, die besonders schwer zu lösen ist.

Politische Stagnation

Von etwa 390 an wird es schwieriger, die Ereignisse zu verfolgen, die sich gleichzeitig in vielen Bereichen zutrugen, ohne eindeutig miteinander verknüpft zu sein, und die sich nicht immer genau datieren lassen. Man bekommt einen Eindruck der Verwirrung, der Gehemmtheit und der Stagnation, wenn man beobachtet, wie von diesem oder jenem Staat Initiativen ergriffen werden und dann im Sand verlaufen oder zu fatalen inneren Widersprüchen führen. Doch jede Erklärung dieser Stagnation, die sich auf einen einzelnen Staat beschränkt, kann nur zu einem voreiligen Urteil darüber führen, ob die entscheidenden Veränderungen nun in der griechischen Gesellschaft selbst ihre Ursache hatten oder von außerhalb kamen. Gleichzeitig darf man die kreativen Anstöße nicht unterschätzen, die auf der politischen Ebene immer wieder von klugen Leuten gegeben wurden, um dieser Stagnation ein Ende zu machen.

Von noch größerer Bedeutung ist es, daß das vierte Jahrhundert in technischer und geistiger Hinsicht eine außerordentlich schöpferische Epoche der griechischen Kultur war. Von der schönen Literatur in ihren traditionellen Gattungen ist allerdings so wenig erhalten, daß man sich kaum ein Urteil bilden kann.

Wissenschaft und Technik

Im Bereich von Technik und Wissenschaft fand geradezu eine Explosion statt. Sie betraf tatsächlich alle Bereiche menschlicher Tätigkeit und Wißbegier. Isokrates und andere schufen ein Erziehungssystem, das die ganze Antike hindurch den Anforderungen der Gesellschaft genügte und das heute noch fortwirkt. Platon definierte die fundamentalen Probleme der Philosophie auf eine Art und Weise, die die Basis bildete für die gesamte abendländische Philosophie seit dieser Zeit. Ephoros schuf die neue Gattung der Universalgeschichtsschreibung, während Philistos und Theopompos eine Art der Geschichtsschreibung erfanden, die sich mit Männern von Macht und Einfluß befaßte (im einzelnen ihre Bücher *Über Dionysios* und ihre *Philippika*). Im Bereich der Pflanzenbiologie, in der Meteorologie, in der Tierphysiologie, in der Geologie und in der Medizin wurden die Phänomene der Natur klassifiziert und analysiert, ebenso die politischen Systeme. Es wurden stichhaltige Methoden der Argumentation und der Beweisführung formuliert und auf Geometrie und Rhetorik angewandt. Es entstanden Denkmodelle, die zur Erklärung und Vereinfachung der Phänomene dienten, wie etwa Eudoxos' Theorie der konzentrischen Sphären, entwickelt, um die Standorte und die scheinbar rückläufigen Bahnen der Planeten zu erklären, und Aristoteles' Begriffe des *telos* (Ende, Ziel) und der *entelecheia* (volle Verwirklichung des Möglichen), die entwickelt wurden, um die biologischen Vorgänge von Wachstum und Reife zu erklären. Es wurden moralische Systeme mit einer rationalen Basis erdacht und an die Stelle der überlieferten Systeme gesetzt, die die Religionen zur Grundlage hatten. Zur Information und Beratung für alle Tätigkeiten, die dem Bürger oder dem Aristokraten angemessen waren, wurden zahllose Handbücher verfaßt. Das umfangreichste, geradezu übermenschliche Werk hinterließ Aristoteles, der die Welt geistig und moralisch neu definierte und das menschliche Wissen in wirklich jedem Bereich systematisierte. Unter welchem Gesichtspunkt auch immer man sich diese fünfzig Jahre ansieht, man muß dabei diese Atmosphäre der Kreativität und der Leistung in Betracht ziehen, und man darf nicht allzu leichtfertig einen Kontrast zum politischen Bereich annehmen.

Quellen

Unglücklicherweise sind hier die Quellen weniger hilfreich, als sie es sein könnten. Athenische Reden und Inschriften liefern Einzelaspekte, aber keinen wirklichen Bericht und keine tiefer gehende Analyse. Von den Historikern tut Xenophon in den letzten Büchern seiner *Hellenika* nichts weiter, als nacheinander bestimmte hervorragende Ereignisse der achtziger, siebziger und sechziger Jahre aufzuzählen, und er schließt nach der Schlacht bei Mantineia 362 mit den bitteren Worten: »Jede Seite beanspruchte den Sieg für sich, aber keine schien im Vergleich zur Zeit vor der Schlacht irgendeinen Vorteil an Land, Städten oder Macht gewonnen zu haben. Die Verwirrung und Unordnung in Griechenland waren nach der Schlacht größer als vorher.« (7, 5, 27) Die *Hellenika* anderer Autoren dieser Epoche (Anaximenes, Kallisthenes u. a.) sind unwiederbringlich verloren. Man muß sich an Diodors Zusammenfassung der Universalgeschichte des Ephoros halten, die parallel zu Xenophon einen Bericht über die Ereignisse bis 362 enthält und von da an bis 336 der einzige erhaltene Bericht über die Geschichte Griechenlands ist; leider ist er mangelhaft. Dort, wo Diodor auf so leidenschaftliche und scharfsinnige Geschichtsschreiber wie Thukydides, den Autor der *Hellenika* von Oxyrhynchos, Philistos oder Theopompos zurückgeht, schlägt die Qualität des Originals überall durch, aber in den Büchern 15 und 16 ist die Erzählung flach und farblos. Sie weist eine ziemlich dumpfe, mythengebundene Religiosität auf, neigt eher zur Klischeedarstellung von Tugend und Laster als zu politischem Realismus und zeigt keinerlei Sinn für Dramatik. Noch schlimmer ist dies: Ephoros hat das Problem der Beschreibung von gleichzeitig an verschiedenen Orten stattfindenden Ereignissen dadurch »gelöst«, daß er über das Geschehen auf einem Schauplatz während einer längeren Periode bis zu einer natürlichen Zäsur zusammenhängend berichtet, wobei der chronologische Zusammenhang unklar bleibt und Verbindungen zu Vorgängen, die zur gleichen Zeit anderswo stattfanden, nicht so deutlich wie notwendig gekennzeichnet werden. Es wäre etwas anderes, wenn wir besseren Zugang zu den allem Anschein nach farbigeren und lebensvolleren Berichten des Philistos und des Theopompos hätten, aber selbst dann wäre es notwendig, eine Interpretationsweise zu entwickeln, mit deren Hilfe man sich von der biographischen Methode dieser Autoren unabhängig machen könnte. Unter den gegebenen Umständen sind wir jedoch auf uns selbst und auf die erhaltenen Berichte als Rohmaterial angewiesen.

Entwicklung des Stadtstaates

Die Interpretation muß von den Institutionen, Werten und Ideen ausgehen, die am meisten verbreitet waren. Die wichtigste Institution war der Stadtstaat, der einen Konflikt von Ideen und Idealen mit sich brachte. Einerseits war er ein vitales und attraktives politisches Prinzip. Es bestand nicht der Zwang, ihn zu verändern oder als Regierungssystem abzuschaffen, sondern ihn weiterzuentwickeln und an seinen Körperschaften in vollem Umfang teilzuhaben. Man kann verfolgen, wie sich eine Region nach der anderen – Achaia in der Mitte des fünften Jahrhunderts, Boiotien von 446 an und Aitolien um 367 – bemühte, von der geographischen Organisation weg zu irgendeiner Form von Bundesstaat oder noch besser zu einer einheitlichen, zentralisierten und demokratisierten Staatsform zu kommen. Auch der Drang, an der Regierung teilzuhaben, war eine starke Antriebskraft. Das zeigt sich nicht nur an den vereitelten Plänen des Kinadon in Sparta (s. S. 176), sondern auch darin, daß in ursprünglich oligarchischen Staaten die Anfänge beschlußfähiger Volksversammlungen in Erscheinung treten. Aristoteles verarbeitet diese Entwicklung und definiert den Bürger in seiner Funktion als jemanden, »der die Freiheit hat, an Regierung und Rechtsprechung teilzuhaben« (Politik 1275b 18). Er betont ausdrücklich, daß es nicht genüge, die privaten Bürgerrechte zu erlangen. Solche Vorstellungen bewirkten, daß die Struktur des Stadtstaates sich stabilisierte und vielleicht auch verknöcherte. Die Dichter des fünften Jahrhunderts scheuten sich nicht, mit dem Wort *polis* Gebiete wie die Peloponnes oder sogar sich ausweitende Monarchien wie das Perserreich zu bezeichnen, aber Aristoteles war sicher, daß »eine Polis nicht aus zehn Menschen bestehen kann, und daß eine Polis, die aus 100000 Menschen besteht, nicht länger eine Polis ist« (Nikomachische Ethik 1170b 31).

Andere Vorstellungen und Bedürfnisse weisen in eine andere Richtung. 388 oder 384 hielt der Rhetor Lysias bei den Olympischen Spielen eine Festrede, in der er folgendes sagte: »Ich komme..., weil ich glaube, daß es die Aufgabe eines tüchtigen Mannes und würdigen Bürgers ist, bei wichtigen Anlässen seinen Rat zu erteilen, wenn er sieht, daß Griechenland in einer so schändlichen Verfassung ist, weil ein großer Teil den Barbaren unterworfen ist und so viele Städte von Tyrannen vernichtet sind« (33, 3). Ziel seiner Angriffe waren Persien und Dionysios von Syrakus. Vergeblich forderte er Sparta auf, die Griechen gegen diese anzuführen. 380 wandte sich ebenfalls bei den Olympischen Spielen ein anderer Redner, Isokrates von Athen, in einer Rede, die vollständig erhalten ist, gegen die Spartaner selbst:

Wer wird sich eine Lage wünschen, in der Piraten das Meer unter ihrer Kontrolle haben und leichtbewaffnete Söldnertruppen die Städte besetzen? Anstatt für ihr Land gegen andere zu kämpfen, kämpfen die Bürger innerhalb der Stadtmauer gegeneinander. Mehr Städte sind Gefangene geworden als vor dem Frieden. Umstürze sind so häufig, daß diejenigen, die in ihren Städten leben, viel verzagter sind als die mit Verbannung Bestraften, denn die einen fürchten die Zukunft, die anderen aber erwarten, jeden Augenblick zurückkehren zu können. So weit sind die Städte von Frieden und Autonomie entfernt, daß manche von Tyrannen beherrscht werden, andere von spartanischen Harmosten, wieder andere liegen in Trümmern oder werden von Barbaren beherrscht. (Isokrates 4, 115–117)

Beide Redner artikulieren eine neue, fundamentale und weitreichende Tatsache in der griechischen Politik, nämlich das Ressentiment, das man überall gegenüber denjenigen Stadtstaaten empfand, die andere Staaten unterwarfen und die ihre Möglichkeiten dazu benutzten, die eigenen Meinungsverschiedenheiten und den eigenen Ehrgeiz auf Kosten anderer auszuleben. Solche Ressentiments waren bereits für die Auflösung des athenischen Reiches mitverantwortlich gewesen. Jetzt aber, als die Werte der Autonomie und der Regierungsfähigkeit immer stärkere Geltung bekamen, waren die Wege des zwischenstaatlichen Zusammenhangs oder der Konzentration der Mittel, wie Athen und Sparta sie beschritten hatten, einfach nicht mehr gangbar. Man wandte sich davon ab und suchte nach akzeptableren Methoden des zwischenstaatlichen Umgangs. Der offensichtliche Mangel an Zusammenhang in der Politik des vierten Jahrhunderts ist darauf zurückzuführen, denn diese Suche nahm verschiedene widersprüchliche Formen an. Athen, das immer noch den ägäischen Raum beherrschen mußte, um die eigene Nahrungsversorgung sicherzustellen, versuchte – nicht sehr erfolgreich – seinem Imperialismus einen humanen Anstrich zu geben. Die internationale Diplomatie der höchsten Ebene war nicht mehr eine Sache bilateraler Arrangements; statt dessen waren alle führenden Staaten an Kongressen und an den multilateralen Friedensverträgen der siebziger und sechziger Jahre beteiligt, die als allgemeine Friedensverträge anerkannt wurden.

Da sich die schwächeren Staaten bemühten, den Rücken von Möchtegern-Imperialisten freizubekommen, bestand sowohl in der politischen Praxis als auch in der von den zeitgenössischen Denkern formulierten politischen Theorie ein zunehmender Druck in Richtung auf die politische Unabhängigkeit und die wirtschaftliche Autarkie der einzelnen Staaten.

Autonomie und Autarkie

Doch auch dieses Streben barg einen Widerspruch in sich, denn Sicherheit, Unabhängigkeit und Autarkie waren im vierten Jahrhundert nicht mehr in der Weise möglich wie noch im fünften. Sie waren eine Idealvorstellung, die nur verwirklicht werden konnte, wenn die Unabhängigkeit eines Staates wirksam verteidigt wurde, notfalls mit Gewalt. Aber während das Ideal der Teilhabe an der Regierung kleine Einheiten erforderte, war das Ideal der Selbstverteidigung eher auf große Einheiten oder auf die Notwendigkeit einer Schutzmacht ausgerichtet. Solche Garantien brachten aber eine sehr zwiespältige Beziehung mit sich, die leicht zu einer Unterordnung unter den Protektor werden konnte. Gerade deshalb, weil die traditionellen griechischen Stadtstaaten keine Möglichkeit sahen, die Unterordnung eines Staates unter einen anderen mit den Wertvorstellungen zu verknüpfen, die so wichtig geworden waren, konnten in den Randbereichen griechischer Kultur monarchische Machthaber so erfolgreich vordringen, indem sie die freigewordene Rolle der Führungs- und Schutzmacht übernahmen und für ihre eigenen Zwecke nutzten.

Änderung des Publikumsgeschmacks

Andere Veränderungen spiegeln Entwicklungen im sozialen Bereich wider. Beispielsweise hat die Komödie des Aristophanes keine Scheu vor Zoten und Grobheiten, und die Maler des fünften Jahrhunderts gaben auf Gefäßen und Wänden ohne Hemmungen vielerlei erotische und homoerotische Vorgänge wider. All dies verschwand nach 400 allmählich, sowohl in der Komödie als auch in der Malerei. Die Gründe sind vielfältig und keineswegs offenkundig. Einer mag der Niedergang der attischen Vasenmalerei im vierten Jahrhundert gewesen sein, als man nicht mehr in der Lage war, die Innovationen der Blütezeit der Wand- und Vasenmalerei zu pflegen und am Leben zu erhalten. Doch anderswo wurden weiterhin bemalte Gefäße dieser Art hergestellt, besonders in Boiotien und Süditalien, und ihre bevorzugten Motive sind Karikaturen oder Theaterszenen. Offensichtlich haben wir es mit einer Verlagerung des Geschmacks von Künstlern und Käufern zu tun. Die Homosexualität wiederum war im fünften Jahrhundert als soziales Ritual zwischen den Aristokraten und ihrer Klientel geradezu institutionalisiert. Die Wandmalereien von Paestum und Platons *Symposion* liefern uns ein Jahrhundert später ergänzende Bilder dazu (vgl. das Umschlagbild dieses Buches). Athenische Reden des vierten Jahrhunderts machen zwar deutlich, daß einige reiche Einzelpersonen oder Gruppen ihren Lebensstil nicht änderten, doch der politische und wirtschaftliche Ruin vieler alter Aristokratenfamilien Athens hat solche Darstellungen vermutlich hinfällig gemacht. Von den zwanziger Jahren des vierten Jahrhunderts an geben die Komödien Menanders, die sich mit Reichtum, bürgerlichem Status, romantischer Liebe und Wechselspielen der Charaktere befassen, ein ganz anderes Spektrum von Leidenschaften und Wünschen wieder, als es noch in den späten Stücken des Aristophanes sichtbar wird. Es hatte also eine Verlagerung des Publikumsgeschmacks stattgefunden, die sich allerdings nicht genauer datieren läßt, da aus der Zeit zwischen 380 und 320 keine Komödien erhalten sind. Generell läßt sich eine zunehmende Zurückhaltung feststellen sowohl im Hinblick auf heterosexuelle als auch auf homosexuelle Beziehungen, was aber offenbar nicht bedeutet, daß sich das sexuelle Verhalten in Wirklichkeit änderte.

Eine weitere, ebenso komplexe Verlagerung kann in der Haltung gegenüber der Vergangenheit festgestellt werden. Am Ende des Jahres 348 versuchte der athenische Politiker Aischines, die öffentliche Meinung in Athen und Griechenland gegen Philipp aufzubringen. 343 beschreibt Demosthenes seine Taktik so:

Wer war es, der laut schrie, daß Philipp sich die Macht über Griechenland und den Hellespont aneignet, während ihr schlaft? Wer war es, der diese wunderschönen langen Reden hielt und den Beschluß des Miltiades und des Themistokles und den Eid der Epheben im Tempel von Aglauros vorlas? War es nicht Aischines? (Demosthenes 19, 303)

Später, im Jahre 346, hatte Aischines seine Meinung geändert und riet zum Frieden mit Philipp. Da sah die Sache anders aus.

Die politischen Redner sind geschlossen aufgestanden und haben keinen Versuch gemacht, die Sicherheit des Staates zu erörtern, sondern sie haben euch aufgefordert, auf die Propyläen der Akropolis zu starren und euch die Schlacht von Salamis und die Gräber und Trophäen eurer Vorfahren in Erinnerung zu rufen. Ich sagte, daß wir uns in der Tat an all diese Dinge erinnern sollten, daß wir aber die klugen Entscheidungen unserer Vorfahren nachahmen und ihr Fehler und unklugen Eifersüchteleien vermeiden sollten. Ich habe gedrängt, daß wir uns an die Schlacht von Plataiai, die Kämpfe vor Salamis, die Schlacht bei Marathon und vor Artemision und an den Feldherrn Tolmides halten sollten, der furchtlos mitten durch die feindliche Peloponnes marschierte mit einem Häuflein von tausend Athenern, daß wir uns aber nicht an das Beispiel der sizilischen Expedition halten sollten, die man zur Hilfe für Leontinoi aussandte, als der Feind in unser Land eingedrungen war und Dekeleia gegen uns befestigt hatte ...

(Aischines 2, 74–77)

Bei Aischines und seinen Zeitgenossen zeigt sich ein Mangel an Bindung an die Vergangenheit, der in den Reden der achtziger und siebziger Jahre nicht vorhanden war. Die berühmten Schlachten und Feldzüge sind nicht ihre, sondern die ihrer »Vorfahren«. Man kann sie als Standardelement der politischen Auseinandersetzungen oder als Bestandteil der politischen Argumentation verwenden, man kann mit ihnen jonglieren und sie verwerten, wie es einem paßt.

Ein anderes Beispiel liefert eine Parallele dazu. Es sind Fragmente einer großen, um 279 aufgestellten Inschrift erhalten, die von 502/01 an die Sieger – Dichter, Choregen und Schauspieler – der Dichter-, Phylen- und Schauspielwettbewerbe aufzählt, aus denen das Fest der Dionysien in Athen bestand. In zwei erhaltenen Einleitungssätzen heißt es: »Unter dem Archontat des Theodotos (387/86) haben die Veranstalter der Tragödie zum erstenmal ein altes Stück wiederaufgeführt« und »Unter dem Archontat des Theophrast (340/39) haben die Veranstalter der Komödie zum erstenmal ein altes Stück wiederaufgeführt« (IG II² 2318, Z. 201–203 u. 316–318). Gewiß wurden weiterhin neue Tragödien geschrieben und aufgeführt, ihre Autoren wurden berühmt, und es ist fragwürdig zu sagen, daß sie weniger gut waren als ihre Vorgänger im fünften Jahrhundert, weil ihre Werke nicht überlebt haben. Aber es scheint doch so, als ob die Dichter des vierten Jahrhunderts nicht die besten Köpfe der

Zeit in ihren Reihen hatten, und als ob die drei großen Dramatiker des fünften Jahrhunderts zunehmend als Klassiker betrachtet wurden, so wie wir es mit Mozart und Beethoven tun. Dieser Vorgang war um 330 abgeschlossen, als der athenische Politiker Lykurgos ein Gesetz erließ,

> daß Bronzestatuen der Dichter Aischylos, Sophokles und Euripides aufgestellt werden sollen, daß ihre Tragödien aufgeschrieben und offiziell vom Staat aufbewahrt werden sollen und daß der Stadtschreiber sie lesen und mit den Worten der Schauspieler vergleichen solle; es solle gesetzwidrig sein, bei der Aufführung vom autorisierten Text abzuweichen. (Plutarch, Moralia 841 e)

Für diesen Mangel an Kontinuität muß es eine Erklärung geben. Es ist kaum möglich, daß eine Verlagerung zuerst auf seiten des Publikums stattfand, denn daß Tragödie und Komödie populär waren, geht aus den Theatern hervor, die im vierten Jahrhundert überall in Griechenland gebaut wurden. Von größerer Bedeutung ist es, daß die Dichter zunehmend auf Schwierigkeiten und Versuchungen stießen, die selbst ein Teil des sozialen Wandels waren. Jemand, der an Rhetorik interessiert war, hatte mehr Möglichkeiten, wenn er eine Rede in einer der drei Gattungen, die die Theorie des vierten Jahrhunderts kannte, verfaßte, also eine Festrede, eine Gerichtsrede oder eine politische Rede. Die Dichter des fünften Jahrhunderts waren auf ihrem Höhepunkt Moralphilosophen und Theologen gewesen, die dem intellektuellen Hauptstrom ihrer Zeit folgten. Sie waren in der Lage gewesen, die Geschichten und Mythen, die ihnen das Material lieferten, zu deuten. Die Themen, die die Tragödie in ihrer Blütezeit so außerordentlich gut verarbeiten konnte, waren die Beziehungen des Menschen zu seinen Mitmenschen, zu den Kräften in ihm selbst, zu den Göttern und zur Außenwelt. Aber die Zeugnisse, die wir haben, vor allem natürlich die Platonischen Dialoge, legen die Vermutung nahe, daß die Probleme, die die Philosophie nach Sokrates beschäftigten, kaum innerhalb der Traditionen der Tragödie zu fassen waren. Epistemologie, Mathematik und Astronomie, die Bedeutung so komplexer Begriffe wie »Tugend«, »Glück«, »Gerechtigkeit«, die Schaffung angemessener sozialer und politischer Beziehungen unter den Bürgern einer Stadt, das alles waren keine Themen, die sich ohne weiteres aus den Mythen über Ödipus, Theseus oder Agamemnon ableiten ließen.

Mythos

Hier liegt der Kern des Problems, nämlich Stellung und Funktion des Mythos im zeitgenössischen Denken nach 400. Das berührt nicht nur die Kunstform der Tragödie oder ihre Beziehung zur Philosophie, aber weil dies wohl als erstes wahrgenommen wurde, wollen wir davon ausgehen. Im fünften Jahrhundert hat man nur sehr selten gegen die Überlieferung verstoßen, das Thema der Tragödie aus den mythischen Geschichten auszuwählen, die in den heroischen Zeiten vor und nach dem Trojanischen Krieg angesiedelt waren. Man empfand dies damals als konstruktive Einschränkung, denn sie machte eine Distanzierung und Formalisierung möglich und gab gleichzeitig dem Dramatiker ein Gefühl der Kontrolle über Material, das sonst hätte abstoßend wirken können. Aber die Tradition konnte auch durchbrochen werden, wie gelegentliche Ausflüge des Euripides in den Bereich der Parodie und des Melodrams zeigen, und die Mythen mußten dann um so drastischer umgeschrieben und neu interpretiert werden, wenn die fundamentale Absicht, die Gegenwart zu begründen und zu erklären, aufrechterhalten werden sollte. So ergab sich die Alternative, sich entweder auf Kosten intellektueller Befriedigung an die Mythen zu klammern, wie es die Dichter des vierten Jahrhunderts anscheinend getan haben, oder die philosophischen Probleme auf dem geraden und direkten Weg anzugehen und die Mythen beiseitezulassen, wie Platon das tat.

Andernorts läßt sich ebenfalls Unsicherheit im Hinblick auf die Aufgabe des Mythos feststellen. So zeigten beispielsweise im späten fünften Jahrhundert die Skulpturen auf den Friesen und Giebeln Mythen oder Feste, die eng mit der Gottheit des jeweiligen Tempels verbunden waren. Das gilt aber nicht mehr für die beiden Tempel des vierten Jahrhunderts, deren Schmuck wir kennen, nämlich den des Asklepios in Epidauros (gebaut wahrscheinlich zwischen 380 und 360) und den der Athena Alea in Tegea (wahrscheinlich aus der Mitte des Jahrhunderts). Letzteren beschreibt Pausanias:

Die Figuren am Frontgiebel zeigen die Jagd auf den Kalydonischen Eber mit dem Eber in der Mitte und Atalante, Meleagros, Theseus, Telamon, Peleus, Polydeukes, Iolaos, der an den meisten Arbeiten des Herakles teilhatte, und Prothoos und Kometes, den Söhnen des Thestios und den Brüdern der Althaia, auf der einen Seite. Auf der anderen Seite des Ebers befindet sich der schon verwundete Alkaios, der seine

Axt hat fallen lassen und von Epochos gehalten wird. Neben ihm Kastor, Amphiaraos, der Sohn des Oikles, Hippothoos, Sohn des Kerkyon, der der Sohn des Agamedes war, welcher wiederum der des Stymphelos war, und als letzter von allen Peirithoos. Auf dem Rückgiebel ist der Kampf des Telephos und des Achilles auf der Ebene von Kaikos dargestellt. (Pausanias 8, 45, 6–7)

Der Zusammenhang zwischen diesen Sagen und Heroen und Athene ist bestenfalls schwach. Der Tempel war offensichtlich zum Träger separater, bildhauerisch geeigneter Darstellungen geworden und bekam keine thematisch einheitliche Ausstattung, die sich nur auf die Gottheit bezog.

Ein weiterer Bruch mit den überlieferten Mythen ist in der Erziehung erkennbar. Für die altmodischen Leute bildeten Homer, Hesiod und die anderen Dichter zusammen mit der Musik, dem Tanz und kriegerischen Übungen eine kulturelle Einheit, der Pindars Normen entsprachen (s. S. 45), die aber kaum Raum ließ für kritisches und kreatives Denken. Vertreter neuerer Erziehungsvorstellungen stießen oft auf Ablehnung und Intoleranz. Noch in seinem letzten Werk, dem *Panathenaikos*, der zwischen 342 und 339 entstand, beklagt sich Isokrates:

Einige meiner Freunde kamen zu mir und sagten, daß drei oder vier gewöhnliche Sophisten, die den Anspruch erhoben, alles zu wissen, und überall auftauchten, im Lykeion gesessen und über die Dichter, besonders über Homer und Hesiod, gesprochen hätten. Sie hätten nichts eigenes zu sagen gehabt, sondern Ausschnitte aus den Werken zitiert und die glänzendsten Abschnitte aus älteren Kommentaren angeführt. Als die Umstehenden dazu Beifall klatschten, habe der Frechste begonnen, mich zu schmähen, indem er behauptete, daß ich solche Studien verachte, daß ich dafür sei, anderer Leute Philosophien und Erziehungssysteme auszurotten, und daß ich sage, daß die einzigen Leute, die keinen Unsinn redeten, meine früheren Schüler seien. Zu diesem Zeitpunkt seien einige der Anwesenden sehr unwillig gegen uns geworden. (Isokrates 12, 18–19)

logos

In Wirklichkeit war der Anspruch, den Isokrates erhob, gewichtiger und weniger egozentrisch. Er leitete sich ab von seiner strengen Ausrichtung an der zentralen Stellung des *logos*, der »vernünftigen Rede«, in der Kultur. 368 schrieb Isokrates darüber und wiederholte es 353:

In keiner unserer Eigenschaften unterscheiden wir uns von den Tieren; in Wirklichkeit sind wir vielen von ihnen unterlegen, was Schnelligkeit, Stärke und andere Qualitäten betrifft. Aber seit wir die Fähigkeit erlangt haben, einander zu überzeugen und unsere Wünsche auszusprechen, sind wir aus dem animalischen Leben ausgebrochen, sind zusammengekommen und haben Städte gegründet, Gesetze geschaffen, das Handwerk erfunden; der *logos* ist es, der uns zu all unseren Erfindungen befähigt hat. Er hat uns unsere Gesetze darüber gegeben, was gerecht ist, was ungerecht ist, was schändlich ist und was ehrenvoll. Ohne ihre Aussagen wären wir nicht in der Lage, miteinander zu leben ... Mit Hilfe ihrer Inhalte belehren wir die Ungebildeten und prüfen die Klugen, denn wir sind der Ansicht, daß es der beste Nachweis von Klugheit ist, angemessen zu sprechen, und ein wahrer *logos*, der Recht und Gerechtigkeit entspricht, ist das Abbild einer gesunden und vertrauenswürdigen Seele. Mit seiner Hilfe diskutieren wir die Dinge und dringen in unbekannte Bereiche vor, denn die Argumente, mit denen wir andere überzeugen, wenn wir sprechen, sind dieselben, die wir in unseren Gedanken gebrauchen. Um die Macht des *logos* mit einem Wort zusammenzufassen – wir werden feststellen, daß nichts mit Verstand getan ist, was ohne *logos* getan ist. *logos* ist der Führer in allen Taten und Gedanken, und die einsichtigsten Leute benutzen ihn am häufigsten. Menschen, die es wagen, Lehrer und Philosophen zu beleidigen, sollten verabscheut werden wie Gotteslästerer.
(Isokrates 3, 5–9 = 15, 253–257)

In diesem ganz und gar humanistischen Hymnus an den Logos ist ein Bruch mit all den alten Mythen eingeschlossen, die die menschliche Kultur aus den Taten von Göttern wie Zeus, Prometheus, Athene, Apoll oder Asklepios ableiten. Platon war, wenn auch aus anderen und sehr viel komplexeren Ursachen, in der Erziehungstheorie der Hauptgegner des Isokrates. Er läßt den Sokrates die Diskussion über die Aufgabe der Dichtung im Idealstaat mit einem brutalen Schluß beenden:

Also, sagte ich, Glaukon, wenn du Lobredner des Homer antriffst, welche behaupten, dieser Dichter habe Hellas gebildet, und bei der Anordnung und Förderung aller menschlichen Dinge müsse man ihn zur Hand nehmen, um von ihm zu lernen, und das ganze Leben nach diesem Dichter einrichten und durchführen, so mögest du sie dir gefallen lassen und mit ihnen, da sie so gut sind, wie sie nur immer können, vorliebnehmen, auch ihnen zugeben, Homer sei der dichterischste und erste aller Tragödiendichter, doch aber solltest du wissen, daß in den Staat nur der Teil der Dichtkunst aufzunehmen ist, der Gesänge an die Götter und Loblieder trefflicher Männer hervorbringt. Wirst du aber die süßliche Muse aufnehmen und sie Gedichte und Epen dichten lassen, so werden Lust und Unlust im Staate das Regiment führen statt des

Gesetzes und der jeweils von der Gesamtheit für das Beste gehaltenen vernünftigen Gedanken. (Platon, Politeia 10, 606e–607a)

Dennoch kann man nicht von einer völligen Zurückweisung des mythischen Denkens sprechen. Bei Xenophon und anderen Autoren werden Politiker der siebziger und sechziger Jahre vorgestellt, die aus der Mythologie abgeleitete Argumente gebrauchen, um damit diese oder jene Linie in der Außenpolitik zu unterstützen. Nach Diodor haben die Thebaner die Zerstörung von Orchomenos 346 damit gerechtfertigt, daß sie behaupteten, sie seien von den Minyern in Orchomenos unterworfen gewesen, bis Herakles sie befreit habe (s. S. 237). Von Philipp von Makedonien und den Athenern wurden in der Frage, wer den begründeteren Anspruch auf Stadt und Land von Amphipolis in Thrakien habe, in den vierziger Jahren ebensoviele mythologische wie juristische oder politische Argumente angeführt, so etwa, als Aischines 346 die »Fakten« wiedergab »über unsere ursprüngliche Erwerbung sowohl der Stadt als auch des Landes als auch des Ortes, der Ennea Hodoi genannt wird, und die Geschichte der Söhne des Theseus, von denen einer, Akamas, dieses Land als Mitgift seiner Frau erhalten haben soll« (2, 31). Im selben Zusammenhang, wenn auch mit entgegengesetzter Absicht, erreicht Isokrates mit Hilfe des Herakles-Mythos glänzende Effekte in seinem *Philippos,* der den legitimen Anspruch Philipps als eines Herakles-Nachkommen auf die Führung Griechenlands untermauern sollte. So ähnlich hatte er früher die Mythen, die sich um die Göttin Demeter und die Eleusinischen Mysterien drehten, benutzt, um davon den Anspruch Athens auf die Würde der Erstgeborenen unter den Städten Griechenlands abzuleiten. Auch Platon selbst fühlt wiederholt das Bedürfnis, die Argumentation in einem Dialog dadurch zu stützen, daß er zu einem späten Zeitpunkt eine Geschichte einführt, die außerhalb der »realen« Welt angesiedelt, aber mit ihr verbunden ist, und dabei ihre Funktion als Ursprungsmythos einer philosophischen Weltsicht oder Interpretation in den Vordergrund stellt. Anscheinend handelt es sich meistens um seine eigenen Erfindungen, die oft gedankenreich und von großer dichterischer Schönheit sind. Sie zeigen nicht nur, wieviel von einem verborgenen Dichter an Platon war, sondern auch, wie schwierig es für ihn und seine Zeitgenossen war, sich vom Mythos zu lösen.

Kunst

Als letzte Veränderung des vierten Jahrhunderts, die nur kurz gestreift werden kann, seien Entwicklungen in der Kunstgeschichte genannt. Einige sind technischer Art und nachvollziehbar entweder anhand der erhaltenen Werke oder Kopien oder mit Hilfe späterer Kunsttheoretiker, vor allem Plinius' des Älteren. Dazu gehört die Entwicklung der Enkaustik und der Stillleben-Malerei durch Pausias von Sikyon und die von verschiedenen Künstlern vollzogene Entwicklung der Hell-Dunkel-Malerei und später der Verwendung von Glanzlichtern auf dunklen Figuren. Unglücklicherweise ist die griechische Malerei aus dieser ihrer größten Epoche völlig verloren, so daß nur wenige dieser Veränderungen konkret nachweisbar sind, bevor sie auf den erhaltenen Mosaiken – ebenfalls eine sich entwickelnde Kunst – im nördlichen Griechenland, besonders in Olynth und Pella, auftauchen. Ein bißchen besser sieht es aus mit der Technik der verkürzenden und perspektivischen Darstellung, denn hier konnten die Vasenmaler den Bemühungen der Wandmaler, aus der Theorie eine zufriedenstellende Praxis zu entwickeln, folgen und versuchten dies auch. Noch leichter sind natürlich die Entwicklungen im Bereich der Skulptur und Architektur zu verfolgen. Was die Skulptur betrifft, so haben sich die Themen geändert. Es entstand beispielsweise ein zunehmendes Interesse am weiblichen Akt. Man entfernte sich von den von Polyklet eingeführten idealen Proportionen und bevorzugte längere Gliedmaßen. Auch der Standort änderte sich. Nach und nach sah man eine Statue nicht mehr als etwas an, das nur oder hauptsächlich von vorne gesehen wurde. All diese Dinge können, ohne daß man ihnen allzusehr Gewalt antun muß, als Entwicklungen innerhalb von Kunst und Handwerk betrachtet werden. In ähnlicher Weise experimentierten Architekten mit den korinthischen Kapitellen oder versuchten mit Hilfe unterschiedlicher Raumaufteilung innerhalb der Tempelmauern ein besseres Konzept zu entwickeln.

Andere Veränderungen sind ziemlich eindeutig dem veränderten Geschmack der Auftraggeber anzurechnen. Kunstgeschichte ist hier auch Sozialgeschichte. So lösen sich beispielsweise die Grabdenkmäler in Athen ab 340, ganz am Ende unseres Zeitabschnitts, allmählich los vom maßvollen und würdevollen Relief, das für ein Jahrhundert die Regel gewesen war, zugunsten einer neuen und aufwendigeren Art des Schmucks.

Hier, wo der Auftraggeber oder Käufer immer die Familie des Verstorbenen war, muß man eine generelle Veränderung des Geschmacks annehmen. Dasselbe gilt wahrscheinlich für die Tendenz zur realistischeren Porträtierung, die sich an Büsten und Statuen ebenso zeigt wie auf Grabsteinen. Zur Darstellung eines alten Menschen war vielleicht nichts weiter notwendig als eine geneigte Körperhaltung und Falten im Gesicht, und auf diese Weise kam eher eine Altersstudie als die Darstellung einer Einzelperson zustande, doch letzteres tritt in den Vordergrund, wenn wir von der Statue des Pellichos, eines korinthischen Feldherrn, der von einem Bildhauer des frühen vierten Jahrhunderts porträtiert wurde, hören, daß sie ihn darstellt als »einen dickbäuchigen, kahlen Mann, dem der Umhang zur Hälfte herabgeglitten ist. Der Bart flattert im Wind, die Adern sind sichtbar – das Bild ist dem Mann wie aus dem Gesicht geschnitten.« (Lukian 34, 18) Realistische Porträts von Herrschern und Tyrannen wie Maussollos von Halikarnassos oder Aristratos von Sikyon waren etwas Neues. In manchen Fällen berichtet uns die Überlieferung, daß der Herrscher selbst den Auftrag gab und das Wiedererstarken des Königtums die künstlerischen Aktivitäten belebte.

Architektur

Die Wünsche der Auftraggeber sind auch für bestimmte Neuerungen in der Architektur verantwortlich. Seit Jahrhunderten war es üblich gewesen, in panhellenischen Heiligtümern wie Delphi oder Olympia Monumente aufzustellen, die an Siege oder andere bemerkenswerte Ereignisse erinnern sollten, aber lange Zeit waren kaum Einzelpersonen, sondern vielmehr Städte als Auftraggeber aufgetreten. Nach 380 änderte sich das. Ins Auge stechender Vorläufer war eine Gruppe von Statuen in Delphi, die an den Sieg Spartas über die Athener 405 bei Aigospotamoi erinnern sollte. Lysander war sowohl Mittelpunkt der Gruppe als auch derjenige, der sie aufstellte. Drei Monumente aus den dreißiger Jahren bestätigen diesen Wandel. In Olympia wird die potentielle Vorherrschaft Philipps in Griechenland widergespiegelt durch das Philippeion, einen Rundbau, der Statuen von ihm selbst, seinen Eltern, seiner Frau und seinem Sohn enthielt. Ebenfalls in Olympia stand ein gewaltiger Eckbau, der wahrscheinlich als Gästehaus für vornehme Besucher des Heiligtums und der Spiele gedacht war und die Inschrift trägt: »Leonides, Sohn des Leotes, hat (dieses Bauwerk) gebaut [und dem Olympischen Zeus geweiht].« (Olympia V, Nr. 651) Pausanias kannte es und überliefert seinen Namen: Leonidaion. Um 337 hat Philipps Unterhändler Daochos von Thessalien seiner Familie, ihren athletischen Erfolgen und seiner eigenen öffentlichen Position ein Denkmal gesetzt, indem er ein aus neun Statuen bestehendes Monument in Delphi errichten ließ, das die Inschrift trug: »Diese Geschenke werden dem Herrn Apollon geweiht von Daochos, Tetrarch der Thessalier, Mitglied des heiligen Amphiktyonenrates, um die Heldentaten seiner Vorfahren zu rühmen, zu Ehren seiner Familie und seines Vaterlandes, was ihm selbst zur Ehre gereicht.« (Syll.³ 274 VIII) Wir werden nicht im Zweifel gelassen darüber, wen wir am meisten bewundern sollen. Schließlich gab es Grabmäler und Privathäuser, die ebenso deutlich widerspiegeln, wie das erneute Aufblühen privaten Wohlstandes und Ansehens den Glanz staatlicher Aufwendungen und bürgerlicher Würden verblassen ließ. Über Häuser sagt Demosthenes 352:

Jeder von euch, der weiß, wie das Haus des Themistokles, des Miltiades oder anderer berühmter Männer jener Zeiten aussieht, kann sehen, daß sie nicht großartiger waren als üblich, während die Bauwerke und Gebäude des Staates – diese Propyläen hier, die Kais, die Säulenhallen, der Piräus und die anderen Bauten, mit denen ihr die Stadt ausgestattet seht – von solcher Größe und Schönheit sind, daß keine spätere Zeit sie übertreffen kann. Aber heutzutage ist jeder Politiker so reich, daß manche von ihnen ihre Häuser viel großartiger bauen als viele öffentliche Gebäude, während andere mehr Grundbesitz erworben haben als ihr alle zusammen hier in diesem Gerichtshof. Was ihr aber öffentlich baut und mit Stuck verziert, das ist so dürftig und schäbig, daß es eine Schande ist. (Demosthenes 23, 207–208)

Von Architekten gebaute Privathäuser gab es allerdings erst in späterer Zeit. Wenn ein Schmeichler zwischen 330 und 320 sagt, daß »das Haus seines Gönners ein prächtiges Bauwerk sei, daß seine Felder prächtig bestellt seien und er sein Porträt glänzend getroffen finde« (Theophrast, Charaktere 2, 12), so übertreibt er damit gewaltig. Was Grabdenkmäler betrifft, gehörten die athenischen gewiß zu den aufwendigsten, wurden aber völlig in den Schatten gestellt von denjenigen, die im Auftrag von Dynasten in den Randbereichen griechischer Kultur, vor allem in Kleinasien, von griechischen Künstlern errichtet wurden. Das spektakulärste von allen ist das Grabmal, das die Witwe des Maussollos von vier oder fünf (unsere beiden Zeugen Plinius und Vitruv machen unterschiedliche Angaben) führenden griechischen Bildhauern der dreißiger Jahre errichten ließ. Es hatte einen Umfang von ungefähr 35 mal 44 Metern, war 41 Meter hoch, trug drei Friese und Skulpturen auf allen vier Seiten. Der optische Eindruck des Maussolleions muß überwältigend gewesen sein. Daß griechische Künstler für Nichtgriechen tätig waren, war an sich etwas Neues, und obwohl der Stil dieser Monumente griechisch ist, sind es die Ausmaße nicht. Verschiedene Überlieferungen verbanden sich mit den Ambitionen von Leuten, die Geld genug hatten, um mit den traditionellen Normen zu brechen.

Religion

Wenden wir uns nun einem anderen Bereich außergewöhnlicher Veränderungen zu, dem des Kultes und der Religion. Hier gab es eine Menge separater Entwicklungen und Neuordnungen, die oft als solche geringfügig und kaum merklich waren oder sich an die Tradition zu halten schienen, weil sie sich sehr gut in den traditionellen Rahmen einfügten. Die Aufnahme neuer Gottheiten ist ein typisches Beispiel dafür. Die Kabiren von der nordägäischen Insel Samothrake, Ammon von Libyen, die Göttinnen Bendis und Kotys von Thrakien, Sabazios und die Große Mutter aus Phrygien – all das waren fremde Gottheiten, die an einem Kultplatz oder auch in einem Tempel in einer oder in mehreren griechischen Städten in den zwei Generationen vor und nach 400 verehrt wurden. Manche, wie Bendis und Ammon in Athen, wurden offiziell als Staatsgötter anerkannt. Die meisten blieben aber Randfiguren, wurden aus diesem Grunde toleriert und vor allem von den Sklaven, die aus dem Ausland kamen, von Freigelassenen und von wandernden Händlern verehrt. Die Redner und Komödiendichter des vierten Jahrhunderts beachteten sie kaum.

Neue Kulte konnten aber auch einheimische Schöpfungen sein, wie drei merkwürdige Inschriften des frühen vierten Jahrhunderts aus der Bucht von Phaleron bei Athen zeigen. Eine ist auf einem Sockel angebracht und lautet: »Kephisodotos, (Sohn) des Demogenes (aus dem Demos) Boutadai, hat auch den Altar errichtet.« Der Sockel wird gekrönt von einer steinernen Stele, auf der drei Gottheiten dargestellt sind, bei denen nacheinander zu lesen ist: »Hermes: Echelos: [B]asile« und »Hermes und der Nymphe Alexo [ist dies geweiht]«. Die zweite Inschrift befindet sich auf einem Altar, der »Hestia, Kephisos, dem pythischen Apollon, Leto, Artemis Lochia, Eileithyia, Acheloos, Kallirhoe, den Geraistischen Nymphen der Familie und Rhapso« geweiht ist. Die dritte lautet: »Xenokrateia, Tochter und Mutter des Xeniades von Cholleidai, hat diesen Altar errichtet um der Belehrung willen für alle, die für die Güter, die ihnen zufielen, ein Dankopfer bringen wollen.« (IG II^2 4546–4548) Die Wissenschaft ist weit davon entfernt, genau zu wissen, was das bedeutet oder weshalb die verschiedenen genannten Gottheiten miteinander verbunden sind, aber im Kern muß es sich um die Gründung eines Kultes des Flußgottes Kephisos und der Nymphen handeln.

Andere neue Kulte führten neue Götter einer anderen Art ein. Die Griechen hatten seit langem die Neigung, die Verehrung lokaler oder olympischer Gottheiten durch die Verehrung von abstrakten Begriffen zu ergänzen. Kulte der Grazien oder der Winde waren um 400 nicht selten. Anscheinend empfand man im vierten Jahrhundert ein sehr starkes Bedürfnis nach solchen Personifikationen. Kulte und bildliche Darstellungen des Friedens, des Reichtums, des Schicksals, der Liebe, der Sehnsucht, der Überredung, des Volkes, der Demokratie und des *kairós*, des günstigen Augenblicks, tauchen überall auf und legen die Vermutung nahe, daß die religiöse Atmosphäre der dreißiger Jahre sich sehr von derjenigen ein Jahrhundert früher unterschied. Solche Veränderungen haben auch am »Profil« der traditionellen Gottheiten stattgefunden. Wenn Aristophanes im Frühjahr 423 eine Bühnenfigur das alte Erziehungssystem beschreiben läßt als »Altvätrisches Zeug! Diipolischer Brauch! Urmode der goldnen Zikaden! Kekeidasgeleier! Buphonienzeit!« (Wolken 984–985), so bezieht er sich dabei auf ein Ritual bei einem Zeusfest in Athen, das rasch zum Museumsstück wurde und dessen Bedeutung dunkel war und blieb. Andererseits hören wir schon vor 390 von »Zeus dem Retter« und seinem Fest, das man Anfang Juli in Piräus feierte und das im Hellenismus zu einem wichtigen Ereignis wurde. Möglicherweise handelte es sich sogar um einen neuen Kult, der eingeführt wurde, um an die Rettung der athenischen Demokratie durch die »Männer von Piräus« im Jahre 403 zu erinnern. Besonders bemerkenswert ist aber die Tatsache, daß, wie man seit langem erkannt hat, der um 420 zum erstenmal bezeugte »Zeus der Freundschaft« der Abstraktion desselben Typs als »Frieden« oder »Reichtum« sehr nahe steht. Eine Weihinschrift zeigt uns den Übergang: »Aristomache, Theoris und Olympiodor haben dies Zeus dem Allmächtigen, dem Zeus der Freundschaft und der Freundschaft, der Mutter der Götter, und dem Glück, der Gattin der Götter, geweiht.« Hier ist eine ganz neue Art von göttlicher Familie entstanden, die ganz aus Abstraktionen besteht und quer durch die traditionelle »Homerische« Familie des Zeus geht.

Eine andere Art neuer Götter ist noch bemerkenswerter:

Lysander war der erste Grieche, so berichtet Douris, dem die Städte wie einem Gott Altäre errichteten und Opfer darbrachten, und der erste, auf den Päane gesungen wurden. Der Anfang eines derselben hatte folgenden Wortlaut:
Des heiligen Griechenlands
Feldherrn aus dem weiträumigen
Sparta laßt uns besingen,
 O Paian!
Die Samier faßten den Beschluß, ihr Hera-Fest in Lysander-Fest umzubenennen.
(Plutarch, Lysandros 18, 3)

Die Aussage des Duris, die im Zusammenhang steht mit Ereignissen des Sommers 404, ist angezweifelt, inzwischen aber durch eine fast zeitgenössische Inschrift bestätigt worden. Soweit bekannt, ist auch seine Behauptung richtig, Lysander sei der erste gewesen, der zu Lebzeiten auf diese Art geehrt wurde. Es gab Beispiele dafür, daß ein Mann nach seinem Tode Ehrungen wie ein Halbgott empfing. Die Tyrannen Gelon und Hieron von Syrakus wurden beide auf diese Art verehrt. Das berühmteste Beispiel ist aber der Feldherr Brasidas. Nach seinem Tod im Spätsommer 422 bei Amphipolis

folgten die Verbündeten alle in Waffen der Leiche des Brasidas zum Staatsbegräbnis innerhalb der Stadt, auf dem jetzigen Markt, und seither bringen ihm die Amphipoliten an seinem Grab, das sie umfriedet haben, Heroenopfer dar und haben ihm Ehren zuerkannt, Wettspiele und jährliche Festopfer und bezeichnen ihn als Gründer der Stadt, wobei sie die Bauwerke des athenischen Stadtgründers Hagnon niederrissen und alles tilgten, was noch an seine Gründung erinnerte, und sie waren der Ansicht, daß Brasidas ihr Retter gewesen sei.
(Thukydides 5, 11, 1)

Trotzdem besteht ein Unterschied, ob man einem Toten göttliche Ehren erweist oder ob man dies bei einem Lebenden tut. Für Lysander sind auf Samos Statuen aufgestellt worden von dankbaren Oligarchen, die ihm die Restauration ihrer Macht zuschrieben. Es hat lange gedauert, und es waren einige Anlässe notwendig, bis diese Vorstellungen anderswo Wurzeln schlagen konnten. Erst unter Alexander und seinen Nachfolgern wurde diese Praxis allgemein üblich, um, wie in Samos, einem Mächtigen Dankbarkeit für geleistete Dienste oder erwiesene Wohltaten auszudrücken. Der Kern der Sache war also politisch, doch die religiösen Implikationen führten weit weg von traditionellen Glaubensinhalten und religiösen Praktiken und konnten für diese sogar bedrohlich sein.

Es gab noch andere Herausforderungen, die nicht ohne weiteres auf die Begriffe einzelner Gottheiten oder Göttergruppen festgelegt werden können, sondern ein eigenes Problem darstellen. So veranschaulicht etwa die oben (S. 20) zitierte Fluchtafel eine Sorte von Dokumenten von Athen und anderswo, die im fünften Jahrhundert sehr selten, im vierten aber zahlreich sind. Es stellt sich die Frage, was diese Anhäufung zu bedeuten hat, ob sie eine Änderung im Glauben widerspiegelt oder nur eine Zunahme der Fähigkeit des Lesens und Schreibens oder aber größere Spannung innerhalb des sozialen Kontexts, aus dem diese Dokumente stammen. Man kann auch eine allmähliche Lockerung der Einstellung zu den Tempelschätzen feststellen. Während des Peloponnesischen Krieges hatte es Sparta vermieden, die geweihten Gelder in Olympia und Delphi anzugreifen; Athen lieh Geld vom Schatz der Athene, berechnete aber sorgfältig den Zins und begann nach 412, Zins und Kapital zurückzuzahlen. Im Gegensatz dazu gingen die Arkader, nachdem sie 365 Olympia eingenommen und angesichts eines Gegenangriffs von Elis die Spiele des Jahres 364 abgesagt hatten, dazu über, die Tempelschätze von Olympia für ihr Söldnerheer zu verwenden. Das führte zum Protest Mantineias, bevor »andere im Rat der 10 000 zu sagen begannen, daß der Tempelschatz nicht berührt werden solle und daß es falsch sei, die Nachkommen für immer mit einer solchen Tat zu belasten, die den Zorn der Götter verdiene. Und so wurde von der arkadischen Volksversammlung ein Beschluß gefaßt, der die weitere Verwendung von Tempelgeldern verbot.« (Xenophon, Hellenika 7, 4, 34) Doch auch damals wurde nur mit knapper Not ein Bürgerkrieg verhindert.

Allgemein gewinnt man den Eindruck, daß sich die griechische Gesellschaft nicht generell neuen Religionen oder dem Agnostizismus zuwandte, daß sich aber das Spektrum der Glaubensrichtungen allmählich und unsystematisch ausweitete. Auf der einen Seite gab es wie zu jeder Zeit leidenschaftliche Religiosität, die im Aberglauben Ausdruck fand oder in einer scharfen Abgrenzung gegenüber einem Verhalten, das man für Gotteslästerung hielt. Theophrasts Porträt des »Abergläubischen« beschreibt unter anderem, wie er,

wenn ihm ein Wiesel über den Weg läuft, nicht eher weitergeht, bis ein anderer vorausgegangen ist oder bis er drei Steine die Fährte entlanggeworfen hat. Findet er eine Schlange in seinem Haus, so ruft er den Sabazios an, falls es eine harmlose ist. Handelt es sich aber um eine von den heiligen Schlangen, so läßt er am Fundort unverzüglich einen Hausaltar für Herakles errichten ... Hört er unterwegs Eulen schreien, so fährt er zusammen und ruft: »Hilf, Athena!« ... Trifft er einmal jenes Volk, das sich mit Knoblauch bekränzt und die Kreuzwege unsicher macht, so wäscht er sich zu Hause von Kopf bis Fuß, läßt eine Priesterin kommen und sich mit einer Meerzwiebel oder einem jungen Hund gründlich entsühnen. Wenn er einem Verrückten oder einem Epileptiker begegnet, so spuckt er sich schaudernd in das Gewand.

(Theophrast, Charaktere 16)

Als der athenische Politiker Andokides 399 aus verschiedenen Gründen der Gottlosigkeit angeklagt wurde, forderte einer seiner Ankläger das Gericht auf:

Achtet sehr gut darauf und laßt euren Sinn ein Auge sein, das sieht, was dieser Mann getan hat, und ihr werdet die besseren Richter sein. Er hat das heilige Gewand der Hierophanten angezogen, die Zeremonien verspottet und sie den Nichteingeweihten offenbart, und er hat mit seiner Stimme die verbotenen Worte ausgesprochen. Er hat die Bilder der Götter geschändet, an die wir glauben und denen wir Opfer bringen und zu denen wir im Geiste der Verehrung und Reinheit unsere Gebete sprechen. Deshalb stehen die Priester und Priesterinnen mit dem Antlitz nach Westen, schütteln ihre purpurnen Gewänder gegen ihn und verfluchen ihn, wie es uralter Brauch ist. Und er hat seine Schuld zugegeben. Noch schlimmer ist es, daß er das Gesetz gebrochen hat, das ihr gemacht habt, daß er als Gotteslästerer von den heiligen Zeremonien ausgeschlossen sein soll. All dies hat er mißachtet, er hat unsere Stadt betreten und an den Altären geopfert, die ihm verboten waren, er hat sich bei den Zeremonien gezeigt, die durch ihn entweiht sind, er hat das Heiligtum von Eleusis betreten und sich im heiligen Wasser gewaschen. Wer kann dies ertragen? Welcher Freund, welcher Verwandte, welcher Geschworene wird ihn insgeheim begünstigen auf die Gefahr hin, daß er den offenen Zorn der Götter auf sich zieht? Statt dessen müßt ihr euch der Ansicht anschließen, daß ihr durch Bestrafung und Entfernung des Andokides die Stadt reinigt und von Schuld befreit und einen Unglücksbringer und Gotteslästerer hinaustreibt, denn er ist einer von diesen. (Lysias 6, 50–53)

Von denselben realen Überzeugungen gehen Klagen aus über Veränderungen, die allerdings weniger eindeutig sind und zweifellos von den Innovationen, deren Merkmale wir oben sahen, hervorgerufen wurden. Isokrates stellt es um 355 mit historisch unbekümmertem Gefühlsüberschwang dar:

Unsere Vorfahren haben keinen Festzug mit 300 Stieren abgehalten, als sie sich so fühlten, und dabei die überlieferten Opfer willkürlich abgeschafft. Sie haben auch nicht mit großem Aufwand zusätzliche Feste gefeiert, bei denen einige Gelage eingebaut wurden, während sie auf die Einkünfte aus den heiligen Opfern vertrauten. Statt dessen haben sie sich eher darum bemüht, niemals einen der alten Bräuche zu mißachten oder irgend etwas hinzuzufügen, was nicht überliefert war. Sie waren der Ansicht, daß Frömmigkeit nicht darin besteht, einen hohen Aufwand zu betreiben, sondern darin, nicht zu ändern, was man von seinen Vorfahren übernommen hat. (Isokrates 7, 29–30)

Weniger gefühlsbeladen und informativer, aber ebenso mit der Erhaltung überlieferter Rituale befaßt sind die *Heiligen Kalender*, eine Reihe von Dokumenten aus Athen, die später anderswo nachgeahmt wurden. Diese Zeugnisse legen bis ins Detail fest, welche Opfer während des Jahres von dieser und jener Gemeinschaft abgehalten werden sollen (und was sie kosten), sei es der Staat, eine Phyle, eine Phratrie, ein Demos oder eine Gruppe von Demen. Die Absicht versteht sich im allgemeinen von selbst, wird aber einmal auch ausdrücklich ausgesprochen. 363/62 baten die *salaminioi*, eine große athenische Kultgemeinde, die offenbar durch Streitigkeiten in zwei Parteien gespalten war, Schiedsrichter um die Beilegung ihrer Differenzen. Der Entscheidung, die auf dem Stein in 67 Zeilen detailliert ausgeführt wird, ist ein Zusatz angefügt:

Archeleos hat es beantragt: Damit die Salaminioi immer den Göttern und Heroen opfern, wie es der Sitte der Vorfahren entspricht, und damit die Bedingungen wirksam sind, unter denen die Vermittler die Streitigkeiten zwischen den beiden Gruppen beigelegt haben und auf die die Beteiligten einen Eid geschworen haben, wird von den Salaminioi beschlossen, daß der Archon Aristarchos alle Opfer und Bezüge der Priester auf der Stele aufschreibt, auf der die Gründungsbedingungen stehen, so daß die Archonten, die einander im Amt folgen, für beide Parteien von Zeit zu Zeit die Summe Geldes ablesen können, die jede zahlen muß aus den Erträgen des Landes beim Herakleion für alle Opfer. (Hesperia 7, 1938, Nr. 1 Z. 80–85)

Die Vermutung ist sicher richtig, daß solche Rituale und Opfervorgänge im allgemeinen und für die meisten Leute das Kernstück religiöser Übungen waren, unabhängig von der Bedeutung der Mythen, den Kompliziertheiten einer polytheistischen Religion und den unangenehmen Angriffen des Rationalismus und des Skeptizismus.

Es gab jedoch auch Zweifler. Protagoras begann sein Werk *Über die Götter* mit den Worten: »Was die Götter betrifft, bin ich nicht in der Lage festzustellen, ob sie existieren oder nicht oder wie sie aussehen, denn es gibt viele Hindernisse für die Erkenntnis, das Thema ist dunkel und das menschliche Leben kurz.« (80 B 4 DK) Kritias läßt in seinem Stück *Sisyphos* eine Figur unter anderem sagen:

Als die Gesetze die Menschen davon abhielten, offen Gewalttaten zu begehen, sie diese aber im geheimen weiterhin begingen, hat, so glaube ich, ein pfiffiger und kluger Mann für die Menschen die Furcht vor den Göttern erfunden, damit es etwas gab, das die Bösen schreckte, selbst wenn sie im geheimen gehandelt, gesprochen oder gedacht hatten. Aus diesem Grund hat er die Vorstellung von der Gottheit eingeführt. Es gibt, sagte er, ein Wesen, das ewig lebt, das mit seinem Sinn hört und sieht, das außerordentlich weise ist und alles beobachtet, Träger einer göttlichen Natur. Dieses Wesen hört alles, was unter den Menschen gesprochen wird, und es kann alles sehen, was getan wird. Wenn man im stillen Unheil anrichtet, wird es den Göttern nicht verborgen bleiben, so weise sind sie. Mit dieser Geschichte hat er eine äußerst verlockende Lehre eingeführt, indem er die Wahrheit mit der Lüge tarnte ...
(Kritias 88 B 25 DK, Z. 9–26)

Solche Thesen wurden vor allem von den athenischen Intellektuellen formuliert und hatten am Ende des fünften Jahrhunderts bemerkenswerten Einfluß. Protagoras und Kritias und die drei oder vier Männer, die damals »Atheisten« genannt wurden, zweifelten, ob es die Götter überhaupt gebe. Andere wirkten im verborgenen gleichermaßen destruktiv, indem sie, wie etwa Euripides in vielen seiner Stücke, die Rolle der Götter als Hüter der Moral in Frage stellten. Es war eine kleine, nicht organisierte, polemisierende Gruppe von Leuten, die sich damit befaßten. Ihre Kommentare zur Religion waren nur ein kleiner Teil ihres Denkens. Ihre gewaltige Bedeutung für die europäische Ideengeschichte kann leicht dazu verleiten, ihren unmittelbaren Einfluß auf die Zeitgenossen zu überschätzen, doch man scheint sie immerhin für so wichtig und gefährlich gehalten zu haben, daß man einige von ihnen vor Gericht stellte und der Gottlosigkeit beschuldigte. Nicht alle Angaben der Quellen über diese Prozesse sind glaubwürdig, aber die formale Anklage in dem berühmten Asebieprozeß von 399 ist uns genau bekannt. In ihm wurde Sokrates beschuldigt, »er habe sich geweigert, die Staatsgötter anzuerkennen, und er habe neue Götter eingeführt. Er ist auch schuldig, die Jugend verführt zu haben. Die ihm zuerkannte Strafe ist der Tod.« (Xenophon, Memorabilia 1, 1, 1) In dieser ausdrücklich ausgesprochenen Anklage war noch der formal wegen der Amnestie von 403 nicht spezifizierbare Vorwurf enthalten, daß die Lehren des Sokrates für die Untaten des Alkibiades und für die Schreckensherrschaft der Oligarchen von 411 und 404 verantwortlich seien. 50 Jahre später sagte der Rhetor Aischines: »Ihr habt den Sophisten Sokrates hinrichten lassen, Athener, weil er der Lehrer des Kritias gewesen war.« (1, 173) Man glaubte – zu Recht oder zu Unrecht –, daß die Philosophen die Gesellschaft als Ganzes beeinflußten. Zur Erforschung dieser Vorgänge und ihrer Ursachen ist ein neuer Ansatz notwendig, der uns auch in den Bereich des politischen Handelns zurückführen wird.

10. Philosophen, Söldner und Monarchen

Die Philosophen führen uns zurück in einen Bereich des sozialen Wandels, der am besten erforscht ist hinsichtlich der neuen oder veränderten Funktionen, die bestimmte Individuen oder Gruppen in der griechischen Gesellschaft übernahmen. Dieses Kapitel beschäftigt sich im einzelnen mit drei derartigen Funktionen. Sie lassen kein genau festgelegtes System erkennen, denn die Zwänge, auf die sie zurückzuführen sind, waren ganz verschieden. Und doch waren sie, nachdem sie sich einmal gebildet hatten, alle so wichtig, daß sie zu charakteristischen Bestandteilen der griechischen Gesellschaft des vierten Jahrhunderts wurden. Zudem bringen sie alle drei ein ähnliches Auslegungsproblem mit sich, nämlich zu entscheiden, ob ihr Auftauchen am besten unter dem Gesichtspunkt des Ehrgeizes, der Fähigkeiten und des Opportunismus des Einzelnen oder unter dem Gesichtspunkt der Bedürfnisse und Mängel der ganzen griechischen Gesellschaft verständlich wird.

Funktionen der Philosophen

Auf den ersten Blick bilden die Philosophen und Intellektuellen kaum eine einheitliche Gruppe. Streitbar und individualistisch wie sie waren, zeigten sie wenig Anzeichen von Gemeinsamkeiten, hatten unterschiedliche soziale Hintergründe und kamen geographisch gesehen aus allen Himmelsrichtungen. Dennoch wurden sie mit Begriffen wie »Sophist« oder »Philosoph« bezeichnet, die ihnen eine einheitliche Rolle, einen einheitlichen Status zuschrieben. In Wirklichkeit übernahmen sie zwei Funktionen von grundlegender Bedeutung.

Unterricht

Zuerst und vor allem waren sie Lehrer. Es gab, wie wir gesehen haben (s. S. 123), bereits im fünften Jahrhundert über die fest eingeführte elementare Unterweisung im Lesen, Schreiben, Musik, Tanz, Kampf und Sport durch Schulen oder private Lehrer hinaus das Bedürfnis, komplexere Fähigkeiten zu erwerben, die dazu befähigten, am öffentlichen Leben teilzuhaben. Niemand dachte, daß diese auf dieselbe Art und Weise »erlernt« werden konnten, und die Behauptung, daß dies möglich sei, provozierte gelegentlich Feindseligkeiten oder die Art von Spott, für die Aristophanes' *Wolken* ein Beispiel sind. Dieses Stück beschreibt auch das *phrontisterion*, den »Denkladen« des Sokrates, als eine Heimstatt geheimer Lehren, »die nur den Gelehrten anvertraut werden« (Wolken 140). Das war allerdings gewaltig übertrieben, denn diejenigen, die sich als Lehrer etablierten, bevorzugten verschiedene mehr oder weniger offene Formen des Lehrens. Im fünften Jahrhundert waren die ersten zwei Generationen dieser Lehrer tätig, die mit zunehmend bitterem Unterton »Sophisten« genannt wurden. Im allgemeinen hielten sie öffentliche Vorlesungen, für die manche von ihnen exorbitante Honorare forderten. Im Gegensatz dazu »lehrte« Sokrates umsonst und noch weit weniger formell, indem er öffentlich und privat mit jedem sprach, der zuhören und mitmachen wollte. Um 390 entstanden allmählich regelrechte »Schulen«, für deren Besuch die Schüler aufkommen mußten. Wir wissen in Athen seit 390 von der Schule des Isokrates, von Platons Akademie seit der Mitte der achtziger Jahre und von Aristoteles' Lykeion seit etwa 335. 306 kamen der Garten Epikurs und 301/300 Zenons Stoa hinzu. Andere, weniger gut bezeugte Schulen gab es in Elis, Eretreia, Megara und Kyrene.

Bei den meisten dieser Lehrer war das Schreiben eng mit dem Lehren verbunden, besonders bei Aristoteles, dessen erhaltene Schriften tatsächlich die Notizen für seine Vorträge sind und alle charakteristischen Merkmale, Abkürzungen, Anmerkungen und Zusätze enthalten. Es gab noch andere, wie Demokrit von Abdera, der mehr schrieb als lehrte, und wieder andere, wie Parmenides und sein Schüler Zenon von Elea in Italien oder Empedokles von Akragas in Sizilien, deren Einfluß sich auf ein oder zwei Schüler konzentrierte, deren Lehre aber durch ihre Schriften weithin bekannt wurde. Es handelte sich um eine kleine Gruppe von Männern, die einander alle persönlich oder dem Namen nach kannten, die sich freiwillig häufig auf Reisen begaben, wenn sie nicht überhaupt ständig unterwegs waren, und die meistens wohlhabend waren oder wurden. Auch darin war Sokrates die Ausnahme. Ihre Hauptaktivität lag im öffentlichen Gespräch und in der öffentlichen Argumentation. Die klassische Darstellung solcher Gelegenheiten findet sich bei Platon in der Einleitung des Dialogs *Protagoras*:

Als wir am Eingang angekommen waren, blieben wir stehen und setzten unsere Unterhaltung fort, die sich zwischen uns auf dem Weg entwickelt hatte. Da wir sie nicht unterbrechen wollten, bevor wir zu einem Ende gekommen waren, andererseits sie aber zu Ende führen wollten, bevor wir hineingingen, blieben wir im Torweg stehen und redeten fort, bis wir uns einig wurden. Ich glaube, der Türhüter, ein Eunuche, überhörte uns mit Absicht. Wahrscheinlich hatte ihn die Menge der Sophisten in schlechte Laune gegenüber den Besuchern versetzt. Auf jeden Fall öffnete er die Türe, als wir anklopften, sah uns und sagte »Ha, Sophisten!«, und daß er beschäftigt sei. Dann warf er die Türe mit beiden Händen zu, so kräftig er konnte. Wir klopften noch einmal, und er antwortete durch die geschlossene Tür, ob wir nicht gehört hätten, daß er beschäftigt sei.

»Guter Mann«, sagte ich, »wir sind nicht gekommen, um Kallias zu besuchen, und wir sind keine Sophisten. Beruhige dich. Protagoras ist es, den wir sehen wollen.« Schließlich öffnete uns der Kerl widerwillig die Tür.

Als wir drinnen waren, trafen wir Protagoras, der in der Säulenhalle spazierenging, und mit ihm in einer langen Reihe auf der einen Seite Kallias, Sohn des Hipponikos, sein Stiefbruder Paralos und Charmides, Sohn des Glaukon, und auf der anderen Seite Xanthippos, Perikles' anderer Sohn, Philippides, Sohn des Philomelos und Antimoiros von Mende, der berühmteste Schüler des Protagoras, der selbst ein Sophist werden wollte. Diejenigen, die hinterhergingen und der Unterhaltung zuhörten, schienen größtenteils Ausländer zu sein – Protagoras zieht sie mit sich in jeder Stadt, durch die er kommt, er verzaubert sie mit seiner Stimme wie Orpheus, und sie folgen ihm wie gebannt –, es waren aber auch einige Athener in der Gruppe. Als ich der Gesellschaft zusah, stellte ich erheitert fest, wie sehr sie sich bemühten, niemals vor Protagoras zu gehen oder ihm in den Weg zu treten. Wenn er und die, die mit ihm waren, sich umdrehten, teilten sich die Zuhörer, und das in perfekter Ordnung, vollführten eine Wendebewegung und nahmen jedesmal wieder ihre Plätze hinten ein. Es war wundervoll.

»Danach erkannte ich«, um mit Homer zu reden, Hippias von Elis, der auf einem Ehrensitz an der Gegenseite der Säulenhalle saß, und um ihn saßen auf Bänken Eryximachos, Sohn des Akoumenos, und Phaidros von Myrrhinous und Andron, Sohn des Androtion, mit einigen befreundeten Bürgern und mit anderen Freunden. Offenbar stellten sie ihm Fragen über die Naturwissenschaften, besonders über die Astronomie, und er gab seine Erklärungen *ex cathedra* und ließ sich über ihre Probleme aus.

»Und da erblickte ich auch den Tantalos« – denn Prodikos von Keos war ebenfalls in der Stadt. Er hatte einen Raum belegt, den Hipponikos vorher als Abstellkammer benutzt hatte. Jetzt war er für die Leute vorgesehen, die sich im Hause aufhielten. Kallias hatte ihn säubern und in ein Gästezimmer verwandeln lassen. Prodikos lag noch im Bett, war in Teppiche und Decken gehüllt und voll von ihnen bedeckt, soweit man sehen konnte ... Worüber sie sprachen, konnte ich von außen nicht feststellen, obwohl ich sehr darauf aus war, Prodikos zu hören, den ich für einen Mann von gewaltigem Verstand halte. Weißt du, er hat eine so tiefe Stimme, daß ein Dröhnen den Raum erfüllte, das die Worte übertönte. (Platon, Protagoras 314b–316a)

Natürlich ist Platon boshaft und führt seine Primadonnen in einer chronologisch unwahrscheinlichen Art und Weise zusammen, aber solche Anlässe gab es, und sie trugen dazu bei, diesen Männern eine offizielle Aufgabe oder Position in der Gesellschaft zuzuweisen.

Ihre Lehren zu beschreiben ist außerordentlich einfach: sie lehrten alles und jedes. Gorgias erhob den Anspruch, jede Frage beantworten zu können, die man ihm stellte. Platon läßt ihn, als er deswegen angegriffen wird, antworten: »Das kann ich auch jetzt noch behaupten, und ich versichere dir, daß mir all die Jahre niemand eine neue Frage gestellt hat.« (Gorgias 448a) Hippias, den wir oben gesehen haben, wie er seine Ansichten über die Astronomie darlegte, schrieb und las auch über Dichtung, Arithmetik, Geometrie, Musik, Versmaß, Rhythmus und Harmonie, Ethnographie, Genealogie und Historie im allgemeinen. Nebenbei verfaßte er selbst Reden, Gedichte und Dialoge und stellte eine Liste der Sieger in Olympia zusammen, die die Grundlage der späteren Chronographie wurde. Außerdem war er wiederholt als Gesandter für Elis tätig und webte sich seine Kleider selbst. Abgesehen von Klugheit und Ehrgeiz schreibt ihm die Überlieferung etwas zu, was er tatsächlich gehabt haben muß, nämlich ein phänomenales Gedächtnis und ein ungebrochenes Selbstgefühl. Eine andere wichtige Persönlichkeit des vierten Jahrhunderts ist Demokrit, dem 61 Schriften zugeschrieben werden, die spätere Gelehrte in die Kategorien Ethik, Physik, Mathematik, Musik, Technik und »Verschiedenes« unterteilten. Platons Dialoge, die seine Lehren wiedergaben, sind fast ebenso zahlreich und weisen eine genaue Kenntnis wirklich jeden Themas auf, mit dem sich die Wissenschaft damals befaßte, während Aristoteles' erhaltenes Werk sich ebenso mit Logik, mit Argumentationsmethoden, mit der Natur der physikalischen Welt und ihrer Vorgänge, mit Meteorologie, Kosmologie, Psychologie, sinnlicher Wahrnehmung, Zoologie und dem Problem von Wachstum und Zerfall beschäftigt wie mit Ethik, Metaphysik, Politik, Rhetorik und Verfassungsgeschichte. Gewiß war es eine Reaktion auf die Prahlereien des Gorgias und des Hippias, daß Sokrates gewöhnlich »Fragen stellte, aber keine Antworten gab, denn er gestand, daß er nichts wußte« (Aristoteles, Sophistici elenchi 183b 7–8). Dennoch boten die Sophisten und ihre Nachfolger im vierten Jahrhundert ihren Hörern, Lesern und Schülern zunehmend ausführliche, systematische und genaue Informationen über die Welt, in der sie lebten, über ihre eigene Vergangenheit und über die Bestandteile ihrer Kultur. Ihre Schüler konnten gebildete Männer werden, wobei dieses Wort eine Bedeutung bekam, die völlig neu war, nicht nur für Griechenland, sondern für die Geschichte der Menschheit überhaupt.

Sie konnten auch tüchtige Leute werden. In einem Platon zugeschriebenen Dialog bemerkt Hippias, nachdem er von Sokrates freundlich beiseitegenommen war, ziemlich ärgerlich:

Aber ich muß dich fragen, Sokrates, was deiner Vermutung nach das Ergebnis von all dem ist? Wie ich gerade eben sagte, ist das ein Zusammenscharren und Zusammenkratzen von Argumenten, die in kleine Bissen aufgeteilt sind. Am schönsten und auch am wertvollsten ist die Fähigkeit, eine ausgefeilte und schöne Rede vor Gericht, vor einer Ratsversammlung oder irgendeiner anderen öffentlichen Körperschaft, an die man sich wendet, zu halten mit dem Ziel, das Publikum zu überzeugen und die schönste aller Belohnungen davonzutragen, die eigene und die Rettung der Freunde, und Reichtum. Dies sind die Dinge, an die sich ein Mann halten sollte. Auf deine Winkelargumente sollte er verzichten, wenn er nicht für einen völligen Idioten gehalten werden will, weil er sich, wie wir es gerade tun, mit haarsträubendem Unsinn beschäftigt. ([Platon], Hippias Maior 304a–b)

Es wurde ein wichtiger Bestandteil dieser Richtung, die Schüler zu lehren, sich im öffentlichen Leben in Wort und Tat zu bewähren. Ein starker Antrieb muß bei den potentiellen Schülern vorhanden gewesen sein, die erkannten, auf welchem Gebiet die Intellektuellen ihnen nicht nur Bildung vermitteln, sondern einen Weg zu Macht und Einfluß weisen konnten. Insofern war der Effekt dieser gegen Bezahlung gelieferten rhetorischen und intellektuellen Ausbildung, nachdem sie sich einmal so eingebürgert hatte, zutiefst konservativ, denn sie förderte die Macht derjenigen, die es sich leisten konnten, zu bezahlen.

Wissenschaft

Die Intellektuellen waren jedoch nicht nur Lehrer in den unterschiedlichsten Wissensgebieten, ob es sich nun um praktisches Wissen wie die Rhetorik oder um »akademisches« wie die Astronomie handelte. Sie spielten noch eine andere kompliziertere Rolle, in der sie zugleich zerstörten und aufbauten. Sie ergab sich zum Teil aus eben der Unzufriedenheit mit der dichterischen und mythologischen Beschreibung der Welt, auf die bereits hingewiesen wurde (s. S. 191). Im späten sechsten Jahrhundert hatten die ionischen Naturphilosophen versucht, realistischere Erklärungen für die Existenz, die Erscheinungsformen und die Eigenschaften der äußeren Welt zu finden, und sie hatten verschiedene Theorien formuliert. Sie versuchten die Frage zu beantworten »Was war zuerst da?«. Thales gab die Antwort: »Wasser«. Anaximander antwortete komplizierter: »Das Unendliche (*apeiron*) ist die ganze Ursache für Wachstum und Zerfall von allem ... beim Entstehen dieser Welt wurde ein Samen von Heiß und Kalt vom Unendlichen abgetrennt, und daraus wuchs eine Sphäre des Feuers um die Luft, die die Erde umgab, genau wie die Rinde um einen Baum wächst.« (12 A 10 DK) Anaximenes sagte: »Die Luft war der Anfang aller Dinge; diese war grenzenlos in ihrem Umfang, aber begrenzt durch die Eigenschaften um sie herum: alle Dinge sind entstanden durch ihre Verdichtung und wiederum durch ihre Brechung. Die Bewegung aber war ewig.« (13 A 6 DK) Solches Theoretisieren wurde knapp zur Sprache gebracht in dem Gedicht *Weg der Wahrheit* des Parmenides. Das Entstehungsdatum ist nicht bekannt, lag aber vermutlich zwischen 480 und 460. Zwei Fragmente liefern die wahrscheinlich zentrale Aussage:

So komm denn, ich will dir sagen – und du nimm die Rede auf, die du hörst –
welche Wege des Suchens allein zu denken sind.
Der eine: daß (etwas) ist, und daß nicht zu sein unmöglich ist,
ist der Weg der Überzeugung, denn die geht mit der Wahrheit.
Der andre: daß (etwas) nicht ist, und daß nicht zu sein richtig ist,
der, zeige ich dir, ist ein Pfad, von dem keinerlei Kunde kommt.
Denn was eben nicht ist, kannst du wohl weder wahrnehmen – denn
  das ist unvollziehbar –
noch aufzeigen.
Denn dasselbe kann gedacht werden und sein. (28 B 2–3 DK)

So bleibt einzig noch übrig die Rede von dem Weg,
daß (etwas) ist. An ihm sind sehr viele Kennzeichen,
daß Seiendes ungeworden und unvergänglich ist,
ganz und einheitlich, und unerschütterlich und vollendet.
Und es war nicht einmal und wird nicht (einmal) sein, da es jetzt
  zugleich ganz *ist,*
eins und zusammenhängend. Denn welche Erzeugung könntest du für
  es erfinden?
Wohin, woher gewachsen? Weder: aus Nichtseiendem, werde ich
dich sagen oder denken lassen; denn es ist nicht sagbar noch denkbar,
daß (etwas) nicht ist. Und welches Bedürfnis hätte es auch veranlassen
  sollen,
später oder früher, aus dem Nichts beginnend, sich zu bilden?
Also muß es entweder ganz und gar sein oder nicht.

Noch auch wird die Gewalt der Gewißheit zulassen, daß jemals aus
  einem Seienden
irgend etwas über es hinaus *wird* – aus diesem Grunde hat weder zum
  Werden
noch zum Vergehen die Rechtmäßigkeit es in seinen Fesseln lockernd
  losgelassen,
sondern hält es fest. Die Entscheidung darüber beruht aber hierin:
Entweder ist es, oder es ist nicht! Aber es ist nun entschieden, wie es
  Notwendigkeit ist:
daß man den einen Weg liegen lasse als undenkbar, unnennbar, denn es
  ist nicht der wahre
Weg; daß der andre dagegen, wonach es *ist,* eben der richtige sei.
Wie aber könnte dann Seiendes vergehen? Wie könnte es werden?
Wenn es nämlich wurde, *ist* es nicht; auch nicht, wenn es zukünftig
  einmal sein wird.
So ist Werden ausgelöscht und verschollen der Untergang.

(28 B 8 DK)

Die Folgerung scheint schlüssig: Keine Einheit kann eine Mehrheit erzeugen, so bleibt das Problem der Veränderung unlösbar, und wenn alles, was wirklich existiert, ewig ist, dann hat die ewige, wahrnehmbare Welt von Wachstum und Zerfall keinen sicheren ontologischen (oder tatsächlich moralischen) Zustand irgendeiner Art.

Man kann durchaus sagen, daß ein großer Bereich der griechischen Philosophie dieser Zeit, die von diesem Werk abgedeckt ist, thematisch eine Einheitlichkeit aufwies, während die nachfolgenden Denker wilde Anstrengungen unternahmen, aus der unangenehmen Beweisführung des Parmenides auszubrechen oder sie in ein geistiges Modell der Welt einzupassen, in dem deren Phänomene untergebracht werden konnten. Das Spektrum der Lösungen reichte weit und war verwirrend. Die einen stimmten dem Parmenides einfach zu und versuchten sein Argument zu stützen, wie sein Schüler Zenon mit dem Paradoxon über Achill und die Schildkröte und ähnlichem. Andere postulierten eine Pluralität der ursprünglichen Elemente, so Empedokles in seinem Gedicht *Reinigungen,* das in der Mitte des fünften Jahrhunderts entstand und in dem er Feuer, Wasser, Erde und Luft als die nicht geschaffenen, gleichen und ebenbürtigen Elemente festsetzt, die die äußere Welt mit Hilfe von Liebe und Haß oder durch Mischung und Trennung hervorbringen. Andere, wie die Atomisten Leukippos und Demokrit, postulierten eine unbegrenzte Anzahl von konstituierenden Elementen, die »wirken, und auf die gewirkt wird je nachdem, wie sie sich zufällig berühren (denn sie sind nicht eines), und die etwas hervorbringen, indem sie zusammenkommen und sich miteinander verbinden.« (So beschreibt Aristoteles, *Über Werden und Vergehen,* 325 a 33–35, diese Theorie.) Andere stellten eine lenkende Kraft oder ein leitendes Prinzip wie den Geist oder die Vernunft in den Vordergrund.

Diese Theorien als solche konnten sich ziemlich verrückt anhören und wurden von Aristophanes weidlich verspottet, aber sie waren wirkliche Bemühungen, das Dilemma zu lösen. Das gilt auch für die differenziertere und erfolgreichere Ideenlehre Platons, die die kategorische Transzendenz des Parmenides mit der realen Welt verbinden sollte, indem sie unterschied zwischen den Ideen, die unendlich und nur mit dem Verstand zu erkennen sind, und den zeitlich begrenzten Nachahmungen dieser Ideen, die die äußere Welt bilden und auf einer niedrigeren Stufe der Wahrnehmungsfähigkeit durch die Sinne wahrgenommen werden. So verhielt es sich auch mit der sehr ausführlichen und systematischen Untersuchung, die Platon selbst und Aristoteles über den Gebrauch der Begriffe »Erkenntnis« und »Nachweis« anstellten. Aristoteles' grundlegende Erkenntnis, daß »Sein« ein Begriff ist, der mit verschiedenen Bedeutungen gebraucht wird (Metaphysik 1028 a 10), war Teil dieses Vorgangs. In Verbindung mit der formalen Logik, die er entwickelte, war dies wahrscheinlich der meistversprechende Weg, mit Parmenides fertigzuwerden. So waren die herausfordernden Thesen des Parmenides der Anlaß für die allgemeinen und abstrakten Spekulationen eines ganzen Jahrhunderts. Paradox ist es, daß zur selben Zeit eine immer präzisere Erforschung der äußeren Welt immer größere Fortschritte machte und von denselben Leuten durchgeführt wurde. Die Ergebnisse waren von bleibendem Wert besonders in der Biologie, der Astronomie und der Medizin. Teilweise jedenfalls bestand das Ziel für die Gelehrten und Denker darin, über die Phänomene der äußeren Welt, zu deren Erklärung ihre kosmologischen Theorien dienen sollten, genau Bescheid zu wissen.

Ethik

Es gab noch ein anderes Ziel. Den Griechen war die praktische Einsicht nicht fremd, daß es mit einer Katastrophe endet, wenn man es sich zur Lebensregel macht, auf die irdischen Realitäten keine Rücksicht zu nehmen. Frühere Generationen hatten die »Realitäten« theologisch interpretiert, indem sie die Götter für Wesen hielten, deren Wille sich in Zeichen, Träumen oder Orakeln kundtat, auf die ein kluger Mensch achten sollte. Deshalb wurde den Göttern, insbesondere Zeus, der Schutz der sittlichen Ordnung zugeschrieben. Dieser Gesichtspunkt bringt ein Problem ins Spiel, das es bei vielen Religionen gibt und das darin besteht, die Existenz des Bösen mit der Annahme einer allmächtigen, allgerechten Gottheit in Einklang zu bringen. Ein Ansatz für Kritiker bestand auch darin, daß sie das Verhalten der Götter einschließlich Zeus selbst, wie es in so zahlreichen Mythen dargestellt wurde, zu Recht kritisieren konnten. »Homer und Hesiod haben den Göttern alle Dinge zugeschrieben, die unter den Menschen schändlich und tadelnswert sind: Diebstahl, Ehebruch und gegenseitiger Betrug.« (Xenophanes 21 B 11 DK) Der Wunsch, die Moral zu säkularisieren und eine rationalere Grundlage für moralisches Verhalten zu finden, war ein weiterer Antrieb, die Welt genau zu verstehen. Es wurde Gemeingut der Philosophen, daß man Zusammensetzung und Handlungsprinzipien der Welt kennen müsse, um richtig handeln zu können.

Solches Wissen mußte natürlich nicht systematisch sein. Es ist kaum verwunderlich, daß vieles davon auf dem Niveau des gesunden Menschenverstandes blieb, der in Sprichwörtern zum Ausdruck kommt oder in der Reihe völlig unreligiöser, unmythischer Beobachtungen, die uns von Demokrit erhalten sind: »Man muß entweder gut sein oder einem guten Menschen nacheifern«; »Wer jemandem einen klugen Rat geben will, der sich selbst für klug hält, verschwendet seine Zeit« oder »Es ist unvernünftig, sich den unumgänglichen Bedingungen des Lebens nicht zu unterwerfen.« (68 B 39, 52, 289 DK) Doch solche Aphorismen sind naturgemäß fragmentarisch, sie sind keinem zusammenhängenden System zuzurechnen und deshalb angreifbar, wohingegen moralische Normen, die sich an einem einzigen Prinzip orientieren, jedenfalls einen Zusammenhang bilden, seien sie auch anmaßend oder absonderlich. Unter den Moralphilosophen herrscht eine starke Neigung in diese letztere Richtung. So konnten beispielsweise im Extremfall kosmologische Kampftheorien, wenn sie sich mit der Erkenntnis der Relativität moralischer Normen (s. S. 49) verbanden, zu äußerst brutalen Interpretationen der Lebensbedürfnisse im Einklang mit der Natur werden (vergleiche den Ausbruch des Kallikles, S. 133). In einem anderen extremen Fall führte die Vorstellung vom Leben in Harmonie mit der Realität über die metaphorische Bedeutung hinaus zur Erforschung der Natur der Zahlen und ihrer Beziehungen, die die Überlieferung dem Pythagoras, der im sechsten Jahrhundert lebte, und seinen Nachfolgern zuschreibt: »Sie nahmen an, daß die Grundbestandteile der Zahlen die Grundbestandteile aller Dinge seien und daß der ganze Himmel *Harmonie* und *Zahl* sei.« (Aristoteles, Metaphysik 968a 1) In der Folge unterschieden sie, wie Aristoteles' Schüler Aristoxenos berichtet, »alles, was getan oder nicht getan werden sollte, unter dem Gesichtspunkt der Einheit mit dem Göttlichen. Das ist ihr Ausgangspunkt. Ihr ganzes Leben orientiert sich an dem folgenden Gott, und das ist das Leitprinzip ihrer Philosophie.« (Iamblichos, De vita Pythagorica 137)

Hier kommen wir dem sehr nahe, was bei Platon und Aristoteles ein Hauptelement ihres moralischen Systems wird. Es ist die Ansicht, daß die Art, in der manche Verhaltensweisen besser sind als andere, der wechselnden Art und Weise, in der die Phänomene an der Realität teilhaben, entspricht und durch sie gestützt wird. Zu denken (über die Welt, die nur durch Gedanken zu erfassen ist) ist besser als zu handeln (in der Welt, die mit den Sinnen wahrnehmbar ist).

Ist aber die Glückseligkeit eine der Tugend gemäße Tätigkeit, so muß sie vernünftigerweise der vorzüglichen Tugend gemäß sein, und diese ist wiederum die Tugend des Besten in uns ... Daß diese Tätigkeit eine betrachtende ist, haben wir bereits gesagt. Dies dürfte doch wohl mit unseren früheren Ausführungen wie mit der Wahrheit übereinstimmen. Denn zunächst ist diese Tätigkeit die beste. Der Geist nämlich ist das

Beste in uns, und die Objekte des Geistes sind wieder die besten im ganzen Bereich der Erkenntnis. Sodann ist sie die anhaltendste. Anhaltend denken können wir leichter als irgend etwas anderes anhaltend tun. Ferner glauben wir, daß der Glückseligkeit Lust beigemischt sein muß. Nun ist aber unter allen tugendmäßigen Tätigkeiten die der Weisheit zugewandte eingestandenermaßen die genußreichste. Und in der Tat bietet die Philosophie Genüsse von wunderbarer Reinheit und Beständigkeit; natürlich ist aber die Tätigkeit und das Leben noch genußreicher, wenn man schon weiß, als wenn man erst sucht. Auch was man Autarkie nennt, findet sich am meisten bei der Betrachtung ... Von der Betrachtung läßt sich behaupten, daß sie um ihrer selbst willen geliebt wird. Sie bietet uns außer dem Betrachten nichts; vom praktischen Handeln dagegen haben wir noch einen größeren oder kleineren Gewinn außer der Handlung. Die Glückseligkeit scheint weiterhin in der Muße zu bestehen. Wir opfern unsere Muße, um Muße zu haben, und wir führen Krieg, um in Frieden zu leben. Die praktischen Tugenden äußern ihre Tätigkeit in der Politik oder im Kriege. Die Aktionen auf diesen Gebieten aber dürften sich mit der Muße kaum vertragen ... Wenn also nun zwar unter den tugendhaften Handlungen diejenigen, die sich um Staat und Krieg drehen, an Schönheit und Größe obenanstehen und sie trotzdem mit der Muße unvereinbar und auf ein außer ihnen liegendes Ziel gerichtet sind, also nicht um ihrer selbst wegen begehrt werden, und wenn dagegen die betrachtende Tätigkeit des Geistes an Ernst hervorzuragen scheint, und keinen anderen Zweck hat als sich selbst, auch eine eigentümliche Lust in sich einschließt, die die Tätigkeit steigert, so sieht man klar, daß in dieser Tätigkeit, soweit es menschenmöglich ist, die Autarkie, die Muße, die Freiheit von Ermüdung und alles, was man sonst noch dem Glückseligen beilegt, sich finden wird. Somit wäre dies die vollendete Glückseligkeit des Menschen, wenn sie auch noch die volle Länge eines Lebens dauert. Denn nichts, was zur Glückseligkeit gehört, darf unvollkommen sein.

(Aristoteles, Nikomachische Ethik 1177a 12–1177b 26)

An diesem Punkt wird die soziale Rolle der Philosophie offenbar. Wir haben kurz ihre zwei Hauptthemen gestreift: Was sind die Bestandteile und Prinzipien des Handelns in der Natur? Was ist der richtige Weg zu leben? Dazu kommen zwei methodische Fragen: Wie wissen wir, was wir zu wissen glauben? Was kann als gutes Argument gelten? Der Nährboden dieser vier Fragestellungen bringt alles hervor, was wir als griechische Philosophie kennen. Die Tätigkeit derer, die sie ausübten, war für die griechische Gesellschaft des vierten Jahrhunderts in zwei wichtigen Punkten von Bedeutung. Zum einen unterstützten sie die Dichter in ihrer Funktion, zu artikulieren, was die griechische Gesellschaft war und was sie werden sollte, und ersetzten sie sogar. Zum anderen – und das ist noch wesentlicher – boten sie nicht nur die Möglichkeit der Bildung für diejenigen, die ihre Werke lesen oder es sich leisten konnten, ihre Schüler zu sein, sie schufen auch Lehren vom idealen Verhalten, die sich im einzelnen zwar unterschieden, im großen und ganzen aber alle ein Mißvergnügen an Aktivität, Demokratie und Politik und die starke Tendenz zum Leben eines kultivierten, vermögenden Intellektuellen in einer wohlgeordneten konservativen Gesellschaft gemeinsam hatten. Die Stärke dieser neuen Art elitärer Kultur, die sie schufen, bestand darin, daß sie eine rationalere Grundlage als die auf der Dichtung basierende Ausbildung hatte und daß sie nicht auf Griechenland begrenzt und ethnisch festgelegt, sondern für alle Eliten zugänglich war, die sich davon angezogen fühlten. Ihre Schwäche war es, daß sie die Beziehungen zwischen Religion und Kultur, zwischen intellektueller und politischer Aktivität auflöste und dazu beitrug, den Zusammenhang der sozialen Traditionen in den einzelnen Staaten zu zerstören.

Söldnerwesen

Das taten – um einiges gewalttätiger – auch die Söldner. Das Söldnerwesen war an sich nichts Neues. Griechische Soldaten hatten seit dem achten Jahrhundert gegen Bezahlung den Herrschern des Nahen Ostens gedient und waren im fünften Jahrhundert Leibwächter persischer Satrapen gewesen. Die athenische Flotte des fünften Jahrhunderts war zumindest teilweise auf Söldner als Ruderer angewiesen (s. S. 100), und dies war im vierten Jahrhundert noch mehr der Fall (s. S. 35). Doch die Söldner kamen – zum größten Teil jedenfalls – aus dem Seereich selbst und ersetzten die athenischen Bürger nicht, sondern unterstützten sie nur, während die Kerntruppe der Heere des fünften Jahrhunderts überall die Bürger als Hopliten waren. Zwischen 399 und 375 standen niemals weniger als 25 000 Söldner im Dienst, häufig mehr. Während der sechziger Jahre stellte Sparta sogar auf der Peloponnes selbst Söldner ein. Ausrüstung und Taktik änderten sich sichtlich. In den fünfziger Jahren hatte praktisch jeder Staat ein Landheer, das im Kern aus Söldnern bestand, obwohl diese fluktuierende Bevölkerungsgruppe ernste Beunruhigungen hervorrief. Da die Ablösung des Bürgers in der Rolle des Soldaten auf direktem Weg dazu beitrug, die Lebensfähigkeit des Stadtstaats als Machteinheit zu zerstören, muß dieses Phänomen erklärt werden. Das ist schwierig, da drei verschiedene Entwicklungen damit zusammenhängen, die alle aus Einzelproblemen entstanden und sich in weit voneinander entfernte Gebiete ausdehnten.

Persien

Die erste betrifft Persien. Als Kyros 404 die 10000 anwarb (s. S. 173), nutzte er die eine Gelegenheit, nämlich das Ende eines großen Krieges in Griechenland, um Gewinn aus einer anderen zu ziehen, nämlich aus den dynastischen Spannungen am persischen Hof im Frühling 404 nach dem Tod Dareios II. Xenophon benennt die Motive der Griechen folgendermaßen:

Die meisten Soldaten waren nicht ausgezogen, um mit der Bezahlung für ihre Dienste ihr Leben zu fristen, sondern weil sie von dem edlen Wesen des Kyros gehört hatten. Einige brachten tatsächlich ihre Diener mit, andere hatten sogar im voraus Geld gespendet. Manche von ihnen hatten ihre Eltern verlassen, andere ließen Kinder zu Hause zurück in der Hoffnung, daß sie zurückkommen und Geld mitbringen würden. Sie hatten gehört, daß die anderen Söldner im Dienste des Kyros erfolgreich und vermögend waren. (Xenophon, Anabasis 6, 4, 8)

Auf persischer Seite wurde das sichtbare Ergebnis des Feldzugs, das darin bestand, daß griechische Hopliten eine persische Armee sogar in ihrem eigenen Land schlagen konnten, in den neunziger Jahren von den Gegnern Persiens in Zypern und Ägypten ausgeschlachtet. Schließlich fand sich der persische König in einem Akt der Selbstverteidigung mit den militärischen Gegebenheiten ab und warb selbst Griechen an. Wahrscheinlich geschah das schon bald nach 386 für den sechsten Feldzug gegen Euagoras, den Tyrannen oder König von Salamis auf Zypern. Möglicherweise bestand sogar eines der Motive bei der Durchsetzung des Königsfriedens von 386 in der Tatsache, daß dadurch der Zugang zu griechischen Söldnern eröffnet wurde. Mit Sicherheit war dies zehn Jahre später der Fall, als »Artaxerxes, König von Persien, der gegen Ägypten Krieg führen wollte und plante, ein gewaltiges Söldnerheer zusammenzustellen, beschloß, den Krieg in Griechenland zu beenden. Er hegte große Hoffnungen, daß die Griechen, wenn sie erst von ihrem eigenen Krieg befreit wären, eher bereit sein würden, sich als Söldner anwerben zu lassen. Deshalb sandte er Gesandte nach Griechenland, um die Griechen zu einem allgemeinen Friedensschluß zu drängen.« (Diodor 15, 38, 1) Fünfzehn Jahre später, um 360, konnte Xenophon schreiben: »Da die Perser selbst den schlimmen Zustand ihrer eigenen Streitkräfte erkannt hatten, gaben sie auf, und niemand führte mehr Krieg ohne die Griechen, ob sie nun gegeneinander kämpften oder mit den Griechen Krieg führten. Sie hatten beschlossen, Griechen auch heranzuziehen, um gegen Griechen Krieg zu führen.« (Kyropädie 8, 8, 26) Diese Aussage sollte bis zum Ende des Perserreiches gültig bleiben.

Griechenland

Das zweite Gebiet, das mit dieser Entwicklung zu tun hatte, war das griechische Mutterland. Hier machte es nach 404 und noch mehr nach 386 die Vorherrschaft Spartas mit seinen Berufssoldaten unerläßlich, Soldaten desselben Kalibers zu haben, die es mit ihnen aufnehmen konnten. Entweder hob ein Staat das Niveau seiner eigenen Bürgerwehr oder er führte Verbesserungen ein oder er warb Berufssoldaten an. Theben tat das erste, indem es 378 die »Heilige Schar« ins Leben rief, eine Elitestreitmacht von 300 Mann, bei denen sich ganztägige militärische Übungen mit einer homosexuellen Paarbindung und dem idealistischen Gefühlszusammenhang eines Geheimbundes verbanden. Diese Truppe siegte in der Schlacht bei Leuktra 371 und in der Schlacht bei Mantineia 362 für Theben. Sie wurde von den Arkadern und später von Philipp nachgeahmt, bot aber an sich keine lebensfähige Lösung. Wie sich 338 bei Chaironeia zeigte, war sie zu klein, um eine große Armee nach ihrem Vorbild umzuformen. Andererseits waren die finanziellen Mittel eines normalen Staates zu begrenzt, als daß man ständig ein größeres stehendes Heer hätte halten können. Demgegenüber hatten Berufssoldaten einige Vorzüge. Erstens konnten sie angemessen diszipliniert werden. »In Korinth (in den Jahren vor 390) kommandierte Iphikrates sein Heer (leichtbewaffneter thrakischer Truppen) mit solcher Strenge, daß nirgendwo in Griechenland die Truppen besser ausgebildet waren oder ihrem Feldherrn schneller gehorchten. Er brachte ihnen bei, beim Signal zur Schlacht ohne eine Order von seiten des Befehlshabers eine Kampflinie zu bilden, die so genau war, als seien sie einzeln von einem erfahrenen Führer aufgestellt worden.« (Cornelius Nepos, Iphicrates 2,1–2) Zweitens konnte ein erfahrener Feldherr Neuerungen einführen.

Iphikrates ... erwarb im persischen Krieg große militärische Erfahrungen und machte viele Erfindungen, die für den Krieg nützlich waren. Besondere Aufmerksamkeit widmete er der Bewaffnung. Da die Griechen große Schilde benutzten und sich deshalb langsam bewegen mußten, machte er ihre Schilde kleiner und sorgte statt dessen für passende *peltai* (leichter Schild aus Flechtwerk oder Holz). Damit erreichte er einen zweifachen Vorteil, einmal, weil der Körper gut geschützt wurde, zum anderen, weil die Träger der *peltai* wegen ihres geringen Gewichts völlig frei waren in ihren Bewegungen ... Mit Speer und Schwert machte er es umgekehrt. Er verlängerte die Speere um noch einmal die Hälfte und machte die Schwerter fast doppelt so lang ... Er ließ Soldatenstiefel anfertigen, die nicht schwer waren und die man leicht aufbinden konnte. Bis heute heißen sie nach ihm »Iphikratiden«.

(Diodor 15,44)

Möglicherweise ist die von Diodor angegebene Datierung in das Jahr 374/73 unrichtig, und er verwechselt eine Änderung in der Ausrüstung mit einer taktischen Veränderung, aber die zugrundeliegende Tatsache ist klar: Der leichtbewaffnete Krieger, der *peltastes*, der vorher ein armer Verwandter des Hopliten war, erfuhr eine soziale und auch eine »geographische« Rangerhöhung, denn diese Ausrüstung und Taktik hielt man traditionell für thrakisch. Diese Innovationen hatten Auswirkungen. Es war ein Peltastenheer, das 390 bei Korinth ein spartanisches Regiment besiegte, und es war wiederum ein Peltastenheer, das im Sommer 378 Theben gegen einen spartanischen Angriff verteidigte. »Chabrias und Gorgias befahlen, nicht anzugreifen, sondern stehenzubleiben, die Speere nach vorne zu richten und die Schilde auf die Knie zu stützen. Agesilaos wurde durch die Unerschütterlichkeit der Kampflinie aus der Fassung gebracht und zog sich zurück, weil er es für klug hielt, sich vor der Stärke seiner Gegner in acht zu nehmen.« (Polyainos, Strategemata 2,1,2) Aber diese Effizienz hatte ihren Preis. Staaten, deren Bürger früher periodisch und unentgeltlich ein Heer gebildet hatten, waren nun, ob sie wollten oder nicht, zu einer intensiveren staatlichen Geldwirtschaft gezwungen und wurden in interne Finanzkrisen getrieben (vergleiche Arkadien 365/64; s. S. 201). Scharen unbesoldeter Söldner bildeten Privatarmeen oder gründeten wie die 10000 des Xenophon selbst Staaten.

Durch Armut, Fähigkeiten und Ehrgeiz des Einzelnen und durch die Bedürfnisse der Regierungen heraufbeschworen, wurde das Söldnerwesen ein sozialer Faktor. Wenn wir uns nun Sizilien zuwenden, der dritten Region, die zur Formung dieser neuen Prinzipien beitrug, so sehen wir den nächsten Schauplatz, auf dem ein Söldnerführer, der seine Truppen in der Hand hatte, sich von seiner Stadt loslösen und zum »Feldherrn mit unbeschränkten Vollmachten«, zum Tyrannen und sogar zum Träger einer Erbmonarchie werden konnten.

Sizilien

Es wurde im 7. Kapitel gezeigt, wie Syrakus nach 465 seine Vorherrschaft verlor und wie durch das zuerst diplomatische, später militärische Eingreifen Athens die Angelegenheiten der Insel zu einer Sache zwischen Athen und Syrakus geworden waren. Nach Athens Rückzug 413 tauchten in Sizilien und Syrakus selbst die alten Verhaltensweisen rasch wieder auf. In Sizilien gab es drei politische Größen: Syrakus mit Akragas und Gela im Südosten, die Karthager im Westen und die amorphe Masse nichtdorischer oder nichtgriechischer Gemeinden in der Mitte und im Norden der Insel. Die Machtpolitik auf der Insel orientierte sich an Staaten dieser dritten Gruppe. Sie hatten untereinander wenig Verbindung, aber jede Macht, die über ihre Ergebenheit und über ihre Ressourcen verfügen konnte, bekam einen entscheidenden Vorteil. Die meiste Zeit des vierten Jahrhunderts war aus leicht einsehbaren Gründen Syrakus diese Macht. 409 drangen die Karthager ein, indem sie die Lücke ausfüllten, die der Rückzug Athens hinterlassen hatte. Sie eroberten und plünderten im Sommer 408 Selinus und Himera, im Dezember 406 Akragas und Gela und Kamarina im Sommer 405. Derart bedroht wandten sich diese an Syrakus als die einzige Stadt, die aufgrund ihrer Mittel und ihrer moralischen Autorität in der Lage war, einen Widerstand anzuführen. Das war die Gelegenheit, die von Dionysios, einem Mitglied der syrakusanischen Oberschicht, genutzt wurde. Als Kommandant der Reiterei und befähigter Demagoge gelang es ihm, kurz nach dem Fall von Akragas zum »Feldherrn mit unbeschränkten Vollmachten«, zum *stratēgos autokratōr* gewählt zu werden. Als solcher nahm er die Bedrohung durch Karthago zum Anlaß, eine Armee aufzubauen, die ihm eine unabhängige Machtbasis innerhalb des Staates bot. Als ihr Kommandant befaßte er sich ausgiebig mit den Karthagern. Als »nationaler Anführer« gegen sie setzte er so erfolgreich Hilfsmittel wie Bündnisse, Umsiedlung von Bevölkerungsteilen, Repression, Raub und Erpressung ein – und konnte dies auch rechtfertigen –, daß er tatsächlich alle griechisch sprechenden Staaten des Westens, in Italien ebenso wie in Sizilien, Anfang der achtziger Jahre unter seine Kontrolle brachte. Er behielt sein Reich bis zu seinem Tod und gab es an seinen Sohn Dionysios II. weiter; es war die stärkste Militärmonarchie, die die griechische Welt bis dahin gesehen hatte.

Unsere Kenntnisse über ihn und Sizilien nach 413 stammen hauptsächlich von Diodor. Dessen Bericht ist ausführlich bis 383/82, danach allerdings dürftig; er genügt aber, um unser Wissen über die syrakusanische Gesellschaft und Politik einigermaßen zu vertiefen. Diodors älteste Quelle waren die *Sikelika* des Philistos, eines reichen Gefährten des Dionysios, der auch sein Ratgeber und Feldherr war. Er hat anscheinend ein sympathisches Porträt des Dionysios geliefert, wobei er sich stilistisch und inhaltlich an Thukydides orientierte. Die technischen Autoren berichten einiges über die »Strategie« des Dionysios im Krieg und bei der Geldbeschaffung. Einige Informationen, die allerdings für Dionysios viel weniger günstig ausfallen, sind auch in Plutarchs Dion-Biographie enthalten, ebenfalls ein Gefährte des Dionysios, und im Siebten und Achten Brief Platons, die an die »Freunde und Gefährten« Dions nach seinem Tod 356 geschrieben wurden. Obwohl uns das für das Verständnis Dionysios' und Syrakus' wichtige Material größtenteils nur in der durch Diodor überlieferten Auswahl des Philistos vorliegt, liefert es ein glaubhaftes Bild.

Ein Hauptthema ist natürlich der Krieg gegen Karthago. Der erste Krieg, der Dionysios an die Macht brachte, endete Ende 405 mit einem Vertrag, der den Karthagern den größten Teil der Insel zugestand: »Den Karthagern sollen unterworfen sein die Elymer und Sikaner mit ihren ursprünglichen Kolonisten. Die Leute von Leontinoi und Messene und alle Sikuler sollen autonom sein. Die Syrakusaner sollen dem Dionysios unterworfen sein. Gefangene und Schiffe müssen zurückgegeben werden.« (Diodor 13,114,1) Der zweite Krieg, der von Dionysios 398 als Revanche entfacht wurde, verlief sehr schwankend von der griechischen Eroberung von Motye 398 bis zu einer Belagerung von Syrakus 397/96, endete aber 392 eher zugunsten der Griechen: »Die Bedingungen waren denen des früheren Vertrags ähnlich, aber die Sikuler sollten dem Dionysios unterworfen sein, und er sollte Tauromenion bekommen.« (Ebd. 14,96,4) Ein dritter Krieg begann 382 mit einem spektakulären Erfolg des Dionysios, aber die von ihm angebotenen Friedensbedingungen, »daß die Karthager sich aus den Städten Siziliens zurückziehen und die angefallenen Kriegskosten ersetzen sollten« (ebd. 15,15,4), wurden nicht akzeptiert, was nicht weiter erstaunlich ist, und der Krieg endete 374 peinlicherweise damit, daß »jede Seite behalten sollte, was sie vorher besessen hatte, mit der Ausnahme, daß die Karthager Land und Stadt von Selinus in Besitz nahmen und das Territorium von Akragas bis zum Fluß Halykos. Dionysios zahlte den Karthagern 1000 Talente.« (Ebd. 15,17,5) Ein kurzer Krieg begann 367, wurde aber von Dionysios II. bald nach dem Tod seines Vaters beendet.

Die Kriege damals bestätigten auf Kosten von Tod, Zerstörung und Leid nur den Status quo. Man kann fragen, was ihre Anstifter erreichen wollten. Diodor skizziert Karthagos Motive für den ersten Krieg. Bei Landstreitigkeiten zwischen Selinus und Segesta bat letzteres die Karthager um Hilfe.

Und die Karthager waren in einem Dilemma. Sie wollten die günstig gelegene Stadt in ihre Hand bringen, fürchteten aber Syrakus, denn sie hatten die völlige Vernichtung der athenischen Streitkräfte gesehen. Doch da ihre führenden Politiker sie auch drängten, Segesta zu übernehmen, sagten sie den Gesandten, daß sie Hilfe senden wollten. Um die Expedition unter Kontrolle zu halten, falls sich die Notwendigkeit zu kämpfen ergeben sollte, ernannten sie Hannibal, der damals der verfassungsmäßig gewählte König war, zum Feldherrn. Er war der Enkel des Hamilkar, der gegen Gelon gekämpft hatte (480) und bei Himera gefallen war, und er war der Sohn des Geskon, der nach der Niederlage seines Vaters verbannt worden war und sein Leben in Selinus verbracht hatte. Hannibal war deshalb der Haß gegen die Griechen angeboren, und er wünschte die Schande wiedergutzumachen, die seine Familie erduldet hatte. Er brannte darauf, etwas Nützliches für sein Land zu tun. (Diodor 13,43,4–6)

Dieser Hannibal könnte ein Vorfahre jenes Hannibal gewesen sein, der 200 Jahre später gegen Rom kämpfte. Die Beschreibung seines privaten und öffentlichen Ehrgeizes erinnert an die Bemerkungen des Thukydides über Alkibiades (s. S. 154), was von Philistos vielleicht beabsichtigt war, muß aber deshalb nicht falsch sein. Aber die drei anderen Kriege wurden mit großem Aufwand von Dionysios angezettelt. Die Gründe können wir nur erraten. Einer mag finanzieller Art gewesen sein. Die Höhe des »Tributs«, den die griechischen Städte des Westens seit 405 an Karthago gezahlt hatten, ist nicht bekannt, aber er könnte einen Krieg wert gewesen sein, besonders weil Dionysios, wie wir wissen, immer knapp bei Kasse war. Ein anderes Motiv kann seine eigene Legitimierung gewesen sein. Wenn er ununterbrochen den »Staatsfeind« bekämpfte, rechtfertigte dies nicht nur seine eigene Existenz und Machtvollkommenheit, sondern auch die Existenz des Söldnerheeres und die damit verbundene finanzielle Belastung.

Ein drittes Motiv könnte in der Rechtfertigung und im Ausbau seiner Kontrolle über die anderen Gemeinden Siziliens und Süditaliens gelegen haben. Es ist nicht leicht, seine Aktivitäten zu verstehen, denn die Quellen liefern wenig Anhaltspunkte über die Motive und stellen keinen Zusammenhang mit den langfristigen geopolitischen Konstellationen des Gebietes her. Der Historiker ist auf sich selbst angewiesen und muß von Diodors Bericht über die militärischen Ereignisse ausgehen. Im Jahre 403 – alle folgenden Daten sind Annäherungswerte – nahm Dionysios Aitna, Enna und Katane ein, eroberte und zerstörte Naxos völlig und schloß Leontinoi gewaltsam an Syrakus an. 400 gründete er Hadranon, stationierte 394 seine Söldner in Leontinoi und gründete Messene neu, das 396 von den Karthagern völlig zerstört worden war. 394 wurde von Rhegion eine Invasion zurückgeschlagen, der Krieg wurde zwischen 390 und 387 fortgesetzt und endete mit der Einnahme Rhegions und der Zerstörung von Kaulonia und Hipponion, deren Bevölkerung nach Syrakus umgesiedelt wurde. Mitte der neunziger Jahre fanden weitere Interventionen statt; es wurden an der Adria an verschiedenen Plätzen Kolonien gegründet und ein Bündnis mit den Illyrern geschlossen, von dem wir aber in der Folgezeit wenig wissen, da Diodors Bericht über das westliche Griechenland zwischen 383 und 359 äußerst dürftig ist.

Italien

All diese Aktivitäten waren weit weniger willkürlich, als es den Anschein hat. Sie ergaben sich ganz natürlich aus den syrakusanischen Überlieferungen und den Ambitionen des vorhergehenden Jahrhunderts (s. S. 159f.). Sie ergaben sich aus Konflikten, die anderswo vorhanden waren, und aus bestimmten langsam sich vollziehenden Veränderungen innerhalb der italischen Gesellschaft. Um diesen letzten Aspekt vorzuziehen: der Abstieg der Etrusker als Machtfaktor im westlichen Mittelmeer, dessen Ursachen hier nicht erörtert werden können, war mit ein Grund dafür, weshalb sie und die Römer nicht in der Lage waren, das Eindringen der Gallier nach Italien 387 aufzuhalten. Dionysios nutzte offensichtlich die darauf folgende Zerrüttung, als er in etruskische Interessen eingriff und die südliche Adria besetzte. Noch wichtiger ist, daß von etwa 440 an die griechischen Staaten im Süden Italiens dem Druck von italisch sprechenden Stämmen ausgesetzt waren, die entlang dem Kamm des Apennin nach Süden drängten und die fruchtbaren Täler und Ebenen bedrohten. Lukanien war zwischen 440 und 430 größtenteils in ihre Hand gekommen, Kyme im Norden von Neapel fiel ihnen 421/20 zu; die Griechen in Neapel konnten sich halten, weil sie von Tarent und Rom Hilfe bekamen, und Kroton, Sybaris und Kaulonia schlossen um 420 ihre Streitkräfte zusammen, um sie abzuwehren. Andere Städte schlossen sich 393/92 an, aber der Erfolg bestand einzig darin, daß Dionysios sich mit den italischen Lukanern verbündete, was zu einer noch größeren Polarisierung führte. Ein zweiter Konflikt, der genutzt werden konnte, bestand zwischen Rhegion und Lokris. Es ging um die Kontrolle der Spitze des italienischen Stiefels. Die Beziehungen zwischen dem dorischen Lokris und dem dorischen Syrakus waren seit Generationen eng gewesen. Dementsprechend hatte sich das ionische Rhegion während des ganzen fünften Jahrhunderts bemüht, Unterstützung von Karthago oder Athen zu bekommen, um seine Unabhängigkeit von Syrakus zu wahren. Dionysios wiederum hielt sich an die vorhandenen Fronten, indem er 398 eine lokrische Adelige heiratete (die passenderweise Doris hieß), 394 Lokrer in Messene ansiedelte und seinen ersten Angriff auf Rhegion 390 von lokrischem Gebiet aus unternahm.

Das alles klärt uns über die Umstände auf, nicht aber über die Ursachen. Dionysios auf eine für die literarische Überlieferung charakteristische Art und Weise einen Mann zu nennen, »der nichts anderes im Sinn hatte als eine unbegrenzte Alleinherrschaft« (Cornelius Nepos, De regibus [21], 2), das bedeutet eine Unterschätzung des Ausmaßes, in dem Dionysios als Regent von Syrakus traditionelle syrakusanische Wünsche und Bestrebungen übernahm, und eine Vernachlässigung des, wie wir uns vorstellen müssen, tiefen Schocks, den die athenische und karthagische Aggression 415 bis 413 und 409 bis 405 bei seiner Generation auslöste. Um die Schiffe bemannen zu können, die Syrakus benötigte, und um die massiven Befestigungsanlagen bauen zu können, die es unangreifbar machen sollten (was es bis zur Eroberung durch die Römer auch blieb), konnte die Stadt nichts anderes tun als Gelon, den syrakusanischen Tyrannen der achtziger Jahren des fünften Jahrhunderts, nachzuahmen und ganze Bevölkerungsteile nach Syrakus umzusiedeln. Und der einzige Weg, einem Eindringling, sei es Karthago, Athen oder ein anderer, die Basis für einen Angriff auf Syrakus zu nehmen, bestand darin, Rhegion, Leontinoi und andere Machtzentren im Nordosten Siziliens zu eliminieren. Nur durch die Kontrolle der Straße von Messene konnte man die feindlichen Flotten aus Karthago oder Etrurien daran hindern, durchzufahren und Syrakus selbst zu blockieren. Nur indem man die einzelnen Stadtstaaten als politische Einheiten auslöschte, konnte man den Streitigkeiten ein Ende machen, die, wie Dionysios' erster Schwiegervater Hermokrates in einer berühmten Rede im Jahre 424 sagt, »so verderblich sind für alle Staaten und auch für unser Sizilien, wenn wir, seine Bewohner, von unseren lokalen Uneinigkeiten aufgesogen werden und auf den gemeinsamen Feind nicht achten« (Thukydides 4,61,1). Nur indem man das Reich auf die Küsten Italiens ausdehnte, konnte man sich die wichtigen Rohstoffe – Zinn, Kupfer, Eisen, Silber, Holz – sichern, die eine große Seemacht brauchte.

Das sind Überlegungen, die denen des attischen Reichs im fünften und vierten Jahrhundert ähneln. Natürlich fanden sie keineswegs Beifall in den Ratsgebäuden Siziliens und Süditaliens, so wenig, wie dies im ägäischen Raum der Fall gewesen war. Ihre praktische Durchführung war die Ursache von Erschütterungen, Gewalttaten und menschlichem Leid. Während des Jahres 389 war sie aber größtenteils abgeschlossen, und es war ein Reich entstanden, das über zwanzig Jahre stabil blieb.

Es bleibt zu untersuchen, wie diese Stabilität aufrechterhalten wurde. Was die Bedingungen der Macht betrifft, so war die Basis einzig und allein das Söldnerheer des Dionysios. Seine Mitglieder kamen aus allen Himmelsrichtungen, aus Sizilien selbst, aus dem griechischen Mutterland, insbesondere von der Peloponnes, Campaner und Ligurer aus Mittel- und Norditalien und Iberer aus Spanien. Es wurde teilweise von Dionysios'

Freunden und Verwandten, teilweise von auswärtigen Berufsoffizieren befehligt. Meistens war es in der Festung stationiert, die Dionysios 405/04 hatte bauen lassen. Außerdem wurde es ausgerüstet mit den Mitteln eines gewaltigen Waffenarsenals, einer Gründung von 399, die von Diodor in einer seiner lebhafteren Passagen beschrieben wird:

Er sammelte viele ausgebildete Handwerker, teilte sie auf nach ihren jeweiligen Fähigkeiten, unterstellte sie der Aufsicht der führenden Bürger und versprach denjenigen große Geschenke, die neue Waffen herstellten. Er verteilte unter ihnen für jede Art von Waffe ein Beispiel, denn die Söldner waren vielfältiger Abstammung. Dionysios wünschte, daß jeder Soldat mit den ihm von zu Hause gewohnten Waffen ausgerüstet sein würde, weil er meinte, daß dadurch das Heer (beim Feind) viel Verwirrung hervorrufen würde und daß alle, die mit ihm kämpften, in der Schlacht am besten die Waffen verwendeten, die sie am meisten gewohnt waren. Die Syrakusaner waren von diesen Plänen begeistert und unterstützten sie, und es gab viele Rivalitäten wegen der Waffenherstellung. So war nicht nur jeder Ort in den Eingängen und rückwärtigen Räumen der Tempel, in den Gymnasien und Säulenhallen des Marktes voll von Leuten bei der Arbeit, sondern auch abseits von den öffentlichen Plätzen wurden in den vornehmsten Privathäusern ungeheure Mengen von Waffen hergestellt. (Diodor 14,41,4–6)

Die auf diese Weise geschaffene Armee hatte verschiedene Aufgaben. Sie diente dem Dionysios als Leibwache und schützte ihn bei verschiedenen Anlässen vor Umsturzversuchen. Sie diente auch als Miliz für die Stadt, nachdem Dionysios die Bürger hatte entwaffnen lassen, und stellte die Garnisonen für die Städte, die er seinem Reich einverleibte. Außerdem diente sie gelegentlich als Reservoir für Kleruchen athenischer Art. 396 versammelte sich, nachdem die Befehlshaber gefangengesetzt worden waren, »ein großer Teil der Söldner bewaffnet und forderte ziemlich zornig seinen Sold. Dionysios ... bot ihnen (es waren etwa 10000) anstatt einer Bezahlung Stadt und Land von Leontinoi an. Da das Land fruchtbar war, stimmten sie gerne zu, teilten es in Landlose auf und brachen auf, um in Leontinoi zu leben, während Dionysios ein anderes Söldnerheer aufstellte und ihm und seinen Freigelassenen den Schutz seiner Macht anvertraute.« (Diodor 14,78,1–3)

Hier werden die finanziellen Zwänge sichtbar, die mit dem Unterhalt eines großen Söldnerheeres verbunden waren. Es ist nicht erstaunlich, daß in den Quellen sehr oft vom Geldeintreiben die Rede ist. Wir hören von einer Vermögenssteuer, von

Konfiszierungen und von verschiedenen Finanztricks. Eine Abhandlung über Finanzwirtschaft, die dem Aristoteles zugeschrieben wird, beschreibt, wie »Dionysios, als er knapp bei Kasse war, Zinnmünzen prägen ließ, eine Volksversammlung einberief und die Münzen anpries, die er hatte herstellen lassen. Die Bürger erklärten sich widerwillig dazu bereit, die Münzen, die sie bekamen, für Silber und nicht für Zinn zu nehmen.« ([Aristoteles], Oikonomikos 2,20c) Im Jahre 384

segelte er mit 100 Schiffen nach Etrurien und raubte aus dem Tempel der Leukothea eine große Menge Gold und Silber und vielen anderen Schmuck. Er wußte, daß die Seeleute ebenfalls eine Menge mit sich genommen hatten, und forderte sie bei Todesstrafe auf, die Hälfte von dem, was sie mitgenommen hatten, bei ihm abzuliefern. Den Rest könnten sie behalten. Die Seeleute glaubten ihm, daß sie den Rest behalten könnten, wenn sie ihm die eine Hälfte brachten, und lieferten ihre Beute ohne Furcht ab, aber als Dionysios sie bekommen hatte, befahl er ihnen, die andere Hälfte auch zu bringen.« (Diodor 2,20i)

Sein Bedarf war größer, und die Skrupel waren geringer als im griechischen Mutterland (s. S. 201). Dionysios hat mit sehr vielen der alten Tabus gebrochen. Dennoch starb er in seinem Bett – die Rache des Zeus traf ihn nicht.

Dionysios I.

Sein Regime war aber nicht nur eine drückende Militärtyrannei. Wie das Wiederbewaffnungsprogramm zeigt (s. S. 227), fand er einige Unterstützung bei der Oberschicht, und er hatte starke Verbündete in den Spartanern, die ihm Befehlshaber zur Verfügung stellten und ihm erlaubten, Söldner aus der Peloponnes anzuwerben. Außerdem vermied er es, zumindest nach dem ersten Aufstand, »tyrannische« Gewaltakte gegen die Bürger zu begehen und suchte stattdessen ganz bewußt ihre Unterstützung. Daß er seine Töchter Gerechtigkeit, Selbstbeherrschung und Tugend nannte, hat diese vermutlich nicht gefreut, muß aber von seiner Seite aus nicht unbedingt Heuchelei gewesen sein. In gewissem Sinne blieb er ein Bürger. Zwei seiner Frauen waren Syrakusanerinnen. Die erste war die Tochter des Hermokrates, der 425/24 den politischen Widerstand gegen Athen und 415 bis 413 die militärische Verteidigung angeführt hatte. Gegen die Bezeichnung »Tyrann« sollten die Gastmähler sprechen, die er gab, die Geschenke, die er verteilte, und 401 seine Bereitschaft, am Bau der Stadtmauern eigenhändig mitzuarbeiten. Als Aristokrat, der er war, schrieb er Gedichte und Tragödien, schlechte allerdings, wie die Überlieferung will (für ein eigenes Urteil ist zu wenig erhalten), er trat als Mäzen von Dichtern und Philosophen auf, wenn er und Platon sich auch auf die Nerven gingen, er nahm an den Wagenrennen in Olympia teil und finanzierte oder initiierte große öffentliche Projekte, vom Bau der Stadtmauern, der Festung auf den Epipolai und der Schiffswerften bis zu Tempeln und Gymnasien. Außerdem hielt er, wie die Episode mit den Zinnmünzen zeigt, die politischen Institutionen und die öffentliche Meinung für wichtig. Die Münzen der Stadt enthalten keinen Hinweis auf seine Existenz, sie trugen immer die Aufschrift »Von den Syrakusanern«, und er scheint außer dem Titel des *stratēgos autokratōr* nie einen anderen beansprucht zu haben. Ein Vertrag, den Athen kurz vor seinem Tod mit ihm abschloß, zeigt, daß diejenigen, die darauf zu schwören hatten, »Dionysios und die Archonten und der Rat von Syrakus und die Strategen und die Trierarchen« waren (Tod II 136, Z. 35 ff.), obwohl er selbst den Vertrag gemacht hatte, und dieser sorgfältig auf ihn als den »Herrscher von Sizilien« verweist.

Offensichtlich war er jedoch auch ein merkwürdiger Mensch. Das manifestierte sich folgendermaßen:

Denn so mißtrauisch und argwöhnisch gegen alle Menschen und aus Furcht so sehr auf seiner Hut war der ältere Dionysios, daß er sich nicht einmal die Kopfhaare mit Schermessern schneiden ließ, sondern von Zeit zu Zeit kam ein Haarkünstler und sengte ihm ringsum das Haar mit glühenden Kohlen ab. Ins Zimmer kam zu ihm weder sein Bruder noch sein Sohn in der Kleidung, die er gerade anhatte, sondern jeder mußte, ehe er eintrat, sein Gewand ausziehen und ein anderes anlegen, nachdem er von den Wächtern nackt visitiert worden war. Als sein Bruder Leptines, um ihm die Beschaffenheit eines Ortes zu erklären, einem der Speerträger die Lanze abnahm und den Platz in den Sand zeichnete, war er sehr böse auf den Bruder, und den Mann, der die Lanze hergegeben hatte, ließ er hinrichten. (Plutarch, Dion 9,3–5)

Diese Darstellung stammt aus einer Dionysios feindlich gesinnten Überlieferung, muß aber grundsätzlich nicht falsch gewesen sein. Doch es war nicht nur Furcht, sondern es gab da auch eine Art von symbolischer Distanzierung. Es gibt einige Zeugnisse dafür, daß er sich bei Gelegenheit Symbole zu eigen machte, die später Symbole der Monarchie wurden, das Purpurgewand, eine goldene Krone, ein Gespann mit vier weißen Pferden und anderes, was vermutlich den Kleidungskonventionen der Könige in der Tragödie entsprach.

Das Ansehen der Monarchie

Dieser Hinweis ist von Bedeutung. Es war die Generation des Dionysios, in der sich die politische Philosophie von der seit Herodot stereotypen Aussage vom König als Tyrannen entfernte und eine Theorie der Monarchie zu schaffen begann. Sie konzentrierte sich auf die Monarchen in den an Griechenland angrenzenden Gebieten, in Makedonien, Persien, auf Zypern. Die älteste erhaltene derartige Reflexion über das Thema »Königtum« findet sich in der fiktiven Rede, die Isokrates um 368 für Nikokles von Zypern schrieb:

Oligarchien und Demokratien streben Gleichheit an unter denjenigen, die am Staat teilhaben, und bei ihnen wird für richtig gehalten, daß niemand mehr haben soll als der andere. Das ist passend für schlechte Leute. Monarchien geben das Beste den Besten und das Nächstbessere den Nächstbesseren ... und so weiter ... Welcher vernünftige Mann wird es nicht vorziehen, an einem Regime teilzuhaben, in dem er gewürdigt wird, wenn er tüchtig ist, anstatt als Unbekannter mit der Masse mitgetragen zu werden? Am besten sehen wir, wieviel besser Monarchien in Gedanken und Taten sind, wenn wir die Haupttätigkeiten nebeneinanderstellen und sie zu vergleichen versuchen. Menschen, die für ein Jahr ein Amt innehaben, sind bereits wieder Privatleute, bevor sie die öffentlichen Angelegenheiten verstanden und Erfahrungen in ihnen gewonnen haben, während Männer, die ständig im Amt sind, allein aufgrund ihrer Erfahrung viel besser sind als andere, selbst wenn sie von Natur aus weniger gut ausgestattet sind. Die ersteren wissen vieles nicht und drücken sich vor der Verantwortung, während die Monarchen nichts vernachlässigen, weil sie wissen, daß sie für alles verantwortlich sind. In Oligarchien und Demokratien schaden die Menschen durch ihre persönlichen Rivalitäten den öffentlichen Angelegenheiten, während die Untergebenen eines Monarchen kein Motiv für Mißgunst haben und deshalb ihr Bestes tun. Außerdem lassen die ersteren günstige Gelegenheiten ungenützt, weil sie den größten Teil ihrer Zeit mit privaten Angelegenheiten verbringen, so daß man sie, wenn sie im Rat sitzen, mehr streiten als über allgemeine Interessen nachdenken sieht, während Monarchen keinen Rat und keine festen Sitzungen haben, sondern sich Tag und Nacht ihrem Geschäft widmen und keine Gelegenheit auslassen, sondern alles zur rechten Zeit tun. Erstere sind eifersüchtig und möchten gerne, daß ihre Vorgänger und Nachfolger im Amt völlig unfähig sind, so daß sie selbst glorreich dastehen können. Monarchen dagegen sind ihr Leben lang im Amt und sind auch ein Leben lang dazu bereit ... Monarchien sind nicht nur in den gewöhnlichen, alltäglichen Angelegenheiten besser, sondern auch in Kriegszeiten absolut überlegen. Eine Tyrannis ist besser als eine Demokratie dazu in der Lage, Streitkräfte aufzustellen, sie anzuwerben durch Betrug oder Überrumpelung, Überredung oder Gewalt zu gebrauchen, den Dienst von Leuten zu kaufen und sie durch andere Arten der Schmeichelei umzustimmen. (Isokrates 3,15–22)

Vieles daran ist natürlich schönfärberisch und unaufrichtig, denn Nikokles war noch weit brutaler als Dionysios. Lysias argumentierte mit Vehemenz gegen die Tyrannen und ebenso mit den stärksten Worten Platon in seinem *Staat*, wobei er explizit und implizit auf Dionysios anspielt. Dennoch hat Dionysios eine neue Art von Monarchie geschaffen, die nicht in die traditionellen Vorstellungen paßte und die die Griechen deshalb nur sehr schwer verstehen oder unvoreingenommen beschreiben konnten. Er unternahm einen ernsthaften Versuch, seine Stellung zu legitimieren, und manche seiner Handlungen spiegeln die Theorie der Monarchie wider oder leisten einen Beitrag dazu. 380 mußte sich zeigen, ob das Produkt seiner sich über alles hinwegsetzenden Schaffenskraft Bestand hatte und ob es anderswo nachgeahmt wurde oder nicht.

11. Athen und Theben nach 380

Politische Programme

Isokrates schlug in seinem offenen Brief aus dem Jahre 380 (s. S. 186) vor, die Griechen sollten ihren Streit beilegen und statt dessen einen Feldzug gegen die Perser, ihre eigentlichen Feinde, unternehmen. Damals hatte er für Athen die Führungsrolle bei diesem Unternehmen im Auge, während er in späteren Flugschriften, in denen er seine Forderung wiederholte, Herrscher wie Dionysios oder König Archidamos von Sparta in Betracht zog. Schließlich erkor er im *Philippos* von 346 Philipp von Makedonien zum Träger des Kreuzzugsgedankens. Ein anderes ständig wiederkehrendes Thema seiner Flugschriften ist die Forderung, Griechenland zu vereinigen, einen Führer zu finden und Bedrohungen der sozialen Ordnung in Gestalt von Korruption, Söldnerwesen und Demokratie unter Kontrolle zu bekommen. Diese Schriften spiegeln die Verschiebungen der politischen Macht in Griechenland so genau wider, daß einige Historiker sie als Programme für das spätere Geschehen ansahen, etwa als Anregung für die Erneuerung des Attischen Seebundes im Jahre 378 oder als Ermutigung der Unterwerfung Griechenlands durch Philipp 338. Gegen diese Auffassung führen andere an, daß Isokrates durchaus keine Sympathie für Theben als griechische Führungsmacht empfindet, daß er seine Flugschriften ganz unsystematisch veröffentlichte und daß er die Realität der zwischenstaatlichen Konflikte durch nebulöse Mythen von vergangener oder zukünftiger Einigkeit verschleiert. Dennoch lieferte er eine rationale Begründung für Eroberung, Zusammenschließung und ostwärts gerichtete Aggression, die den traditionellen griechischen Wünschen und Ängsten entsprach und von jeder griechischen Macht, die dies nötig hatte oder wünschte, angeführt werden konnte. Dadurch, daß die etablierten Mächte dies nicht nutzten oder nutzen konnten, sondern sich statt dessen aus guten Gründen an den zwischenstaatlichen Gegebenheiten orientierten, entstand eine Lücke, die sich als bedeutsam erweisen sollte.

Aktionen gegen Sparta

Sehr bald nach den Olympischen Spielen des Jahres 380 führten die gegen Sparta angehäuften Ressentiments zu Aktionen. Im Winter 379/78 wurde bei einer Verschwörung in Theben die prospartanische Regierung niedergemacht und die spartanische Besatzung vertrieben. Eine zunächst nur zaghafte Wiederannäherung zwischen Theben und Athen vertiefte sich, als Sparta im Frühjahr 378 versuchte, den athenischen Aktivitäten zuvorzukommen, indem es Piräus einnahm. Dieses Unternehmen, das von Sparta nicht geheimgehalten wurde, scheiterte kläglich. Im März 377 konnte Athen Theben als zusätzlichen Verbündeten neben den bereits verbündeten Ägäisstaaten Chios, Lesbos, Rhodos und Byzantion verbuchen und einen Bund gründen, um sie fest zusammenzuschließen. Es wurde ein Manifest veröffentlicht, das die restliche griechische Welt aufforderte, sich anzuschließen,

> damit die Spartaner es den Griechen erlauben müßten, in Frieden und Autonomie zu leben, und ihr Land in Sicherheit zu besitzen, und damit der allgemeine Frieden, den die Griechen und der König beschworen haben, Geltung und Bestand hat, wie es vereinbart wurde.
> (Tod II 123, Z. 9–15)

Niederlagen der spartanischen Flotte in den Jahren 376 und 375 und energische Vorstöße athenischer Feldherrn in der Ägäis und in Nordwestgriechenland erhöhten die Mitgliederzahl auf etwa 70 Staaten. Als die Auseinandersetzungen kurze Zeit später (gegen Ende 375) durch eine Erneuerung des Königsfriedens beendet wurden, konnten die Verbündeten Sparta das Versprechen abnötigen, daß alle Städte autonom und frei von Besatzungen sein sollten. Der Friede zerbrach 18 Monate später, als die Beziehungen zwischen den Hauptverbündeten durch den Versuch Thebens, die Kontrolle über Boiotien wiederzugewinnen, zunehmend belastet wurden. Im Frühjahr 371 wurde erneut ein Friede mit Sparta geschlossen; es scheint, daß Athen der Initiator war auf Grund der finanziellen Schwierigkeiten, die es hatte. Doch mag auch der Ärger über Theben dazu beigetragen haben, daß der Friedensvertrag folgende Klausel enthielt:

> Die Spartaner sollen ihre Harmosten (Besatzungsoffiziere) zurückziehen und ihre Land- und Seestreitkräfte entlassen, und sie sollen den Städten ihre Autonomie lassen. Wenn irgend jemand gegen diese Abmachungen verstößt, kann jeder, der will, den Städten zu Hilfe

kommen, denen Unrecht getan wurde, aber diejenigen, die es nicht wollen, sind nicht verpflichtet, auf der Seite der Geschädigten zu kämpfen. (Xenophon, Hellenika 6, 3, 18)

Diese Klausel spiegelt den Wunsch Athens wider, nicht in die Kraftprobe, die sich zwischen Sparta und Theben abzeichnete, hineingezogen zu werden. Das Ziel Thebens, an der Spitze eines neu geeinten Boiotien zu stehen, stand in direktem Widerspruch zu der Autonomiebestimmung, wie sie die Spartaner nach 386 in ihrem eigenen Interesse interpretierten. Da die Thebaner nicht nachgaben und Agesilaos als Vorsitzender der Konferenz zur Eskalation beitrug, indem er Theben von dem Vertrag ausschloß, kam es zwangsläufig einige Wochen später zum Konflikt.

Schlacht bei Leuktra

Das Ergebnis warf die griechische Geschichte für eine Generation aus den gewohnten Bahnen. Verblüfft und schweigend hörte der Rat der Athener, wie die thebanischen Gesandten verkündeten, das spartanische Heer unter Kleombrotos sei bei Leuktra völlig geschlagen und habe nahezu 1000 Mann verloren:

Zugleich baten die Thebaner die Athener um Waffenhilfe, und zwar mit dem Argument, daß es den Athenern jetzt möglich gemacht sei, sich an den Lakedaimoniern für alles zu rächen, was diese ihnen angetan hatten. Der Rat der Athener hielt gerade auf der Akropolis eine Sitzung ab. Als sie die Neuigkeiten hörten, war es allen klar, daß sie höchst ärgerlich waren. Sie luden die Gesandten nicht zum Essen ein und antworteten nicht auf ihre Bitte um Hilfe.
(Xenophon, Hellenika 6, 4, 19)

Und in Sparta selbst

kam der Mann, der die Nachricht von dem Unglück nach Sparta brachte, am letzten Tag des Festes der Gymnopaidien an, als der Chor mitten in seiner Aufführung war. Als die Ephoren von dem Unglück hörten, waren sie zutiefst niedergeschlagen, was, wie ich meine, nicht erstaunlich war. Dennoch ließen sie den Chor nicht abtreten, sondern ihn seine Vorstellung beenden. Sie benachrichtigten die Verwandten, wenn einer der Ihren gefallen war, und forderten die Frauen auf, nicht zu weinen, sondern das Unglück schweigend zu tragen. Am nächsten Tag konnte man sehen, wie die Leidtragenden in der Öffentlichkeit heiter und strahlend herumgingen, während sich von den Verwandten der Überlebenden nur wenige sehen ließen, und diejenigen, die man sah, gingen finster und gedemütigt umher. (Ebd. 6, 4, 16)

Selten gibt es in der Geschichte so dramatische Wendepunkte wie diesen. Leuktra warf über Nacht alles um. Es war das Ende eines gigantischen spartanischen Selbstbetrugs, durch den die Spartaner die griechische Politik für eine Generation kontrolliert hatten, während sie es zuließen, daß ihre Bevölkerung von männlichen erwachsenen Vollbürgern auf weniger als 1000 Männer herabsank. Wie der diplomatische Akt Thebens gegenüber Athen zeigt, bestand die Frage einzig und allein darin, wieweit man diese Tatsache aufdecken sollte, wer dies tun wollte und zu wessen Vorteil es war.

Aufstieg und Fall Thebens

Theben handelte zuerst. Es erzielte große Erfolge in zwei Regionen Griechenlands, und es kam sogar zu Zusammenstößen im östlichen Mittelmeer. Seine Interventionen auf der Peloponnes sind am leichtesten zu verfolgen, da sich Xenophons *Hellenika* für die Zeit von 370 bis 360 auf dieses Gebiet konzentrieren. Die Thebaner drangen hier in das Machtvakuum ein, das durch ihren Sieg entstanden war. Als Garanten der Freiheit von der spartanischen Bevormundung spielten sie eine Rolle, die die Athener ablehnten und die sie deshalb übernehmen konnten. Invasionen in die Peloponnes im Winter 370/69, im Sommer 369, Ende 367 und in den Sommern der Jahre 364, 362, 361 und 352 befreiten Messene von spartanischer Unterdrückung, führten zu seiner Neugründung als eigener Staat (369) und ebenso zu einer Neugründung des Arkadischen Bundes und zur Gründung von Megalopolis im südlichen Arkadien im selben Jahr. Bei Mantineia wurde das spartanische Heer 362 erneut vernichtend geschlagen. 361 und 352 schützten die Thebaner Megalopolis gegen die wiedererstarkende Macht der Spartaner.

In Mittel- und Nordgriechenland dauerte ihr Vorstoß zwar nicht lange, reichte aber noch weiter. Ende 370 war ganz Boiotien unter thebanischer Kontrolle, und Phokis, Euboia, Lokris, Akarnania, Aitolien, die Staaten am Golf von Malia und einige thessalische Staaten waren Thebens Verbündete. Um 367 waren Sikyon, Megara und Korinth praktisch abhängig, und Theben spielte eine hervorragende Rolle bei den erfolglosen Verhandlungen mit König Artaxerxes wegen einer Erneuerung des Königsfriedens. 364 wurde Orchomenos zerstört, und Theben hatte eine Flotte in der Ägäis. 354 ahmte es sogar ein Unternehmen Spartas nach, das vor fast fünfzig Jahren stattgefunden hatte, indem es Truppen nach Kleinasien schickte, die einen Aufstand gegen Artaxerxes unterstützen sollten. 357 verlor es jedoch die Kontrolle über Euboia; auch andere Verbündete lösten sich ab, und ab 356 war Theben in einen Krieg mit Phokis verwickelt, dessen Verlauf es während des Jahres 348 in eine sehr prekäre Situation brachte. Isokrates meint dazu 346:

Statt die Städte von Phokis zu nehmen, verlor es seine eigenen, und seine Einfälle in Feindesland schadeten ihm mehr, als sie ihm einbrachten. In Phokis töteten die Thebaner ein paar Söldner, die den Tod höher schätzten als das Leben, und auf dem Rückzug verloren sie die Vornehmsten ihrer Bürger. (Isokrates 5, 54)

Im Jahre 352 hatte sich die Lage Thebens, obwohl es noch 4500 Mann nach Megalopolis zur Unterstützung gegen Sparta senden konnte, so weit verschlechtert, daß in Athen in einer Debatte über dieses Thema Demosthenes in einer uns erhaltenen Rede darauf hinweisen konnte, daß »es im Interesse Athens ist, wenn sowohl die Spartaner als auch die Thebaner schwach sind« (16, 4). Thebens machtpolitischer Aufstieg und Fall bedürfen einer Erklärung, und die Art, wie der Historiker sie erklärt, macht seine eigenen Wertungen und Meinungen deutlich. Eine Erklärung muß sich sicher auf die personellen Umstände berufen. Die beiden führenden Politiker Thebens, Epaminondas und Pelopidas, hatten außergewöhnliche militärische und diplomatische Fähigkeiten. Sie hatten, was unter griechischen Politikern selten war, ein vertrauensvolles und enges Arbeitsverhältnis, und sie heben sich in der Überlieferung von ihren weniger sensiblen und weniger fähigen Konkurrenten so stark ab, daß man die thebanische Vorherrschaft als »Zwei-Mann-Unternehmen« bezeichnet hat. Thebens Behandlung von Orchomenos macht das deutlich. Im Jahr 370

griffen die Thebaner mit einer großen Streitmacht Orchomenos an. Ihr Ziel war, die Stadt zu versklaven, aber sie änderten ihre Absicht, weil Epaminondas ihnen den Rat gab, als Männer, die Griechenland führen wollten, müßten sie durch Großzügigkeit behalten, was sie durch militärische Stärke gewonnen hätten. So teilten sie Orchomenos dem Land ihrer Verbündeten zu. (Diodor 15, 57, 1)

364 jedoch, als Epaminondas in der Ägäis war und Pelopidas in Thessalien, entschlossen sie sich zu folgender Lösung:

Sie beschlossen, Orchomenos aus folgenden Gründen anzugreifen. Einige Verbannte, die wollten, daß das Regime in Theben eine Aristokratie würde, überredeten die Reiterei von Orchomenos, insgesamt 300 Leute, sich dem Anschlag anzuschließen. Die Reiter trafen gewöhnlich diejenigen von Theben an einem bestimmten Tag zu gemeinsamen Übungen. Gemeinsam mit vielen anderen, die sich der Verschwörung anschlossen und ihre Leistung zur Verfügung stellten, trafen sie zur festgesetzten Zeit zusammen. Doch die Anstifter der Angelegenheit hatten ihre Meinung auf Zureden ihrer Freunde geändert und deckten die Verschwörung den Boiotarchen auf. Durch diesen Dienst retteten sie ihr eigenes Leben. Die Regierung nahm die Reiterei von Orchomenos gefangen und brachte sie vor die Volksversammlung. Das Volk stimmte dafür, sie zu töten, die Leute von Orchomenos in die Sklaverei zu verkaufen und die Stadt zu zerstören. Die Thebaner waren seit undenklichen Zeiten ihre Feinde gewesen, da sie in der heroischen Zeit den Minyern in Orchomenos Tribut gezahlt hatten, wovon sie später durch Herakles befreit worden waren. Deshalb dachten die Thebaner, sie hätten hier eine gute Gelegenheit und einen plausiblen Vorwand, sie zu bestrafen, und griffen Orchomenos an. Sie nahmen die Stadt ein, töteten die Männer und verkauften Frauen und Kinder in die Sklaverei.
(Ebd. 15, 79, 3–6)

Als weitere Erklärung kann das Motiv dienen, das Isokrates anführt (s. S. 236). Thebens Reservoir an kampffähigen Männern war begrenzt, und ungleich Athen hatte es keinen Fundus an Gold und Silber, mit dem es Söldner hätte bezahlen können. Seine Kampfkraft war vor allem auf reformfreudige Feldherrn und eine glänzende Ausbildung der Streitkräfte zurückzuführen. Beides hatte seine Grenzen.

Als dritter Punkt kann ein doppelter Widerspruch angeführt werden. Die thebanischen Aktionen in Boiotien gaben dem Isokrates 371 Anlaß zu verärgerten Kommentaren:

Sie klagten die Spartaner an, als sie die Kadmeia besetzten und in den Städten Besatzungen stationierten. Doch wenn sie selbst, anstatt Besatzungen einzusetzen, die Mauern einiger Städte zerstören und andere völlig vernichten, dann denken sie, sie tun nichts Unrichtiges. So schamlos sind sie, daß sie alle ihre Verbündeten aufrufen, sie zu schützen, während sie sich selbst in die Lage versetzen, andere zu versklaven.
(Isokrates 14, 19)

Doch die rhetorische Legitimation solchen Handelns führte die Argumente »Freiheit« und »Recht« an; Isokrates läßt dies deutlich werden, und der diplomatische Akt gegenüber Athen 371 bestätigt es, ebenso Plutarchs Analyse der Intervention des Pelopidas in Thessalien:

Am meisten reizte ihn das Rühmliche des Unternehmens, und er hatte den leidenschaftlichen Ehrgeiz, zu einer Zeit, da die Lakedaimonier Dionysios, dem Tyrannen von Sizilien, Feldherrn und Statthalter sandten und die Athener sich von Alexander (dem Tyrannen von Pherai) Subsidien zahlen ließen und ihm als ihrem Wohltäter eine eherne Statue errichteten, nun den Griechen zu zeigen, daß allein die Thebaner zum Schutz der Unterdrückten ins Feld zogen und die rechtswidrigen Gewaltherrschaften unter den Griechen zu stürzen unternahmen.

(Pelopidas 31, 4)

Aber je erfolgreicher ein solches Programm war, desto weniger konnte es aufrechterhalten werden. Staaten, die einmal »befreit« waren, machten entweder wiederholte Interventionen notwendig (wie Thessalien) oder eine stabile Schutzorganisation. Xenophon berichtet von Verträgen auf der Peloponnes in den sechziger Jahren, die die Abmachung beinhalteten, »Verbündete zu sein und den Thebanern zu folgen, wohin sie wollten« (Hellenika 7, 1, 42). Zur militärischen Kontrolle gehörten thebanische Besatzungen und Besatzungskommandeure, denen Xenophon den spartanischen Namen »Harmosten« gibt. Es wurden sogar Schritte in Richtung Integration unternommen. Als einige Verbannte in Theben 365 den Tyrannen von Sikyon töteten und ihnen dort der Prozeß gemacht wurde, läßt Xenophon sie in ihrer Verteidigungsrede sagen: »Ihr Thebaner habt befürwortet, daß Verbannte von allen verbündeten Städten ausgeliefert werden sollten. Kann jemand behaupten, es sei unrecht, einen Verbannten zu töten, der in seine Stadt zurückkehrt, ohne auf einen allgemeinen Beschluß der Verbündeten zu warten?« (Hellenika 7, 3, 11) Da sind wir nicht weit von der Hegemonie athenischen Stils entfernt.

Man kann viertens noch an eine Erklärung geopolitischer Art denken, die sich an den Kategorien der Siedlungsverteilung und des politischen Zusammenhalts orientiert. Athen, Sparta, Korinth und Elis waren »Stadtstaaten« im extremen Sinn. Das politische Zentrum war weitgehend identisch mit dem Ort, an dem der Großteil der Bevölkerung lebte, und die Region, die unter seiner Herrschaft vereinigt war und an seiner Regierung teilhatte, trug den Namen dieses Zentrums. Es ist leicht zu erkennen, daß dies nicht nur ein vorherrschendes Modell, sondern überhaupt der Normalfall war (s. S. 28 ff.). Dieser Standpunkt wird stark gestützt durch die erhaltene politische Philosophie der Griechen (Platons *Politeia* und *Nomoi*, Aristoteles *Politik*), für die im Zusammenhang mit den Problemen der Macht nur die Fragen relevant sind, die sich aus der Konstruktion des zentralisierten Stadtstaates ergeben. Im Norden und im Westen des Berges Kithairon war dieses Prinzip nicht mehr gültig. Nähert man sich dieser kulturellen »Wasserscheide« von Norden statt von Süden, so ist der Stadtstaat die Ausnahme. Die Bezirke, Stammesgebiete und Königtümer des Nordens entsprechen weit mehr den typischen Ackerbaugebieten Europas und Kleinasiens in der Eisenzeit. Es war deshalb keineswegs eine zwangsläufig sich ergebende Entwicklung oder auch nur ein natürlicher Vorgang, daß das Prinzip des zentralisierten Stadtstaates sich nach Norden ausbreitete. Vieles in der Geschichte Mittel- und Nordgriechenlands spiegelt die Spannungen wider, die sich aufgrund der Anziehungskraft dieses Prinzips in diesen Regionen ergaben, deren territoriale Organisation zwar organisch gewachsen, aber uneinheitlich war.

Boiotien

Nirgendwo war diese Spannung stärker als in Boiotien. Zur Zeit der Perserkriege gab es dort zwar nationale Einrichtungen, so die Panboioteia in Koroneia, ein gemeinsames Fest, Münzen, die seit ihrem Aufkommen im sechsten Jahrhundert einheitliche Symbole trugen, ein Kollegium nationaler Beamter, die Boiotarchen, die Herodot in einem Text über das Jahr 479 erwähnt. Aber der nationale Zusammenhalt war sehr gering. Bis ins vierte Jahrhundert wurden die öffentlichen Inschriften, von denen einige uns erhalten sind, von den einzelnen Städten und nicht von einem größeren Staatswesen aufgestellt, und eine Inschrift aus der Zeit zwischen 550 und 525 mit der Aufschrift »Die Orchomenier weihten dem Zeus von Olympia die Beute von Koroneia« (Supplementum Epigraphicum Graecum XI 1208) macht deutlich, daß man innerboiotische Konflikte immer noch für wichtig genug hielt, um sie in Olympia hinauszuposaunen. Als Theben 519 versuchte, Plataiai zum Anschluß an ein größeres Staatswesen zu zwingen, wurde der Stadt von korinthischen Schlichtern beschieden, daß »die Thebaner jene Boiotier in Frieden lassen sollen, die nicht an Boiotien teilhaben wollen«

(Herodot 6, 108, 5). 480 wurde die Grundsatzentscheidung, ob man Persien unterstützen solle oder nicht, jeweils separat von den einzelnen Städten getroffen. Diese Uneinigkeit führte dazu, daß Boiotien zwischen 457 und 446 von Athen überrannt und unter Kontrolle gebracht wurde.

Die Schwierigkeit bestand jedoch nicht darin, daß es keinen führenden Staat gab, sondern daß gleich zwei solche Staaten vorhanden waren: Theben und Orchomenos. Keiner von ihnen hatte auf sich allein gestellt die Macht, die kleineren Städte wie Tanagra, Plataiai und Thespiai vollständig zu unterwerfen, doch es war das Bestreben beider, dies zu tun. Es gab zwei mögliche Lösungen: Eine bestand darin, ein politisches System zu finden, das diese Realitäten anerkannte, das die lokale Selbständigkeit garantierte und allen einen gerechten Anteil an der Macht gab. Während und nach 446 wurde dies eingeführt in Form einer föderativen Verfassung, deren Hauptkennzeichen in der Zeit um 395 wir aus einem Bericht in den *Hellenika* von Oxyrhynchos kennen:

Die Lage in Boiotien war zu dieser Zeit folgendermaßen: Es gab damals vier Räte *(boulai)* in jeder Stadt. Nicht alle Bürger konnten Mitglied werden, sondern nur diejenigen, die einen Grundbesitz in einem bestimmten Umfang hatten. Jeder Rat traf sich turnusmäßig vor der Hauptsitzung und hielt eine vorbereitende Debatte, nach der er seine Vorschläge die anstehenden Dinge betreffend den anderen drei Ratskörperschaften vorlegte. Entscheidungen, die von allen vier gebilligt wurden, waren rechtskräftig. Dieser Art war das lokale Regierungssystem in den einzelnen Städten. Die Angelegenheiten von Boiotien als Ganzem wurde folgendermaßen gehandhabt: Das ganze Volk war aufgeteilt in elf Wahlbezirke, und jeder Wahlbezirk stellte einen Boiotarchen, und zwar folgendermaßen: die Thebaner stellten vier, zwei für die Stadt und zwei für Plataiai, Skolos, Erythrai und Skaphai mit den anderen Gebieten, die früher eine politische Einheit mit diesen Städten gebildet hatten, aber jetzt Theben unterworfen waren. Die Leute von Orchomenos stellten zwei Boiotarchen ebenso wie die von Thespiai gemeinsam mit Eutresis und Thisbai. Tanagra stellte einen, und ein anderer kam für Haliartos, Lebadaia und Koroneia und der letzte für Akraiphion, Kopai und Chaironeia. In den letzten zwei Fällen stellte jeder der drei Städte abwechselnd den Boiotarchen. Die Wahlbezirke stellten auf diese Art die Beamten, und zusammen mit je einem Boiotarchen stellten sie 60 Mitglieder für den zentralen Rat und kamen für die Kosten selbst auf. Jeder mußte etwa 1000 Hopliten und 100 Reiter stellen. Die Zuteilungen, die sie aus dem zentralen Fundus erhielten, oder die Zahlungen, die sie zu leisten hatten, die Geschworenen, die sie stellten, und überhaupt der Umfang ihres Anteils an allen guten und schlechten Dingen im Staate war ebenso nach der Verhältnismäßigkeit geregelt wie die Verteilung der Beamten. Solcherart war die politische Organisation des Volkes als Ganzes. Die Räte und Volksversammlungen kamen gewöhnlich auf der Kadmeia zusammen.

(Hellenika Oxyrhynchia 11, 2–4)

Das ganze System ist ein Monument oligarchischen Denkens im fünften Jahrhundert. Es imitiert zeitgenössische Institutionen in Athen und vielleicht auch in Sparta, aber es formt sie um, indem es für das aktive Bürgerrecht einen niedrigen Zensus einführt und dadurch die Bedeutung der primären Institution der Volksversammlung zugunsten eines großen repräsentativen Rates von 660 Mitgliedern reduziert. Es handelte sich dabei keineswegs um eine intellektuelle Einbahnstraße, vielmehr wurde eben dieses Prinzip 411 von den athenischen Oligarchen in ihren Verfassungsentwürfen selbst wieder nachgeahmt.

Obwohl Boiotien am Ende des Peloponnesischen Krieges viel mächtiger war als im Jahre 446, kann man doch zu Recht sagen, daß es diese Stärke nicht durch, sondern trotz dieser Verfassung erreichte. Theben machte entschiedene Anstrengungen, Boiotien in einen einheitlichen Staat mit Theben als Zentrum umzuformen, und dies war die zweite Lösung, die sich am Ende durchsetzte. Während des Peloponnesischen Krieges und danach wurde das Abdriften demokratisch gesinnter Städte wie Plataiai und Thespiai in Ostboiotien auf die Seite Athens zum Vorwand genommen für Angriffe und Belagerungen auch in Friedenszeiten (Plataiai 431), für das Schleifen von Stadtmauern (Thespiai 423), für die Annexion von Land (Plataiai 373), für die Umsiedlung von Bevölkerungsteilen nach Theben (Xenophon deutet solches für das Jahr 371 an) und sogar für die völlige Zerstörung (Plataiai 427 und 373, Thespiai 373). Im Westen aber wuchs der Widerstand in Orchomenos, je mehr Macht Theben entfaltete. 395, in dem Augenblick, als der Stadt der wirksame Schutz Spartas zur Verfügung stand, verließ sie den Bund und behielt ihre Unabhängigkeit, bis die Schlacht bei Leuktra dies unmöglich machte. Es ist hier nicht so wichtig, daß die thebanischen Politiker in ihrer Hast, eine Einigung zu erreichen und an Macht die anderen zu überflügeln, gewissermaßen Bismarcksche Taktiken anwandten und dadurch überall Sympathien verloren. Viele Staaten hatten ähnliche dunkle Punkte in ihrer Vergangenheit, und die Sympathie, die Isokrates in seinem *Plataikos* 371 für die Plataier zum Ausdruck bringt, war in Wirklichkeit nicht weniger oberflächlich als die Hilfe, die

Athen und Sparta Orchomenos gewährten. Viel wichtiger war es, daß auf solche Unternehmungen viel politische und militärische Energie verschwendet wurde, die anderweitig für Boiotien nutzbringender hätte eingesetzt werden können. Die oben bereits zitierte 16. Rede des Demosthenes zeigt, daß damals Orchomenos, Plataiai und Thespiai wiedergegründet wurden und daß Boiotien niemals ein einheitlicher Staat wurde wie Athen oder Korinth. Der Stadtstaat war einfach als Rahmen für einen derartigen Zusammenschluß ungeeignet.

Athenische Initiativen nach Leuktra

Das zweite Zentrum der Politik nach Leuktra war Athen, das einem vergleichbaren Verhaltensmuster folgte, indem es in vielen Richtungen aktiv, aber dabei in keiner erfolgreich war. Seine erste Initiative hatte ihren Ausgangspunkt auf der Peloponnes, deren Staaten alle mit Ausnahme von Elis im Jahre 370 ein Verteidigungsbündnis mit Athen schlossen. Sie leisteten folgenden Schwur: »Ich werde mich an die Vereinbarungen halten, die der persische König herabschickt, und an die Beschlüsse der Athener und ihrer Verbündeten. Wenn irgend jemand eine der Städte angreift, die diesen Eid geschworen haben, werde ich ihr mit aller Kraft beistehen.« (Xenophon, Hellenika 6, 5, 2) Keine sechs Monate später, im Winter 370/69, veranlaßte dieser Vertrag Athen, eine voll ausgerüstete Expedition auszusenden, um Sparta gegen die thebanische Invasion zu verteidigen. Danach waren bis 362 fast jedes Jahr athenische Landstreitkräfte, vor allem die Reiterei, auf der Peloponnes aktiv, und zwar, wenn auch mit wechselnden Verbündeten, immer in Opposition zu Theben. Ansonsten lagen, abgesehen von planlosen Versuchen, das Vordringen Thebens in Thessalien zu verhindern und die makedonische Monarchie zu schwächen, die Hauptanstrengungen im Bereich der Ägäis. Hier bemühten sich die führenden Feldherrn Athens von 368 an intensiv darum, die athenische Präsenz des fünften Jahrhunderts wiederherzustellen. Wesentliche Eroberungen wurden gemacht, so Samos 365, Städte auf der Chersones von 365 an, ein großer Teil der Chalkidike 364 und Euboia im Jahre 357. Allerdings dienten Athens Versuche, die frühere Position in Amphipolis und Thrakien wiederzugewinnen, nur dazu, von 368 an den Ruf und die Karriere eines

Feldherrn nach dem anderen zu ruinieren, und man erreichte wenig mehr als wirkungslose Verträge mit unzuverlässigen Dynasten. Es gab zwar immer wieder Äußerungen der Unzufriedenheit im ägäischen Raum, insgesamt aber bleibt der Eindruck, daß sich die athenische Kontrolle in diesem Bereich nach und nach vertiefte. Athen wurde offenbar völlig überrumpelt, als sich im Winter 357/56 seine Hauptverbündeten Chios, Rhodos, Byzantion und Kos mit Maussollos, nominell Satrap von Karien, zusammenschlossen, gegen Athen revoltierten und über die athenische Flotte in zwei Schlachten vor Chios 356 und 355 siegten. Als ein Versuch, einen rivalisierenden Satrapen gegen Maussollos und seine Verbündeten auszuspielen, nur dazu diente, den Perserkönig zum Schaden Athens wieder in die Angelegenheiten des ägäischen Raumes hineinzuziehen, mußte Athen 355/54 wohl oder übel die Abspaltung seiner Verbündeten anerkennen. Für die nächsten Jahre konzentrierte es sich auf den wesentlichen Punkt, auf die Getreideroute vom Schwarzen Meer, und mußte sich gleichzeitig mit einem zeitweiligen Staatsbankrott, mit der Anklage, dem Ehrenentzug oder dem Tod vieler führender Persönlichkeiten auseinandersetzen und auch mit einer kaum merklichen, aber schwerwiegenden Verlagerung der öffentlichen Meinung, die in der Abkehr von der Heroisierung der Macht bestand.

Niedergang Athens

Hier ergibt sich wieder ein Interpretationsproblem. Die einen sehen die Ursache in einem Niedergang der Liebe zum Vaterland und des Sinns für Moral. Solche Erklärungen haben zu allen Zeiten einen Reiz, da sie die Analyse ersetzen, und sie finden ein Echo in den Äußerungen der Zeitgenossen. Ein Mangel an Bereitschaft, zu Lande oder zur See zu kämpfen, scheint sich abzuzeichnen; Apollodoros mußte sich in den Jahren 362 bis 360 sehr anstrengen, um eine Mannschaft zusammenzustellen und zusammenzuhalten, obwohl es eine Wehrpflicht gab (s. S. 43). Das zeigt sich auch von 351 an in den Ermahnungen des Demosthenes, man solle selbst in der Armee dienen, statt sich auf Söldner zu verlassen. Ähnlich wird in anderen Reden der fünfziger, vierziger und dreißiger Jahre des vierten Jahrhunderts die Einfachheit, die Energie, die demokratische Wachsamkeit und/oder die aristokratische Selbstzucht früherer Generationen der Trägheit, Dekadenz, der Bestechlichkeit und der Habsucht der Gegenwart gegenübergestellt. Man kann dies natürlich einfach alles wörtlich nehmen und darauf verzichten, nach weiteren Gründen für den Niedergang Athens oder Griechenlands allgemein zu suchen. Doch die zeitgenössische Rhetorik, ob sie nun (wie von Demosthenes) als direkte Ermahnung in der Öffentlichkeit vorgetragen wurde oder als Unterstützung langfristiger Haltungen gedacht war (wie von Isokrates), kann irreführend und in sich widersprüchlich sein. Beispielsweise konnte Apathie von Demosthenes (349) als Gegensatz zum Altruismus und Idealismus der Vergangenheit gesehen werden:

Was mich erstaunt, ihr Athener, ist dies, daß ihr einst die Waffen gegen Sparta erhoben habt, um die Rechte der Griechen zu verteidigen. Ihr hättet oft persönlichen Nutzen für euch daraus ziehen können, aber ihr habt euch geweigert. Statt dessen habt ihr euer eigenes Vermögen für den Krieg aufgewendet, ihr seid auf Feldzüge ausgezogen und habt euch der Gefahr gestellt, damit andere ihre Rechte behalten konnten. Jetzt aber seid ihr zu träge, um in den Krieg zu ziehen, ihr zögert, Kriegssteuer zu zahlen, um euren eigenen Besitz zu verteidigen. Ihr habt oft gemeinsam oder einzeln andere Griechen gerettet, und jetzt, nachdem ihr euren eigenen Besitz verloren habt, sitzt ihr immer noch hier! (Demosthenes 2, 24)

Doch von Isokrates wurde 354 eben diese Apathie eher als Ablehnung derjenigen verstanden, die »die Erwartung vertreten, daß wir unsern Besitz in den ägäischen Städten zurückbekommen und unsere Macht, die wir einst hatten, wiedererlangen würden« (8, 6). Überdies stehen die historischen Aussagen solcher Rhetorik auf schwankendem Boden. Käuflichkeit war im fünften Jahrhundert und früher nicht ganz unbekannt. Athen zog bereits im fünften Jahrhundert Söldner heran. Die in den Jahren um 360 und später vorhandene Abneigung, Kriegsdienst zu leisten, war wohl eher auf die unregelmäßige und ungenügende Bezahlung zurückzuführen.

Andere Gründe des Niedergangs waren zwingender. Manche davon hatten mit der Macht Athens nichts zu tun. Zumindest einige der Staaten im Hinterland der Ägäis waren besser organisiert, wohlhabender und besser ausgerüstet als ein Jahrhundert früher zur Zeit des athenischen Aufstiegs. Obwohl die Satrapen Kleinasiens mit dem persischen König im Streit lagen und von 366 an immer wieder revoltierten, war die Position Persiens doch fest verankert. Der Attische Seebund von 378/77 beruft sich ausdrücklich auf den (untragbaren) Königsfrieden von 387/86 (s. S. 233), in dem die Städte der kleinasiatischen Küste dem Interessengebiet des Perserkönigs zugeschlagen worden waren. Während in den dreißiger Jahren des fünften Jahrhunderts die Städte des ägäischen Raumes von gut über 100 bis zu 400 Talenten an tatsächlichen Tributen gezahlt hatten, wie die Tributlisten zeigen, waren diese Städte und diejenigen an der asiatischen Küste der Propontis von 386 an formal zu nichts mehr verpflichtet. Die Tributzahlungen und andere Kennzeichen des Reiches im fünften Jahrhundert sind jedenfalls allgemein so sehr als Unterdrückungsmechanismen verstanden worden, daß Athen im Jahre 377 versprechen mußte, darauf zu verzichten. Jeder potentielle Verbündete »soll frei und autonom sein und die Verfassung haben, die ihm gefällt, und keine Besatzung und keinen Statthalter haben oder zu Tributzahlungen verpflichtet sein«. Die Athener würden »auf den gesamten Grundbesitz verzichten, den sie im Land derer, die sich dem Bündnis anschließen, privat oder staatlich erlangen könnten«. In Zukunft »soll es ungesetzlich sein für jeden Athener, privat oder staatlich Häuser oder Ländereien im Gebiet der Verbündeten zu besitzen, ob durch Kauf oder als Pfand oder sonst irgendwie erworben« (Tod II 123, Z. 20–23, 27–30 u. 36–44). In Wirklichkeit wurden Tributzahlungen, nun delikaterweise in »Veranlagungen« umbenannt, in den späten siebziger Jahren des vierten Jahrhunderts wieder eingeführt, aber das Verbot des Grundbesitzes hatte, wenn es auch diplomatisch ungeheuer wichtig war, eine schwächende Wirkung. Die Kleruchien der Armen und die ausgedehnten Überseeländereien der Reichen, der nicht auf ihren Gütern lebenden Grundbesitzer, hatten vor 404 in allen Schichten das starke Interesse am Fortbestand des Seereiches und der Flotte aufrechterhalten. Als dieses Interesse ab 378 nicht mehr bestand, nahmen Trägheit und Apathie in der oberen Klasse zu, was sich mehr und mehr in den Gerichtsreden und in den Flugschriften des Isokrates widerspiegelt. Lauheit oder Verweigerung von seiten der Reichen wären belanglos gewesen, wenn es eine staatliche Reserve gegeben hätte, um Feldzüge zu finanzieren, aber die Beute aus den kriegerischen Unternehmungen gegen Nichtgriechen, die den Kern der Reserve des fünften Jahrhunderts dargestellt hatte, war nun nur auf Kosten eines aktiven Krieges gegen Persien oder Thrakien zu erlangen. Bei Griechen, die politische Verbündete waren, Beute zu machen, hätte den diplomatischen Selbstmord bedeutet. Anhand der Inventarien und Beschlüsse der siebziger und sechziger Jahre des vierten Jahrhunderts lassen sich gewisse Versuche feststellen, den Schatz der Athene in eine Reserve zu verwandeln, aber die Überschüsse aus den Weihegeschenken waren zu gering, und das Einschmelzen von Geschirr und Schmuck war wirklich nur ein allerletzter Ausweg, durch den man keine sofort verfügbare Geldreserve gewinnen konnte, wie die Athener sie brauchten.

Doch unabhängig davon hätte es für Athen noch einige Möglichkeiten gegeben. Gewiß war viel Trägheit in der Flottenführung und einiger Mangel an gutem Willen bei den Reichen vorhanden, die zur Betreuung und Leitung der Kriegsschiffe bestellt waren. Die Probleme, auf die Apollodoros 362 bis 360 gestoßen war, sind offensichtlich nicht nur ihm aufgefallen. Eine andere Rede des Demosthenes beschreibt die Notlage von 356 folgendermaßen: »Eine Flotte wurde ausgesandt und in aller Hast Verstärkung nachgeschickt. Es gab keine Ausrüstung für die Schiffe in den Docks, da die Trierarchen, die sie ausgeliehen hatten, sie behalten und nicht zurückgegeben hatten. Darüberhinaus gab es nicht einmal genügend Segeltuch, Hanf und Taue für die Schiffe, die in Piräus gekauft werden sollten.« (47, 20) Wir wissen von verschiedenen Gesetzen und anderen Versuchen, durch die die Lage verbessert werden sollte, aber sie wurden nicht rechtzeitig wirksam.

Außerdem agierten die Athener in den beiden Regionen Griechenlands, in denen sie in den sechziger und fünfziger Jahren des vierten Jahrhunderts militärisch aktiv waren, zunehmend ungeschickt. Auf der Peloponnes entschlossen sie sich zu etwas, was man im nachhinein nur als fundamentalen Schnitzer bezeichnen kann: Sie unterstützten von 369 an Sparta gegen Theben. Zwar gab es unabhängig von den Vertragsbedingungen von 370 (s. S. 242) gute Gründe dafür: Theben war nahe, es war mächtig und gewalttätig gegenüber boiotischen Gemeinwesen, die sich traditionell an Athen orientierten. Sparta war fern, und ungeachtet aller romantischen Verklärung war es jetzt schwach. Während der entscheidenden Debatte in Athen beschrieben die spartanischen Gesandten,

wieviele Vorteile sich daraus ergeben, wenn die beiden Mächte gemeinsam handeln. Sie erinnerten daran, daß sie gemeinsam die Perser zurückgeschlagen hätten, und daß die Athener von den Griechen zum Führer der Flotte und zum Hüter des gemeinsamen Geldes gewählt worden seien mit spartanischer Zustimmung, während die Spartaner selbst bereitwillig von allen Griechen zu den Führern zu Land gewählt worden seien mit athenischer Zustimmung.

(Xenophon, Hellenika 6, 5, 34)

Die Behauptung des Prokles von Phleius, eines anderen Gesandten, daß »ein Gott euch die Möglichkeit gegeben hat, die Spartaner als zuverlässige Freunde für alle Zeiten zu bekommen, falls ihr ihnen in ihrer Not helft« (ebd. 6, 5, 41), die sich in der Folge als jämmerlich unrichtig erweisen sollte, imponierte denjenigen außerordentlich, die sich an die Kimonschen Traditionen erinnerten, also ganz besonders den Konservativen und Oligarchen. Es ist kein Zufall, daß die athenischen Streitkräfte, die auf Spartas Seite während der sechziger Jahre des vierten Jahrhunderts aktiv waren, hauptsächlich aus Reitertruppen der oberen Schichten bestanden. Es gab noch andere gewichtige Gründe. Prokles' Feststellung »Ich glaube, es ist jedermann klar, daß die Thebaner, falls sie die Spartaner besiegen, als nächstes euch angreifen« (ebd. 6, 5, 38) klang plausibel. In der Vergangenheit war es immer verhängnisvoll gewesen, Arkader und Argiver gegen Sparta zu unterstützen, und jetzt bestand die Gefahr, daß Sparta und Theben sich gemeinsam gegen Athen wandten. Es bestand auch die Chance, ein wichtiges Zugeständnis zu erhalten, nämlich Spartas und anderer Anerkennung des athenischen Anspruchs auf das thrakische Amphipolis. Trotzdem war es eine unglückliche Entscheidung. Militärisch gesehen erschöpften die Operationen auf der Peloponnes und gegen Amphipolis die Reserven an Geld und Menschen, die im ägäischen Raum dringend benötigt wurden. Politisch war es ein Ausverkauf. Bis jetzt hatte das Manifest vom März 377, das sich im Namen der Autonomie gegen Sparta wandte, die athenischen Aktivitäten legitimiert. Die Preisgabe dieses Manifestes führte dazu, daß die moralische Autorität Athens und zugleich die Existenzberechtigung des Seebundes schwanden. Außerdem konnte Theben nun die von Athen abgelegte Rolle des Hüters der Autonomie und Demokratie übernehmen.

Trotz alledem wurden die athenischen Aktionen im ägäischen Raum noch wagemutiger und noch riskanter. Von 365 an wurden von athenischen Bürgern wieder Kleruchien gegründet, was den Bruch der Versprechungen von 377 bedeutete. Das scharfe Vorgehen der athenischen Feldherrn erschöpfte den guten Willen, soweit er noch vorhanden war, und die Aussagen zweier anderer Dokumente von 357/56 zeigen, wie durch athenischen Schutz und athenische Kontrolle die Autonomie der Verbündeten unterhöhlt wurde. Im Sog der athenischen Rückeroberung von Euboia im Jahr 357 legt ein Dekret im Herbst dieses Jahres fest:

[Wenn] jemand in Zukunft in Ere[tria eindrin]gt oder in irgendeine andere verbün[dete Stadt, ob er ein Athe]ner ist oder von den Verbündeten der Athe[ner, soll er] bestraft werden [mit dem Tode] und sein Besitz soll einge[zogen werden,] ein Zehntel soll der Göttin Athene geweiht werden. [Sein Besitz soll] zurückerlangt werden können von allen [verbündeten Städten, und wenn] eine Stadt ihn zurückhält, soll diese Stadt verpflichtet sein, [ihn an den gemeinsamen Fundus der] Verbündeten abzugeben. (Tod II 154, Z. 9–17)

Ähnlich im Mai 356:

Hegesandros hat es beantragt: Damit Andros sicher ist für das Volk von Athen und damit die Besatzung von Andros ihren Sold aus der Veranlagung bekommt in Übereinstimmung mit den Beschlüssen der Verbündeten und damit die Sicherheitsbestimmungen nicht gebrochen werden, soll ein Stratege ausgesucht werden aus denen, die gewählt wurden, und der ausgewählte Mann soll für Andros verantwortlich sein. Auch soll Archedemos das Geld einfordern, das die Inseln den Soldaten auf Andros schulden, und soll es dem Statthalter auf Andros übergeben, damit die Soldaten ihren Sold bekommen.

(Ebd. 156, Z. 7ff.)

Es ist verständlich, weshalb Demosthenes 351/50 sagte: »Die Chier und die Byzantier und die Rhodier beschuldigten uns, etwas gegen sie im Sinne zu haben, und deshalb begannen sie diesen neuen Krieg gegen uns.« (15, 3) Er bringt aber auch den Opportunismus jener Person zur Sprache, »die sie dazu aufstachelte und überredete«. Gemeint ist Maussollos von Karien. Seine Rolle und die anderer Herrscher oder Möchtegern-Herrscher am Rande Griechenlands, die dazu beitrugen, die Position der traditionellen Mächte zu erschüttern und an deren Stelle neue Strukturen zu schaffen, soll nun genauer untersucht werden.

12. Die Opportunisten

Die griechische Geschichte von 360 bis 336 wird häufig nur im Zusammenhang mit Philipp von Makedonien gesehen und um seine Person herum geschrieben. Dafür gibt es gute Gründe. Von den späten fünfziger Jahren an und dann verstärkt in den vierziger Jahren wurde er zur zentralen politischen Figur, und im Jahr 338 brachte er mit Gewalt das griechische Mutterland unter seine Kontrolle, und zwar auf eine Art und Weise, die seine Erben und Nachfolger und die makedonischen Könige in die Lage versetzte, diese Herrschaft bis ins frühe zweite Jahrhundert aufrechtzuerhalten. Nicht nur Monarchen oder Quasi-Monarchen, auch andere benutzten die Methoden, die Dionysios erstmals angewendet hatte, um die Lücken zu füllen, die sich aus dem Kampf gegeneinander, aus der gegenseitigen Zerstörung und den inneren Widersprüchen der Großmächte, Persien eingeschlossen, ergaben. Ihre Ziele waren unterschiedlich, ebenso ihre Fähigkeiten und die jeweiligen Umstände, aber ihre grundsätzliche Ähnlichkeit erlaubt es, sie als eine Gruppe zu behandeln und Philipp als einen von ihnen zu betrachten. Das Hauptproblem besteht darin zu erklären, weshalb Philipp der erfolgreichste war.

Wir müssen in Thessalien beginnen, das zwischen 370 und 360 fast eine Großmacht wurde. Diesen Vorgang zu verfolgen und zu untersuchen, ist nicht einfach, denn über Thessalien schrieben praktisch nur Außenseiter. Inschriften sind spärlich und kurz, und die biographische Überlieferung enthält nichts außer einigen Anekdoten über das Militärwesen in den *Strategemata* des Polyainos und eine düstere Beschreibung des Tyrannen von Pherai in Plutarchs Pelopidas-Biographie. Es gibt nur ein einziges anderes Dokument, eine Flugschrift von etwa sieben Seiten mit dem Titel *Über die Verfassung*, die uns als das Werk des Herodes Atticus, eines sophistischen Millionärs aus dem Athen des zweiten nachchristlichen Jahrhunderts überliefert ist, von der man aber allgemein annimmt, daß sie in Wirklichkeit 401 v. Chr. aus Anlaß einer politischen Krise in Larisa verfaßt wurde. Wie so oft genügt auch hier das Material, um die Ereignisse in großen Zügen zu vermitteln, es enthält aber weder Detailinformationen noch ermöglicht es eine genaue Analyse.

Thessalien war im sechsten Jahrhundert als eine zusammenhängende Einheit die Hauptmacht im nördlichen Griechenland. Es kontrollierte Phokis und einen Teil von Boiotien, der mit Athen verbündet war, und es hatte Einfluß in Delphi. Die Instrumente seines politischen Zusammenhalts waren ein Wahlkönig, der *tagos,* eine formelle Teilung des Landes in vier Regionen oder Tetrarchien und eine Art nationaler Militärabgabe. Das politische System beruhte auf einer Aristokratie, die riesige Ländereien besaß, sich in der Landwirtschaft und im Krieg auf die Dienste von Leibeigenen stützte und aus ihrer Mitte den König auswählte. Der älteste bekannte *tagos,* Daochos I. von Pharsalos, hatte sein Amt während des Peloponnesischen Krieges inne. Er hielt das Land aus dem Krieg heraus, und sein Enkel Daochos II. stellte ihm in Delphi eine Statue auf, die das Epigramm trug »Ich bin Daochos, Sohn des Hagias von Pharsalos, ich regierte ganz Thessalien 27 Jahre lang, nicht mit Gewalt, sondern durch das Gesetz, und es glänzte von Frieden und großem Reichtum an Gütern.« (Syll³ 274 VI) Ein anderes Zeugnis läßt aber vermuten, daß die thessalische Einheit am Zerbrechen war. Dabei spielten Rivalitäten unter den großen Familien des Landes eine Rolle und auch die Anziehungskraft der Stadtstaatensysteme weiter südlich, die in Richtung viel kleinerer politischer Einheiten wiesen, als sie der geographischen Formation Thessaliens entsprachen. Ein weiterer Faktor müssen äußere Einflüsse gewesen sein. Larisa im Norden mit seiner führenden Adelsfamilie, den Aleuaden, wandte sich in Schwierigkeiten immer an Makedonien um Hilfe, und die oben genannte Flugschrift *Über die Verfassung* informiert uns, daß um 401 König Archelaos von Makedonien Bürger von Larisa geworden war, dort eine Besatzung stationierte, Geiseln nahm und die Grenzgebirge von Perrhaibia gegen den Norden kontrollierte. Dementsprechend tendierte Pharsalos im Süden während des größten Teils des fünften Jahrhunderts dazu, sich nach Athen auszurichten, wenn die ständigen diplomatischen Annäherungsversuche und militärischen Expeditionen Athens auch wenig Erfolg hatten. Ab 430 übte jedoch Sparta den größten Einfluß aus. Mit der Gründung von Herakleia im Jahre 426 verschaffte es sich gegen den Süden eine wirksame Kontrollmöglichkeit über das Spercheiostal. Kernpunkt der Schrift *Über die Verfassung* ist die Forderung, das spartanische Angebot, Archelaos aus Larisa hinauszudrängen, zu akzeptieren. Pharsalos hatte um 395 eine spartanische Besatzung. Lykophron, der Herrscher von Pherai, der dritten wichtigen Stadt, scheint um die Jahrhundertwende eine prospartanische Linie verfolgt zu haben. Thessalische Reiterverbände schlossen sich im Mai 381 bereitwillig einer spartanischen Expedition gegen Olynth an.

Iason von Pherai

Um 375 trat jedoch ein gewisser Iason, Sohn und Nachfolger von Lykophron, als Tyrann von Pherai dem spartanischen Einfluß entgegen. Er taucht plötzlich in dem Bericht Xenophons auf, der beschreibt, wie ein Rivale, der prospartanische Politiker Polydamas von Pharsalos, um 375 nach Sparta ging und um Hilfe gegen Iason bat. Nach den Worten des Polydamas soll Iason zu ihm gesagt haben:

»Daß ich imstande wäre, Polydamas, eure Stadt auch gegen ihren Willen in meine Gewalt zu bringen, das kannst du aus folgenden Punkten selbst erschließen: Die Mehrzahl der Städte Thessaliens, und gerade die bedeutendsten, sind nämlich mit mir verbündet. Ich habe sie mir unterworfen, obwohl ihr auf ihrer Seite gegen mich im Felde standet. Weiter dürfte es dir gewiß nicht unbekannt sein, daß ich an die 6000 fremde Söldner unterhalte, mit welchen, wie ich glaube, so leicht keine Stadt imstande wäre, den Kampf aufzunehmen ... Bei mir kann keiner als Söldner dienen, der nicht in der Lage ist, dieselben Strapazen auszuhalten wie ich. « Er selbst ist in der Tat, denn ich muß euch doch die Wahrheit sagen, ein Mann von überaus kräftigem Körperbau und pflegt überhaupt keiner Anstrengung auszuweichen. Demgemäß stellt er auch die Leute seiner Umgebung täglich auf die Probe: denn auf den Übungsplätzen und wo immer man ins Feld zieht, ist er selbst in voller Waffenausrüstung an der Spitze. Und wen er dann unter den fremden Söldnern dabei ertappt, daß er sich drücken will, den wirft er hinaus; wen er aber in Anstrengungen und Gefahren gegenüber dem Feinde einen herzhaften Mut bewahren sieht, den zeichnet er aus mit zweifachem, dreifachem oder gar vierfachem Sold und anderen Geschenken, mit sorgfältiger Pflege bei Krankheit und ehrenvoller Bestattung nach dem Tode. Daher wissen alle bei ihm dienenden Fremdsoldaten, daß sich der im Krieg bewiesene Kampfgeist für sie bezahlt machen wird durch ein Leben in hohen Ehren und beträchtlichem Überfluß ... »Was also«, so sagte er, »sollte ich fürchten? ... Vielleicht könnte das einer, der mich nicht genau kennt, sogar aufgreifen und fragen: Was zögerst du noch und bist nicht längst auf dem Marsch gegen die Pharsalier? Beim Zeus, deshalb, weil es mir in jeder Hinsicht mehr wert scheint, euch freiwillig anstatt gegen euren Willen auf meine Seite zu bringen! Denn wäret ihr mit Gewalt dazu gebracht, würdet ihr jedes nur mögliche Übel aushecken gegen mich, und ich müßte wünschen, euch so schwach wie möglich zu sehen ... Zunächst also ergibt sich wohl mit aller Deutlichkeit, daß ich nach dem Anschluß von Pharsalos und den von euch abhängenden Städten ohne weiteres *tagos* aller Thessalier würde. Woraus sich, wenn ganz Thessalien erst einmal unter der Führung eines *tagos* vereint ist, eine Armee ergibt von an die 6000 Berittenen und mehr als 10000 Hopliten. Wenn ich mir deren körperliche Verfassung und hochherzigen Sinn betrachte, möchte ich meinen, es brauchte sich nur jemand ihrer richtig anzunehmen, und es wäre kein Volksstamm mehr zu finden, dem die Thessalier sich berechtigterweise als unterlegen betrachten müßten ... Es ist Makedonien, woher die Athener das Holz für ihre Schiffe beziehen, und wenn wir Makedonien unter unserer Kontrolle haben, so wird es uns doch wohl möglich sein, noch weit mehr Schiffe zu bauen als sie. Und diese Schiffe dann auch mit der nötigen Mannschaft zu besetzen, wer ist dazu aller Wahrscheinlichkeit nach eher in der Lage, die Athener oder wir, die wir über Penesten (Leibeigene) in solcher Anzahl und von solcher Tauglichkeit verfügen? Und die weiteren diese Matrosen auch zu ernähren, wem werden aller Wahrscheinlichkeit nach eher dafür die nötigen Vorräte zur Verfügung stehen, uns, die wir solchen Überfluß haben, daß wir sogar Getreide in andere Länder ausführen, oder den Athenern, die nicht einmal für sich selbst genügend haben, wenn sie nicht welches einkaufen? Und was vollends das Geld betrifft, so ist es doch wohl sicher, daß wir es reichlicher aufwenden können, die wir nicht ängstlich auf kleine Inselchen zu schielen brauchen, sondern den Gewinn bei Völkerschaften des Festlandes einheimsen können. Denn fraglos wird doch alles rings im Umkreis Tribut zahlen, wenn erst einmal die Verhältnisse in Thessalien unter einem *tagos* einheitlich geregelt sind. Dir ist ja sicherlich bekannt, daß auch der König der Perser dank der Einkünfte nicht von Inseln, sondern vom Festland der reichste Mann der Welt ist. Diesen zu meinem Untertan zu machen, ist ein Plan, den ich glaube, leichter verwirklichen zu können, als mir Hellas zu unterwerfen. Denn ich weiß, daß im Perserreich alle Menschen mit Ausnahme eines einzigen mehr Übung darin haben, sich sklavisch zu verhalten, als sich wie freie Männer zu wehren; und ich weiß andererseits, durch was für Streitkräfte – und das gilt sowohl für das Heer des Kyros bei seinem Marsch gegen das Inland wie für das des Agesilaos – der Perserkönig bereits an den Rand des Abgrunds gebracht wurde.«

Am Ende warnt Polydamas die Spartaner, daß Iason ein Mann sei,

»der als Feldherr soviel Einsicht besitzt, daß ihm, wann immer er es unternimmt, seine Gegner zu hintergehen, zu überraschen oder mit offener Gewalt zu bezwingen, nicht leicht etwas mißlingt. Denn es macht ihm nichts aus, die Nacht zum Tage zu machen, und sofern Eile geboten ist, die Früh- und die Spätmahlzeit bei angestrengter Arbeit einzunehmen. Gelegentliche Ruhepausen hält er zwar für notwendig, aber erst, wenn man am Ziel angelangt ist und das Notwendige zu Ende geführt hat. Daran hat er auch die Leute seiner Umgebung gewöhnt. Er versteht es freilich auch, wenn seine Soldaten durch beharrliche Anstrengung etwas Gutes geleistet haben, ihre Wünsche zu erfüllen. Daher haben alle seine Leute auch dies gelernt, daß aus der Mühe immer die Annehmlichkeit erwächst. Überhaupt kann er sich sicher sein des besten von allen Menschen, die ich kenne, in den leiblichen Genüssen beherrschen und würde sich niemals durch diese davon abhalten lassen, seine jeweilige Pflicht zu tun. – So ist es nun an euch, nach reiflicher Überlegung mir, wie es euch zukommt, mitzuteilen, was ihr tun könnt und was ihr zu tun gedenkt.«

(Xenophon, Hellenika 6, 1, 4–16 mit Auslassungen)

Die Spartaner kamen Polydamas nicht zu Hilfe, Iason wurde *tagos*, erreichte die Wiedervereinigung von Thessalien, stellte eine nationale Armee auf die Beine und verbündete sich (wahrscheinlich) mit Athen und (mit Sicherheit) mit Theben. Nach Leuktra versuchten die Thebaner, seine Unterstützung gegen Sparta zu bekommen, er entschied sich aber dafür, beiden Seiten in ihrem – und seinem – Interesse mit Rat zur Seite zu stehen und wurde zum potentiellen Schiedsrichter Griechenlands. Im Winter 371/70 »überzeugte er durch seine überragende Klugheit als Feldherr und dadurch, daß er viele der angrenzenden Völker in das Bündnis eingebracht hatte, die Thessalier davon, daß sie nach der Führung in Griechenland streben sollten, denn diese war der Lohn für die Tapferkeit derjenigen, die fähig waren, dafür zu kämpfen. Die Spartaner hatten bei Leuktra eine gewaltige Niederlage erlitten, die Athener beanspruchten für sich nur die Herrschaft zur See, die Thebaner verdienten keine führende Position und die Argiver waren durch innere Konflikte und Bürgerkriege zerrüttet.« (Diodor 15, 601–2) Xenophon erzählt uns noch mehr:

Als nun das Fest der Pythischen Spiele herankam, ließ er in den Städten den Aufruf herumgehen, man solle Rinder, Schafe, Ziegen und Schweine aussuchen und bereithalten, die zum Opfer geeignet wären. Und, so erzählte man, während der Beitrag, den er jeder Stadt auferlegte, durchaus mäßig festgesetzt war, seien doch an Rindern nicht unter 1000 zusammengekommen, an übrigem Vieh aber über 10000 Stück. Zudem habe er bekanntmachen lassen, einen goldenen Kranz solle diejenige unter den Städten als Siegespreis erhalten, die den schönsten Leitstier für den Gott gezüchtet habe. Des weiteren ließ er die Aufforderung verbreiten, die Thessalier sollten sich für die Zeit der Pythischen Spiele wie zu einem Kriegszug ausrüsten. Er soll nämlich, wie man erzählte, den Plan gehabt haben, sowohl die zu Ehren des Gottes veranstaltete Festversammlung wie auch die Wettkämpfe selbst zu arrangieren. Was aber die Tempelschätze betrifft, so ist es bis heute unklar geblieben, was er damit vorhatte; man erzählt sich darüber, als die Delphier das Orakel befragt hätten, was sie tun sollten, wenn Iason sich an den Schätzen des Gottes vergriffe, habe Apollon die Antwort erteilt, das werde seine Sorge sein. (Xenophon, Hellenika, 6, 4, 29–30)

Die beiden Autoren haben verschiedene Ausgangspunkte und verschiedene Informationen, aber unübersehbar ist bei beiden das zugrundeliegende Motiv des kühlen und entschiedenen Opportunismus Iasons.

Die Sache entwickelte sich nicht weiter, weil Iason ermordet wurde. Makedonien rückte von Norden her nach Thessalien ein, die Thebaner von Süden, und unter thebanischem Einfluß wurde die verfassungsmäßige Regierung weitgehend wiederhergestellt. Trotzdem ist Iasons gescheiterter Versuch einer Staatsgründung von Bedeutung. Xenophon schildert ihn als einen charismatischen Söldnerführer, energisch im öffentlichen Leben, zurückhaltend im Privatleben, was alles sehr der Beschreibung des Dionysios ähnelt. Während aber Dionysios das Bürgerheer, als dessen Führer er seine Karriere begann, sobald als möglich entließ, um statt dessen Söldner anzuwerben, war Iason bemüht, eine nationale Bürgerarmee zu schaffen, wie seine Vorbereitungen für die Pythien zeigen. Er konnte dieses Ziel verfolgen, weil es in der thessalischen Gesellschaft etwas gab, das es in der syrakusanischen Gesellschaft nicht gab, nämlich die Position eines Königs, die durch Brauch, Tradition und nationalen Mythos anerkannt und geheiligt war. Iasons Tod und die Ehrung seiner Mörder als Tyrannenmörder lassen es im dunkeln, ob diese Position hätte modernisiert und effizienter gestaltet werden können oder ob es genügt hätte, sich einfach auf die Söldner zu verlassen.

Am östlichen Rand der griechischen Welt nahm gegen 380 die Zahl der Dynasten, die dem Beispiel des Dionysios folgten, sprunghaft zu. Dieser Vorgang ist leicht zu erklären. Nach 387/86 verhinderten die Bedingungen des Königsfriedens (s. S. 180), daß die konstante Präsenz Athens in der Ägäis, wie sie im fünften Jahrhundert vorhanden war, wiederhergestellt wurde. Die persische Kontrolle über die Küste und das Hinterland Kleinasiens bröckelte in den Jahren um 370 ab (s. S. 257), und die militärische Potenz und der soziale Zusammenhalt der Küstenstädte waren durch die jahrhundertelange Fremdherrschaft Lydiens, Persiens, Athens, Spartas und wieder Persiens zu sehr strapaziert, als daß sie hätten für sich selbst sorgen können. Ein derartiges Machtvakuum bedeutete eine Verlockung.

Klearchos von Herakleia

Die Spannungen werden illustriert durch die Tyrannis, über die wir in dieser Region am besten Bescheid wissen. Sie bestand in Herakleia am Südufer des Schwarzen Meeres. Wir beziehen unsere Informationen aus zwei Hauptquellen. Das ist einmal die von Justinus im dritten nachchristlichen Jahrhundert erstellte Epitome (Kurzfassung) einer Weltgeschichte aus der augusteischen Zeit, der *Historiae Philippicae* des Pompeius Trogus, eines romanisierten Galliers. Trogus widmete einen Teil seines Buches 16 Klearchos, dem ersten Tyrannen von Herakleia, und ging dabei von dessen Staatsstreich 364/63 aus, und Iustin gibt das Wesentliche davon auf drei Seiten wieder. Die zweite Quelle ist ebenfalls eine Epitome, die von dem Patriarchen Photios kurz vor 858 n. Chr. zusammengestellt wurde und auf einer Geschichte von Herakleia beruht, die von einem einheimischen Lokalhistoriker namens Memnon nach 83 v. Chr. verfaßt wurde. Glücklicherweise nimmt der erhaltene Teil vom Text des Photios den Faden da auf, wo das 16. Buch des Trogus endet. Der von Iustin wiedergegebene Bericht des Trogus über den Umsturz von 364/63 lautet folgendermaßen:

Neben vielem andern Unglück mußten sie auch eine Tyrannis ertragen. Das Volk forderte energisch eine Aufhebung der Schulden und eine Neuverteilung des Grundbesitzes der Reichen. Die Angelegenheit wurde im Rat lange erörtert, aber man fand keine Lösung. Schließlich, als die Forderungen des Volkes immer lauter wurden, baten die Ratsmitglieder die athenischen und thebanischen Feldherrn Timotheos und Epaminondas um Hilfe. Da beide sie verweigerten, griffen sie schließlich auf Klearchos zurück, den sie selbst verbannt hatten. Das Problem war so dringend, daß sie einen Mann zum Schutz des Landes herbeiholten, das sie ihm selbst verweigert hatten. Doch die Verbannung hatte den Klearchos noch mehr dazu bereit gemacht, Unrecht zu tun. Er nahm den Bürgerkrieg als eine Gelegenheit, eine Tyrannis einzurichten, und verhandelte zuerst heimlich mit Mithridates, dem Staatsfeind, und vereinbarte mit ihm, daß er ihm die Stadt übergeben werde, wenn er zurückgekehrt sei, und dort die Stellung als Vertreter des

Mithridates halten würde. Danach aber stellte er dem Mithridates dieselbe Falle, die er den Bürgern gestellt hatte. Als er aus der Verbannung als Schiedsrichter im Bürgerkrieg zurückgekehrt war, tat er eine Weile so, als wolle er dem Mithridates die Stadt übergeben, aber dann nahm er ihn und seine Freunde gefangen und ließ sie erst für ein gewaltiges Lösegeld frei. Ebenso, wie er sich Mithridates vom Verbündeten zum Feind gemacht hatte, wurde er nun plötzlich vom Vertreter der oligarchischen Interessen zum Führer des Volkes. Er hetzte nicht nur das Volk gegen diejenigen auf, die ihm die Macht gegeben, ihn zurückgerufen und auf der Akropolis installiert hatten, sondern er legte auch eine unsäglich tyrannische Grausamkeit an den Tag. Er berief das Volk in die Volksversammlung ein und sagte, er werde nicht länger einen Rat unterstützen, der gegen das Volk handle, und werde dem ein Ende machen, daß seine Mitglieder mit ihrer ursprünglichen Grausamkeit fortfahren. Wenn sie, das Volk, glaubten, sie kämen dem Oligarchen an Brutalität gleich, werde er die Stadt mit seinen Soldaten verlassen und sich aus dem Bürgerkrieg zurückziehen. Wenn sie aber ihren eigenen Möglichkeiten mißtrauten, werde er nicht zögern, sie zu führen. Sie sollten für sich selbst entscheiden, ob sie ihm sagen wollten, er solle gehen, oder ob sie es vorzögen, ihn als Verbündeten in der Sache des Volkes hier zu haben. Durch seine Rede aufgehetzt, übertrugen sie ihm alle Vollmachten und brachten sich aus Zorn über die Macht der Oligarchen unter das Joch einer Tyrannenherrschaft. Klearchos nahm sechzig Ratsmitglieder gefangen. (Die anderen waren geflohen.) Das Volk freute sich, als es sah, daß der Rat durch den Feldherrn des Rates zerstört wurde und sich der Hüter des Rates gegen diesen selbst wandte. Sie drohten allen Ratsmitgliedern die Todesstrafe an. Das erhöhte den Preis, denn Klearchos erpreßte gewaltige Lösegelder, bevor er sie heimlich den Drohungen des Volkes entzog, sie von ihrem Land vertrieb und schließlich tötete. (Iustin 16, 4, 1–20)

Der Wert dieses Berichts ist zum Teil historiographischer Art, da Trogus/Iustin und Memnon/Photios uns für die Zeit, die zwischen ihnen liegt, das einzige erhaltene Beispiel der Lokalhistorie liefern, der Geschichtsschreibung einzelner Städte und Regionen, die zu allen Zeiten ein Hauptgenre der griechischen Geschichtsschreibung darstellte. Vor allem aber liefert uns dieser Bericht trotz seiner rhetorischen Verbrämung und seiner oberschichtfreundlichen, tyrannisfeindlichen Tendenz genügend Informationen, um die Ingredienzien des Umsturzes und der Revolution zu verdeutlichen: eine exklusive Oberschicht, deren Macht auf dem Grundbesitz basiert, die aber militärisch hilflos ist; eine Bevölkerung, die nach Land, Macht und Vergeltung schreit; Thebens und Athens Unfähigkeit zur Intervention; das Vorhandensein eines Mannes, von dem wir aus anderen Quellen wissen, daß er ein erfahrener Söldnerführer war, und der außerdem bereit war, durch Betrug der Verbündeten und Auftraggeber die Chance zu nutzen, sich auf einen »Auftrag des Volkes« zu berufen und sich mit allen Mitteln das Geld zu erpressen, das er brauchte, um seine Truppen zu bezahlen. Klearchos hielt sich zehn Jahre. 353/52 ermordete ihn ein Schüler Platons, doch die Dynastie blieb an der Macht bis 289/88. Bei Klearchos tritt das Vermächtnis des Dionysios klar zutage. Er nannte einen seiner Söhne Dionysios (der andere wurde ebenso demonstrativ Timotheos genannt). In der Öffentlichkeit »wurde ihm ein goldener Adler vorangetragen als Zeichen seines Ranges, er trug ein goldenes Gewand und Stiefel wie die Könige in der Tragödie, dazu eine goldene Krone« (Iustin 16, 5, 9–10; vgl. S. 230). Er übertrumpfte Dionysios noch, indem er sich Sohn des Zeus nannte und seinem Sohn als Beinamen den Zeustitel »Donnerer« gab. Er war ein Schüler Platons und vier Jahre lang auch des Isokrates, dem dies ziemlich peinlich war.

Weiter im Süden, in Karien und Lykien, entstand eine Herrschaft ganz anderer Art. Es war nominell eine Satrapie oder Provinz des persischen Reiches, aber zwischen 380 und 350 gab es in den westlichen Provinzen eine Reihe von Unruhen, die insgesamt als Aufstand der Satrapen bezeichnet werden. Es gibt kaum Entwicklungen in der Geschichte des Mittelmeerraums, die so wichtig und gleichzeitig so schlecht dokumentiert sind. Alles, was wir darüber wissen, stammt aus Plutarchs Biographie des Königs Artaxerxes II., aus der kurzen Biographie des Datames, eines Hauptbeteiligten, von Nepos, einem Zeitgenossen Ciceros, und aus kurzen Anspielungen der griechischen Historiker auf einzelne Ereignisse. Das Material liefert nicht einmal ein chronologisches Gerüst, ganz zu schweigen von einem zusammenhängenden Bericht oder einer Analyse. Es lassen sich daraus nur in großen Zügen die Ereignisse ablesen. Zum Teil handelte es sich um eine Nachfolgekrise, denn Artaxerxes II. war 94 Jahre, als er Ende des Jahres 359 starb, und ebenso dreiste wie brutale Machtkämpfe fanden innerhalb und außerhalb des Königshauses statt. Teilweise war es auch eine militärische Krise, denn es konnten für die Armeen, die das Reich aufgebaut hatten, keine leistungsfähigen Truppen mehr aufgestellt werden. Die Ursachen dafür sind völlig unbekannt. Griechische Truppen waren aber teuer. Schließlich war es wohl auch eine durch nationale Bewegungen bedingte Krise, denn einige der ehemaligen Staaten oder Volksgruppen, die im Reich aufgegangen waren, wie Ägypten oder die Kurden, kämpften nun, um ihre Unabhängigkeit zurückzugewinnen.

Dieses letztere Element war jedoch mit ziemlicher Sicherheit in Karien nicht vorhanden, wenn die Satrapie auch von ihrer Errichtung um 390 bis zur Eroberung durch Alexander den Großen immer durch aufeinander folgende Mitglieder einer ansässigen Familie verwaltet wurde. Was sich aber erkennen läßt, sind ihre Antworten auf die Fragen, die der Satrapenaufstand aufwarf: Sollen wir uns anschließen? Wie können wir dies nutzen? Die Antwort auf die erste Frage kann nicht bis ins Detail verfolgt werden, es scheint aber darauf hinausgelaufen zu sein, daß man sich so wenig wie möglich einbeziehen ließ, um so am Ende auf der Seite des Siegers stehen zu können. Die Antwort auf die zweite Frage ist einfacher nachzuvollziehen, da man hier nicht nur auf die (schlechte) literarische Überlieferung angewiesen ist; vielmehr stehen uns über 30 Inschriften, von denen einige sehr informativ sind, Münzen und ein riesiger Bestand an Gebäuden aller Art zur Verfügung. Zur letzteren Gruppe gehören Tempel, Torwege, Häuser, Statuen und ähnliches in lokalen Heiligtümern, die Komplexe erkennbar griechischen Stils bilden und den Namen des Satrapen in griechischen Weihinschriften proklamieren. Überall in Karien gibt es Ruinen von Stadtbefestigungen, von denen viele denselben Stil aufweisen. Nicht alle sind ins vierte Jahrhundert zu datieren, aber es sieht so aus, als seien sie Bestandteil eines Planes gewesen, Karien mit einem Netzwerk kleiner städtischer Gemeinden griechischer Erscheinungsform zu überziehen. Gestützt wird diese Vermutung dadurch, daß wir die Gründung einer Hauptstadt als Ergänzung dieses Planes betrachten können, und das wenigstens kann datiert werden.

Maussollos

»Von den acht Städten (der Halbinsel von Halikarnassos) hat Maussollos, wie Kallisthenes berichtet, sechs in einer Stadt (Halikarnassos) vereinigt, Syangela und Myndos aber gelassen, wie sie waren.« (Strabon 13, 1, 59) Wir sind in den sechziger und fünfziger Jahren des vierten Jahrhunderts; das Maussolleion (s. S. 198) ist das Monument dieses Herrschers, und er ist die Zentralfigur seiner Dynastie. In Karien selbst läßt sich anhand

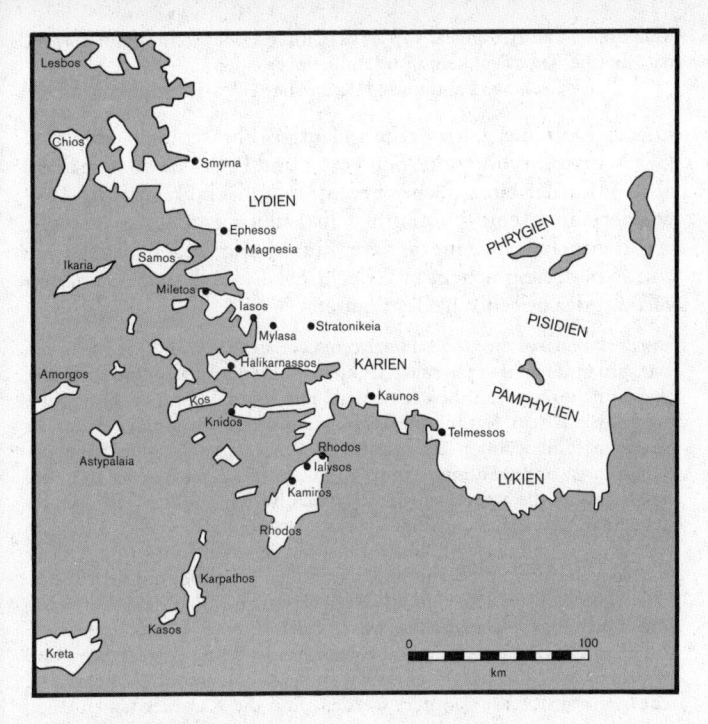

Südwestkleinasien

der Dokumente verfolgen, wie er Feste umorganisierte, mit der Ehrung einiger Männer die Kontrolle über ganze Gemeinden erlangte und andere dafür bestrafte, daß sie sich gegen ihn erhoben. Außerdem schloß er Verträge, bestach griechische Politiker, schürte Aufstände gegen Athen (s. S. 248), dehnte seine Herrschaft auf benachbarte Inseln aus und warf begehrliche Blicke nach Kreta:

Maussollos und Artemisia haben es beschlossen: Da die Bewohner von Knossos sich privat und öffentlich immer als gute Männer erwiesen haben im Hinblick auf Maussollos und seine Angelegenheiten, sollen sie für immer *proxenoi* und Wohltäter sein. Sie sollen auch steuerfrei sein in jedem Land, in dem Maussollos herrscht, und das Recht haben, die Häfen unbehelligt und ohne besonderen Vertrag anzulaufen und zu verlassen. Wenn jemand den Leuten von Knossos Unrecht tut, sollen

Maussollos und Artemisia, soweit es in ihrer Macht steht, dafür sorgen, daß sie (die Knossier) kein Unrecht mehr erleiden.

(J. Crampa, Labraunda III, 2: The Greek Inscriptions no. 40)

Dieses Dokument, das eine geläufige Phraseologie aufweist, läßt Maussollos und seine Schwester und Frau sich so verhalten, als sei Karien ein griechischer Staat und ein Haushalt. 1974 wurde jedoch eine in Xanthos in Lykien entdeckte Inschrift veröffentlicht, die eine andere Einstellung widerspiegelt. Sie wurde in drei Sprachen, in Griechisch, Lykisch und Aramäisch verfaßt; der griechische Text lautet:

Sobald Pixodaros, Sohn des Hekatomnos, Satrap von Lykien geworden war, ernannte er als Herrscher Lykiens Hieron und Apollodotos, und als Statthalter von Xanthos Artemelis. Die Xanthier und die Umsiedler beschlossen, dem Kaunischen König und Arkesimas einen Altar zu errichten, und wählten als Priester für immer Simias, den Sohn des Kondorasis, und wer immer ihm (von Geburt) am nächsten stand, und sie gaben ihm die Steuerfreiheit für seinen Besitz, und die Stadt gab das Land, das Kesindelis und Pigres bearbeiteten, und was dem Land am nächsten ist, und die Wohnungen, dem Kaunischen König und Arkesimas zum Besitz; und drei halbe Minen sollen jedes Jahr aus dem Staatsschatz gegeben werden, und alle Freigelassenen sollen dem Gott zwei Drachmen abgeben, und alles, was auf dem Pfeiler aufgeschrieben ist, soll dem Kaunischen König und Arkesimas als Besitz geweiht sein, und von allem, was dort hergestellt wird, soll jeden Neumond ein Schaf und jedes Jahr ein Ochse geopfert werden, und die Xanthier haben einen Eid darauf geschworen, alles einzuhalten, was auf dem Pfeiler für diese Götter und den Priester aufgeschrieben ist, und nichts zu ändern und nichts wegzulassen. Und wenn dies jemand ändert, soll er ein Frevler sein vor diesen Göttern und Leto, ihren Kindern, und den Nymphen. Pixotaros soll die Macht haben, dem Anerkennung zu verschaffen.

(Comptes rendues de l'Académie des Inscriptions 1974, S. 85)

Der lykische Text ist praktisch identisch, aber nicht der aramäische:

Im Monat Siwan des Jahres Eins des Königs Artaxerxes hat in der Zitadelle von Orna Pixodara, Sohn des Katomno, der Satrap ist in Karka und Termila, gesprochen: Die Bürger von Orna haben vorgeschlagen, einen Kult einzurichten zu Ehren des Gottkönigs Kaunos und des R[-]. Und sie haben Simias, Sohn des Koddorasi, zum Priester gemacht. Und es gibt einen Strich Land, den die Bürger von Orna dem Herrn, dem Gott gegeben haben. Und jedes Jahr soll von seiten der Stadt eine Mine und eine halbe in Silber gezahlt werden. Der genannte Priester opfert ein Schaf zu Beginn des Monats dem Gottkönig und R[-], und jedes Jahr einen Ochsen. Und das genannte Land bleibt in seinem Besitz. Dieses Gesetz hat (Pixodara) aufgeschrieben, damit es beachtet wird (?). Und wenn jemand (eine Bestimmung) entfernt, die dem Herrn, dem Gott oder dem Priester im Amt zugeschworen wurden, soll er vernichtet werden vom Herrn, vom Gott von Kaunos und von Tehom! Und der schuldige Mann soll von den Göttern vernichtet werden und von Lato und Artemis und Hsatrapati und anderen! Und diese Götter mögen (Buße) von ihm fordern! (Ebd., S. 136f.)

Die Fakten und die größtenteils noch ungelösten Probleme, die dieses Dokument aufwirft, bestätigen den Eindruck, daß etwas Neues geschaffen wurde, eine kulturelle und politische Einheit, deren Apparat griechisch war, die aber ansonsten in nichts dem demokratischen »Unsinn« des Hauptstromes des politischen Denkens der Griechen verpflichtet war. Als Satrapen füllten Maussollos und seine Familie eine traditionelle Rolle aus, die von den Griechen ebenso wie von den anderen Nationen des Perserreichs anerkannt wurde. So konnte er die Mehrdeutigkeit und den Entfaltungsspielraum dieser Position nutzen. Was das Verhalten gegenüber der persischen Krone betraf, so konnte er nur zur Verantwortung gezogen werden, wenn er die Machtbefugnisse und Vorrechte eines Satrapen überschritt, und in dieser Hinsicht waren er und seine Familie in der Tat sehr vorsichtig. Ähnlich wie bei Klearchos und anders als bei Iason scheinen ihre Ambitionen sich in Grenzen gehalten zu haben: Mit aller Vorsicht schufen sie sich erfolgreich ein eigenes Reich.

Dion, Dionysios II. und Timoleon

Das Gegenteil geschah in Sizilien, wo das Reich des Dionysios nach dessen Tod 367 auseinanderfiel. Der Auslöser war Dion, ein reicher Aristokrat aus Syrakus, sowohl Schwager als auch Schwiegersohn des Dionysios. Solche mehrfachen Verwandtschaftsbeziehungen waren innerhalb reicher griechischer Familien, die ihre Macht und ihren Reichtum in der Familie halten wollten, durchaus üblich. Nachdem Dion 366 durch Dionysios II., den Sohn und Nachfolger des ersten Dionysios, verbannt worden war, stellte er 357 eine Armee auf, die aus 800 griechischen Söldnern bestand, und vertrieb nach langwierigen Auseinandersetzungen im Sommer 356 Dionysios II. Zu diesem Zeitpunkt hatte sich der Konflikt aber schon nach drei Seiten ausgeweitet. Dion, nun selbst »Feldherr mit unbegrenzten Vollmachten« (*stratēgos autokratōr*) und durch Söldner gestützt, wird in der Überlieferung so dargestellt, als habe er besonders das Vertrauen der Aristokraten und der Besitzenden gehabt. »Er hatte im Sinne, die uneingeschränkte Demokratie, die er wie Platon nicht für eine Staatsform, sondern für einen Kramladen von Staatsformen ansah, zu beseitigen und nach spartanischem und kretischem Vorbild eine aus Demokratie und Monarchie gemischte Verfassung zu schaffen und einzuführen, in der die Aristokratie die Leitung haben und die wichtigsten Angelegenheiten entscheiden sollte.« (Plutarch, Dion 53, 4) Dagegen wurde von der öffentlichen Meinung Druck ausgeübt, um eine Neuverteilung von Land- und Hausbesitz zu erreichen. Währenddessen unternahmen Dionysios II., seine Brüder und Offiziere ernsthafte Anstrengungen, ihre Position zurückzuerobern. Nach der Ermordung Dions im Juni 354 führten mehrere aufeinanderfolgende Umsturzversuche der Anhänger des Dionysios II. und anderer während des Jahres 344 zum Zusammenbruch des Reiches und zur Wiederherstellung des alten Zustandes der Uneinigkeit in Sizilien (s. S. 159 ff. u. 222). Fast alle griechischen Städte auf Sizilien hatten sich unter der Herrschaft von auf Söldner gestützten Tyrannen von Syrakus unabhängig gemacht. Zu diesem Zeitpunkt

erschienen die Karthager mit einer großen Flotte vor Sizilien und schwebten als eine ständige Bedrohung über den Griechen der Insel; da entschlossen sich diese, eine Gesandtschaft nach Griechenland zu schicken und die Korinther um Hilfe zu bitten, nicht nur wegen der Verwandtschaft und weil sie wegen der schon oftmals empfangenen Wohltaten Vertrauen zu ihnen hatten, sondern auch, weil sie sahen, daß die Stadt überhaupt und von jeher die Freiheit liebte, die Tyrannen haßte und die meisten und größten Kriege nicht um die Vorherrschaft und die eigene Machtausweitung, sondern um die Freiheit der Griechen geführt hatte. (Plutarch, Timoleon 2, 1–2)

Korinth reagierte mit der Entsendung Timoleons, eines unbekannten älteren Mannes, der eine Streitmacht von etwa 700 Mann mit sich führte. Im Herbst 344 brachte er Dionysios II. eine Niederlage bei, die zu dessen endgültiger Vertreibung aus Sizilien führte. In den folgenden sechs Jahren gelang es Timoleon, alle kleineren Tyrannen zu vertreiben, wahrscheinlich im Juni 341 eine viel größere karthagische Armee am Fluß Krimisos vernichtend zu schlagen und Syrakus neu aufzubauen. Die Stadt, die eine neue Verfassung bekam, blühte auf als Haupt eines Bundes aller griechischen Städte auf Sizilien.

Durch eine massive Einwanderungswelle wurden die Städte, die seit den karthagischen Einfällen der Jahre um 400 verwaist oder unterbevölkert waren, wieder besiedelt. Timoleon wurde nach seinem Tod von den Syrakusanern als zweiter Stadtgründer verehrt. Sein Werk und der neue Reichtum der sizilischen Griechen hatten für fast eine Generation Bestand.

Dieser knappe Abriß läßt sich ohne Schwierigkeiten erstellen, aber wenn man darüber hinausgeht, wird es heikel. Abgesehen von Diodor haben wir parallele Aufzeichnungen in den Dion- und Timoleon-Biographien des Plutarch bzw. des Cornelius Nepos sowie eine große Anzahl numismatischer und archäologischer Zeugnisse. Ausgrabungen und Luftbildaufnahmen italienischer Archäologen nach dem Zweiten Weltkrieg haben inzwischen eine Rekonstruktion der Siedlungsmuster in Sizilien zur Zeit Timoleons ermöglicht, die allem, was in dieser Hinsicht für andere Bereiche klassischer griechischer Kultur zur Verfügung steht, weit überlegen ist. Daraus ergibt sich ein Bild der Wiederbesiedlung von Orten, des erneuten Aufblühens von Landwirtschaft und Handwerk und des Wiederaufbaus von Stadtmauern, das die literarische Überlieferung so weitgehend bestätigt, daß man Plutarchs Zahl von 60 000 neuen Siedlern für zu niedrig hält, obwohl er sie nach Athanis, einem syrakusanischen Zeitgenossen der Ereignisse, zitiert. Offensichtlich haben wir es hier nicht nur mit zweitrangigen Konflikten und Machtkämpfen zu tun, sondern mit einer gesellschaftlichen Bewegung großen Ausmaßes.

Das Problem besteht aber nun darin, daß die Quellen alles im Hinblick auf Einzelpersonen und deren Beweggründe darstellen. Das hat unbestreitbar heuristischen Wert bei den Abenteurern oder bei Dionysios II., dessen unübersehbare Unfähigkeit, sich wie sein Vater die Gunst der Öffentlichkeit zu erwerben, eine wichtige historische Tatsache war. Es hat auch seinen Wert bei Dion, und zwar nicht nur, weil man von ihm glaubte, daß er selbst die Tyrannis anstrebte. Das Porträt Plutarchs, das eines seiner besten ist, zeigt uns nämlich einen Mann, der so stark von Platon beeinflußt war, daß er 366 am Hof des Dionysios II. als Prediger Platonischer Lehren auftrat und sich nach seiner Rückkehr 357 über die Position eines »Feldherrn mit unbegrenzten Vollmachten« zum »platonischen« Herrscher emporkämpfte, der mit kühler und unbestechlicher Redlichkeit regierte und sich dabei auf eine oligarchische Verfassung stützte. Das war eine Rolle, die es ihm unmöglich machte, die Kompromisse zu schließen, die notwendig waren, wenn man die Unterstützung der Öffentlichkeit zurückgewinnen wollte.

Bei Timoleon aber, der weder ein Abenteurer noch ein Möchtegern-Tyrann war, ist solch ein Ansatz verfehlt. Die Probleme liegen hier eher in Fragen folgender Art: Weshalb wandten sich die sizilischen Griechen an die Korinther? Weshalb wählten diese Timoleon, und warum hatte er solchen Erfolg? Plutarch gibt in seiner Timoleon-Biographie keine vernünftigen Antworten darauf, sondern schmückt seinen Bericht so übertrieben mit bösen Vorzeichen und göttlichen Eingriffen aus, daß er sich liest wie ein schlechter religiöser Traktat.

Es ist also mehr als ein biographischer Ansatz notwendig, um die Ereignisse in Sizilien zwischen 360 und 330 zu erklären. Es genügt dazu auch nicht der Einfluß des Söldnerwesens, weil alle Parteien, die Karthager eingeschlossen, Söldner beschäftigten und so alle mit denselben Problemen konfrontiert waren, die darin bestanden, die Söldner zu bezahlen und bei der Stange zu halten. Von größerer Bedeutung ist die öffentliche Meinung, die im Hintergrund stand und die Aktivitäten auf zweierlei Art und Weise beeinflußte und begrenzte. Zum einen deshalb, weil die Furcht vor den Karthagern zugenommen hatte. Das war, wie man zu Recht angeführt hat, mit ein Grund dafür, daß die Herrschaft des Dionysios II. so leicht zerbrach. Im Gegensatz dazu gewann Timoleon seine Stärke gerade aus dieser Furcht, die um 344 wiederauflebte. Indem er sie ausnutzte, um die notwendige Einigkeit unter den Griechen zustandezubringen, erreichte er mit dem legitimen Mittel eines Bündnisses, was Dionysios II. nicht erreicht hatte. Zum zweiten hing die auffallende Beweglichkeit der syrakusanischen Politik in diesen Dekaden eng mit der Position des *stratēgos autokratōr*, des Feldherrn mit unbegrenzten Vollmachten, zusammen. Dieser Titel war in der Verfassung vorgesehen, er war notwendig und er wurde wiederholt vergeben. Dion trug ihn zweimal, und obwohl es von Timoleon nicht ausdrücklich überliefert ist, sind seine Handlungen nur verständlich, wenn er diesen Titel ebenfalls führte. Aber jemand, von dem man vermutete, daß er diese Position mißbrauchte, konnte sehr rasch das öffentliche Vertrauen verlieren. Entweder gab man ihm den Laufpaß (wie Dion), oder er wurde ermordet (ebenfalls wie Dion), oder er mußte bei einem geringfügigen Anlaß feststellen, daß seine Stellung völlig unterminiert war (wie es Dionysios II. zur allgemeinen Überraschung der Griechen zweimal erlebte). Mit anderen Worten:

trotz der Erfolge Dionysios I. und anders als die Satrapie des Maussollos war das syrakusanische Amt eines »Feldherrn mit unbegrenzten Vollmachten« keine Position, auf der man mit Sicherheit eine dauerhafte Herrschaft aufbauen konnte. Die demokratische Gesinnung war zu tief verankert.

Philipp von Makedonien

Wir müssen nun in das eigentliche Griechenland zurückkehren und uns Makedonien zuwenden, einer Gegend, in der sich das demokratische Gedankengut nicht hielt, und seinem König Philipp II., dem »skrupellosen und klugen Opportunisten« (Demosthenes 1, 3), dessen Erfolge die griechische Politik veränderten. Gerade diese Erfolge sind die Ursache dafür, daß die Beschreibung und Interpretation seiner Laufbahn weit problematischer ist als bei den anderen Herrschern, von denen bereits die Rede war. Zum Teil ist dies darauf zurückzuführen, daß das vorliegende Quellenmaterial zwar reichhaltiger, aber auch schwerer zu handhaben ist, zum anderen darauf, daß wir uns die Frage stellen müssen, ob die Ursache für die Expansion in der makedonischen Gesellschaft bei ihrem Souverän oder anderswo zu suchen ist, obwohl die Möglichkeiten, sie zu beantworten, begrenzt sind, und teilweise auch darauf, daß Philipp sowohl als lokaler Machthaber wie Iason und Maussollos und ebenso als nationale Figur zu sehen ist, die sich anschickte, verschiedene Funktionen im politischen Geschehen Griechenlands zu übernehmen. Philipp bestieg den Thron im Alter von 24 Jahren, nachdem sein Bruder Perdikkas III. in einer Schlacht mit den Illyriern zusammen mit 4000 Mann gefallen war. Das geschah 360 oder 359. Bis zu diesem Zeitpunkt ist eine detaillierte Rekonstruktion der Ereignisse in Makedonien nicht möglich. Im Folgejahr wurden andere Thronprätendenten durch Bestechung oder Ermordung aus dem Weg geschafft, das Heer wurde neu organisiert und eine drohende Invasion Thrakiens durch Zahlungen verhindert, während man sich den Einfällen der Illyrier und Paionier im Norden und Westen stellte und beide schlug. Wahrscheinlich drang Philipp gleich darauf zum erstenmal in Thessalien ein, aber die Hauptanstrengung bis 353 bestand darin, Athen zu isolieren und die griechischen Städte an der makedonischen und thrakischen Küste bis Amphipolis (wahrscheinlich im Winter 357/56) und Maroneia (354) einzunehmen. Als nächstes erfolgte auf Wunsch der Aleuaden von Larisa eine Intervention in Thessalien, die sich gegen phokische Streitkräfte richtete. Nach anfänglichen Niederlagen hatte Philipp Ende 352 de facto die Kontrolle über ganz Thessalien. Es gab einige schlecht belegte und schwer zu datierende Aktionen in Illyrien, Epeiros, Paionien und Thrakien. Dann folgte 349/48 die Eroberung von Olynth und den anderen Städten auf der Chalkidike und ihr Anschluß an Makedonien. Einer weiteren Expansion im östlichen Thrakien und auf Euboia und einer verstärkten Kontrolle Thessaliens stellte sich wie schon im Falle Olynths einzig und allein Athen entgegen, ohne damit Erfolg zu haben. Im Sommer 346 endete der seit 357/56 andauernde Krieg zwischen Philipp und Athen mit einem Friedensschluß, dem sogenannten Frieden des Philokrates, und einem Bündnis. Das Ergebnis war, daß Philipp diese Gebiete tatsächlich in seine Hand bekam und außerdem die Kontrolle über Phokis und die delphische Amphiktyonie. In den folgenden Jahren konzentrierten sich die militärischen Aktivitäten Makedoniens auf den Westen und Norden und das östliche Thrakien. Philipps Bestechungsversuche, seine Drohungen und seine Einmischungen in lokale Streitigkeiten zeigten Wirkung in einigen Städten der Peloponnes und in Westgriechenland, aber die Situation blieb bis 341 unentschieden. Von da an nahm jedoch der makedonische Druck auf die Städte der Chersones und des Hellespont (wo er eine Bedrohung der athenischen Getreideversorgung bedeutete) und auf Euboia und Phokis (wo er die thebanische Kontrolle über Boiotien gefährdete) dermaßen zu, daß viele Staaten des ägäischen Raumes und des Festlandes (außer Sparta) einer Allianz mit Athen gegen Makedonien beitraten. Die Verbündeten brachten Philipp dazu, sich im Herbst 338 bei Chaironeia zur Schlacht zu stellen, erlitten aber eine verheerende Niederlage, durch die Griechenland Philipp auf Gedeih und Verderb ausgeliefert war. Es erfolgte im Winter 338/37 ein allgemeiner Friedensschluß, an verschiedenen strategisch wichtigen Orten wurden makedonische Besatzungen installiert, und schließlich traten die meisten griechischen Staaten mehr oder weniger freiwillig einem Bündnis bei, das die Historiker als den »Korinthischen Bund« bezeichnen, so benannt nach dem Versammlungsort beim Poseidon-Heiligtum auf dem Isthmos in der Nähe von Korinth. 337 erklärte der Bund Persien den Krieg und ernannte Philipp zum Oberbefehlshaber. Im Frühjahr 336 setzten die ersten makedonischen Streitkräfte nach Kleinasien über. Philipps Ermordung in Pella im Juli 336 brachte das Unternehmen für zwei Jahre zum Stillstand, bis Alexander die widerstrebenden, aber unterlegenen Griechen wieder unter die makedonische Vorherrschaft zwingen konnte.

Das war eine Zusammenfassung der wichtigsten Ereignisse. Sie basiert auf zwei erhaltenen Berichten, dem des Diodor in seinem Buch 16 und dem des Iustin in seinen Büchern 7 bis 9, außerdem auf einer Handvoll wichtiger Inschriften, vor allem aus Athen, auf zwei Reden des Aischines und etwa zwanzig, die von Demosthenes stammen oder ihm zugeschrieben werden, auf zwei Biographien des Plutarch (der des Demosthenes und der des athenischen Feldherrn und Politikers Phokion) und auf einigen Flugschriften und Briefen zeitgenössischer Intellektueller sowie auf wenigen biographischen Materialien bei Polyainos und anderswo. Als historisches Material ist das alles sehr dürftig. Ein Problem ist die Chronologie. Iustin und die biographische und anekdotische Tradition enthalten überhaupt keine Zeitangaben, und Diodors Zuordnungen sind recht unzuverlässig. So fügt er etwa in ein Kapitel über das Jahr 358/57 (16, 8) eine Rückblende ein über den makedonischen Sieg über Illyrien und die darauf folgende Gebietsaneignung im Frühjahr (?) 358, über die Einnahme von Amphipolis im Winter 357, von Pydna im Frühjahr 356 und Poteidaia im Herbst (?) 356, über die Gründung von Philippoi im Norden von Kavalla im Sommer 356 und anderes, was viel spätere Ereignisse vorausnimmt:

> Die Goldminen im Gebiet von Philippoi waren geringfügig und unbedeutend. Durch seine Verbesserungen baute er sie so weit aus, daß sie ihm ein (jährliches) Einkommen von mehr als 1000 Talenten brachten. Mit diesen Minen häufte er bald ein Vermögen an, und konnte mit Hilfe dieses Geldes das makedonische Königreich zu großer Bedeutung erheben. Er ließ Goldmünzen prägen, die nach ihm Philippeioi genannt wurden, und mit ihnen warb er ein gewaltiges Söldnerheer an und bestach viele Griechen, damit sie ihr Vaterland verrieten.
> (Diodor 16, 8, 6–7)

Es hat sich ferner gezeigt, daß die Reden des Demosthenes nur schwer genau zu datieren sind, und es geht ihm ohnehin nicht darum, zusammenhängend über die Ereignisse zu berichten, sondern er führt sie von Fall zu Fall an, um damit die Athener zu überreden, einzuschüchtern oder ihnen zu schmeicheln. Beispielsweise sagte er, als er im Jahr 330 seine ganze Laufbahn gegenüber den Anklagen des Aischines verteidigte: »Ich war es, der zuerst vorschlug, eine Gesandtschaft auf die Peloponnes zu schicken nach dem heimtückischen Einfall Philipps, dann eine nach Euboia, als er danach griff, dann die Expedition nach Oreos, die keine reine Gesandtschaft mehr war, dann nach Eretreia, als er in den Städten dort Tyrannen einsetzte. Danach war ich dafür verantwortlich, daß Streitkräfte ausgesandt wurden, die die Chersones und Byzantion und unsere Verbündeten dort retteten.« (18, 79–80) Später in dieser Rede sagt er, daß er »für Athen die Unterstützung von Euboia, Achaia, Korinth, Theben, Megara, Leukas und Korkyra sicherte« (18, 237). Gleich darauf erklärt er: »Niemals bin ich von einer Gesandtschaft, auf die ihr mich ausgesandt habt, zurückgekehrt, ohne die Vertreter Philipps besiegt zu haben, ob ich nun nach Thessalien, Ambrakia, Illyrien, zu den thrakischen Fürsten, nach Byzantion oder sonstwohin ging, ebenso wenig wie zuletzt in Theben.« (18, 244) Diese Passagen sind für uns sehr wichtig, denn sie ermöglichen es, die Entstehung des Bundes, der 338 mit Philipp kämpfte und dessen Gründung auf die Initiative des Demosthenes zurückging, in die späten vierziger Jahre zu datieren. Es gab aber noch andere Missionen, die Demosthenes auf sich nahm und die er hier nicht erwähnt. Das einzige sichere Datum läßt sich einer Inschrift entnehmen, die einen im Juni 342 geschlossenen Vertrag zwischen Athen und Messene, einem der peloponnesischen Staaten, enthält (IG II^2 225). Doch bei vielen seiner Missionen bleiben Zeitpunkt und Ergebnis ungewiß und widersprüchlich.

Althistoriker müssen mit chronologischen Unsicherheiten leben. Was die Nachrichten über Philipp betrifft, müssen sie auch mit deren Vorurteilen leben. Bei Demosthenes treten sie natürlich klar zutage, denn seine Reden sind nicht der Art, daß man die darin enthaltenen Schmähungen übersehen oder den nüchternen Bericht entdecken könnte, der ihnen etwa zugrundeliegen mag. Doch einige seiner Aussagen beruhen vermutlich auf Tatsachen, so zum Beispiel sein Kommentar im Jahre 349:

Seine (Philipps) zweite Furcht betrifft Thessalien. Es ist von Natur aus unzuverlässig und hat sich so gegenüber jedermann erwiesen. Philipp ist keine Ausnahme. Thessalien beschloß, die Rückgabe von Pagasai zu fordern, und verhinderte die Befestigung von Magnesia. Ich habe sogar gehört, daß es die Absicht hat, ihm den Zugang zu den Märkten und Häfen zu verweigern, was generell für die Bedürfnisse Thessaliens förderlich, für Makedonien aber ungünstig ist. Wenn Philipp von dieser Versorgungsquelle abgeschnitten wird, dann wird er beim Unterhalt seiner Streitkräfte in einen argen Engpaß geraten. Man muß in der Tat annehmen, daß die Leute von Paionien und Illyrien es vorziehen, autonom und frei von Knechtschaft zu sein. Sie unterwerfen sich nicht gerne, und Philipp ist ein harter Herr, das ist selbstverständlich.

(Demosthenes 1, 21–23)

Das war jedoch eine fundamentale Fehleinschätzung. Vermutlich handelte es sich dabei weniger um Wunschdenken als vielmehr um eine bewußte Übertreibung dessen, was bekannt war, um auf diese Weise die Ansicht zu unterstützen, daß Philipp keineswegs unangreifbar war.

Vorurteile gibt es auch in den erzählenden Berichten, wo sie schwerer auszuschalten sind, weil die uns erhaltenen Autoren nicht ihre eigenen Vorurteile, sondern die ihrer zeitgenössischen Quellen wiedergeben. Wir kennen drei wichtige Quellen aus dieser Zeit: Ephoros, dessen (von seinem Sohn vollendete) Bücher 26 bis 30 die Zeit von Philipps Herrschaft bis 341/40 behandeln, Anaximenes, der neun Bücher *Philippika* verfaßte, und vor allem Theopompos, dessen Werk nicht weniger als 58 Bücher *Über Philipp* enthielt. Das Problem besteht darin, daß wir vom ersten und zweiten jeweils nur etwa elf und vom dritten Autor annähernd 300 Fragmente haben und nicht genau wissen, ob die Autoren unabhängig voneinander schrieben oder sich gegenseitig beeinflußten. Es läßt sich auch keine eindeutige Linie von ihnen bis zu den uns erhaltenen Berichten verfolgen, obwohl sich die meisten Forscher darin einig sind, daß Diodor zumindest für einen Teil der von ihm beschriebenen Zeit auf Ephoros zurückgeht, und es Grund dafür gibt, Theopompos für eine Hauptquelle Iustins zu halten. Wenn man Vermutungen darüber anstellen will, wie die Primärquellen Philipp beurteilt und die Ereignisse interpretiert haben, so muß man sich hauptsächlich an die von ihnen erhaltenen Fragmente halten. Nur von Theopompos sind in Zitaten genügend Fragmente überliefert, daß man solches versuchen kann. Aus diesen Fragmenten, die allerdings gerade wegen ihrer Schwarz-Weiß-Malerei zitiert werden, geht hervor, daß er ein reizbarer, überheblicher, unkonzentrierter und giftiger Autor war, dem man keineswegs ohne weiteres vertrauen darf.

Die dritte Schwäche des Quellenmaterials besteht darin, daß es sich auf Philipp konzentriert. Eine Beschreibung von Philipps Vorgehen in Thessalien lautet folgendermaßen:

Philipp, der Thessalien in seine Hand bekommen wollte, führte nicht offen Krieg mit den Thessalern. Wenn die Pelinnaier mit Pharsalos

Krieg führten und die Pheraier mit Larisa und die anderen jeweils Partei ergriffen, kam er immer, um denen zu helfen, die ihn darum baten. Nach einem Sieg beraubte er die Unterlegenen nicht ihres Landes, noch nahm er ihnen ihre Waffen, noch ließ er die Mauern niederreißen; vielmehr unterstützte er die politischen Streitigkeiten eher, als daß er sie beendete, er schützte die Schwachen, vernichtete die Mächtigen, war ein Freund des Volkes und förderte die Führer des Volkes. Durch dieses Verhalten, nicht durch Gewalt, kontrollierte Philipp Thessalien. (Polyainos 4, 2, 19)

Dieser Bericht hat den großen Vorteil, daß er sich auf politische Methoden konzentriert, er formuliert dabei aber eher zugunsten Philipps als zugunsten der Wünsche und Befürchtungen der Thessalier, die von der Logik und Chronologie her im Vordergrund stehen müßten. Die Argumentation kann aber auch dann irreführend sein, wenn Philipp nicht im Mittelpunkt steht:

Bildet euch keinen Augenblick ein, daß dieselben Umstände Philipp und den von ihm Unterworfenen Befriedigung geben können. Sein Ziel und sein Ehrgeiz ist der Ruhm. Seine Methode besteht darin, zu handeln und Gefahren auf sich zu nehmen, sein Endziel ist es, der größte und berühmteste in der Geschichte der makedonischen Könige zu werden. Das will er lieber als Sicherheit. Aber sie teilen diesen Ehrgeiz nicht. Sie werden hin- und hergetrieben, müssen vom einen Ende des Landes bis zum anderen marschieren und sich ständigem Elend und ständigen Mühen unterwerfen. Sie werden von ihren eigenen Zielen abgehalten und von ihren privaten Angelegenheiten und können das, was ihnen der Zufall und das Glück in die Hände spielen, nicht nützen, weil die Häfen des Landes wegen des Krieges geschlossen sind. Das ist ein eindeutiges Kennzeichen der Beziehung, die die meisten Makedonen zu Philipp haben. (Demosthenes 2, 15-17)

Demosthenes fährt fort, indem er Philipps Söldner beschimpft – ein Spiel, das Theopompos allerdings noch besser beherrscht:

Wenn es irgendwo in Griechenland oder bei den Barbaren jemanden gab, der in seinen Gewohnheiten entartet und schamlos war, dann hat er sich Philipp von Makedonien angeschlossen und zählte zu den Gefährten des Königs. Philipp hatte keine Achtung vor Menschen, die zurückhaltend waren und sich um ihr Privatleben kümmerten, sondern er achtete und förderte die Außenseiter, die Trinker und die Spieler. Und er tat nicht nur das, er machte sie auch zu Größen in anderen gottlosen und abscheulichen Verhaltensweisen. Welche schändlichen und entsetzlichen Eigenschaften hatten sie denn nicht? Haben sie überhaupt irgendeine ehrenvolle und ernsthafte Eigenschaft besessen? Einige waren glatt und geschoren, obwohl sie Männer waren, und andere wagten es, obwohl sie einen Bart trugen, Beziehungen mit jedem anderen Mann zu haben. Sie hatten drei oder vier männliche Huren um sich, während sie selbst anderen ähnliche Dienste leisteten wie diese ihnen. Man konnte sie deshalb zu Recht weniger als Gefährten als vielmehr als Gefährtinnen bezeichnen und nicht als Soldaten, sondern als Dirnen. Sie waren von Natur aus Menschenmörder, aber ihren Gewohnheiten nach Liebhaber von Männern. Trunkenheit zogen sie der Nüchternheit bei weitem vor, und sie wollten lieber rauben und töten als ein ordentliches Leben führen. Die Wahrheit zu sagen und sich an Abmachungen zu halten, das war nichts für sie, sie beanspruchten für sich das Recht, Unrecht zu tun und in den heiligsten Angelegenheiten zu betrügen. Sie kümmerten sich nicht um das, was sie hatten, sondern um das, was sie nicht hatten – und das zu einem Zeitpunkt, wo sie einen Teil von Europa besaßen. Denn ich glaube, daß sie damals den Ertrag des Landes von mehr als 10000 Grundbesitzern genossen, und zwar des besten und fruchtbarsten Landes in Griechenland.

(Theopomp, FGrHist 115 F 225)

Die Bedeutung dieser beiden Abschnitte liegt darin, daß sie den wesentlichen Punkt übergehen. Soweit wir wissen, gab es im Heer Philipps nur ein einziges Mal Unruhen, nämlich als er es 353 geradenwegs in einen phokischen Hinterhalt führte. Ansonsten waren seine Geldquellen in Philippoi (s. S. 267), seine Kriegsbeute aus erfolgreichen Feldzügen, seine Eroberungen von Land und seine Zuteilungen an seine Gefolgschaft eine Garantie für das starke Interesse aller Beteiligten an seinen Erfolgen. Möglicherweise waren Philipps Soldaten Trunkenbolde, aber sie waren auch hart und widerstandsfähig:

Philipp degradierte Dokimos von Tarent, weil er sich auf dem Feldzug mit warmem Wasser wusch. Philipp sagte zu ihm: »Du scheinst die Gewohnheiten der Makedonen nicht zu kennen. Bei uns waschen sich nicht einmal Frauen bei der Geburt mit warmem Wasser.«

(Polyainos 4, 2, 1)

Philipps Soldaten waren hart und widerstandsfähig, weil sie arm waren. Sie waren auch rücksichtslos im Handeln, wenn sie einmal den nötigen Zusammenhalt und den richtigen Führer hatten. Und alle, Aristokraten und einfache Leute, waren von sich aus so sehr auf gewaltsame Veränderungen aus, daß man den Druck, den sie auf Philipp ausübten, wahrscheinlich für ebenso gewichtig halten muß wie seinen eigenen Antrieb.

Hier kann man auch erkennen, daß Philipp zwei Funktionen ausübte. Er war ein erfolgreicher Söldnerführer, und er war König seines eigenen Landes. Zur ersten Funktion muß nichts mehr gesagt werden, aber die zweite bedarf eines Kommentars.

In Makedonien gab es Könige seit etwa 650 v. Chr. Obwohl die Mitglieder der Königsfamilie, wie einige Zeugnisse belegen, nicht einheimischer, sondern eher griechischer Abstammung und ursprünglich Usurpatoren waren, wurden sie doch akzeptiert und integriert, denn es bestand ein Mangel an lokalen Führern, um die fruchtbare Ebene Makedoniens gegen die habsüchtigen Eindringlinge vom Meer im Süden und von den Bergen im Norden, Osten und Westen her zu verteidigen. Praktisch alle Aktivitäten der makedonischen Könige bis 360, soweit sie überliefert sind, bestehen darin, mit solchen potentiellen Eindringlingen fertigzuwerden, sei es mit Gewalt, Bestechung oder Verhandlungen, durch Heiraten, Betrug oder Unterwerfung. Das gilt auch für viele Aktivitäten Philipps. Nur ausnahmsweise konnten die Gegner einen echten Druck auf die griechischen Küstenstädte ausüben, wie 430/29 unter Perdikkas II. (s. S. 92), oder ihren Einfluß in Thessalien ausdehnen, wie Archelaos 401. Daraus ergibt sich eine fundamentale Interpretationsfrage, nämlich, ob sich Philipps Wandel vom lokalen Machthaber zum Herrn über Griechenland nur dadurch erklären läßt, daß er in der Lage war, die traditionelle Position des Königs mit der des Söldnerführers zu verbinden.

Im Hinblick auf die Macht war das wahrscheinlich zutreffend. Erstens brachten ihm, wie Demosthenes im Jahr 349 sagt, »seine persönliche Kontrolle aller offenen und geheimen Aktivitäten, seine Position als Kommandant von Armee, Staat und Finanzen zugleich, und seine unerschütterliche Anwesenheit bei seinen Streitkräften einen wirklichen Vorteil im Hinblick auf militärische Effizienz und Schnelligkeit.« (1, 4) Zweitens gab es, gerade weil *er* der Staat war, keine Spaltung zwischen der verfassungsmäßigen Autorität und dem Söldnerführer wie in Syrakus und Herakleia. Drittens war es ein Vorteil, daß er über die militärischen Dienste einer Bevölkerung verfügen konnte, die vermutlich größer war als die irgendeines einzelnen Stadtstaates (hier haben allerdings die erhaltenen Hinweise in der Wissenschaft endlose Kontroversen ausgelöst), daß er die Fußsoldaten ausrüstete wie Iphikrates (s. S. 219), so daß sie stärker einer Hoplitenarmee glichen, als das jemals vorher in Makedonien der Fall gewesen war, und daß er sie nach den neuesten professionellen Methoden trainieren ließ. Viertens hatte er als Söldnerführer das ganze Jahr über eine Streitmacht zur Verfügung, während er als König seine Söldner zu Staatsbürgern machen konnte, indem er ihnen Land aus den eroberten Territorien zur Verfügung stellte (vergleiche Theopompos' Aussage, S. 270). Die Armee, mit der Alexander quer durch Persien zog, war alles in allem Philipps Schöpfung, und Philipp hat nur einmal eine Schlacht verloren.

Dennoch war Macht nicht das einzig Wichtige, so wenig wie die glücklichen Umstände. Die Legitimation war ebenfalls von Bedeutung. Wie sie zustandekam, läßt sich auf zwei Wegen beschreiben, einmal, indem man zu ergründen versucht, wieweit die öffentliche Meinung zu Philipps Gunsten sprach, und zum anderen, indem man die Rollen definiert, die er ausfüllen konnte. In Thessalien übernahm er de facto, wenn auch nicht offiziell, mit Hilfe der von Polyainos beschriebenen Methoden (s. S. 269) und dadurch, daß er Thessalien gegen Phokis unterstützte und sogar eine Thessalierin heiratete, die Funktion des *tagos*.

Im 22. Jahr seiner Herrschaft heiratete er, wie Satyros in seiner Biographie schreibt, die Illyrerin Audata, die ihm eine Tochter Kynna gebar. Er heiratete auch Phila, die Schwester des Derdas und des Machatas. Weil er sich die Thessalier verpflichten wollte, bekam er Kinder von zwei thessalischen Frauen; die eine war Nikesipolis von Pherai, die ihm Thessalonike gebar, und die andere Philinna von Larisa, die ihm Arrhidaios gebar. Er bekam auch das Königreich der Molosser in seine Hand, indem er Olympias heiratete, von der er Alexander und Kleopatra hatte. Als er Thrakien einnahm, kam König Kothelas von Thrakien und brachte ihm seine Tochter Meda und viele Geschenke. Er nahm sie ebenfalls zur Gattin, zusätzlich zu Olympias.

(Athenaios 13, 556 b–d)

Im Süden von Thessalien konnte er eine Gelegenheit nutzen, die sich aus dem »Heiligen Krieg« ergab. Dieser Krieg war im Jahr 356 ausgebrochen, als die Phoker von ihren alten Feinden, den Thebanern, vor dem delphischen Amphiktyonenrat angeklagt worden waren, weil sie auf sogenanntem »heiligen Boden« in der Fruchtebene unterhalb Delphi Ackerbau betrieben hatten. Nachdem sie für schuldig befunden und zu einer hohen Strafe verurteilt worden waren, nahmen sie Delphi ein. Als Theben und seine Verbündeten deshalb den »Heiligen Krieg« erklärten, fügten die Phoker ihren Übergriffen noch einen weiteren hinzu, indem sie sich die Schätze des Heiligtums aneigneten und den Bestand an Edelmetallen dazu benutzten, ein gewaltiges Söldnerheer anzuwerben. Da das Ganze eine Angelegenheit des Amphiktyonenrates war, war ein großer Teil des griechischen Festlandes davon betroffen, natürlich in den zu dieser Zeit bestehenden politischen Gruppierungen. Gegen Phokis standen Theben, der größte Teil Mittelgriechenlands und Thessalien. Hinter Phokis standen Sparta, Athen und einige peloponnesische Staaten. Athen und Sparta boten beide nur vorübergehend und gelegentlich Hilfe, doch Phokis hatte für ein paar Jahre in dieser Region die Vorherrschaft. Die Phoker konnten nicht nur ihr eigenes Land gegenüber Theben verteidigen, sondern auch erfolgreich nach Thessalien eindringen und im Herbst 352 zweimal die makedonische Armee unter Philipp besiegen. Aber ihre Vorherrschaft beruhte einzig und allein auf einer fähigen Führung und auf einer Geldquelle, die nicht unerschöpflich war, und als die Athener sich 346 anschickten, sie im Stich zu lassen, indem sie einen separaten Frieden mit Philipp schlossen, verriet der phokische Feldherr seine ungeschlagene Armee an Philipp. Zu diesem Zeitpunkt war die Situation für Sparta und Athen völlig verfahren, und die Schwäche Thebens machte es Philipp möglich, die thebanische Rolle des Verteidigers des delphischen Orakels zu übernehmen. Diese Aufgabe gab es innerhalb der griechischen Religionspolitik mindestens seit dem frühen sechsten Jahrhundert. Mit ihrer Hilfe übernahm Philipp nach 346 die führende Position in der delphischen Amphiktyonie, die Iason 370 beinahe eingenommen hatte, und er übte in der Folgezeit bemerkenswerten Einfluß bei den diversen zwischenstaatlichen Streitigkeiten aus, die dem Amphiktyonenrat vorgelegt wurden.

Noch weiter südlich konnte er in eine Situation allgemeiner Mißstimmung unter den Großmächten vorstoßen. Von Theopompos ist ein Fragment mit dem Teil einer Rede erhalten, die er dem athenischen Politiker Philokrates während der Friedensverhandlungen von 346 in den Mund legt:

Bedenkt, daß jetzt keine Zeit ist für Heldentaten und daß die Angelegenheiten der Stadt schwer darniederliegen. Wir sind umgeben von vielen großen Gefahren. Wir wissen, daß die Boiotier und die Megarer uns feindlich gesonnen sind, daß manche der Peloponnesier von Theben angezogen werden und andere von Sparta und daß Chios und Rhodos und ihre Verbündeten mit uns im Streit liegen und ein Bündnis mit Philipp erörtern. (Theopomp, FGrHist 115 F 64)

Die Diktion ist zweifellos eher die des Theopompos als des Philokrates, aber die Berichte des Demosthenes und des Aischines über das, was sie während der Debatten des Jahres 346 in Athen gesagt haben, weisen genau in dieselbe Richtung. Speziell auf der Peloponnes konnte Philipp in die Rolle des Garanten der lokalen Unabhängigkeit von Sparta schlüpfen, eine Rolle, die Theben 370 übernommen hatte, nun aber nicht länger ausfüllen konnte. Das klassische Urteil über die Anziehungskraft Philipps in dieser Funktion stammt von Polybios von Megalopolis, einem Autor, der 200 Jahre nach diesen Ereignissen lebte. Nachdem Polybios die Rede des Demosthenes von 330 zitiert hat, in der Demosthenes die führenden promakedonischen Politiker jeder Stadt aufzählt und sie alle rundweg für Verräter erklärt, widerspricht er diesen Äußerungen schärfstens:

> Dadurch, daß sie Philipp auf die Peloponnes brachten und die Spartaner demütigten, haben diese Männer es als erste den Peloponnesiern möglich gemacht, Atem zu holen und an Freiheit zu denken und außerdem das Land und die Städte zurückzugewinnen, die die Spartaner während ihrer guten Zeiten den Messeniern, Megalopoliten, Tegeaten und Argivern gestohlen hatten. Dadurch konnten sie ihre eigenen Länder unzweifelhaft stärken. Als Gegengabe dafür war es ihre Pflicht, Philipp und die Makedonen nicht zu bekämpfen, sondern alles zu tun, was ihrem Ansehen und ihrer Ehre diente.   (Polybios 18, 14, 6–8)

Zweifellos hatte Demosthenes recht mit seinem Vorwurf, daß viele griechische Politiker bestochen waren, aber der Standpunkt des Polybios ist ebenfalls einleuchtend. Gerade auf der Peloponnes hatten die unterdrückten Interessen der dortigen Staaten Philipp den Weg bereitet. Schließlich gab es noch eine Ansicht, die in Athen von Isokrates und Platons Neffen und Nachfolger Speusippos vertreten und offenbar weithin geteilt wurde. Sie sah in Philipp einen Schutz vor dem Druck der Radikalen, eine Möglichkeit, die sozialen Probleme zu beheben, die das Söldnerwesen aufwarf, und ein Mittel, den Traum von der panhellenischen Einheit gegen Persien zu realisieren. Es ist wirklich erstaunlich, daß die Opposition gegen Philipp überhaupt so viel Erfolg haben konnte. Die Frage ist, ob dieser Erfolg der Beredsamkeit des Demosthenes und seiner Gefährten, ihren Appellen an das Gerechtigkeitsgefühl und ihren Aufrufen zum Widerstand gegen Philipps Eingriffe in die zwischenstaatlichen Beziehungen zuzuschreiben war, oder ob diese Opposition bereits vorhandenen Interessen entgegenkam. Demosthenes hat die Nachwelt nachhaltig von ersterem überzeugen können. Dennoch wandten sich die Athener erst dann mit aller Energie gegen Philipp, als ihre Getreideversorgung bedroht war, und die Thebaner taten es erst, als ein Eingreifen Philipps in Euboia und Phokis drohte, beides Gebiete, die sie traditionell als ihren eigenen Einflußbereich betrachteten. Realpolitische Gründe zählten mehr als moralische Argumente.

Dasselbe gilt für Philipps zerstörerische Schöpfung einer neuen politischen Ordnung. Seine Befähigung, sein Ehrgeiz und seine Expansionsmethoden waren außergewöhnlich, aber nicht einzigartig. Es gab andere, die ebenfalls darüber verfügten. Deshalb kann man nicht nur diese Fähigkeiten für die Entwicklung verantwortlich machen. Einzigartig war jedoch sicher Philipps fest verankerte Position als König in seinem eigenen Land. Am meisten ähnelte dem das Königtum in Sparta, und in der Tat war Agesilaos in den achtziger Jahren fast ebensosehr König von Griechenland wie Philipp nach 338. Aber die spartanische Gesellschaft basierte auf einer Art von Unterdrückung, die es in der makedonischen Gesellschaft nicht gab. Dazu kam, daß der Zwang zur Nutzung der militärischen und politischen Mittel ihrer untergeordneten Verbündeten für Sparta, Athen und Theben, wie sich im Lauf dieser Untersuchungen gezeigt hat, unüberwindbare Widersprüche zwischen Theorie und Praxis mit sich brachte. Die einzige andere denkbare Position war die des »Feldherrn mit unbegrenzten Vollmachten« *(stratēgos autokratōr)* aber die Furcht vor der Tyrannis war so ausgeprägt, daß ein Regime, das darauf aufbaute, auf schwankendem Boden stand. Im Gegensatz dazu war das makedonische Königtum stark genug, um die Zügel in der Hand zu behalten, weit genug entfernt und andersartig genug, um akzeptabel zu sein, und was den König betraf, griechisch genug, um die verschiedenen das Maß des Stadtstaates überschreitenden Funktionen ausfüllen zu können, die es in der griechischen Gesellschaft gab. Gleichzeitig war Philipp in der Lage, Aufgaben und Möglichkeiten, die sich boten, zu einem Ganzen zu verschmelzen, was zum größten Teil auf seinen eigenen Antrieb, seine Energie und seinen Sinn für günstige Gelegenheiten zurückzuführen war. Was er hinterließ, konnte von Alexander, dem größten all dieser Opportunisten, genutzt werden.

Anhang

Zeittafel

	Westgriechen	Griechisches Mutterland	Ägäischer Raum und östlicher Mittelmeerraum
480	Sieg der sizilischen Griechen über die Karthager bei Himera	Krieg zwischen Griechenland und Persien: Schlachten bei Artemision, den Thermopylen und Salamis	
479		Sieg der Griechen über die Perser bei Plataiai und Mykale	
Winter 478/77			Gründung des Delisch-Attischen Seebunds
zwischen 469 und 466			Sieg der Griechen über die Perser am Eurymedon
466	Zusammenbruch der Tyrannis in Syrakus		
464		Erdbeben in Sparta: Helotenaufstand in Messenien	
461		Ostrakismos Kimons und Beginn der demokratischen Revolution in Athen. Beginn des 1. Peloponnesischen Krieges	
459			Expedition Athens/des Seebundes nach Ägypten
458		Schlachten bei Oinophyta und Tanagra. Athen erobert Boiotien	
454			Katastrophales Ende der Expedition nach Ägypten

	Westgriechen	*Griechisches Mutterland*	*Ägäischer Raum und östlicher Mittelmeerraum*
451			Expedition Athens/des Seebunds nach Zypern. Tod Kimons
449(?)			Diplomatische Verständigung zwischen Athen und Persien (»Kalliasfriede«)
447		Baubeginn des Parthenon in Athen	
446		30jähriger Friede zwischen Athen und Sparta und ihren Verbündeten	
443	Gründung von Thurioi		
441–39			Abfall von Samos
435–3	Krieg zwischen Korinth und Korkyra		
431		Beginn des 2. Peloponnesischen Krieges	
429		Tod des Perikles	
428–7			Abfall von Lesbos
427	Athenisches Heer in Sizilien		
425		Sieg Athens bei Pylos	
424	Friedensverhandlungen in Gela	Boiotien besiegt die Athener bei Delion	
421		Nikiasfrieden zwischen Athen und Sparta und ihren Verbündeten	
418		Sieg der Spartaner über die Verbündeten bei Mantineia	
415–13	Sizilische Expedition Athens		
412		Erneuter Ausbruch des Krieges. Sparta schließt Verträge mit Persien	

	Westgriechen	Griechisches Mutterland	Ägäischer Raum und östlicher Mittelmeerraum
411		Staatsstreich der 400 in Athen	
409	Karthagische Invasion in Sizilien		
405	Dionysios I. wird Tyrann von Syrakus		Vernichtung der athenischen Flotte durch die Spartaner bei Aigospotamoi
404		Belagerung und Übergabe Athens	
404/3		Herrschaft der 30 Tyrannen in Athen	
401–399			Zug des Kyros und der Zehntausend gegen den Perserkönig
399		Tod des Sokrates	
396–4			Feldzüge des Agesilaos in Kleinasien
395		Ausbruch des Korinthischen Krieges	
394			Sieg der Perser über die spartanische Flotte bei Knidos
387	Dionysios erobert Rhegion		
386	Die Gallier erobern Rom	Friede des Antialkidas (»Königsfriede«) zwischen den Persern und den griechischen Staaten	
Winter 379/8		Befreiung Thebens	
378–7			Gründung des 2. Attischen Seebundes
375		Iason wird *tagos* von Thessalien	
371		Theben besiegt Sparta bei Leuktra	
370		Tod des Iason	

281

	Westgriechen	Griechisches Mutterland	Ägäischer Raum und östlicher Mittelmeerraum
370–61		Thebanische Invasionen in die Peloponnes	
367	Tod Dionysios I.		
364		Theben zerstört Orchomenos	
362		Theben besiegt Sparta bei Mantineia	
359		Philipp II. wird König von Makedonien	
357/6		Krieg zwischen Philipp II. und Athen	Ausbruch des Bundesgenossenkrieges
356	Dion wird Herr von Syrakus	Ausbruch des Heiligen Krieges	
355/54			Athen gesteht seine Niederlage im Bundesgenossenkrieg ein
354	Tod Dions		
348		Philipp erobert Olynth	
346		Friede zwischen Philipp und Athen	
344	Timoleon kommt nach Sizilien		
341(?)	Sieg der Griechen über die Karthager am Krimisos		
338		Sieg Philipps bei Chaironeia über Theben und Athen	
337		Gründung des Korinthischen Bundes und Kriegserklärung gegen Persien	
336		Tod Philipps	Invasion Kleinasiens

Quellenübersicht

Nur die am häufigsten zitierten schriftlichen Quellen werden im folgenden kurz charakterisiert; bei den Angaben deutscher Übersetzungen werden die *Bibliothek der Alten Welt* (Artemis Verlag Zürich, Stuttgart bzw. München) mit BAW, die *Tusculum-Bücherei* (Heimeran Verlag München) bzw. – seit 1981 – die *Sammlung Tusculum* (Artemis Verlag Zürich, München) mit Tusc. abgekürzt.

Über die anderen im Text zitierten Autoren informieren zuverlässig die Artikel im *Kleinen Pauly. Lexikon der Antike*. 5 Bde. München 1964–1975 (dtv 5963, München 1979) und im *Tusculum-Lexikon griechischer und lateinischer Autoren*. München ³1982

Griechische Inschriften

Die attischen Inschriften bis 403/02 v. Chr. werden nach der nunmehr maßgeblichen Neuedition IG I³ zitiert: D. Lewis (Hg.), *Inscriptiones Graecae I³*. Berlin, New York 1981, sofern sie nicht in der ausgezeichneten Sammlung von Meiggs-Lewis enthalten sind: R. Meiggs, D. Lewis, *A Selection of Greek historical inscriptions*. Oxford 1969. Für Inschriften aus anderen Regionen oder späterer Zeit sind die jeweils verwendeten Editionen angegeben, wenn sie nicht in die Sammlung von Tod aufgenommen sind: M. N. Tod, *A Selection of Greek historical inscriptions II. From 403 to 323 B. C.* Oxford 1948

Eine dreibändige Sammlung von *Übersetzungen historischer griechischer Inschriften* von K. Brodersen, W. Günther und H. Schmitt wird für die Reihe *Texte zur Forschung* (Darmstadt) vorbereitet.

Bei den deutschen Übersetzungen im vorliegenden Buch werden in runden Klammern () Erläuterungen des Übersetzers gegeben, eckige Klammern [] umfassen im Original verlorene, aber von modernen Forschern ergänzte Textteile; Auslassungen sind durch ... gekennzeichnet.

Antike Literatur

ARISTOTELES (380–322 v. Chr.), griechischer Philosoph und Gelehrter. Seine Schriften zu Politik und Ethik enthalten viele historische Nachrichten, sie bewahren und systematisieren außerdem die zeitgenössischen Wertesysteme. Seine direkt historischen Werke sind verloren bis auf die *Athenaiōn politeia*, die einzigen erhaltenen von den 158 Verfassungsdarstellungen griechischer Staaten, die von Aristoteles selbst oder – wahrscheinlicher – unter seiner Anleitung entstanden sind. Die ersten 41 Kapitel des erhaltenen Texts stellen die Geschichte der athenischen Verfassung von der mythischen Vergangenheit bis 403 v. Chr. im Überblick dar, Kapitel 42–69 beschreiben die Verfassungsstruktur der zwanziger Jahre des vierten Jahrhunderts.

Aristoteles, *Politik*. Übers. v. O. Gigon. (BAW) Zürich, Stuttgart ²1971; (dtv 2136) München ⁵1984

Aristoteles, *Nikomachische Ethik*. Übers. v. O. Gigon. (BAW) Zürich, Stuttgart ²1967; (dtv 2146) München ⁵1984

Aristoteles, *Der Staat der Athener (Athenaiōn politeia)*. Übers. v. P. Dams. (RUB 3010) Stuttgart 1970. Vgl. dazu: P. J. Rhodes, *A Commentary to the Aristotelian Athenaion Politeia*. Oxford 1981

DEMOSTHENES (384–322 v. Chr.), Athenischer Redner und Politiker. 61 Reden und einige Briefe sind unter seinem Namen erhalten, stammen aber nur zu einem Teil sicher von ihm selbst. Die Reden 1–17 (vor der Volksversammlung) und 18–26 (politische Gerichtsreden) enthalten die meisten historischen Informationen, die übrigen Reden illustrieren das gesellschaftliche Leben Athens im 4. Jh.
Demosthenis und Aeschinis Reden. Übers. v. J. J. Reiske, 5 Bde. Lemgo 1764–1769
Demosthenes, *Zwölf Staats-Reden.* Übers. v. C. Beck, Halle 1876

DIODOR(OS) (aktiv 60–36 v. Chr.), ein Grieche aus Sizilien, Verfasser einer Universalgeschichte. Die Bücher 11–20 dieses Werks bieten eine fortlaufende Darstellung der Geschichte des Mittelmeerraums (v. a. Griechenlands) von 478 bis 302 v. Chr. Für die Zeit von 362 bis 336 ist Diodor der einzige erhaltene Geschichtsschreiber; für die anderen Zeiträume bietet er eine von Thukydides und Xenophon unabhängige Darstellung, die zwar oft verkürzt und verworren ist, aber schon wegen der Bezeugung sonst unbekannter Ereignisse ihren Wert hat.
Diodor, *Historische Bibliothek.* Übers. v. J. F. Wurm, 19 Bde. Stuttgart 1827–1840

HERODOT (vor 480 – vor 420 v. Chr.), der Historiker der Perserkriege. Obwohl sich sein Werk vor allem mit der Zeit *vor* den im vorliegenden Buch behandelten Ereignissen befaßt, ist er auch für die Untersuchung des 5. Jhs. v. Chr. von immenser Bedeutung. Sein Werk spiegelt die intellektuelle Atmosphäre in Griechenland und Athen im dritten Viertel des Jahrhunderts wider wie kaum ein anderes.
Herodot, *Geschichten und Geschichte.* Historien, übertr. v. W. Marg. 2 Bde. (BAW) Zürich, München 1973–1983
Herodot, *Historien.* Griech.-dt. hg. v. J. Feix. 2 Bde. (Tusc.) München ³1980

ISOKRATES (436–338 v. Chr.), Verfasser von Reden und Flugschriften und Rhetoriklehrer in Athen. Historisch am wichtigsten sind seine politischen Pamphlete, die er (in Form von Reden) seit 380 veröffentlichte; sie weisen eine romantisierende Sicht der Vergangenheit auf und bezeugen zeitgenössische konservative Haltungen.
Isokrates, *Sämtliche Reden und Briefe.* Übers. v. W. Lange, Berlin 1789
Isokrates, *Werke.* Übers. v. G. E. Benseler. 4 Bdch. Prenzlau 1829–1831

PLATON (427–347 v. Chr.). Seine umfangreichen philosophischen Schriften sind grundlegend für die Geistesgeschichte sowohl seiner eigenen Zeit als auch des 5. Jhs.; ihre Vignetten des gesellschaftlichen Lebens in Athen im Sokrateskreis und ihre kraftvolle, freilich idiosynkratische Sicht der griechischen Geschichte und der griechischen Institutionen sind historisch bedeutsam.
Platon. *Sämtliche Werke.* Übers. v. F. Schleiermacher, hg. v. W. F. Otto u. a. (rk 1, 14, 27, 39, 47, 54) Reinbek 1957–1959
Platon. *Sämtliche Werke.* Übers. v. R. Rufener, hg. v. O. Gigon. (BAW) Zürich, München 1974

PLUTARCH (um 50 – nach 120 n. Chr.), griechischer Philosoph, Essayist und Biograph. Seine *Biographien* sind als Charakterstudien geschrieben und damit Teil der ethischen Schriften; doch machen ihn sein Interesse an der Persönlichkeit sowie seine umfassende Kenntnis des historischen Materials zu einer unschätzbaren Quelle für Ereignisse, Zitate und Interpretationen.

Plutarch, *Große Griechen und Römer*. Übers. v. K. Ziegler u. W. Wuhrmann, 6 Bde. (BAW) Zürich, Stuttgart 1954–65 (z. T. neuere 2. Aufl.); (dtv 2068–2073) München 1980–81

THUKYDIDES (vor 450 – um 400 v. Chr.). Das erste Buch seines Geschichtswerks ist die grundlegende Informationsquelle für die Ereignisse in Griechenland zwischen 478 und 432 v. Chr.; die Bücher 2–8 bieten eine äußerst genaue Darstellung der militärischen Begebenheiten zwischen 431 und 411. Maßgebend, soweit möglich objektiv, intellektuell lebendig und stilistisch glänzend ist sein Geschichtswerk für jedes Verständnis der griechischen Geschichte grundlegend.
Thukydides, *Geschichte des Peloponnesischen Krieges*. Übers. v. G. P. Landmann. (BAW) Zürich, München ²1976; (dtv 6019) München ²1977

XENOPHON (vor 425 – um 354 v. Chr.), Historiker, Philosoph und Essayist, ein typischer griechischer »gentleman«: professioneller Soldat, amateurhafter Geschichtsschreiber, so gut »auf dem laufenden«, daß er über Athens Steuern genauso lebendig und unterhaltsam schreiben kann wie über Sokrates. Seine *Hellenika* erzählen in 7 Büchern die griechische Geschichte von 411 bis 362 v. Chr. in einer an Thukydides orientierten Weise, freilich weniger präzis und umfassend.
Xenophon, *Hellenika*. Übers. v. Gisela Strasburger. (Tusc.) München 1970

FRAGMENTE literarischer Werke, die zumeist durch Zitate bei späteren antiken Autoren erhalten sind, werden soweit möglich nach folgenden Editionen zitiert:
FGrHist F. Jacoby, *Die Fragmente der griechischen Historiker*. 14 Bde. Leiden 1923–1958. Eine deutsche Übersetzung gibt es nicht.
DK H. Diels, W. Kranz, *Die Fragmente der Vorsokratiker*. Griech.-dt. 3 Bde. Berlin ⁶1951–1952; Dublin, Zürich ¹⁴⁻¹⁶1972–1973 (Nachdruck)

Literaturhinweise

Einen Überblick über die in diesem Buch behandelte Zeit gibt das Handbuch von Hermann Bengtson, *Griechische Geschichte*. München ⁵1977.

Im folgenden sind Bücher und Artikel, deren Lektüre Griechischkenntnisse erfordert, mit einem Stern (*) markiert.

Zu Kapitel 1

Zu den antiken Stätten führt das Buch von E. Kirsten und W. Kraiker: *Griechenlandkunde*, Heidelberg ⁵1967; Photos und Pläne bietet R. V. Schoder, *Das antike Griechenland aus der Luft*. Bergisch Gladbach 1975. Inschriften behandelt grundsätzlich G. Klaffenbach, **Griechische Epigraphik*. (Studienhefte zur Altertumswissenschaft 6) Göttingen ²1966.

Die Literatur zu Thukydides ist unüberschaubar; als Einstieg eignet sich: H. Herter (Hg.), *Thukydides*. (Wege der Forschung 98) Darmstadt 1968. Der beste Kommentar zu diesem Autor stammt von A. W. Gomme, K. J. Dover und A. Andrewes: **An Historical Commentary on Thucydides*. 5 Bde, Oxford 1944–1981. Zu Herodot vgl. W. Marg (Hg.), *Herodot. Eine Auswahl aus der neueren Forschung*. (Wege der Forschung 26) Darmstadt ³1982. Zu Xenophon siehe J. K. Anderson, *Xenophon*. London 1974; der einzige Kommentar zu seinen **Hellenika* (von G. E. Underhill, Oxford 1906) müßte dringend erneuert werden.

Auch zu Diodor gibt es keinen Kommentar, neue Literatur fehlt. Plutarchs Lebensbeschreibungen werden allgemein von D. A. Russell (*Plutarch*. London 1972) und von C. P. Jones (*Plutarch and Rome*. Oxford 1971) behandelt; meisterhaft stellt die ganze Gattung A. Momigliano dar: *The Development of Greek Biography*. Cambridge/Mass. 1971. Zu den Rednern vgl. allgemein G. A. Kennedy, *The Art of Persuasion in Greece*. London, Henley, Boston 1963.

Einige gute Beispiele für die historische Auswertung von numismatischen Befunden gibt C. M. Kraay, *Greek Coins and History*. London 1969; vgl. auch seine große Darstellung in der Library of Numismatics: *Archaic and Classical Greek Coins*. London 1976.

Zu Kapitel 2

Literatur zu diesem Kapitel in angemessenem Umfang zu nennen, verbietet der zur Verfügung stehende Raum. Grundlegende Darstellungen der griechischen Gesellschaft stammen von A. Andrewes (*The Greeks*. London 1967; Taschenbuchausgabe unter dem Titel *Greek Society*. Harmondsworth 1971), A. Zimmern (*The Greek Commonwealth*. Oxford 1911 – immer noch wertvoll) und E. Will (*Le monde grec et l'Orient*. Bd. 1: *Le Ve siècle*. Paris 1972, S. 403 ff.). Eine marxistische Gesamtdarstellung gibt R. Müller (Hg.), *Kulturgeschichte der Antike*. Bd. 1: *Griechenland*. Berlin 1976.

H. Michell, *The Economics of Ancient Greece*. Cambridge ²1957 und G. Glotz, *Ancient Greece at Work*. London, Henley, Boston 1962, beschreiben die grundsätzlichen Möglichkeiten der Lebenserhaltung; ein differenzierteres Bild bieten A. Burford, *Handwerker in der griechischen und römischen Antike*.

Mainz 1985; vgl. J. Hasebroek, *Staat und Handel im alten Griechenland*. Tübingen 1928. Die beste moderne Darstellung stammt von M. M. Austin und P. Vidal-Naquet, *Gesellschaft und Wirtschaft im alten Griechenland*. München 1984. Einstellungen, wie sie die literarischen Quellen spiegeln, werden untersucht in C. M. Bowra, *Pindar*. Oxford 1964; H. Lloyd-Jones, *The Justice of Zeus*. Berkeley, Los Angeles 1971; K. J. Dover, *Greek Popular Morality in the Time of Plato and Aristotle*. Oxford 1974.

Politische Formen behandelt V. Ehrenberg, *Der Staat der Griechen*. Zürich, Stuttgart ²1965; vgl. auch J. A. O. Larsen, *Greek Federal States*. Oxford 1968, aber auch H. Schaefer, *Staatsform und Politik*. Leipzig 1932. F. Gschnitzer (Hg.), *Zur griechischen Staatskunde*. (Wege der Forschung 96) Darmstadt 1969.

Zu Kapitel 3

Der Inhalt dieses Kapitels wird ausführlich behandelt in dem Werk von G. E. M. de Ste Croix: *The Origins of the Peloponnesian War*. London 1972 (es behandelt weit mehr, als sein Titel vermuten läßt). Zu Korinth vgl. A. J. Graham, *Colony and Mother City*. Manchester 1964, S. 118 ff.; Sparta stellen im Überblick M. I. Finley (*The Use and Abuse of History*. London 1975, Kap. 10) und M. Clauss (*Sparta*. München 1984) dar. Athen hat R. Meiggs umfassend untersucht: *The Athenian Empire*. Oxford 1972, spez. Kap. 3–5.

Zu Kapitel 4

P. J. Rhodes, *The Athenian Boule*. Oxford 1972, beschreibt die Arbeit dieser zentralen Institution der Demokratie; allgemeiner ist die Darstellung von W. G. Forrest, *Wege zur hellenischen Demokratie*. München 1966. Aischylos wird behandelt von A. J. Podlecki, *The Political Background of Aeschylean Tragedy*. Ann Arbor 1966; vgl. auch K. J. Dover, *The political aspects of Aeschylus' Eumenides*. Journal of Hellenic Studies 77 (1957) 230 ff. und Ch. Meier, *Die Entstehung des Politischen bei den Griechen*. Frankfurt a. M. 1980, S. 144 ff.

Zu Kapitel 5

Die Literatur zu diesem Thema ist unüberschaubar, die Kontroversen nehmen kein Ende. Grundlegende Untersuchungen sind: B. D. Merritt, H. T. Wade-Gery, M. F. McGregor, *The Athenian Tribute Lists*. 4 Bde. Princeton 1939–53, spez. Bd. 3; Meiggs und de Ste Croix (beide s. o. zu Kap. 3); J. de Romilly, *Thucydide et l'imperialisme Athénien*. Paris ²1951; J. Balcer, H. Gehrke, K. Raaflaub, W. Schuller, *Studien zum Attischen Seebund*. Konstanz 1984. Die Texte der Tributlisten haben Merritt und McGregor neu herausgegeben in IG I³ Nr. 259–290 (s. o. Quellenübersicht).

Zu Kapitel 6

Die demographische Basis wurde untersucht von A. W. Gomme, *The population of Ancient Athens*. Oxford 1933; zur Bevölkerung vgl. V. Ehrenberg, *Aristophanes und das Volk von Athen*. Zürich, Stuttgart 1968, und M. I. Finley (Hg.), *Slavery in Classical Antiquity*. Cambridge 1960.

A. H. M. Jones, *Athenian Democracy*. Oxford 1957 stützt sich auch auf Quellen aus dem 4. Jh.; Quellenauszüge in deutscher Übersetzung bietet W. Arend, *Geschichte in Quellen*. Bd. 1: *Altertum*. München ³1978, S. 162 ff.

Zur Komödie vgl. K. J. Dover, *Aristophanic Comedy*. London 1972, und H.-J. Newiger (Hg.), *Aristophanes und die Alte Komödie*. (Wege der Forschung 265) Darmstadt 1975.

Die Bauten untersuchen J. S. Boersma, *Athenian Building Policy from 561/0 to 405/4 B. C.* Groningen 1970 und – spezieller – H. Knell, *Perikleische Baukunst*. Darmstadt 1979.

M. I. Finley, *Athenische Demagogen*. Altertum 11 (1965) 67 ff. und W. R. Connor, *The new Politicians of fifth-century Athens*. Princeton 1971 werfen Schlaglichter auf die Politiker jener Zeit. Grundlegendes zu den Festen Athens bietet L. Deubner, *Attische Feste*. Berlin 1932.

Allgemein vgl. G. Wirth (Hg.), *Perikles und seine Zeit*. (Wege der Forschung 412) Darmstadt 1979.

Zu Kapitel 7

Militärtechnologie und -technik sind übersichtlich dargestellt bei J. S. Morrison, R. T. Williams, *Greek Oared Ships*. Cambridge 1968 und bei L. Casson, *Ships and Seamanship in the Ancient World*. Princeton 1971 (vgl. ders., *Die Seefahrer der Antike*. München 1979) für den Krieg zur See; für den zu Lande vgl. A. M. Snodgrass, *Wehr und Waffen im antiken Griechenland*. Mainz 1984 und W. K. Pritchett, *The Greek State at War*. 2 Bde. Berkeley, Los Angeles 1971–1974. Strategie und Taktik behandeln einige Aufsätze in H. D. Westlake, *Essays on the Greek Historians and Greek History*. Manchester 1969; A. W. Gomme, *More Essays in Greek History and Literature*. Oxford 1962; P. A. Brunt, *Spartan Policy and Strategy in the Archidamian War*. Phoenix 19 (1965) 255 ff.; J. Hatzfeld, *Alcibiade*. Paris 1940.

Zu Kapitel 8

Dem spartanischen Imperialismus sind folgende Untersuchungen gewidmet: H. W. Parke, *The development of the second Spartan Empire*. Journal of Hellenic Studies 50 (1930) 37 ff.; R. E. Smith, *Lysander and the Spartan Empire*. Classical Philology 43 (1948) 145 ff. – Die beste Darstellung der athenischen Revolutionen von 411 und von 404 v. Chr. stammt von C. Hignett: *A History of the Athenian Constitution*. Oxford 1952; die zur athenischen »Revanche« von R. J. Seager: *Thrasyboulos, Conon, and Athenian Imperialism 396–86 B. C.* Journal of Hellenic Studies 77 (1967) 95 ff.

Zu Kapitel 9

Grundlegend bleibt G. Murray, *Reactions to the Peloponnesian War in Greek Thought and Practice*. Journal of Hellenic Studies 64 (1944) 1 ff. G. S. Kirk, *Griechische Mythen*. Berlin 1980 stellt die Komplexität des Mythos dar. Neue Strömungen in der Kunst verzeichnet u. a. M. Robertson, *A History of Greek Art*. Cambridge 1970; in der Religion M. P. Nilsson, *Geschichte der griechischen Religion*. Bd. 1. München ³1967, S. 784 ff. und W. Burkert, *Griechische Religion*. Stuttgart 1977, S. 331 ff.; vgl. E. R. Dodds, *Die Griechen und das Irrationale*. Darmstadt 1970, Kap. 6.

Zu Kapitel 10

Die Geschichte der griechischen Philosophie ist oft dargestellt worden, z. B. von W. Röd, *Die Philosophie der Antike*. München 1976. Eine monumentale Gesamtdarstellung schreibt W. K. Guthrie, *A History of Greek Philosophy*. Cambridge seit 1971. Den erzieherischen Aspekt der philosophischen Aktivität beschreibt H. I. Marrou, *Geschichte der Erziehung im klassischen Altertum*. (dtv 4275) München 1977, bes. Teil 1. Den Wandel und die Praxis des Militärwesens stellt H. W. Parke dar: *Greek Mercenary Soldiers*. Oxford 1933 (grundlegend); Neueres bei J. K. Anderson, *Military Theory and Practice in the Age of Xenophon*. Berkeley, Los Angeles 1970. Wichtiges zu Sizilien bei K. F. Stroheker, *Dionysios I*. Wiesbaden 1958; Gesamtdarstellung von M. I. Finley, *Das antike Sizilien*. München 1979, bes. Kap. 5–7; zu Karthago vgl. B. H. Warmington, *Karthago*. Wiesbaden ²1964; Bergisch Gladbach 1979.

Zu Kapitel 11

Zu diesem Thema sind meist nur Spezial- und Detailuntersuchungen erschienen; F. H. Marshall, *The Second Athenian Confederacy*. Cambridge 1905 sollte durch ein neueres Werk ersetzt werden. Für Theben fehlt eine genauere Untersuchung. Der diplomatische Austausch ist hingegen besser erforscht: T. T. B. Ryder, *Koine Eirene*. Oxford 1965; F. Adcock, D. J. Mosley, *Diplomacy in Ancient Greece*. London 1975; E. Olshausen, H. Biller, *Antike Diplomatie*. (Wege der Forschung 462) Darmstadt 1979.

Zu Kapitel 12

Mit Iason beschäftigt sich H. D. Westlake (*Thessaly in the Forth Century B. C.* London 1935), mit Karien S. Hornblower (*Mausolus*. Oxford 1982); für die Dynastie von Herakleia St. M. Burstein, *A Political History of Heraclea Pontica to 271 B. C.* Diss. Los Angeles 1972. Sizilien ist gut erforscht: Westlake (s. o. zu Kap. 7), Kap. 14–17; ders., *Timoleon and his Relations with Tyrants*. Manchester 1952; R. J. A. Talbert, *Timoleon and the Revival of Greek Sicily 344–317 B. C.* Cambridge 1974; allgemein Finley, *Sizilien* (s. o. zu Kap. 10).

Eine Gesamtdarstellung des makedonischen Königreichs stammt von J. R. Ellis: *Philip II and Macedonian Imperialism*. London 1976; vgl. dazu die Artikel in S. Perlman (Hg.) *Philip and Athens*. Cambridge 1973 und die Biographien von H. Bengtson, *Philipp und Alexander der Große*. München 1985.

Quellenregister

I. Griechische Inschriften

Comptes rendues de l'Académie des Inscriptions 1974
S. 85: 260
S. 136f.: 260f.

J. Crampa, Labraunda III, 2: The Greek Inscriptions no. 40: 259f.

Dittenberger, Sylloge³ (Syll.³)
274 VI: 250
274 VIII: 197

Erechtheion
XVII 2, 46–69, S. 369f.: 112

Hesperia 7 (1938) Nr. 1
Z. 80–85: 204

Inscriptiones Graecae (IG)
– I³ 7: 76
– I³ 17: 88
– I³ 19: 90
– I³ 32: 73f.
– I³ 70: 93
– I³ 95: 90
– I³ 259: 86
– II² 225: 268
– II² 2318, Z. 201–203 u. 316–318: 189
– II² 4546–4548: 199

Meiggs-Lewis
40, Z. 8–16: 94f.
40, Z. 21f. u. 31: 103
45 § 4: 97
45 § 8, 12 u. 13: 96
46: 95f.
46, Z. 41–42: 89
49, Z. 11–13: 89
49, Z. 39–42: 98
52, Z. 21f.: 103
52, Z. 71–76: 93
65, Z. 5–23: 92
65, Z. 34–47: 92f.
67: 146
69, Z. 17–22: 150
69, Z. 55–58: 89
79A, Z. 33–49: 111
87, Z. 8–12 u. 18–22: 166
89, Z. 6–11: 166
94, Z. 7–17: 166f.

Olympia V, Nr. 651: 197

Supplementum Epigraphicum Graecum (SEG)
XI 1208: 239

Tod
II 123, Z. 9–15: 233
II 123, Z. 20–23, 27–30 u. 36–44: 245
II 136, Z. 35ff.: 229
II 154, Z. 9–17: 248
II 156, Z. 7ff.: 248

II. Antike Literatur

Aischines
1, 173: 205
2, 31: 194
2, 74–77: 189
2, 76: 165f.
3, 199: 135

Aischylos
– Eumeniden
681–706: 81
946–948: 111
– Hiketiden
365–369: 79
397–401: 79
– Sieben gegen Theben
610: 47

Anaximander 12 A 10 DK: 211

Anaximenes (FGrHist 72)
F 13: 73
13 A 6 DK: 211

Andokides
3, 8–9: 138
3, 14–15: 177

Antiphon der Redner
– 2: Erste Tetralogie 2, 12: 121
– 5: Mord an Herodes
  47: 94
  69–70: 127
– F 61 Blaß: 99

Antiphon der Sophist
87 A 44 DK A col. I–II: 133

Aristophanes
– Ritter
  55–57: 153
  463–465: 151
  1300 ff.: 153
– Wespen
  657–660: 117
  698–711: 129
– Wolken
  140: 207
  984–985: 199

Aristoteles
– Athenaiōn politeia
  4, 3: 118
  9, 1: 135
  25, 1–2: 71
  26, 2: 75
  26, 4: 114
  27, 1 u. 3–4: 71
  42, 1: 29
  53, 3: 30
  61, 2: 135
– Eudemische Ethik
  1214 a 1 ff.: 46
– Metaphysik
  968 a 1: 215
  1028 a 10: 213
– Nikomachische Ethik
  1095 b 22–23: 139
  1099 a 25 ff.: 46
  1170 b 31: 175
  1177 a 12 – 1177 b 26: 215 f.
– Oikonomikos
  2, 20 c u. i: 228
– Politik
  1275 b 18: 185
  1296 a 22 ff.: 40

  1301 a 39 – 1301 b 1: 52
  1307 b 23: 94
  1318 b 9–14: 52
  1328 b 37 – 1329 a 2: 52
– Sophistici elenchi
  183 b 7–8: 210
– Über Werden und Vergehen
  325 a 33–35: 213

Athenaios
13, 556 b–d: 273

Cornelius Nepos
– Iphicrates 2, 1–2: 219 f.
– De regibus [21], 2: 225

Demokrit
68 B 39, 52, 289 DK: 214 f.
68 B 177 DK: 47

Demosthenes
1, 3: 265
1, 4: 272
1, 21–23: 268 f.
2, 15–17: 270
2, 24: 244
15, 3: 248
16, 4: 236
18, 79–80: 267 f.
18, 102: 39
18, 237: 268
18, 244: 268
19, 303: 188
20, 31: 65
21, 83: 39
21, 95: 39
23, 207–208: 197
42, 22: 39
47, 20: 246
50, 14–18: 36

Diodor
2, 76, 3: 158
2, 76, 4–6: 158
2, 86, 2: 159
11, 50, 1–6: 60 f.
11, 54, 1: 58
12, 4, 5: 101
12, 30, 1: 158
13, 8, 4–5: 38
13, 43, 4–6: 223
13, 53: 164

291

13, 114, 1: 222
14, 3, 6: 172
14, 19: 237
14, 41, 3: 35
14, 41, 4–6: 227
14, 78, 1–3: 227
14, 96, 4: 223
15, 15, 4: 223
15, 17, 5: 223
15, 38, 1: 218f.
15, 44: 220
15, 57, 1: 216
15, 79, 3–6: 217
15, 601–2: 253
16, 8, 6–7: 267

Euripides
F 641: 38

Harpokration s. v. *episkopos*: 97

Hellenika Oxyrhynchia
7, 2–3: 178
11, 2–4: 240f.

Hermippos, Phormophoroi
F 63: 122

Herodot
1, 142, 3–4: 25f.
2, 35, 2: 48f.
2, 36, 4: 48f.
3, 38, 3–4: 49
3, 57, 2: 38
6, 83: 42
6, 108, 5: 239
7, 144, 1–3: 51
7, 150, 2: 30
7, 164, 4: 28
8, 11–112: 67
8, 62: 154
9, 35, 1–2: 58

Hippokrates
– Über die Umwelt 16: 50

Homer
– Ilias
6, 208: 141
11, 783: 141

Hypereides
F 29: 110

Iamblichos
– De vita Pythagorica
129: 156
137: 215
249: 157
255: 159

Isokrates
3, 5–9: 193
3, 15–22: 231
4, 115–117: 186
5, 54: 236
7, 29–30: 203
7, 66: 120
8, 6: 244
12, 18–19: 192
15, 253–257: 193

Iustin
16, 4, 1–20: 255f.
16, 5, 9–10: 257

Kritias
88 B 25 DK, Z. 9–26: 204

Lukian
34, 18: 196

Lysias
6, 50–53: 203
12, 5–12: 165
33, 3: 185
P. Oxy. XIII 1606, Z. 30 u.
  153–155: 115

Parmenides
– Weg der Wahrheit
28B 2–3 DK: 211
28B 8 DK: 212

Pausanias
8, 45, 6–7: 191f.

Pindar
– 6. Nemeische Ode 1–25: 45f.
– F 210: 140
– F 215: 49

Platon
– 7. Brief
332 b–c: 90

- Gorgias
  DK 82 B6: 138f.
  483b–d: 133
  491e – 492a: 133
- Hippias Maior
  304a–b: 220
- Ion
  541c–d: 116
- Laches
  179c–d: 124
- Lysis
  205c–d: 136
- Politeia (Staat)
  10, 606e – 607a: 194
  327a–b: 115f.
- Protagoras
  314b–316a: 209

Plinius d. Ä., Naturalis historia
18, 144: 32

Plutarch
- Dion
  9, 3–5: 229
  53, 4: 262
- Kimon
  4, 9–10: 68
  5, 3–5: 68
  10, 1–2: 68f.
  13, 5 u. 7: 69
  16, 8–10: 69
  17, 3: 78
- Lysandros
  2, 2–3: 169
  8, 1–3: 169f.
  18, 3: 200
  24, 3: 173
  24, 4–5: 175
- Moralia
  835c: 115
  841e: 190
- Pelopidas
  31, 4: 238
- Perikles
  5, 1: 126
  11, 5–6: 98
  13, 13: 126
- Themistokles
  21, 2–3: 67
- Timoleon
  2, 1–2: 262

Polyainos, Strategemata
2, 1, 2: 220
4, 2, 1: 271
4, 2, 19: 269f.

Polybios
18, 14, 6–8: 275

Protagoras
80 B 4 DK: 204

Pseudoxenophon, Athenaiōn politeia
1, 2: 128
2, 7: 122
2, 8: 26
2, 20: 80
3, 3: 128
3, 8: 163

Solon
4a W: 89

Sophokles
- Oidipous Tyrannos 1133–9: 31

Strabon
8, 3, 2: 58
13, 1, 59: 258

Theophrast
- Charaktere
  2, 12: 197
  16: 202

Theopomp (FGrHist 115)
F 64: 274
F 153–154: 102
F 225: 270f.

Thukydides
1, 23, 6: 108
1, 31, 1: 35
1, 44, 3: 155
1, 67, 2–4: 107
1, 68, 2–4: 84
1, 71, 4: 106
1, 75, 3: 64
1, 81, 1–2 u. 6: 144
1, 86, 5: 108
1, 89–118: 54
1, 95, 1: 62
1, 95, 3–7: 59

1, 96, 1: 62
1, 96, 2–97, 1: 66
1, 99: 64
1, 100, 2: 62/64
1, 101, 3: 64
1, 102, 3–4: 77f.
1, 102–115: 104
1, 107, 2–4: 106
1, 107, 4: 79
1, 109, 2–3: 83
1, 115, 2–3: 94
1, 121, 3: 100
1, 128–134: 60
1, 135, 3: 59
1, 140, 2: 108
1, 143, 1–2: 100
1, 144, 1: 144f.
2, 2, 1: 14
2, 13, 2: 144f.
2, 13, 3–5: 117
2, 28, 3: 144
2, 44, 4: 140
2, 47ff.: 143
2, 51, 5: 48
2, 63, 1–2: 129
2, 65, 7: 144f.
2, 65, 8–11: 125
2, 65, 10–11: 145
2, 70, 2: 149
2, 85, 5: 91
3, 2, 2: 91
3, 16, 1: 100
3, 37, 1 u. 3: 127
3, 50, 2: 98
3, 70–83: 143
3, 70, 3: 90
3, 82, 1: 147
3, 83, 2: 147
3, 86, 4: 155
3, 94, 4–5: 56
4, 41, 1: 144
4, 50, 1–2: 146
4, 55–56: 151
4, 61, 1: 226
4, 81: 148
5, 11, 1: 200
5, 14, 3: 144
5, 16, 1: 148
5, 27, 2: 152
5, 43, 2: 152f.
5, 57, 1: 154
5, 75, 3: 154

5, 84–116: 150
5, 89: 131
5, 105, 2: 131
6, 6, 1: 160
6, 15, 2: 160
6, 53–61: 143
6, 82, 3–83, 1: 130
6, 92, 3–4: 153
7, 27, 4–5: 110
7, 87, 5–6: 160f.
8, 1, 3–4: 164
8, 43, 3–4: 168
8, 46, 1–2: 167
8, 48, 6: 43
8, 54, 4: 43f.
8, 58, 2: 168
15, 23, 1: 14
94–111: 62

Xenophanes
21 B 11 DK: 214

Xenophon
– Anabasis
6, 4, 8: 218
– Hellenika
1, 6, 24–25: 165
2, 1, 1–2: 171
2, 4, 29: 173
3, 1, 3: 176
3, 3, 3–4: 175
3, 3, 5–11: 174
3, 4, 2: 172
3, 4, 5: 176
3, 4, 25: 176
3, 5, 10: 177
4, 8, 12 u. 14: 179
5, 1, 31: 179
6, 1, 4–16: 251ff.
6, 3, 18: 213f.
6, 4, 16: 214f.
6, 4, 19: 214
6, 4, 29–30: 253f.
6, 5, 2: 242
6, 5, 34: 246f.
6, 5, 38: 247
6, 5, 41: 247
7, 1, 42: 238
7, 3, 11: 238
7, 4, 34: 201
7, 5, 27: 184

- Hieron
  7, 3–4: 140
- Kyropädie
  8, 8, 26: 219
- Memorabilia
  1, 1, 1: 205
  2, 2, 2: 113
  2, 8: 113
  3, 8, 9: 33

Personen- und Sachregister

Aberglauben 203
Abstammung 30, 52, 119
Achaia 29
Ackerbau 31
Ägäis 54, 79, 85, 88, 102, 153, 174, 242, 243, 247
Ägypten 48, 62, 87
Aeneas Tacticus 34
agathos 47
Agesilaos 173, 174, 234, 252, 276
Aischines 188, 267
Aischylos 78
Aitolien 53, 151
Akragas 38, 157
Alkibiades 43, 152, 160, 163, 167, 173, 223
Alkimidas von Aigina 45
Alleinherrschaft 28
Alte Komödie 16
Amphiktyonien 66, 67, 266, 273
Amphipolis 247
Analphabetismus 23
Anaximenes 269
Andokides 15, 202
Antalkidas 179
Antiphon 15, 132, 137
Apathie 246
Apollodoros 15
Apollon 27
Archelaos 250, 272
Archidamischer Krieg 142, 144 f.
Archidamos 60, 144
Architektur 196 f.
archon 70
Areopag 70
aretē 48, 52
Argos 42, 56, 59, 151
Aristoteles 17, 35, 39, 46, 51, 70, 183, 207, 209, 213
Aristophanes 16
Arkadien 29, 58
Armut 37
Artaxerxes II. 257, 262
Asebie 205
Atheismus 204
Athen
   Rhetorik 14

   Bürgerrecht 29, 80
   Wohnen 32
   reiche Bürger 38
   Seeherrschaft 61 f.
   Importe 64 f.
   Amtsträger 71
   Außenpolitik 71
   Abrechnungslisten 72
   Rat der 500 73
   Volksversammlung 73
   Tagegeld 75 f.
   Vermögensklassen 75, 98, 118
   Einkünfte 117 f.
   telos (Steuer) 118
   Unterhalt 118 f.
   Parthenon 119
   Tempel 119
   Wettstreit im politischen Leben 139, 153
   Staatsstreich von 411 163
   Herrschaft der Dreißig 172
   Grabdenkmäler 195
   Flotte 217
   Engagement in der Ägäis 242
   Beziehungen zur Peloponnes 242, 246
Athene 77
Athene Alea in Tegea, Tempel der 191
athenische Verfassung 18, 70
athenisches Reich
   Demokratien 94
   Tribute 95
   Münzen 96
   Garnisonen 97
   Kleruchien 97
   Flotte 99, 217
Attika 31
Attischer Seebund (Zweiter) 233, 246
Autarkie 187, 216

Bakchylides 44
Bauabrechnungen 18
Bauholz 24
Bendis 116
Biographie 17

Blutsverwandtschaft 28, 29, 52, 62 ff., 82, 160
Boiotien 55, 79, 105, 239
 föderative Verfassung 240
boulē, bouloi 103, 240
Brasidas 148, 200
Bürgerrechtsgesetz 80

Chaironeia, Schlacht von 266
Chalkis 93
Chersones 65
Chios 91
Choregie 121

Daochos 250
Dekarchien 169, 171
Delion, Schlacht von 151
Delisch-attischer Seebund 62, 100
Delos 66
Delphi 18, 24, 46, 77, 266, 273
Demagogen 124
Demokrit 209, 213, 214
Demosthenes (athenischer Feldherr) 153
Demosthenes (Redner) 15, 36, 243, 267
Dialekte 25 f.
Diäten 75 f.
Dichtung 16
Diodor 13, 17, 38, 54, 155, 162, 184, 220, 269
Dion 261, 263
Dionysios 221, 227 ff., 257
Dionysios II. 261, 263
Dodona 24
Dorisch-ionische Spannungen in Sizilien 226
Duketios 158
Duris 170

Ehre 65, 140
Elis 58
Empedokles 213
Epaminondas 237
Epeiros 55
Ephialtes 70, 71, 73, 76, 77, 125
Ephoros 17, 183, 184, 269
Erziehung 121, 192, 206
Etrusker 225
Eudoxos 183
Euripides 38, 204
Eurymedon 62

Feigen 32
Feldherrn mit unbeschränkten Vollmachten 148, 221, 261, 264, 276
Fluchtäfelchen 20, 201
Fremde, ansässige 114
Friede, allgemeiner 219
Friede des Antalkidas 180

Gastfreundschaft 44, 90
Gebäude 32 f., 196 f.
Gelon 157, 226
Gentleman, Ideal des 126
Geschworenengerichte 135
Gesetz 37, 46
Gesetzeskodifizierung 57
Getreide 32, 41, 65, 92, 252, 266, 275
Getreideroute 98
Glückseligkeit 215
Götter 46
 Rezeption neuer Gottheiten 198
 Änderungen am Bild überlieferter Gottheiten 199
 Kritik an den Göttern 214
Goldminen (Philippoi) 267
Gorgias 138, 209
Gottlosigkeit 205
Grabdenkmäler 195, 198
griechische Sprache 25, 47, 51
Gründungsmythos 81, 130, 194

Häuser 33, 197
Haltung gegenüber der Vergangenheit 188
Hannibal 223
Heilige Kalender 203
Heiliger Krieg 273
Heilige Schar 219
Hellenika von Oxyrhynchos 18, 162
hellenotamiai 66, 127
Heloten 57, 60, 174
Herakleia 255
Herdenwanderung 31
Hermen 110
Hermokrates 226, 228
Herodot 13, 25, 28, 37, 48
Hetoimaridas 61
Hieron 140
Hippias 14, 208, 210
Hippokrates 49
Homosexualität 173, 188, 219, 271
Hopliten 36, 217

297

Iason 250 ff.
Idealverhalten, Lehren vom 216
Import 41, 56
Inschriften 14
Intellektuelle 206
internationale Aristokratie 45
internationale Feste 44
Ionier 25
Iphikrates 219, 272
Isis 116
Isokrates 17, 182, 186, 192, 207, 230, 257
Iustin 267, 269

Kallias-Frieden 101 f.
Kallikles 133, 215
Karien 257
Karthago 160, 221 f., 262, 264
Kimon 67 ff., 77
Kinadon 176, 185
Klearchos 255
Kleinias 89, 95
Kleon 124, 126, 150, 153
Kleophon 126, 165
Klerouchos, Klerouchoi 97
Königsfriede 180, 218, 233, 245, 254
Kolonisation 41
Konon 177, 178, 179
Korinth 84, 105, 106, 152, 155, 262
Korinthischer Bund 266
Korinthischer Krieg 175
Korkyra 57, 90, 107, 147, 155
Korruption 127
kosmologische Theorien 214
Kreta 56, 91, 259
Krim 65
Kritias 172, 204 f.
Kroton 55, 156
Kyrene 56
Kyros 169, 218
Kulte 198 f.
Kyzikos, Schlacht von 164

Land, Neuverteilung von 262
Landbesitz 51, 99, 256, 271
Landkrieg 36
Landwirtschaft 23
Larisa 250
Legitimation 273
Leotychidas 60
Leukippos 213
Leuktra, Schlacht von 234, 253

Lesbos 98
Liturgien 121
logos 192
Lokalhistorie 13, 256
Lokri 225
Lykurgos 190
Lysander 169, 171, 172, 173, 190
    Verehrung als Gott 170, 200
Lysias 15, 115, 185

Macht 128
Mäzenatentum 116, 195
Makedonien 55, 265
Mantineia 58
    Schlacht von Mantineia 154
Maussolleion 198, 258
Maussollos 196, 223, 243, 248, 259, 261
Medizin 49
Megabazos 83
Melos 150
Memnon 255
Menander 16
Messenien 60, 78
Methone, Beschlüsse für 92 f.
Metöken 114
Militär 34
Mittelgriechenland 103, 179
Mittelklasse 40
Monarchie 254, 271, 276
    Theorie der Monarchie 230
    Symbole der Monarchie 229
Muße 44, 52, 76, 216
mythisches Denken 194
Mythos 16, 27, 191, 211

natürliche Erklärungen 211
Naupaktos 152
Naxos 62 f.
Neuverteilung von Land 262
Nikokles von Zypern 230 f.

Oligarchie 42 f.
    Theorie der Oligarchie 240 f.
Oliven 32
Olympia 18
Olynth 266
Opferlisten 19
Orakel 24
Orchomenos 236, 239, 241
Ostrakismos 20, 78, 134

Panhellenismus 53
Parmenides 211
Parthenon 119
Pelopidas 237f.
Peloponnes 57ff., 147, 242, 274
Peloponnesischer Bund 57, 105
Peloponnesischer Krieg, 18, 54, 142ff.
Peltast 220
Perdikkas II. 272
Perikles 71, 80, 100, 114, 117, 120, 125, 144
Persien
  Beziehung zu Sparta 146
  Absichten in der Ägäis 167
  Beziehung zu Athen 179
  Einsatz von Söldnern gegen Persien 218
  Perserreich 257
Pharsalos 229
Philipp von Makedonien 249, 265
Philistos 183, 222
Philokrates 266, 274
Philosophen 206ff., 216
philotimia 140, 173
Phokis 266, 273
Photios 266, 273
phrontisterion 207
Phrynichos 43
Pindar 16, 45, 130
Plataiai 241
Platon 17, 44, 115, 123f., 183, 193, 194, 207, 209, 213, 257, 263
politischer Mythos 81
politische Prozesse 135
Polybios 275
Porträtkunst 196
Poteidaia 107
Praxiergidai 76, 136
Privilegien, neuerworbene 77
Prodikos 208
Produktivität 113
Protagoras 204, 208
proxenos, proxenoi 90f.
Pseudoxenophon 15, 26, 39, 135
Pylos 151
Pythagoras 44, 156, 215

Regierung, Teilhabe an der 185
Reichtum 19, 37ff., 43
Religion 19, 27, 51, 198ff.
religiöser Skeptizismus 204
Rhetorik 137, 210

Schwarzes Meer 66
Salaminier 203
Samos (Beziehung zu Athen) 166
Satrapenaufstand 257
Seekrieg 34, 99
Seemacht 130, 178
Sikuler 158
Silberminen 110f.
Siphnos 38
Sitte der Vorfahren 77, 82
Sizilien 55, 154, 221, 226, 261
Sklaverei 23, 42, 109
Söldner 35f., 100, 158, 170, 217, 226f., 251, 253, 261, 264, 267, 270, 275
Sokrates 205, 207, 210
Sophisten 124, 206
Sophokles 31
soziale Gegensätze 40
Sparta 28, 30, 56, 104, 154
  Beziehung zu Persien 167
  Sparta als Seemacht 169
  »Gleichheit« 173
  soziale Rivalitäten 174
  Homosexualität 175
  Reichsgründung 176
  Ressentiments gegen Sparta 233
Sprache 25f.
Stadtstaat 28, 52, 185, 238
Status 29
Sthenelaidas 108
stratēgos autokratōr 148, 221, 229, 261f., 264, 276
Symbole der Monarchie 229
Syrakus 55, 157f., 160, 221
  syrakusanisches Reich 224
Syssitien 176

Tagegeld 75f.
tagos 250, 273
Tarent 55
Technologie 30
Tegea 58
Teilhabe an der Regierung 185
Tempel 33, 119
  Haltung gegenüber Tempelschätzen 201, 228
Tetreren 35
Thasos 64, 65
Theben 233, 236, 239, 241, 273, 275
Themistokles 59, 67
Theopomp 101, 162, 183, 269
Theramenes 163, 165, 172

Thespiai 240
Thespieus 73
Thessalien 55, 238, 249, 266, 269, 272, 273
Thukydides 14, 35, 43, 54, 84, 86, 98, 99, 107, 142f.
Timaios 17
Timokreon von Rhodos 67
Timoleon 262
Tissaphernes 167, 176
Tragödie 16
Transport 24
Tribute (und Tributlisten) 66, 72, 86, 95, 149
Trierarchie 120
Triere 35
Trogus 255

Verantwortlichkeit, politische 78
Vergangenheit, Haltung gegenüber der 188
Vereine 43
Vermögensklassen 75, 98, 100, 118
Vermögenssteuer 117, 227

Waffen 220
Wein 32
Wiederaufführung von Dramen 189
Wohlstand 19, 37ff., 43

Xanthos 260
Xenophon 13, 17, 31, 33, 140, 162, 171, 175, 184
Xerxes, König von Persien 28, 30

Zehntausend, Zug der 171, 218, 252
Zenon 213
Zeus 27, 47, 199
Zypern 57

Klassiker der Geschichtsschreibung im dtv

Thukydides:
Geschichte des
Peloponnesischen
Krieges
Übersetzt und hrsg.
von G.P. Landmann
Dünndruck-Ausgabe
dtv 6019

Sueton:
Leben der Caesaren
Übersetzt und hrsg. von
A. Lampert
dtv 6005

Sallust:
Historische Schriften
Catilina · Jugurtha
Auswahl aus den
Historien
Übersetzt von
A. Lampert, aus dem
Nachlaß hrsg. von
G. Schoeck
Mit einer Einleitung von
E. Howald
dtv 6129

Johann Gustav Droysen:
Geschichte des
Hellenismus
Vollständige Ausgabe
in 3 Bänden
Hrsg. von E. Bayer
Band 1: Geschichte
Alexanders des Großen
Band 2:
Geschichte der
Diadochen
Band 3:
Geschichte der
Epigonen
dtv 5976

Theodor Mommsen:
Römische Geschichte
Vollständige Ausgabe
in 8 Bänden
Mit einem Essay
von K. Christ
dtv 5955

Jacob Burckhardt:
Weltgeschichtliche
Betrachtungen
Über geschichtliches
Studium
Nachwort von W. Kaegi
dtv 6099

Griechische Kultur-
geschichte
Vollständige Ausgabe
in 4 Bänden
Einführung von
W. Kaegi
dtv 5957

dtv

dtv-Weltgeschichte des 20. Jahrhunderts

Hrsg. von Martin Broszat und Helmut Heiber

Hans Herzfeld:
Der Erste Weltkrieg
dtv 4001

Gerhard Schulz:
Revolutionen und Friedensschlüsse 1917–1920
dtv 4002

Helmut Heiber:
Die Republik von Weimar
dtv 4003

Ernst Nolte:
Die faschistischen Bewegungen
dtv 4004

Hermann Graml:
Europa zwischen den Kriegen
dtv 4005

Erich Angermann:
Die Vereinigten Staaten von Amerika seit 1917
dtv 4007

Karl-Heinz Ruffmann:
Sowjetrußland 1917–1977
dtv 4008

Martin Broszat:
Der Staat Hitlers
dtv 4009

Lothar Gruchmann:
Der Zweite Weltkrieg
dtv 4010

Thilo Vogelsang:
Das geteilte Deutschland
dtv 4011

Wilfried Loth:
Die Teilung der Welt
Geschichte des Kalten Krieges 1941–1955
dtv 4012

Franz Ansprenger:
Auflösung der Kolonialreiche
dtv 4013

dtv

Kindlers Kulturgeschichte Europas in 20 Bänden

Taschenbuch-Sonderausgabe in farbiger Kassette

dtv 5941
nur DM 298,–

›Kindlers Kulturgeschichte Europas‹, herausgegeben von Prof. Dr. Friedrich Heer, ist die umfassende moderne Kultur- und Geistesgeschichte der Völker des Abendlandes aus der Feder führender Historiker. Ein Werk der internationalen Geschichtsschreibung, das nicht nur die Historie, sondern alle Bereiche des gesellschaftlichen Daseins darstellt:

- Gesellschaft und Wirtschaft
- Verkehr und Städtebau
- Wissenschaft und Technik
- Philosophie, Literatur und Kunst
- Bildung und Erziehung
- politische Ideen und Strömungen
- Bevölkerungs- und Siedlungsgeschichte
- Entwicklung der wirtschaftlichen und kulturellen Kontakte zu außereuropäischen Ländern